객체들의 민주주의

M 카이로스총서 71

객체들의 민주주의 The Democracy of Objects

지은이 레비 R. 브라이언트
옮긴이 김효진

펴낸이 조정환
책임운영 신은주
편집 김정연
디자인 조문영
홍보 김하은
프리뷰 안호성

펴낸곳 도서출판 갈무리 등록일 1994. 3. 3. 등록번호 제17-0161호
초판 인쇄 2021년 2월 19일 초판 발행 2021년 2월 24일
종이 화인페이퍼 인쇄 예원프린팅 라미네이팅 금성산업 제본 경문제책

주소 서울 마포구 동교로18길 9-13 [서교동 464-56]
전화 02-325-1485 팩스 070-4275-0674
website http://galmuri.co.kr e-mail galmuri94@gmail.com

ISBN 978-89-6195-258-3 93100
도서분류 1. 철학 2. 현대철학 3. 서양철학 4. 사회과학

값 23,000원

객체들의 민주주의

레비 R. 브라이언트 지음
김효진 옮김

갈무리

일러두기

1. 이 책은 Levi R. Bryant의 *The Democracy of Objects* (Ann Arbor:Open Humanities Press, 2011)를 완역한 것이다.

2. 외국 인명과 지명은 원칙적으로 국립국어원에서 공표한 외래어 표기법에 따라 표기하려고 하였으며, 널리 쓰이는 인명과 지명은 그에 따라 표기하였다.

3. 인명, 지명, 책 제목, 논문 제목 등 고유명사의 원어는 맥락을 이해하는 데 원어가 꼭 필요하다고 생각되는 경우를 제외하고는 본문에서 원어를 병기하지 않았으며 찾아보기에 모두 수록하였다.

4. 단행본과 정기간행물에는 겹낫표(『 』)를, 논문에는 홑낫표(「 」)를, 블로그 제목, 영화 제목에는 가랑이표(〈 〉)를 사용하였다.

5. 저자의 대괄호는 〔 〕를 사용하였고, 옮긴이가 이해를 돕기 위해 첨가한 내용은 [] 속에 넣었다.

6. 영어판에서 이탤릭체로 강조된 것은 고딕체로 표기하였다. 단, 영어판에서 영어가 아니라서 이탤릭으로 강조한 것은 한국어판에서 강조하지 않았다.

7. 지은이 주석과 옮긴이 주석은 같은 일련번호를 가지며, 옮긴이 주석에는 [옮긴이]라고 표시했다.

8. 인용문 중 기존 번역이 있는 경우 가능한 한 기존 번역을 참고하였으나 전후 맥락에 따라 번역을 수정했다.

9. 한국어판 지은이 서문으로 옮긴이의 서문을 갈음한다는 옮긴이의 뜻에 따라 별도의 옮긴이 후기는 싣지 않는다.

내 딸 엘리자베스를 위하여,

네가 언제나

호기심을 간직하면서

우리가 세상의 전부가 아님을

잊지 않기를.

차례

객체들의 민주주의

『객체들의 민주주의』라는 책이 한국어로 번역된 것은 제게 큰 영광입니다. 저는 그 책으로 인해 한국에서 객체지향 존재론과 그 수용을 둘러싸고서 새롭고 생산적인 논의가 생성되기를 열렬히 바랍니다.

2011년에 저술된 이 책은 인문학과 사회과학에서 사회구성주의와 언어적 관념론의 지배가 막바지에 접어든 시기에 구상되었습니다. 이시기에 객체, 사물은 판독되어야 할 일종의 텍스트로 여겨지거나 혹은 한낱 기표의 운반체에 불과한 것으로 여겨졌습니다. 사물의 사물성은 여하튼 고려되었지만, 사물은 대체로 우리가 그 위에 우리 자신의 의미와 기호를 투사하는 일종의 빈 서판으로 여겨졌습니다. 지금까지 우리는 이런 기호학적인 사유 경향에서 많은 것을 깨달았고, 따라서 저는 이들 발견 중 여러 가지를 통합하고 보존하려고 합니다. 그런데 우리는 온갖 종류의 객체가 기하급수적으로 증식해버린 시대에 살고 있기에 사물들이 우리의 삶과 사회에 영향을 미치는 사태를 생각할 수 있게 하는 개념적 자원이 필요합니다. 기후변화의 잠재적으로 파국적인 결과가 우리 앞에 어렴풋이 나타나고 신기술이 우리의 삶과 사회의 모든 양상을 근본적으로 변환함에 따라, 우리는 객체를 단지 의미를 전달하는 텍스트에 불과한 것으로 계속해서 생각할 여유가 없습니다.

『객체들의 민주주의』는, 그 정치적 제목에도 불구하고, 객체들의 존재론에 관한 책입니다. 그 책에서 저는 가능한 가장 추상적이고 일반적인 층위에서 객체들의 특성과 본질을 밝히려고 노력합니다. '객체'

는 사물, 혹은 아리스토텔레스의 용어로, 실체의 동의어로서 자체적으로 그리고 자체를 통해서 현존하는 것을 가리킵니다. 우리는 객체를 주체에 대립하는 것으로 여기지 말아야 하고, 현상학의 경우에 그런 것처럼 지향의 상관물로도 여기지 말아야 합니다. 사실상 주체는 매우 특별한 종류이긴 하지만 그 자체로 객체입니다. 객체는 독자적으로 현존하는 존재자이기에 어떤 주체가 그것을 지켜보든 말든 간에 존재합니다. 이런 점에서 이 책에서 제시되는 존재론은, 객체가 사회적 구성물, 언어적 구성물, 혹은 한낱 어느 주체의 지향의 상관물에 불과한 것이라는 논제를 거부하는 실재론적 존재론 — 매우 기묘한 실재론이지만 — 입니다. 이 책의 핵심 주장은 존재가 오직 객체들로만 이루어져 있다는 것입니다. 물론, 객체들은 서로 다르고 각기 다른 역능과 역량을 갖추고 있지만, 그런데도 그것들은 객체들입니다. 이것은 지금까지 많은 사람을 괴롭힌 논제입니다. 그들은 그 논제가 아무튼 인간의 존엄성을 손상한다고 추측하지만, 그것은 규범적인 주장이 아니고 혹은 객체들의 가치에 관한 주장도 아니라 — 바위와 인간 생명의 현존 사이에서 선택할 것을 요청받는 경우에 분별 있는 사람이라면 누구나 인간 생명을 선택할 것이 분명합니다 — 오히려 존재자들의 본질에 관한 주장입니다. 이 책을 읽을 때 그 점을 계속해서 염두에 두는 것이 중요합니다. 인간은 존재하는 것과 존재하지 않는 것에 관한 주장을 가치 있는 것과 가치 없는 것에 관한 주장으로 전환하는 특이한 경향이 있는 것처럼 보입니다.

제가 이 책에서 보여주기를 바라는 대로, 어떤 객체는 그 규모나 지속에 무관하게 사실상 존재의 단위체입니다. 우리가 가장 작은 아원자 입자를 언급하고 있든 은하 성단 전체를 언급하고 있든 간에, 우리는 존재의 단위체들, 즉 객체들을 다루고 있습니다. 땅돼지, 바위,

기관, 교육과정, 철 입자, 사람, 항성, 그리고 관람차는 모두 객체입니다. 사실상 그것들은 서로 다르고, 각기 다른 역능과 역량을 보유하고 있으며, 크고 작은 존엄성을 갖추고 있음이 확실하지만, 그런데도 그것들은 모두 사물입니다. 이처럼 평범하고 외관상 사소한 논제로 인해 다수의 놀라운 결과가 초래됩니다.

십 년이 지난 후 『객체들의 민주주의』에 관해 곰곰이 생각하면서 저는, 그 책이 가장 유익하게 기여한 바는 잠재적 고유 존재와 국소적 표현 사이의 구분이라고 짐작합니다. 우리는 객체나 사물을 견고하고 불변하는 덩어리로 여기는 경향이 있습니다. 그것은 사실과 전혀 다릅니다. 객체는 역동적이며, 다른 객체들과 적절한 관계를 맺게 되면 온갖 종류의 놀라운 일의 온상이 됩니다. 각각의 객체는 두 개의 절반, 즉 자신의 잠재적 고유 존재와 자신의 국소적 표현으로 나뉘어 있습니다. 어떤 객체의 잠재적 고유 존재는 그 객체의 현실화되지 않은 역능들 혹은 잠재력들로 이루어져 있습니다. 사물은 세계에 자신의 비밀을 풀어놓을 순간을 기다리고 있는 역능이나 잠재력입니다. 어떤 객체의 국소적 표현은 그것이 다른 객체들과 관계를 맺을 때 자신의 특성, 성질, 혹은 특징을 현실화하는 방식입니다. 국소적 표현은 어떤 객체가 다른 객체들과 상호작용하는 방식에 따라 변화하거나 바뀔 것입니다.

스피노자는, 주지하다시피, 우리는 어떤 신체가 무엇을 할 수 있는지 결코 알지 못한다고 말했습니다. 물론, '신체'는 실체, 객체, 혹은 사물을 가리키는 또 다른 이름입니다. 신체는 온갖 종류의 비밀과 잠재력을 품고 있는데, 우리는 그 깊이를 결코 완전히 가늠할 수는 없습니다. 어쩌면 객체를 가리키는 또 다른 이름은 '놀라움'일 것입니다. 객체는 놀라게 하는 것인데, 객체는 결코 완전히 제어될 수는 없는 우연적인 것들로 가득 차 있습니다. 잠재적 고유 존재와 국소적 표현을 구분함으로써 세계에 관한 대단히 생태적인 견해가 수반됩니다. 모든 것은 하나의 생태입니다. 교실도 하나의 생태입니다. 서울도 하나의 생태입니다. 생태는 '자연'을 의미하지 않는데, 그리하여 우리는 생태에 관해 생각할 때 단지 열대 우림과 해양 산호초, 외딴 사막에 관해서만 우선적으로 생각해서는 안 됩니다. 오히려, 생태라는 낱말을 들을 때마다 우리는, 그것들이 기술이든 기관이든 사람이든 혹은 식물과 동물이든 간에, 존재자들 사이에 맺어진 관계들을 생각해야 한다고 저는 주장하고 싶습니다. 잠재적 고유 존재와 국소적 표현 사이의 구분은 우리에게 존재자들이 서로 관계를 맺고 상호작용할 때 일어나는 일에 주의를 기울이도록 요청합니다. 그것은 우리에게 사물들 사이에 맺어진 구체적인 특정한 관계들의 지도를 제작하여 그 관계들을 조사함으로써 이들 만남에서 그리고 그런 만남을 거쳐 어떤 성질들과 행위들이 세계에 펼쳐지는지 식별하도록 요청합니다. 결과적으로, 우리는 객체에 관해 추상적으로도 생각하지 말아야 하고 개별적으로도 생각하지 말아야 하며, 오히려 언제나 연루된 모든 객체에 대하여 온갖 종류의 전례 없는 국소적 표현을 산출하는 장과 관계 속에 있는 객체에 관해 생각해야 합니다.

이 서문을 마무리하면서, 저는 갈무리 출판사의 편집자들과 옮긴이에게 깊은 감사와 고마움을 표현하고 싶습니다. 이 책에서 저는 두 객체 사이에서 완벽한 소통은 절대 이루어지지 않는다고 주장합니다. 한 객체가 다른 한 객체와 상호작용할 때에는 무언가 새로운 것이 산출되는 번역 과정이 항상 있습니다. 모든 번역 과정에서는 무언가 새로운 것이 산출됩니다. 어떤 두 가지 언어도 서로 완전히 동등한 경우는 절대 없는데, 이것은 무엇이든 어떤 것이 번역될 때는 언제나 무언가 새로운 것이 산출됨을 뜻합니다. 요컨대 여러분은, 여느 쌍둥이와 마찬가지로 독자적인 창조물인, *The Democracy of Objects*와 묘하게 꼭 닮은 『객체들의 민주주의』를 만들어 내었습니다. 저는 이 흡사한 책이 겪을 모험과 더불어 그 결과로 생겨날 대화와 새로운 사유를 몹시 기대합니다.

2021년 2월 8일
텍사스 프리스코에서
레비 R. 브라이언트

마침내 주체 없는 객체를 향하여

··· 형이상학에서 경험적 방법의 효과는, 진지하고 끈덕지게, 유한한 마음을 유한한 현존의 다양한 형식 중 하나로 여기는 것인데, 마음은 자신의 더 큰 완벽함과 발달에서 유래한다는 것 외에는 이들 형식을 넘어서는 어떤 특권도 갖추고 있지 않다. 만약 탐구가, 그런 결과는 있을 법하지 않을 것처럼 보이지만, 인지적 관계가 독특하다는 점을 입증한다면, 그 사실은 충실하게 수용되어서 그 도식의 나머지 부분과 어우러지게 해야 할 것이다. 하지만 언뜻 보기에 그 가정에 대한 정당한 근거는 전혀 없는데, 모든 경험은 마음을 반드시 수반하기에 경험되는 것은 그 존재와 그 성질들에 대하여 마음의 신세를 지고 있다는 독단의 경우에는 훨씬 더 그렇다. 마음은 사물들의 민주주의에서 우리에게 알려진 가장 재능 있는 구성원일 따름이다. 존재 또는 실재에 대해서는 모든 존재자가 동등한 지위를 갖는다. 그것들은 탁월함에 있어서 다른데, 재능 있는 사람에게 직업이 열려 있는 민주주의 체제에서 그런 것처럼 가장 재능 있는 존재자들이 영향력과 권위가 있는 위치에 오른다. — **새뮤얼 알렉산더**[1]

일반적으로, '객체'라는 낱말을 들었을 때 우리가 떠올리는 첫 번째 것은 '주체'다. 어쩌면 우리가 두 번째로 떠올리는 것은, 객체는 고정되어 있고 안정적이며 불변하기에 사건 및 과정과 대비될 수 있다는 생각일 것이다. 객체란 주체에 대립하는 것이며, 그리고 주체와 객체의 관계에 관한 물음은 주체가 객체와 관계를 맺거나 혹은 객체를 나타내는 방식에 관한 물음이라고들 한다. 그리하여 객체에 관한 물음은 우리가 객체를 제대로 나타내는지 여부에 관한 물음이 된다. 우리 자신의 표상들 속에서 우리는 객체를 실제로 접촉하는지와 같은 물음, 아니면 오히려 우리의 표상들은 객체를 언제나 '왜곡'함으로써 우리의 표상들이 저쪽에 있는 어떤 실재를 실제로 재현한다는 주장은 아무 근거가 없는지와 같은 물음이 계속해서 제기된다. 그러므로 객체에 관한 물음을 제기하는 순간에 우리는 더는 객체에 관한 물음에 관여하지 않고 오히려 주체와 객체의 관계에 관한 물음에 관여하게 된다. 그리고 물론, 여기서 온갖 종류의 극복할 수 없는 문제가 출현하는 이유는 결국 ─ 혹은 추정컨대 ─ 우리가 주체이기 때문이고, 게다가 주체로서 우리는 우리 자신의 표상들이 온갖 종류의 외부 실재에 상응하는지 여부를 판정하기 위해 자신의 마음을 벗어날 수 없기 때문이다.

반反실재론과 내가 (조금 뒤에 명백해질 이유로 인해) 인식론적 실재론으로 일컬을 것이 공유하는 기본 도식은 자연의 세계와 주체 및 문화의 세계를 분리하는 도식이다. 그리하여 논쟁은 표상의 지위를 둘러싸고 벌어지게 된다.

---

1. Samuel Alexander, *Space, Time, and Deity*, Vol 1 (London : Adamant Media Corporation, 2007), 7.

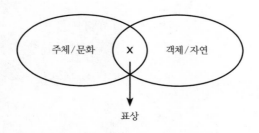

표상

표상의 도식 안에서 객체는 주체에 대립하는 하나의 극으로 여겨진다. 실재론과 반실재론 사이의 논쟁 전체는 이들 두 개의 원이 중첩하는 방식의 결과로서 생겨난다. 이들 두 영역 사이의 중첩이 그것들의 관계를 입증하거나 보증하는 것처럼 보이지만, 이런 중첩 역시 이율배반적이거나 근본적으로 애매모호한 것을 포함한다. 표상은 그 두 영역 사이의 교차 영역에 놓여 있기에 표상이 정말로 있는 그대로의 세계와 실제로 연계되어 있는지 아닌지에 대해서는 대단히 애매모호한 점이 있다. 인식론적 실재론자는 주체와 객체, 표상과 사태 사이의 상응 관계 혹은 합치성을 추구한다. 그들은 참된 표상과 한낱 상상물에 불과한 것을 구분하기를 바라는데, 요컨대 참된 표상은 있는 그대로의 세계를 반영한다고, 다시 말해서 누가 세계를 나타내느냐와 무관하게 있는 그대로의 세계를 재현한다고 주장한다. 요약하면, 인식론적 실재론자는, 참된 표상이 주체 혹은 문화에 의해 그런 식으로 현존한다고 서술되는 것에 절대 의존하지 않는 세계를 나타낸다고 주장한다. 흔히 인식론적 실재론은 계몽주의적 비판의 기획과 밀접히 연계되어 있는데, 이를테면 세계의 참된 본성을 찾아냄으로써 미신과 몽매주의를 퇴치하고자 할뿐더러 인식론적으로 정당화되는 것과 정당화되지 않는 것을 구분하기 위한 자원도 제공한다.

이와는 대조적으로, 반실재론은 세계에 대한 우리의 관계가 주체와 마음, 문화에 속하는 영역 안에 여전히 들어간다고 지적한다.

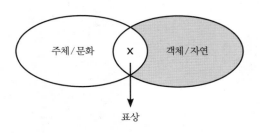

표상

　　여기서 오른쪽 원 안에서 음영으로 나타낸 공간은 자연과 객체의 영역이 배제되었다는 것, 그 영역이 차단되었다는 것, 그리하여 우리는 주체와 문화의 원 안에 주어진 것들만 탐구할 것이라는 점을 가리킨다. 반실재론자는 주체, 마음, 그리고 문화와 독립적인 세계가 현존한다는 사실을 일반적으로 부인하지 않지만, 즉 반실재론자는 버클리주의적인 주관적 관념론자도 아니고 헤겔주의적인 절대적 관념론자도 아니지만, 그런데도 표상이 문화와 주체의 영역 안에 전적으로 들어가기에 우리는 표상이 한낱 우리의 구성물에 불과하여 실재를 있는 그대로 절대 반영하지 않는지, 아니면 이런 표상이 실재를 있는 그대로 나타낼뿐더러 그것이 나타내어지는지 여부에 무관하게 있을 그대로 나타내는 참된 표상인지 결정할 수 없다고 반실재론자는 주장한다. 그런데 반실재론적 논증은 일반적으로 표상이 구성물인지 아니면 실재에 대한 참된 표상인지 결정할 수 없다는 점에 근거를 두지만, 그 논증은 종종 표상은 정말 구성물이고 실재는 우리가 그것을 나타내는 방식과 전적으로 다를 개연성이 매우 크다는 논제로 미끄러져 들어간다. 그러므로 반실재론자의 경우에, 진리는 표상과 실재의 상응이라기보다는 오히려 상호주관적 동의, 합의, 혹은 공유된 표상이 된다. 사실상 실재라는 바로 그 개념이 우리에-대한 실재, 즉 우리가 세계를 경험하고 나타내는 방식으로 변환된다. 인식론적 실재론과 마찬가지로, 반실재론은 종종 비판이라는 기획과 밀접히 연계되어 있다.

이런 점에서, 반실재론자는 우리가 알 수 있는 것의 한계를 예증하고자 하거나, 아니면 그 대신에 세계'상'이 사회적으로 구성됨으로써 역사, 문화, 언어, 혹은 경제적 계급에 따라 어떻게 변하는지 보여주려고 시도할 것이다. 이렇게 해서 반실재론자는 특권을 보장하기 위해 작동하는 많은 '세계상'의 배후에 놓인 보편주의적 위선의 가면을 벗길 수 있다.

두 세계 도식의 결과로서 객체에 관한 물음, 실체가 정말 무엇인지에 관한 물음은 미묘하게 우리가 객체를 인식하는 방식과 인식하는지 여부에 관한 물음으로 변환된다. 객체에 관한 물음은 인간과 객체 사이의 특정한 관계에 관한 물음이 된다. 그다음에 이 물음은 우리의 표상이 실재에 상응하는지 여부에 관한 물음이 된다. 인식론 주위를 공전하는 그런 물음은 적어도 데카르트 이후로 줄곧 철학을 사로잡았다. 이전의 철학은 실체의 참된 본성에 관한 격렬한 논쟁에 관여했지만, 데카르트와 더불어 혹은 그 무렵에 철학의 주요 문제는 주체가 객체와 관계를 맺거나 혹은 객체를 나타내는 방식에 관한 물음이 되었다. 지식에 관한 이들 논쟁에 걸린 몫도 작지 않았다. 문제가 된 것은 우리가 언제 그리고 어떻게 인식하는지에 관한 무미건조한 물음이 아니었고, 오히려 권력에 대한 토대로서의 지식의 정당성이었다. 서양 철학에서 르네상스와 계몽주의 시대 동안 지식에 관한 물음이 매우 가열되었다면, 그 이유는 유럽에서 자본주의의 탄생, 왕권과 교권 형식의 전통적인 권위의 부식, 종교개혁, 민주주의의 발흥, 그리고 새로운 과학의 발흥이 동시에 나타났기 때문이다. 지식에 관한 물음은 정치적 문제였는데, 이를테면 왕권과 교권 ― 그 둘은 깊이 얽혀 있었다 ― 의 지지대 또는 토대로서 기능한 권위로부터의 논증을 겨냥하는 동시에 모든 인간은 인식 역량을 갖추고 있음을 예증함으로써(데카르트 그리고 어쩌면 로크), 아니면 앎은 절대 가능하지 않고 오히려 단지 정서, 관습, 혹은 억견으로 이루어져 있을 따름임을 예증함으로써(흄) 참여 민주주의의 기반을 조성했다.

어쨌든, 근대성을 개시한 그 두 선택지 – 데카르트와 흄 – 는 정치적인 것의 층위에서 거의 같은 결과를 낳았다. 개인은 독자적인 생활양식을 규정하고 국가 구성에 참여할 권리가 있는데, 왜냐하면 (a) 모든 인간은 인식할 수 있기에 그들을 통치할 특별한 권위나 계시가 필요하지 않기 때문이거나, 아니면 (b) 인간은 절대적 지식을 성취할 수 없기에 자신의 권위가 지식에 근거를 두고 있다고 주장하는 어떤 권위자도 대중을 통제하고 조종하기로 작정한 불법적인 행상인이기 때문이다. 요약하면, 이 논쟁의 배후에 놓인 것은 평등주의 또는 만인이 통치에 참여할 권리에 관한 쟁점이었다. 이런저런 형태로 이 논쟁과 이들 두 선택지는 우리 자신의 시대까지 계속 이어지고, 여러모로 보나 인식론으로의 이행이 최초로 이루어졌을 때만큼이나 격렬하고 정치적이다. 한편으로는 과학이 실재에 대한 유일하게 참된 표상을 우리에게 제공한다고 격렬히 주장하는 친과학 집단이 있다. 이 경우에, 미신과 종교가 정치적 영역에서 수행하는 역할에 맞서 오래전부터 계속된 전투가 배경에 잠복하여 있음을 감지하기는 어렵지 않다. 사회는, 어떤 대가를 치르고서라도, 우리를 암흑시대로 빠뜨릴 위험이 있는 미신적이고 종교적인 부조리에서 보호되어야 한다. 여기서 리처드 도킨스의 『만들어진 신』이 떠오른다.[2] 다른 한편으로는 사회, 인간, 인종, 젠더, 그리고 심지어 실재에 관한 우리의 구상이 사회적으로 구성

---

2. Richard Dawkins, *The God Delusion* (New York : Houghton and Mifflin, 2008). [리처드 도킨스, 『만들어진 신』, 이한음 옮김, 김영사, 2007.]

된다고 격렬히 주장하는 사회적 구성주의자들과 반실재론자들이 있다. 그들은 지식에 대한 모든 독단적인 주장이 배타적이고 억압적인 지배력이 될 위험이 있다고 우려하는 것처럼 보이고, 게다가 그들은 좋은 이유로 혹은 역사적 선례로 인해 이런 결론에 이른다.

언제나 그렇듯이, 인식론을 둘러싸고 소용돌이치는 전투는 궁극적으로 윤리와 정치에 관한 물음이다. 베이컨이 지적한 대로, 지식은 권력이다. 그리고 지식은 그것에 힘입어 우리가 주변 세계를 통제하거나 지배할 수 있다는 의미에서의 권력일 따름인 것이 아니라, 오히려 지식은 그것이 누가 말할 권한이 있는지, 누가 통치할 권한이 있는지 결정한다는 의미에서의 권력이기도 하고, 게다가 사람과 여타 존재자가 사회적 질서 안에서 당연한 권한으로 어떤 지위를 차지해야만 하는지 결정하는 권력이다. 그리하여 지식에 관한 물음은 순진한 물음이 아니다. 오히려 이들 물음은 삶, 통치, 그리고 자유와 밀접히 관련된 물음이다. 한 사람의 인식론은 사회적 질서가 어떠해야 할지에 관한 자신의 관념을 매우 많이 반영한다. 그렇다 하더라도 인식론에 관한 무미건조한 사변에서는 이런 사실이 직접적으로 명백하지는 않다.

그런데 거의 모든 분과학문을 혼란에 빠뜨려 버린, 인식론을 둘러싼 모든 격렬한 논쟁에서도 우리는 객체에 관한 물음이 인식론적 물음이 아니라, 즉 우리가 객체를 어떻게 인식하는지에 관한 물음이 아니라, 객체가 무엇인지에 관한 물음이라는 논점을 놓치는 것처럼 보인다. 객체의 본질은 객체에 대한 우리의 지식에 관한 물음과 구별되는 쟁점이다. 여기서 물론, 객체의 본질을 논의하려면 우리는 먼저 객체를 인식해야 하는 것이 명백한 것처럼 보인다. 그리고 사정이 이렇다면, 당연히 인식론 또는 지식에 관한 물음이 존재론에 선행해야 한다는 결론이 도출된다. 그렇지만 이어지는 글에서 나는, 존재론에 관한 물음이 인식론에 관한 물음으로 환원될 수 없을 뿐만 아니라 존재론에 관한 물음이 인식론에 관한 물음이나 객체에 대한 우리의 접근에 관한 물음에 선행해야 한다는 것을 보여주고 싶다. 어떤 객체가 무엇인지는 그 객체에 대한 우리의 접근으로 환원될 수 없다. 그리고 이어지는 글에서 알게 되듯이, 그런 접근은 매우 제한적이다. 그런데 객체에 대한 우리의 접근이 매우 제한적이더라도 우리는 여전히 객체의 본질에 관하여 많은 것을 말할 수 있다.

우리는, 접근의 한계에도 불구하고, 객체란 바로 객체에 대한 우리의 접근이 우리에게 제시하는 것이라는 논제를 어떻게 해서든지 피해야 한다. 그레이엄 하먼이 주장한 대로, 객체는 소여가 아니다. 결코 아니다. 그리하여 이 책은 강건한 실재론을 옹호한다. 게다가, 이 점은 이어지는 글 전체에서 중요한데, 여기서 옹호되는 실재론은 인식론적 실재론이 아니라 존재론적 실재론이다. 인식론적 실재론은, 우리의 표상과 언어가 우리의 현존 여부와 무관하게 실제로 있는 그대로의 세계에 대한 정확한 거울이라고 주장한다. 그것은 참된 표상과 환상을 구분하고자 한다. 이와는 대조적으로, 존재론적 실재론은 객체에 대한 우리의 지식에 관한 논제가 아니라, 우리가 객체를 나타내기 위해 현존하든 그렇지 않든 간에, 객체 자체의 본질에 관한 논제다. 그것은, 세계가 객체들로 이루어져 있고, 이들 객체가 마음, 언어, 문화적 존재자와 사회적 존재자를 비롯하여 은하, 돌, 쿼크, 곰벌레 등과 같은 인간과 독립적인 객체처럼 다양한 온갖 종류의 존재자를 포함한다는 논제다. 무엇보다도, 존재론적 실재론은 객체를 인간의 구성물로 여기는 것을 거부한다. 모든 객체가 서로 번역하는 것은 사실이지만, 번역되는 객체는 그 번역물로 환원될 수 없다고 나는 주장할 것이다. 우리가 알게 되듯이, 존재론적 실재론은 인식론적 실재론이나 일반적으로 '소박한 실재론'이라는 경멸조의 명칭으로 통용되는 것을 철저히 논박한다. 처음에는 존재론적 실재론과 인식론적 실재론을 구별하는 것이 아무 차이도 만들어내지 않는 차이인 것처럼 들릴 것이지만, 내가 알려주고 싶은 대로, 이런 구별은 우리가 많은 의문을 제기하고 다양한 현상을 이론화하는 방식에 광범위한 영향을 미친다.

철학에서 인식론이 현재 향유하는 헤게모니에서 비롯되는 곤란한 결과 중 하나는 그것이 철학을 철저히 인간 중심적인 준거로 몰아넣는다는 점이다. 실체에 관한 존재론적 물음은 실체에 대한 우리의 지식에 관한 인식론적 물음으로 모르는 사이에 빠지기에 실체에 관한 모든 논의는 인간에의 준거를 반드시 포함하게 된다. 실체에 관한 우리의 논의를 둘러싼 숨겨진 뜻 혹은 감춰진 조건은 암묵적인 '우리에-대하여'라는 준거를 반드시 포함한다. 개인의 의도를 넘어서는 언어와 구조 같은 익명의 비개인적인 다양한 사회적 힘을 위하여 주체를 배제한다고 추정되는 반인간주의적 구조주의자와 포스트구조주의자의 경우에도 사정은 마찬가지다. 여기서 사회와 문화가 인간의 현상인 한에 있어서 여전히 우리는 인간 중심적인 우주의 궤도에 남아 있게 되고, 게다가 존재 전체가 이들 힘에 종속된다. 그리하여 존재는 우리에 대하여 존재가 무엇임으로 환원된다.

이와는 대조적으로, 이 책은 주체 없는 객체, 즉 어떤 주체의 앞에서 또는 면전에서 대립하는 극으로서의 객체라기보다는 오히려 독자적으로 존재하는 객체를 생각하려고 노력한다. 다시 말해서, 이 시론은 어떤 주체의 응시 대상, 표상의 대상, 혹은 문화적 담론의 대상이 아닌 독자적인 객체를 생각하려고 시도한다. 요컨대 이것이 객체들의 민주주의가 뜻하는 바다. 객체들의 민주주의는, 모든 객체가 동등하게 여겨져야 한다거나 혹은 모든 객체가 인간사에 참여해야 한다는 취지의 정치적 논제가 아니다. 객체들의 민주주의는, 이언 보고스트가 대단히 멋지게 서술한 대로, 모든 객체가 존재한다는 점에서 동등하지만 동등하게 존재하지는 않는다는 존재론적 논제다. 모든 객체가 존재한다는 점에서 동등하다는 주장은 어떤 객체도 다른 한 객체에 의해 구성된 것으로 여겨질 수 없다는 주장이다. 객체들이 동등하게 존재하지는 않는다는 주장은 객체들이 다양한 정도로 집합체 또는 회집체에 기여한다는 주장이다. 요약하면, 주체 혹은 문화 같은 객체는 여타 객체의 근거가 전혀 아니다. 그리하여 『객체들의 민주주의』는 인간의 응시에서 풀려나서 독자적으로 현존하는 객체들의 본질을 생각하려고 시도한다.

그런데 객체들의 민주주의는 인간의 배제를 수반하지 않는다. 오히려, 우리가 얻게 되는 것은 구분의 재설정이고 인간의 탈중심화다. 요점은 우리가 인간보다 객체를 생각해야 한다는 것이 아니다. 그런 논술은 인간은 객체와 다른 어떤 특별한 범주를 구성한다는 전제, 객체는 인간에 대립하는 극이라는 전제에 바탕을 두고 있고, 따라서 그 논술은 객체가 상관물 혹은 인간에 대립하거나 인간 앞에 서 있는 극이라는 전제에 바탕을 두고 있다. 하지만 존재자론 ─ 추후 전개되는 존재론을 가리키는 나의 명칭 ─ 의 틀 안에서는 단 하나의 존재 유형, 즉 객체들만 있을 뿐이다. 그리하여 인간은 배제되는 것이 아니고, 오히려 세계에 현존하거나 거주하는 다양한 종류의 객체 ─ 각각의 객체는 독자적인 특정한 역능과 역량을 갖추고 있다 ─ 에 속하는 객체다.

바로 여기서 우리는 객체지향 철학과 존재자론에 의해 제시된 구분의 재설정을 맞닥뜨리게 된다. 『형식의 법칙들』에서 조지 스펜서-브라운은, 무언가를 지시하려면 우리는 먼저 구분을 설정해야 한다고 주장했다. 말하자면, 구분이 지시에 선행한다. 무언가를 지시한다는 것은 세계 속 무언가와 상호작용하거나, 그것을 나타내거나, 혹은 그것을 가리키는 것이다(지시는 다양한 형태를 띤다). 그러므로 예를 들면, 내가 태양이 밝게 비추고 있다고 말할 때 나는 한 사태를 지시했는데, 이 지시는 사전에 설정된, 어쩌면 빛과 어둠, 흐린 날과 맑은 날, 기타 등등의 구분에 바탕을 두고 있다. 스펜서-브라운에 따르면, 모든 구분은 유표 공간과 무표 공간을 포함한다.

유표   무표

직각의 칸막이는 스펜서-브라운이 구분의 표식이라고 일컫는 것이다. 유표 공간은 지시될 수 있는 것을 공개하는 반면에, 무표 공간은 배제되는 여타의 것이다. 그러므로 예를 들면, 나는 한 장의 종이 위에 원을 그릴 수 있고(구분), 그리하여 이제는 그 원 안에 있는 것을 지시할 수 있다. 두 가지 주요 논점이 스펜서-브라운의 구분 산법에서 비롯된다. 첫째, 어떤 구분의 무표 공간은 그 구분을 사용하는 사람에게는 보이지 않는다. 많은 사례에서 구분의 경계를 넘어설 수 있기에 무표 공간을 지시할 수 있는 것이 참이지만, 어떤 구분을 사용하는 경우에 그 구분의 무표 공간은 그 구분을 채택하는 체계가 볼 수 없는 맹점이 된다. 구분의 무표 공간 안에 현존하는 것은 그 구분을 사용하는 체계에 대해서는 현존하지 않을 것이다.

그런데 구분의 무표 공간이 구분에 의해 생성되는 유일한 맹점인 것은 아니다. 어떤 구분의 무표 공간에 덧붙여 그 구분 자체가 맹점이다. 어떤 구분을 사용하는 경우에, 지시가 이루어지려면 그 구분을 '통해서' 이루어지는 한에 있어서 그 구분 자체는 보이지 않게 된다.

이런 상황은 창문을 통해서 홍관조를 바라보는 것과 같다. 여기서 창문은 보이지 않게 되고 우리의 모든 주의는 홍관조에 집중된다. 누구나 자신의 구분을 사용할 수 있거나 아니면 그 구분을 관찰할 수 있지만, 구분을 사용하면서 동시에 그 구분을 관찰할 수는 결코 없다. 어떤 구분을 사용하는 동안에 그 구분이 시야에서 물러서 있는 덕분에 그 구분은 지시되는 것의 특성들이 그 구분의 결과라기보다는 오히려 지시되는 것 자체에 속하는 것처럼 보이는 어떤 실재 효과를 창출한다. 그리하여 우리는 그와 다른 구분들이 가능함을 깨닫지 못하게 된다. 그러므로 결과적으로 우리는 일단의 특정한 구분 아래 세계를 은밀히 통합하게 됨으로써 매우 다른 종류들의 지시가 가능함을 인식하지 못하게 된다.

대다수 현대 철학과 이론은 그 구분의 유표 공간 안에 주체 혹은 문화를 위치시킨다. 그리하여 객체는 무표 공간에 떨어지면서 주체와 다른 것으로 여겨지게 된다.

내용: 기호/기표/표상	주체/문화

여기서 이런 논리의 정식화를 위해서는 피히테에 관해 생각하기만 하면 된다. 모든 구분 안에는 그 나름의 지시를 가능하게 하는 하위구분들도 설정될 수 있다. 문화주의적 도식의 경우에, 주체/문화 구분은 내용을 표시하는 하위구분을 포함한다. 요점은, 이런 사유의 틀은 객체를 주체에 대립하는 것 혹은 주체와 다른 것으로 여김으로써 객체를 주체에 의거하여 다룬다는 것이다. 여기서 객체는 객체가 아니고, 즉 독자적으로 현존하는 자율적인 실체가 아니고, 오히려 표상이

다. 이렇게 해서 세계 속 여타 존재자는 인간의 내용, 의미, 기호, 혹은 투사물을 위한 운반체로서 여겨질 따름이다. 비유적으로, 우리는 문화주의적 구분 구조를 영화와 견줄 수 있다. 여기서 매끈한 영사막은 객체일 것이고, 영사기는 주체 혹은 문화일 것이며, 영상은 내용 혹은 표상일 것이다. 영사막이 현존함은 확실하지만, 그것은 단지 인간 및 문화의 표상들을 위한 운반체일 따름이다.

이와는 대조적으로, 존재자론과 객체지향 철학은 객체를 구분의 유표 공간에 위치시키자고 제안한다.

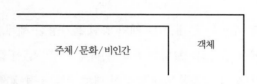

객체가 유표 공간에 자리하게 될 때, 그 하위구분은 지시될 수 있는 것을 축소하는 것이 아니라 오히려 확대한다는 점을 알게 될 것이다. 여기서 주체와 문화는 배제되지 않고 오히려 특정한 종류들의 객체로 여겨진다. 더욱이, 이제 우리는 비인간 객체를 인간의 내용을 위한 운반체로 여기지 않으면서 지시할 수 있게 된다. 그리하여 이 조작은 문화적 도식의 단순한 반전이 아니다. 그것은 주체보다 객체에 주목하라는 요청이 아니고, 혹은 객체를 주체에 대립하는 것으로 여기기보다는 주체를 객체에 대립하는 것으로 여기라는 요청이 아니다. 오히려, 주체 혹은 문화가 구분의 유표 공간을 점유했을 때 객체가 표상으로 환원되었던 것과 꼭 마찬가지로, 즉 객체가 사실상 주체와 내용으로 환원되었던 것과 꼭 마찬가지로, 객체를 존재론의 틀 안의 유표 공간에 위치시키면 주체는 다양한 객체 중 하나의 객체로 전환되면서 그것이 철학과 존재론 안에서 차지하는 특권적이고 중심적이며 토대적인 지위가 약화된다. 주체는 여타의 객체와 관련된 일정한 준거점이라기보다는 오히려 객체 중에 속한다. 그리하여 이들 이론적 성향이 세계는 개별적 주체와 대립하는 것으로서 익명의 비인격적인 사회적 힘들을 통해서 구축된다는 논제가 더는 아닌 한에 있어서, 반인간주의와 포스트휴머니즘이 마땅히 되어야 할 것의 기원이 우리에게 주어진다. 이렇게 해서 다양한 비인간 행위자가 독자적인 자율적 행위자로서, 즉 이들 행위자를 우리의 표상으로 환원하는, 인간에의 모든 일정한 준거에서 자유롭기에 표상으로 환원될 수 없는 행위자로서 세계 속에 풀려난다.

그러므로 우리는 존재를 두 개의 양립 불가능한 세계, 자연과 문화의 견지에서 생각하기보다는 오히려 객체들의 다양한 **집합체**를 얻게 된다. 라투르가 설득력 있게 주장한 대로, 인식론적 실재론과 인식론적 반실재론 둘 다를 견인하는 근대주의적 도식 안에서 세계는 두 개의 각기 다른 영역, 문화와 자연으로 갈라진다.[3] 주체와 문화의 영역은 자유, 의미, 기호, 표상, 언어, 권력 등의 세계로 여겨진다. 자연의 영역은 기계론적 인과율의 지배를 받는 물질로 이루어져 있는 것으로 여겨진다. 이런 이분화된 모형으로 작동하는 형식들의 이론과 철학에 암묵적인 것은 두 세계가 각자에 속한 특성들이 서로 혼합되지 않도록 철저히 분리된 채로 유지되어야 한다는 공리다. 그러므로 예를 들면, 다수의 문화 이론은 객체를 기호 혹은 표상의 운반체로만 언급할 따름이고, 그리하여 비인간 객체가 집합체에 이바지할 비기호적 혹은 비표상적 차이를 무시하게 된다. 사회는 오로지 사회적 특성들만 갖

---

3. Bruno Latour, *We Have Never Been Modern*, trans. Catherine Porter (Cambridge : Harvard University Press, 1993). [브뤼노 라투르, 『우리는 결코 근대인이었던 적이 없다』, 홍철기 옮김, 갈무리, 2009.]

추어야 하기에 비인간 세계와 관련된 어떤 종류의 성질도 결코 지닐 수 없다.

내가 보기에, 문화주의적이고 근대주의적인 구분 형식은 사회적 및 정치적 분석과 견실한 인식론에 재앙을 초래한다. 문화주의적 구분 양식에 내포된 구분 형식이 내용을 지시하고 비인간 객체를 구분의 무표 공간에 귀속하는 한, 인간이 포함된 집합체가 그런 형식을 취하는 이유와 관련된 온갖 종류의 인자는 보이지 않게 된다. 우리는 사회적 조직이 그런 형식을 취하는 이유를 단지 기표와 의미, 기호, 담론, 규범, 서사를 통해서 힘겹게 설명해야 한다. 이들 행위주체가 모두 인간이 포함된 집합체를 형성하는 데 유의미한 역할을 수행함은 의심의 여지가 없지만, 이런 구분 양식으로 인해 우리는 기술, 날씨 패턴, 자원, 질병, 자연 재난, 도로의 존재 여부, 물의 가용성, 동물, 미생물, 전기와 고속 인터넷의 설치 여부, 수송 양식 등의 형태를 취하는 비인간과 비기표적인 것의 역할을 무시하게 된다. 이들 모든 것과 그 밖의 더 많은 것이 인간들을 특정한 방식으로 회집하는 데 중요한 역할을 수행하는데, 기표적 행위주체들과 얽히게 되면서도 비기표적인 차이를 만들어냄으로써 그렇게 한다. 자신의 모든 사과를 내용이라는 바구니에 담는 행동주의적 정치 이론은, 그 이론이 자신의 이데올로기 비판이 자체적으로 바라거나 의도한 사회적 변화를 만들어내지 못하는 이유를 끊임없이 궁금히 여길 한에 있어서 실패할 수밖에 없다. 더욱이, 우리가 확연해지고 있는 획기적인 기후변화의 위협에 직면하는 시대에 비인간 행위자들을 배제하는 그런 식으로 우리의 구분을 설정하는 것은 무책임하다.

인식론적 전선에서, 주체/객체 구분은 인식론자가 오로지 명제와 표상에만 집중하게 함으로써 실천과 비인간 행위자들이 지식을 생산하는 데 수행하는 역할을 대체로 무시하게 하는 흥미로운 결과를 낳는다. 그리하여 주요 문제는 명제가 실재에 상응하는지 여부와 어떻게 상응하는지에 관한 물음이 된다. 한편으로, 우리는 실험실 환경, 물질과 장치에의 관여 등을 무시한다. 그리하여 실험과 실험실에 거주하는 존재자들이 한낱 지식이라는 목적에 대한 수단에 불과한 것으로 여겨져서 명제적 내용에 아무것도 이바지하지 않는 것으로 간과되어도 무방하기에, 그것들은 지식을 생산하는 데 중요한 역할을 전혀 수행하지 않는 것처럼 보인다. 그런데 지식이 생산되는 현장과 실천, 절차를 무시함으로써 명제가 실재를 어떻게 나타내는지에 관한 물음은 철저히 불분명한 것이 되는데, 그 이유는 명제의 기원을 판별하는 수단과 더불어 인간의 세계와 비인간의 세계가 만나는 공동 장소가 사라져 버리기 때문이다.

자연/문화 분열에 기반을 둔 이중 존재론에서 집합체로 이행함으로써 존재자론과 객체지향 철학은 모든 존재자를 동등한 존재론적 발판 위에 놓는다. 우리는 주체의 영역과 객체의 영역이라는 각기 다른 두 가지 존재론적 영역이라기보다는 오히려 인간과 사회를 포함하는 다양한 종류의 객체가 거주하는 단일한 평면을 얻게 된다.

집합체
인간
비인간

집합체라는 개념은 두 가지 별개의 영역에 의거하여 존재에 접근하지 않고 오히려, 캐런 배러드의 적절한 용어를 사용하면, 객체들이 서로 얽혀 있는 단일한 평면으로서의 존재에 접근한다.[4] 이런 점에서, 사회와 자연은 절대 건너가지 말아야 하는 전적으로 구분되는 두 가지 별개의 영역을 형성하지 않는다. 오히려 인간이 포함된 집합체는 온갖 종류의 비인간과 언제나 얽혀 있는데, 그리하여 이들 비인간이 없다면 그런 집합체는 현존할 수 없을 것이다. 그런 집합체에는 기호, 기표, 의미, 규범, 그리고 일단의 다른 갖가지 존재자가 거주함이 확실하지만, 동물, 곡물, 날씨 사건, 지리, 강, 미생물, 기술 등과 같은 온갖 종류의 비기표적 존재자도 거주한다. 존재자론과 객체지향 철학은 인간과 비인간을 같은 발판 위에 놓음으로써 이들 얽힘에 우리의 주의를 기울이게 한다.

그런데 집합체가 반드시 인간을 포함한다고 가정하면 잘못일 것이다. 인간을 포함하는 집합체들도 있고, 인간과 아무 관계도 없는 객체들의 다른 집합체들도 있다.

집합체

비인간

요약하면, 모든 것이 인간과 관계를 맺고 있는 것은 아니고, 이어지는 글에서 내가 주장할 것처럼, 모든 것이 다른 모든 것과 관계를 맺고 있는 것도 아니다. 자신이 공교롭게도 인간이기에 우리는 인간이 포함된 집합체에 특히 관심이 있을 것이지만, 존재론적 관점에서 바라보면 우리는 모든 집합체가 인간을 포함하고 있는 것으로 여기기를 자제해야 한다.

앞서 논의한 바로부터, 내가 제안하고 있는 존재론이 꽤 특이하다

---

4. Karen Barad, *Meeting the Universe Halfway* (Durham : Duke University Press, 2007).

는 것을 추측할 수 있다. 나는 객체를 주체에 대립하는 존재자로 여기기보다는 주체를 비롯한 모든 존재자를 객체로 여긴다. 더욱이, 근대성의 이중 세계 가설을 극복하려면 객체 혹은 실체의 자율성을 강력히 옹호하면서 객체를 그것이 맺은 관계들 — 이들 관계가 인간과 맺은 관계든 다른 객체와 맺은 관계든 간에 — 로 환원하는 어떤 구상도 거부해야 한다고 나는 주장한다. 내가 보기에, 근대주의적 도식의 근원은 관계주의에서 비롯된다. 근대주의적 도식을 괴롭히는 아포리아aporia에서 벗어날 수 있으려면, 무엇보다도 우리는 관계주의, 즉 객체가 자신이 맺은 관계들로 구성된다는 논제를 극복해야 한다. 그러므로 나는, 그레이엄 하먼의 객체지향 철학이라는 획기적인 작업을 좇아서, 객체가 모든 관계에서 물러서 있다고 주장한다. 이런 기묘한 논제의 결과는 심대하다고 나는 믿는다. 한편으로, 우리는 객체가 자신의 관계들에서 물러서 있다고 주장함으로써 실체의 자율성과 환원 불가능성을 보존할 수 있고, 그리하여 인식론적 실재론자와 반실재론자 사이의 끝없는, 그리고 이 시점에서는 진부한 논쟁을 피할 수 있게 된다. 다른 한편으로, 반실재론자는 인간과 객체 사이의 단일한 간극에 강박적으로 집중하면서 표상이 객체에 도달할 수 없는 방식을 둘러싸고 끝없이 공전하는 반면에, 객체지향 철학에 힘입어 우리는 이 간극을 복수화할 수 있게 됨으로써 그것을 인간의 독특하거나 특권적인 특색으로 여기지 않고 오히려 객체들 사이의 모든 관계 — 인간이 포함되든 그렇지 않든 간에 — 도 마찬가지라고 여겨야 한다. 요약하면, 인간과 여타 객체의 차이는 종류의 차이가 아니라 정도의 차이다. 다시 말해서, 모든 객체는 서로 번역한다. 번역은 마음이 세계와 관계를 맺는 방식에 고유한 것이 아니다. 그리고 이런 사실의 결과로서 모든 객체는 다른 어떤 객체에도 직접 접근할 수 없다.

그러므로 존재자론과 객체지향 철학은 사변적 실재론에 대하여 기묘한 처지에 놓이게 된다. 사변적 실재론은 2007년에 알베르토 토스카노가 조직한 골드스미스Goldsmiths 칼리지 학술회의에서 생겨난, 느슨하게 결성된 철학 운동이다. 이 행사의 참가자들 ─ 레이 브라지에, 이앤 해밀턴 그랜트, 그레이엄 하먼, 그리고 퀭탱 메이야수 ─ 은 대단히 다른 철학적 입장들을 나누어 갖고 있지만, 그들은 모두 실재론의 일종을 옹호하면서 반실재론 혹은 그들이 '상관주의'라고 일컫는 것을 거부한다는 점에서 통일되어 있다. 여타의 사변적 실재론과 더불어, 존재자론과 객체지향 철학은 객체를 마음, 주체, 문화, 혹은 언어의 구성물이나 단순한 상관물로 여기기를 거부하는 실재론적 존재론을 옹호한다. 그런데 반실재론과 더불어, 존재자론과 객체지향 철학은 객체들이 서로 직접 접근할 수 없으며 각각의 객체는 비관계적 관계를 맺는 다른 객체를 번역한다고 주장한다. 그러므로 객체지향 철학과 존재자론은 다른 실재론적 철학들의 인식론적 실재론을 거부함으로써 규제적 표상과 탈신화화 비판의 프로젝트에서 벗어나게 된다. 차이점은, 반실재론은 인간과 객체의 단일한 간극에 집중하고 객체지향 철학과 존재자론은 이런 간극을 모든 존재자의 보편적인 특질로 여긴다는 것이다. 그러므로 객체지향 철학과 존재자론의 대단한 강점 중 하나는 이들 철학이, 현재 반실재론적 종류의 사상이 시달리는 교착 상태에 빠지지 않은 채, 반실재론적 철학과 대륙적 사회 이론 및 정치 이론의 많은 발견 결과를 통합할 수 있다는 것이라고 나는 믿는다.

　객체지향 철학과 존재자론의 기본 주장들에 친숙하지 않은 사람들에게는 일단의 객체지향 영웅이 존재자론 안에서 방향을 정립하는 데 유용한 것으로 판명될 것이다. 존재자론의 영웅에 속하는 사람들은 그레이엄 하먼, 브뤼노 라투르, 이사벨 스탕게스, 티모시 모턴, 이언 보고스트, 니클라스 루만, 제인 베넷, 마누엘 데란다, 마셜 매클루언, 프리드리히 키틀러, 캐런 배러드, 존 프로테비, 월터 옹, 들뢰즈와 과타리, 리처드 르원틴과 수전 오야마 같은 발달 체계 이론가들, 알프레드 노스 화이트헤드, 도나 해러웨이, 로이 바스카, 캐서린 헤일스, 그리고 일단의 다른 사람이 있다. 이어지는 글에서 이들 사상가 중 일부는 다른 사상가들보다 더 많이 언급되고 일부 사상가들은 드물게 나타나거나 전혀 나타나지 않지만, 모든 사상가는 나의 사유에 깊은 영향을 미쳤다. 이들 사상가의 작업을 관통하는 공통 주제는, 인간과 표상, 내용을 위한 여지는 남겨두는 인간과 주체의 심대한 탈중심화, 그리고 온갖 종류의 비인간 객체 또는 행위자를 내용과 기호의 운반체로 환원하기를 거부하는 행위와 맞물린 이들 행위주체에 대한 세심한 관심이다. 논증을 전개하면서 나는 브리콜뢰르bricoleur처럼 그 작업들이 반드시 서로 정합적이지는 않은 다양한 사상가와 분과학문으로부터 필요한 것을 자유롭게 끌어온다. 브리콜뢰르에 관해서 레비-스트로스는 다음과 같이 서술한다.

'브리콜뢰르'는 다양한 작업을 수행하는 데 능숙하지만, 기술자와는 달리, 이들 각각의 작업을 해당 프로젝트의 목적을 위해 구상되고 조달되는 원료와 도구의 유무에 종속시키지 않는다. 그가 사용하는 장비의 세계는 한정되어 있고 그의 작업 규칙은 언제나 '무엇이든 사용할 수 있는 것'으로 해내는 것인데, 말하자면 재고를 메꾸거나 혹은 이전에 건설되었거나 파괴된 것의 잔류물로 재고를 유지하고자 했던 모든 계기의 우연적 산물인 일단의 도구와 재료 — 현행 프로젝트와 아무 관계도 없거나 혹은 사실상 모든 특정 프로젝트와 아무 관계도 없기에 언제나 유한하면서 이질적이다 — 로 이럭저럭 해내는 것이다. 그러므로 브리콜뢰르가 갖춘 수단의 집합은 프로젝트의 견지에서 규정될 수 없다(반면에 기술자의 경우에는, 적어도 이론적으로는, 다양한 종류의 프로젝트가 있는 만큼 도구와 재료의 다양한 집합, 즉 다양한 '장비 집합'이 있음을 전제로 한다). 그 집합은 자신의 잠재적 용도에 의해서만 규정될 수 있을 것인데, 이것을 '브리콜뢰르' 특유의 언어로 달리 표현하면, 그 요소들은 '언제나 쓸모가 있기 마련이다'라는 원칙에 따라 수집되어 간직되기 때문에 그렇다. 그런 요소들은 어느 정도 전문화되어 있는데, 요컨대 '브리콜뢰르'가 모든 업종에 대한 지식과 장비를 갖추지 않아도 되지만 그 요소들 각각이 하나의 한정된 특정 용도를 갖기에는 미흡한 점이 있다. 그것들은 각각 일단의 현실적 관계와 가능한 관계를 나타내는데, 그리하여 그것들은 '조작자'이지만 같은 종류의 모든 조작에 사용될 수 있다.[5]

이어지는 글에서 내가 함께 벼리는 일부 사상가와 사유 노선에 깜짝 놀라게 되는 독자들에게, 이 책은 어느 브리콜뢰르의 작품이면서 나의 독자적인 지적 배경과 발달의 특이점들을 매우 많이 반영한다는 점을 주지시킬 가치가 있다. 예를 들면, 이어지는 글에서 라캉이 여러 번 나타나는데, 이것은 과거에 내가 현업 정신분석가로서 활동한 시기를 반영한다. 이어지는 글에서 내가 논증하는 대로, 모든 객체는 하나의 군집체인데, 이것은 무엇보다도 책에 해당한다. 어떤 책을 구성하는 재료들이 자체적으로 이질적일 수 있는 경우에, 중요한 것은 서로 다른 이들 재료가 자체적으로 서로 정합적인지 여부가 아니라

---

5. Claude Lévi-Strauss, *The Savage Mind* (Chicago : University of Chicago Press, 1966), 17~8. [클로드 레비-스트로스, 『야생의 사고』, 안정남 옮김, 한길사, 1996.]

오히려 이들 부분이 어떤 새로운 객체를 형성하면서 만들어진 산물이 어느 정도의 정합성을 이루어 내는지 여부다. 어쩌면 독자들은, 예컨대, 하먼의 객체지향 존재론, 니클라스 루만의 자기생산적 사회 이론, 들뢰즈와 과타리의 잠재적인 것들의 존재론, 그리고 자크 라캉의 정신분석 이론이 함께 어우러져 있는 상황을 알아채고서 놀랄 것이다. 독립적으로 살펴보면, 이들 다양한 이론은 여러 가지 면에서 대립한다. 그런데 브리콜뢰르의 작업은 자립 능력을 갖춘 것을 생산하도록 이질적인 재료들을 함께 벼리는 것에 있다. 나는 스스로 그런 일을 해내었기를 바라지만, 이것이 객체지향 존재론이 체계화될 수 있는 유일한 방식이라고 주장하지 않으며, 실재에 관한 한 이론으로서 다른 이론들을 단속하는 일에 특별한 관심도 없다.

객체지향 존재론자가 인식론적 실재론자나 반실재론자에게 자신이 존재에 관한 두 세계 모형에서 비롯되는 인식론적 문제를 극복하는 길을 찾아내었다는 점을 조만간에 납득시킬 것 같지는 않다. 마셜 매클루언과 에릭 매클루언은 막스 플랑크의 말을 인용하여 다음과 같이 서술한다. "새로운 과학적 진리는 그 적들을 설득하여 그들이 그 빛을 보게 함으로써 승리하는 것이 아니라, 오히려 그 적들이 죽고 나서 그 진리에 친숙한 새로운 세대가 성장하기에 승리한다."[6] 철학의 경우에도 사정은 마찬가지인 것처럼 보인다. 철학의 새로운 혁신은 그 적들을 논박하기보다는 오히려 어떤 의문과 문제에 더는 몰두하지 않을 따름이다. 여러 가지 점에서, 객체지향 존재론은 리처드 로티의 충고를 좇아서 논쟁에서 철저히 빠져나오려고 노력할 뿐이다. 객체지향

6. Marshall McLuhan and Eric McLuhan, *Laws of Media* (Toronto : University of Toronto Press, 1988), 42.

존재론자들은 두 세기 이상 동안 진행된 논쟁에 넌더리가 나게 되었고, 인식론적 실재론과 반실재론의 가능한 변양태들이 스스로 소진되었다고 믿고 있으며, 따라서 다른 것들에 관한 논의로 넘어가기를 바란다. 이런 상황이 인식론 치안에 그다지 좋지 않더라도, 우리는 흔쾌히 자신의 죄를 고백하고 자신의 이른바 엄밀성의 부족을 포용하면서 우리가 인간과 독립적인 실재에 관해 말할 수 있다는 환상을 자신의 마음속에 계속 품는다. 그런데 그냥 넘어가는 그런 움직임이 철학에서 전매 미문의 일은 아니다. 지금까지 아무도 유아론을 논박하지 못했고 버클리주의적인 주관적 관념론도 논박하지 못했지만, 유아론도 극단적인 버클리주의적 관념론도 철학에서 중요한 현행 논쟁이었던 적이 결코 없다. 철학자들은 대체로 이들 입장을 무시하거나, 아니면 회피해야 할 경고성 사례로 사용할 따름이다. 접근을 둘러싸고 끝없이 벌어지는 논쟁 역시 같지 않을 이유가 있겠는가?

그런데도 나는, 이어지는 글에서, 나 자신이 옹호하는 존재론적 실재론을 인식론적으로 정초하는 논증을 표명하고자 한다. 1장에서는 존재론적 실재론에 대한 근거를 개괄하는데, 로이 바스카가 전개한 초험적 실재론에 상당히 의존한다. 이 논증의 기본 주제는 특성상 초험적인데, 요컨대 세계는 실험 활동이 가능하고 이해할 수 있는 것이 되도록 특별한 방식으로 조직되어 있어야 한다는 주장이 제시된다. 초험적이고 존재론적인 이들 조건에 관한 바스카의 명확한 표현은 객체들의 기본 구조, 실체와 성질들 사이의 관계, 자신이 맺고 있는 관계들로부터 객체의 독립성, 그리고 객체들의 물러서 있는 구조를 개괄하는 수단도 나에게 제공한다. 여기서 나는 반실재론과 인식론적 실재론에 관한 끝없는 논쟁을 초래하는 근본적인 가정도 밝혀낸다.

객체들의 기본 구조를 개괄한 다음에 2장에서는 아리스토텔레스의 실체 개념을 탐구하는데, 이를테면 실체를 단순한 것 혹은 쪼갤 수 없는 것과 조심스럽게 구분하면서 실체와 성질들 사이의 관계를 개괄한다. 여기서 한 가지 문제가 출현한다. 한편으로, 성질들은 변화할 수 있지만 실체는 지속한다는 점에서 실체는 자신의 성질들과 반드시 구분된다. 다른 한편으로, 실체에서 모든 성질을 제거하면 어떤 벌거숭이 기체基體 혹은 전적으로 아무 특징이 없는 실체가 주어질 것처럼 보이기에 모든 실체나 객체는 동일할 것이다. 게다가, 실체는 객체의 바로 그 존재, 그 개별성 혹은 특이성인데도 자신의 성질들을 통해서 언제나 표현될 따름이다. 이 세 번째 문제의 경우에, 나는 실체의 바로 그 본질이 물러서 있음에 있는 동시에 자기타자화에도 있다고 주장한다. 실체의 구조는 자신의 성질들 속에서 자신을 타자화하는 그런 것이다. 그런데 실체에 대한 그런 설명이 성공적일 수 있으려면, 성질을 띠지 않은 구조를 갖추고서 물러서 있는 실체에 대한 설명을 제시해야 한다. 우리는 성질을 띠지 않은 그런 구조를 어떻게 생각할 수 있는가?

성질을 띠지 않은 구조의 문제를 맞닥뜨린 다음에 3장에서는 들뢰즈의 존재론과 더불어 잠재적인 것과 현실적인 것 사이의 구분을 다룬다. 여기서 나는 잠재적인 것을 개별적인 것과 다른 것으로 여기는 들뢰즈의 경향을 비판하는데, 요컨대 개별적인 것이 잠재적인 것에 선행하기에 잠재태는 언제나 실체의 잠재태라고 주장한다. 나는 이것을 '잠재적 고유 존재'라고 일컫고서 존재자의 역능 혹은 역량으로 여긴다. 잠재적인 것에 관한 들뢰즈의 개념은 실체를 성질을 띠지 않고서 조직된 것으로 여기는 수단을 제공한다. 나는 잠재적 구조에서 산출되는 성질을 '국소적 표현'이라고 일컫고서 객체에 의해 저질러진 사건, 행위, 혹은 활동으로 여긴다.

객체들이 서로 물러서 있다면, 그것들은 어떻게 관계를 맺는가? 이것이 바로 하먼이 '대리적 인과관계'라고 일컫는 것의 문제다. 객체들이 필연적으로 자신이 맺은 모든 관계와 독립적일 때, 그것들은 어떻게 서로 관계를 맺는가? 4장에서는 이런 물음을 다시 다루면서 니클라스 루만의 자기생산 이론에 의지함으로써 물러서 있는 객체들의 상호작용을 설명한다. 그 장에서 나는, 모든 객체는 조작적으로 닫혀 있어서 자신의 환경에 대하여 독자적인 관계와 개방성을 구성한다고 주장한다. 객체들 사이의 관계는 해당 객체들이 상대방 객체에서 비롯되는 교란을 정보, 즉 체계 상태를 선택하는 사건으로 변환하는 방식에 의해 설명된다. 이런 정보 사건, 즉 체계 상태를 선택하는 사건 역시 해당 객체의 국소적 표현의 산출을 주재하는 작용에 속한다.

5장에서는 제약 조건, 부분과 전체 사이의 관계, 그리고 시간과 엔트로피에 관한 물음들이 논의된다. 객체들이 서로 물러서 있다면, 그것들은 어떻게 서로 제약할 수 있는가? 나는 생물학에서 발달 체계 이론이 거둔 성과에 의존함으로써 객체가 자신의 환경을 구축하는 동시에 그 환경의 제약을 받아서 국소적 표현이 특정한 형태를 띠게 되는 방식을 설명하고자 한다. 부분전체론에 관한 절에서는 더 큰 규모의 객체들과 더 작은 규모의 객체들 사이에 맺어지는 관계들에 대한 설명이 전개되는데, 결과적으로 더 작은 규모의 객체들이 그것들로 이루어진 더 큰 규모의 객체로부터 자율적이라는 점과 더불어 더 큰 규모의 객체 역시 자신을 구성하는 더 작은 규모의 객체들로부터 자율적이라는 점이 옹호된다. 여기서 나는, 현대의 사회 이론과 정치 이론이 지금까지 시달린 많은 문제가 이런 기묘한 부분–전체 관계들에 제대로 주의를 기울이지 못한 데서 생겨난다고 주장한다. 이 장은 시간화된 구조, 시간과 공간에 대한 객체의 관계, 그리고 객체가 어떻게 시간의 경과에 따른 엔트로피 증가 또는 해체 사태를 저지할 수 있는지에 관해 논의함으로써 마무리된다.

마지막으로, 6장에서는 존재자론이 옹호하는 평평한 존재론의 네 가지 논제를 개괄한다. 이들 논제 중 첫 번째 논제는 모든 객체는 물러서 있다는 것인데, 그리하여 현전 혹은 현실태에 의해 전적으로 규정되는 객체는 전혀 없다. 물러서 있음은 우리가 객체에 직접 접근할 수 없는 데서 초래되는 객체의 우유적인 특질이 아니라, 객체들이 관계를 맺는지 여부와 무관하게, 모든 객체의 구조적인 특질이다. 이 논제를 전개하기 위해 나는 라캉의 성별화 그래프에 의존하는데, 사실상 이들 도표를 생물학적 성에 관한 설명으로 여기기보다는 오히려 매우 상이한 두 가지 존재론적 담론 ─ 내재성과 물러서 있음의 존재론, 그리고 현전과 초월성의 존재론 ─ 으로 여긴다. 평평한 존재론의 두 번째 논제는 유일한 세계는 존재하지 않는다는 것이다. 여기서 나는, 모든 객체를 하나의 조화로운 통일체로 함께 묶을 '초객체', 대★전체, 혹은 총체는 없다고 주장한다. 세 번째 논제는, 인간은 존재 안에서 어떤 특권적 지위도 차지하지 않고 있고, 따라서 인간/객체 관계와 여타의 객체/객체 관계 사이에는 종류의 다름이 있는 것이 아니라 정도의 다름이 있을 뿐이라는 것이다. 마지막으로, 네 번째 논제는 모든 규모에서 온갖 종류의 객체는 그 존재론적 지위가 동등하다는 것인데, 그리하여 주체, 집단, 허구, 기술, 제도 등은 어느 모로 보나 쿼크와 행성, 나무, 곰벌레만큼 실재적이다. 평평한 존재론의 네 번째 논제 덕분에 우리는 인간과 객체 사이의 간극에만 전적으로 집중하기보다는 오히려, 다양한 시공간적 규모에서, 다양한 종류의 행위자들 사이의 얽힘과 집합체의 견지에서 생각하게 된다.

이어지는 글에서 나는 무엇보다도 세 가지 목표를 추구했다. 첫째, 나는 매우 상이한 두 가지 연구 프로그램을 종합할 수 있는 존재론적 틀을 제시하고자 했다. 문화연구 내에서는 의미작용에 집중하는 탐구 유형들과 기술과 매체, 물적 조건의 형태를 취하는 물질적인 것에 집중하는 탐구 유형들이 뚜렷이 구분된다. 더욱이, 인문학의 더 폭넓고 지배적인 경향은 물질적인 것들을 배제하고서 내용에 집중하는 것이었다. 나는 이런 별개의 경향들을 통합할 수 있는 존재론적 틀을 추구했다. 그런데 둘째, 그런 통합은 환원주의를 회피해야 한다. 자연적 존재자가 문화적 구성물로 환원되지 말아야 하는 것과 마찬가지로, 사회적 존재자와 기호적 존재자, 문화적 존재자도 자연적 존재자로 환원되지 말아야 한다. 이렇게 하려면 한 존재자를 다른 한 존재자에 근거를 두는 것, 즉 환원의 견지에서 사유하기에서 얽힘의 견지에서 사유하기로 이행할 필요가 있다. 얽힘 덕분에 우리는 다양한 종류의 존재자가 갖춘 환원 불가능성과 이질성, 자율성을 유지하면서 그것들이 어떻게 서로 영향을 미치는지 탐구할 수 있게 된다. 마지막으로 셋째, 무엇보다도 나는, 폭넓은 독자들이 이해할 수 있을 뿐만 아니라 매우 다양한 분과학문과 실천에 종사하는 사람들이 새로운 물음과 기획을 생성하는 데에도 활용할 수 있는 책을 쓰고자 했다. 나는 이들 목표를 달성하는 데 얼마간 성공했기를 바란다.

실재론적 존재론에 대한 근거

사물들-자체? 그런데 그것들은 잘 지낸다. 당신은 어떻게 지내는가? 당신은 자신이 바라보는 예우를 받은 적이 없는 사물들에 대하여 투덜대는가? 당신은 이것들이 당신의 의식이 비추는 조명을 결여하고 있다고 느끼는가? 당신이 오늘 아침에 사바나에서 자유롭게 질주하는 얼룩말들을 보지 못했다면 상황은 당신에게 훨씬 더 나쁘다. 얼룩말은 당신이 그곳에 있지 않았던 사실을 유감스러워하지 않을 것인데, 어쨌든 당신은 얼룩말을 길들이거나 죽이거나 사진을 찍거나 연구했었을 것이다. 아프리카가 백인이 도착하기 전에는 백인을 결여하고 있지 않았던 것과 꼭 마찬가지로, 사물들은 자체적으로 아무것도 결여하고 있지 않다. — **브뤼노 라투르**[1]

존재론의 죽음과 상관주의의 발흥

우리의 역사적 국면은 객체라는 범주, 존재론, 그리고 무엇보다도 모든 형태의 실재론에 대한 일반적인 불신, 심지어 경멸에 의해 특징지어진다. 게다가, 이 국면은 존재론에 대한 인식론의 우위성에 의해 특징지어진다. 『존재와 시간』에서 하이데거가 존재론을 부활시키려고 시도했다는 것은 사실상 참이지만, 이 시도는 존재론의 바로 그 의미를 철저히 변화시킴으로써 이루어졌을 따름이다.[2] 존재론은 인간이 현존하는지 여부와 무관하게 온갖 종류의 다양한 형태로 존재하는 것으로서의 존재에 관한 탐구가 더는 아니고, 오히려 존재에 대한 현존재, 즉 인간의 접근에 관한 심문이 될 것이었다. 존재론은 존재 자체에 관한 탐구라기보다는 오히려 현존재에-대한-존재에 관한 탐구가 될 것이었다. 존재 자체에 관한 탐구에서 인간에-대한-존재에 관한 탐구로의 이런 변환과 더불어, 지금까지 우리는 모든 곳에서 경험, 지향성, 권력, 언어, 규범성, 기호, 사건, 관계, 혹은 과정의 산물(産物) 속에 객체, 즉 일차 실체를 용해하려는 추동력도 목격했다. 이런 사유 노선의 틀 안에서 객체의 현존을 옹호하는 것은 소박함의 극치인데, 그 이유는 객체가 기표, 기호, 권력, 혹은 마음의 활동 같은 더 근본적인 것의 표면 효과에 지나지 않는다고 여겨지기 때문이다. 예를 들면, 흄의 경우에, 객체는 사실상 마음속에서 연합과 습관에 의해 연계된 인상들이나 감각들의 다발에 지나지 않는다고 주장된다. 여기서 이들 인상과

---

1. Bruno Latour, *The Pasteurization of France*, trans. Alan Sheridan and John Law (Cambridge : Harvard Universirty Press, 1988), 193.
2. Martin Heidegger, *Being and Time*, trans. John Macquarrie and Edward Robinson (San Francisco : Harper Collins, 1962). [마르틴 하이데거, 『존재와 시간』, 이기상 옮김, 까치, 1998.]

습관 너머에 현존하는 객체에 관한 더 심층적인 사실은 전혀 없다. 마찬가지로, 라캉은 "우주는 수사학의 꽃이다"라고 말할 것인데,[3] 결국 그는 세계에 거주하는 존재자들을 기표의 효과로 여긴다.

그러므로 우리는 존재론이 이해되는 방식의 전환을 식별할 수 있으며, 그리고 이런 전환과 더불어 객체들의 본질을 용해하게 되는 보편적인 산酸이 배치되었음을 인식할 수 있다. 그 새로운 존재론은, 우리는 언제나 우리에 대해서 있는 대로의 존재에 관해 말할 수 있을 뿐이라고 주장한다. 해당 철학에 따라, 이런 '우리'는 마음, 체험된 몸, 언어, 기호, 권력, 사회적 구조 등일 수 있다. 수십 가지의 변양태가 있다. 여기서 요점은, 존재는 그레이엄 하먼이 존재에 대한 우리의 접근이라고 일컬은 것에 의거하여 사유될 수 있을 뿐이라고 주장된다는 것이다.[4] 그리하여 존재론은 존재 자체에 관한 심문이 아니라 오히려 존재에 대한 우리의 접근에 관한 심문이 된다. 이제 "존재란 무엇인가?"라는 물음이 "존재란 우리에 대해서 무엇인가?"라는 물음으로 해석되어야 하기에 그 물음에 대한 답변에는, 모든 곳에서 그리고 언제나, 어떤 주석, 간기刊記, 혹은 약간의 세목이 수반된다.

그리고 존재론의 물음이 이제 "존재란 우리에 대해서 무엇인가?"라는 물음이 된다면 존재 자체가 무엇일지에 관한 물음은 당연히 있을 수가 없는데, 그 이유는 우리가 오로지 존재에 대한 우리의 접근이라는 견지에서만 존재를 다루기로 했기에 존재에 대한 우리의 접근과는 별도로 존재가 무엇일 것인가에 관한 물음은 이제 전적으로 무의미한 물음이 되기 때문이다. 이것은 두 가지 이유에서 그러하다. 첫째,

---

3. Jacques Lacan, *Encore : On Femine Sexuality, The Limits of Love and Knowledge : Book XX*, trans. Bruce Fink (New York : W.W. Norton & Co., 1998), 56.

4. Graham Harman, *Tool-Being* (Chicogo : Open Court, 2002).

존재에 대한 우리의 접근과는 별도로 우리가 존재를 알 수 있다면, 주장컨대, 이로부터 우리는 이 존재에 접근할 수 있다는 결론이 당연히 도출되기에 우리에게 현시되는 그 소여를 넘어선다고 추정되는 이 존재를 우리에-대한-존재로 다시 전환하게 된다. 둘째, 무언가를 알기 위해서는 우리는 그 사물에 접근할 수 있어야 한다는 논변이 이어진다. 그런데 그것에 대한 우리의 접근 너머에 있는 존재는 바로 우리가 접근할 수 없는 어떤 존재 형식이다. 그러므로 그런 존재에 관한 주장은, 엄격히 말하자면, 무의미함이 당연하다. 나는 나중에 이들 두 논변의 견실함을 의문시할 좋은 이유가 있는 까닭을 보여주기를 희망하지만, 당분간은 그저 그 논변들과 함께하면서 그 논리를 이해하는 것으로 충분한데, 그 이유는 이들 논변이 오늘날 거의 모든 지배적인 철학적 입장의 기본 도식을 구성하기 때문이다.

이들 논변이 수용된다면, 존재에 대한 우리의 접근과는 별도로 존재가 어떠할 것인지에 관한 물음은 당연히 있을 수가 없다. 왜냐하면 존재에 대한 우리의 접근과는 별도로 존재에 관해 말할 수 있게 될 조건은 그 존재에 대한 접근권을 요구하지만, 우리에게는 그런 접근권이 없기 때문이다. 그리하여 철학은 우리에게 주어지는 대로의 존재가 자체적으로 있는 그대로의 존재와 같은지 여부에 관한 물음을 포기해야 한다는 결론이 당연히 도출되는데, 왜냐하면 우리는 우리에게 현시되는 대로의 존재를 우리와 별개로 자체적으로 있는 그대로의 존재와 비교하기 위해 '자신에게서 벗어날' 수 없기 때문이다. 우리가 희망할 수 있는 최선의 것, 우리가 최대로 알 수 있는 것은 우리에게 현시되는 대로의 존재이고, 따라서 철학은 존재자들의 본질과 관련된 담론, 메이야수가 서술한 대로,[5] 어떤 실체가 참된 실체에 해당하는지 (객체, 유일신, 자연, 입자, 과정 등?)와 관련된 담론에서 존재자들이 우리에게 현시되게 하는 메커니즘(예를 들면, 마음, 언어, 규범성, 기호, 권력)에 관한 담론으로 전환된다. 존재론은 초험적 인간학이 되고 세계는 우리 자신을 반영하는 거울이 되는데, 우리는 그 반영을 알아보지 못한다.

그러므로 철학은, 어떤 종류의 것이든 간에, 메이야수가 상관주의라고 적절히 명명한 것에 의해 특징지어진다. 메이야수가 서술하는 대로, "'상관주의'란 우리는 언제나 사유와 존재의 상관관계에만 접근할 수 있을 뿐이며 그 두 항은 결코 별개로 고려될 수 없다는 관념을 뜻한다."[6] 나는 상관주의적 순환을 벗어나기 위한 메이야수의 제안(그리고 그의 존재론)에 동의하지 않는 이유가 있지만, 한편으로는 상관주의에 관한 그의 개념이 현대 철학을 지배하는, 푸코적 의미에서의 에피스테메를 멋지게 요약한다고 믿고 있다. 『말과 사물』[7]과 『지식의 고고학』[8]에서 에피스테메라는 개념을 도입할 때, 푸코는 에피스테메를 어떤 분과학문에서 다른 입장에 대립할 확정적인 입장으로서 나타내기보다는 오히려 어떤 특정한 담론 공간에서 역사적으로 선험적인 것의 기능을 수행하는 일단의 진술로서 나타내려고 한다. 어떤 에피스테메는 바로, 예를 들면, 언어에 관한 대립적인 이론들이 서로 대립적일 수 있게 하는 일단의 진술일 것이다. 대립적인 이들 입장이 서로 적대적인 관계를 형성할 수 있게 하는 것은 그 입장들이 공유하는 공통

5. Quentin Meillssoux, *After Finitude* (New York : Continuum, 2008), 6. [퀑탱 메이야수, 『유한성 이후 : 우연성의 필연성에 관한 시론』, 정지은 옮김, 도서출판b, 2010.]

6. 같은 책, 5. [같은 책.]

7. Michel Foucault, *The Order of Things* (New York : Vintage, 1994). [미셸 푸코, 『말과 사물』, 이규현 옮김, 민음사, 2012.]

8. Michel Foucault, *The Archaeology of Knowledge and The Discourse on Language*, trans. A.M. Sheridan Smith (New York : Pantheon Books, 1972). [미셸 푸코, 『지식의 고고학』, 이정우 옮김, 민음사, 2000.]

의 틀이다. 그러므로 상관주의가 현대 철학의 에피스테메에 해당한다는 주장은 어떤 **특정한** 철학적 입장이 아니라, 오히려 현재 우리 시대의 철학적 담론을 규정하는 공통의 틀과 관련된 주장이다. 이 에피스테메는, 예를 들면, 『논고』의 초기 비트겐슈타인, 『지각의 현상학』의 메를로-퐁티, 그리고 『그라마톨로지』의 데리다 같은 서로 대립적인 다양한 사상가들이 공유한다. 이들 입장의 방대한 차이와 불일치에도 불구하고, 그들의 사유와 이견은 존재와 사유의 필연적인 상관관계라는 암묵적 전제의 지평 안에서 전개된다. 이들 논쟁의 대상은 상관주의가 사실인지 여부가 아니라, 오히려 원시적인 혹은 가장 근본적인 상관관계가 부각될 수 있는 방법이다.

그러므로 우리는 상관주의로 객체와 실재론 둘 다에 대하여 현대 이론이 품는 의구심의 뿌리를 찾아낸다. 사유와 존재 사이의 상관관계와 **독립적인** 존재자들에 관한 지식을 주장한다는 사실로 인해 실재론은 필연적으로 상관주의의 모든 변양태에 저주나 다름없음이 틀림없다. 모든 실재론은 사유에-대해-있음과 무관한 존재자들에 관해 무언가를 알 수 있다는 논제를 신봉하는데, 하지만 이 논제는 바로 상관주의적 태도에 의해 배제되는 것이다. 여기서 정확히 하는 것이 중요하다. 상관주의란 존재하는 것은 지각되는 것esse est percipi이라는 주관적 관념론의 논제가 아니다. 주관적 관념론과 절대적 관념론은 상관주의의 두 가지 변양태일 따름이다. 상관주의자는 어떤 존재자도 사유와는 별도로 존재하지 않는다는 논제를 신봉할 필요가 없다. 사실상 대다수 상관주의자는 사유 이외의 무언가가 존재한다는 논제를 신봉한다. 예를 들면, 칸트는 현상(우리에-대한 존재자들)에 덧붙여 물자체가 존재한다고 생각했다. 상관주의자는 단지 우리가 사유와는 별도로 존재하는 이들 존재자에 접근할 수 없고, 따라서 우리에-대해서 있는 대로의 존재자에 관해서만 말할 수 있을 뿐이라고 주장할 따름이다. 그리고 여기서 실재론과 반실재론 혹은 상관주의 사이를 가르는 범주적 구분선이 드러난다. 반실재론자 혹은 상관주의자의 경우에, 존재자에 관한 주장은 결코 존재자-자체 혹은 우리와는 별개의 존재자에 관한 주장이 아니라, 언제나 그리고 오로지 우리에게 현시되는 대로의 존재자에 관한 주장이다. 이와는 대조적으로, 실재론자의 경우에, 객체에 관한 주장은 우리에-대해서 혹은 오로지 우리와 관련하여 있는 대로의 객체에 관한 주장이 아니라 정말로 객체에 관한 주장이다.

그 결과, 상관주의자의 경우에, 객체는 허구물의 지위를 부여받는다는 점이 명백해진다. 객체는 더는 물자체와 동일시될 수 없기에, 즉 객체는 언제나 우리에-대한 객체일 뿐이고 우리와 독립적으로 있는 그대로의 사물이 결코 아니기에, 객체는 현상이 되거나 우리에 대한 현실적 표현 혹은 가능한 표현으로 환원된다. 이제 철학은 물자체나 실체의 본성에 관한 논쟁에서 현상을 산출하거나 조직하는 메커니즘에 관한 논쟁으로 전환된다. 현상을 조직하는 것은 마음인가? 언어인가? 권력인가? 지향성인가? 체화된 경험인가? 그런 것들은 지금까지 현대 이론이 향유한 소수의 선택지에 불과하다.

그러므로 상관주의의 핵심에는 뿌리 깊은 인간중심주의가 자리하고 있다는 점이 분명한데, 그 이유는 존재가 사유와는 별도로 현존하는 것으로서 사유될 수 없다고 여겨진다면 존재에 관한 모든 주장은 존재에 관한 주장이 인간에 대한 존재에 관한 주장이라는 암묵적인 간기를 궁극적으로 품고 있음이 명백해지기 때문이다. 게다가, 하이데거와 구조주의자와 포스트구조주의자가 모두 나름대로 반인간주의를 선언했음에도 불구하고, 이들 반인간주의가 우리를 실재론에 더 가까이 데려가지 않는다는 점은 확실하다. 왜냐하면, 대충 서술하면, 그런 반인간주의들은, 존재와 사유가 결코 서로 분리되어 사유될 수 없게 하는, 존재와 사유 사이의 필연적인 관계에 관한 상관주의적 논제를 반대하는 것이 아니라, 오히려 인간주의가 원초적인 상관관계를 개개의 인식자 마음에 위치시키는 방식을 반대하기 때문이다. 그러므로, 예를 들면, 구조주의적 반인간주의와 포스트구조주의적 반인간주의는 언어와 사회적 관계의 자율성 및 독립성을 강조한다. 여기서 주도적인 것은 주권적 주체가 아니라, 오히려 언어 그리고/또는 사회적 관계라는 논변이 이어진다. 구조주의적 반인간주의자와 포스트구조주의적 반인간주의자가 검토하고 싶은 것은 언어와 사회적 관계가 개인의 행위를 결정하는 방식과, 알튀세르를 좇으면, 개인 자체가 더 원초적인 이들 행위주체의 결과물이 되는 방식이다. 이제 개인들의 마음이 아니라 비인격적인 익명의 이들 행위주체가 표현을 위한 조건이라는 결론이 당연히 도출된다. 세계는 개인들의 마음 혹은 초험적 주체성의 구성물이 아니라 비인격적인 익명의 사회적 구조들의 구성물이라는 이야기가 이어진다.

비록 반인간주의가 철학을 개개의 마음에 대한 집중에서 벗어나게 하는 덕분에 우리는 사유와 사회적 관계의 핵심에서 작동하고 있는 훨씬 더 비인격적인 익명의 다양한 패턴과 구조의 지배를 식별할 수 있게 되지만, 이로부터 반인간주의가 인간중심주의를 벗어났다는 결론은 절대 도출되지 않는다. 왜냐하면 사회적 관계, 경제적 관계, 그리고 언어는, 인간적인 것들이 담론적으로 구성되더라도, 아무튼 인간적 현상이고, 따라서 우리는 여전히 인간중심주의의 궤도 안에 머무르고 있다는 결론이 도출되기 때문이다. 다시 말해서, 우리가 존재에 관한 우리의 사유와 무관하게 존재가 어떠할지를 알 수 없다고 전제하면서 인간주의적으로 시작한 것과 꼭 마찬가지로, 이제 우리는 존재에 관한 우리의 주장이 언어, 권력, 혹은 사회적 관계와 관련되거나 상관된 존재에 관한 주장이라는 결론을 내리기 때문이다. 인간주의자뿐만 아니라 반인간주의자의 경우에도, 인간과는 별개의 세계가 어떠할지에 관한 물음은 전적으로 배제된다.

상관주의적 순환을 단절하기

상관주의와 더불어, 존재론의 물음은 더는 "존재로서의 존재란 무엇인가?"가 아니라 오히려 "현존재로서의 존재란 무엇인가?" 혹은 "언어로서의 존재란 무엇인가?" 혹은 "권력으로서의 존재란 무엇인가?" 혹은 "역사로서의 존재란 무엇인가?" 혹은 "체험된 신체로서의 존재란 무엇인가?"가 되며, 그리고 그 밖의 많은 다른 화신이 된다. 상관관계에 대한 이들 다양한 표명 사이에 논쟁이 뜨겁게 전개되지만, 그런데도 우리는 존재를 언제나 인간적인 것의 어떤 측면과 관련하여 생각하게 하는 일련의 의인화 경향을 맞닥뜨린다. 프로타고라스가, 이런저런 형태로, 시대를 지배한다. 그리하여 우리가 얻게 되는 것은, 모든 객체가 동등한 존재론적 지위에 놓여 있고, 철학자가 인간이 망고와 관계를 맺는 방식에 관한 물음에 관심을 기울이는 것과 꼭 마찬가지로, 하먼이 선호하는 사례를 환기하면, 면화가 불과 관계를 맺는 방식에 관한 물음에 관심을 기울일 수 있게 하는 객체들이나 행위소들의 민주주의가 아니라, 오히려, 인간적인 것들이 여타 존재자를 관장하는 군주제인데, 여기서는 인간적인 것의 어떤 사례가 여타 존재자를 과잉결정하는 것으로 여겨지고, 가장 중요한 문제는 언제나 개개의 마음이 다른 객체들과 관계를 맺는 방식 혹은 사회적인 것과 문화적인 것이 존재와 관계를 맺는 방식을 결정하는 것이다. 지젝이 주장하는 대로, 존재신학이라는 경멸적인 의미에서의 형이상학이 한 부분을 전체의 근거로 격상시키는 데 있다면, 상관주의의 인간중심주의는 자신을 형이상학에 대한 비판으로 규정하거나 이의를 제기함에도 철저히 형이상학적이다.9 상관주의는 신의 자리에 인간을 위치시키는 존재신학이다.

우리의 물음은 이중적이다. 한편으로, 상관주의가 현대 철학에서 대단히 설득력 있는 지위에 이르게 한 철학적 전제는 무엇인가? 다른 한편으로, 진정으로 포스트휴머니즘적인 실재론적 존재론을 납득이 가도록 옹호하기 위해 상관주의적 교착 상태에서 빠져 나올 방법이 있는가? 포스트휴머니즘적인 실재론적 존재론은 반인간적 존재론이 아니라, 나중에 알게 되듯이, 인간이 더는 세계의 군주가 아니고 오히려 존재자들에 속하고 존재자들과 얽혀 있으며 다른 존재자들에 연루된 존재론이다. 이 절에서 나는 과학철학자 로이 바스카의 초기 사상에 깊이 관여함으로써 이들 물음 중 두 번째 것을 다룰 것이다. 게다가, 이 논의는 나중에 객체의 존재론을 검토하기 위한 무대를 설정할 것이다. 역설적이게도, 상관주의를 벗어나는 방법이 초험적 논변을 통해서 발견될 수 있는 것으로 판명된다. 그런데 여기서 나는 앞서 나가고 있다.

존재론적 실재론을 옹호하는 바스카의 변론을 개괄하기 전에, 한 가지 주의 사항을 먼저 표명해야 한다. 자신의 초기 작업에서, 그리고 특히 여기서 내가 대단히 기댈『실재론적 과학론』이라는 책에서 바스카는 주로 과학의 존재론에 관심을 기울였다. 그리하여, 내가 저술하

---

9. Slavoj Žižek, *The Sublime Object of Ideology* (New York : Verso Books, 1989), 87~9.
    [슬라보예 지젝, 『이데올로기의 숭고한 대상』, 이수련 옮김, 새물결, 2013.]

고 있는 이 책의 맥락 속에서, 나 자신이 자연과학의 대상들이 존재 자체를 망라한다고 주장하고 있다는 그릇된 인상을 독자들이 품을 수 있는 특별한 위험이 제기된다. 요컨대, 존재와 자연 세계의 객체들이 동의어라는 논제를 내가 옹호하고 있다는 결론을 내릴 사람이 어쩌면 있을 것이다. 내가 실재론적 과학론을 옹호하는 바스카의 논변을 전개할 때, 나의 목적은 자연주의를 유일한 참된 존재론으로 변호하는 것이 아니고 오히려 바스카가 실재론적 존재론에 이르게 되는 논변을 펼치는 것이다. 그리고 여기서 나는 바스카가 전개한 논변의 존재론적 차원에만 관심이 있을 따름이다. 바스카가 서술하는 대로,

> 모름지기 적절한 과학철학은 과학의 주요한 이 역설을 극복할 수 있는 방법을 찾아내야 한다. 인간은 자신의 사회적 활동 속에서 여느 다른 것과 마찬가지로 하나의 사회적 산물인 지식을 생산하는데, 말하자면 지식 역시 자동차, 안락의자, 혹은 책과 마찬가지로 그것을 생산하는 과정 및 인간과 독립적이지 않고, 그 나름의 장인과 기술자, 출판업자, 표준, 솜씨가 있으며, 그리고 여느 다른 상품에 못지않게 변화하게 된다. 이것은 '지식'의 한 측면이다. 나머지 다른 한 측면은 지식이 인간에 의해 절대 생산되지 않는 사물들 — 수성의 고유 중력, 전기분해 과정, 빛 전파 메커니즘 — 에 '관한' 것이라는 점이다. 이런 '지식의 대상들' 가운데 인간 활동에 의존하는 것은 전혀 없다. 인간이 더는 현존하지 않는다면, 그리하여 가설에 의해 사태를 파악할 인간이 아무도 없을지라도, 소리는 계속해서 전파할 것이고 무거운 물체는 정확히 같은 방식으로 땅에 낙하할 것이다.[10]

---

10. Roy Bhaskar, *A Realist Theory of Science* (New York : Routledge, 2008), 21.

바스카는 지식의 이들 두 가지 차원을 각각 타동적 차원과 자동적 차원으로 일컫는다. 타동적 차원은 물려받은 담론, 과학적 훈련, 제도 등과 같은, 지식 생산에 있어서 사회적인 것들의 차원을 가리킨다. 반면에, 자동적 차원은 인간이 그것들에 관해 알고 있는지 여부와 무관하게 현존할 존재자들의 영역을 가리킨다. 그러므로 우리는, 바스카가 자신의 과학철학에서 쿤의 『과학혁명의 구조』[11] 혹은 푸코의 『말과 사물』에서 제시된 통찰 같은 것(지식 생산의 타동적 혹은 사회적 차원)을 과학의 실재론적 존재론(자동적 차원)과 조화시키기를 바란다고 말할 수 있다. 현재의 맥락에서 나의 초점은 실재론적 존재론을 지지하는 바스카의 논변과 나아가 자동적인 것들에 집중되는데, 그런데도 독자들은 지식이 생산되는 사회적 차원이 무시되고 있다는 결론을 내리지 말아야 한다.

이 책의 후속 장들이 예증하리라 바라는 대로, 존재자론이 옹호하는 실재적 존재자들의 영역은 자연 세계에 속하는 존재자들의 영역보다 훨씬 더 넓다. 달리 서술하면, 자연적 존재자들은 실재적 존재자라는 범주의 **부분집합**을 이룬다. 존재자론은, 자연적 존재자들에 덧붙여, 기술, 상징적 존재자, 허구적 존재자, 집단, 국가, 예술 작품, 가능한 존재자, 인공적 존재자, 그리고 그 밖의 많은 다른 존재자도 실재적 존재자의 범주에 속한다고 여긴다. 그러므로 자연적 존재자들의 실재성을 옹호하는 바스카의 논변은 존재론을 위한 출발점의 기능을 수행하지만, 실재적 존재자들의 영역을 결코 망라하지 못한다.

그 결과, 둘째, 이 책에서 옹호되는 존재론은 『실재론적 과학론』

---

11. Thomas S. Kuhn, *The Structure of Scientific Revolutions* (Chicago : The University of Chicago Press, 1970). [토머스 새뮤얼 쿤, 『과학혁명의 구조』, 김명자·홍성욱 옮김, 까치, 2013.]

에서 바스카가 제안하는 존재론을 상당히 확대할 것인데, 나는 그 존재론이 바스카가 자신의 존재론에서 제시하는 것을 훌쩍 넘어선다고 믿고 있다. 그러므로 『실재론적 과학론』에서 바스카가 제안하는 존재론에 내가 큰 빚을 지고 있더라도, 독자들은 존재자론이 전제하는 존재론이 바스카의 초험적 실재론이 제시하는 존재론과 동일하다고 가정하지 말아야 한다. 이어지는 글에서는 이들 존재론 사이의 많은 공통점뿐만 아니라 많은 차이점도 제시될 것이다. 이 책의 목적은 바스카의 존재론에 관한 주석을 제공하는 것도 아니고, 그의 존재론을 충실히 고수하는 것도 아니라, 오히려 상관주의와 단절할 수 있으면서도 상관주의자들의 가장 중요하고 유의미한 발견 결과를 통합할 수 있는 포스트휴머니즘적인 실재론적 존재론을 전개하는 것이다.

존재론적 실재론을 옹호하는 바스카의 변론은 다음과 같이 매우 단순한 초험적 물음으로 시작한다. "⋯ 과학이 가능하기 위해서는 세계가 어떠해야 하는가?"[12] 과학이 가능하기 위해서는 세계가 어떠해야 하는지 물을 때, 바스카는 초험적 물음을 제기하면서 초험적 논변 양식을 사용하고 있다. 여기서 제기되는 물음은 "우리가 세계에 어떻게 접근할 수 있는가?" 혹은 "우리가 세계를 어떻게 아는가?"가 아니라, 오히려 우리의 과학적 실천이 가능하기 위해서는 세계의 본성과 관련하여 무엇이 전제되어야 하는가이다. 들뢰즈가 주지시키는 대로, 우리는 초험적인 것을 초월적인 것과 혼동하지 말아야 한다.[13] 초월적인 것은 다른 무언가 위에 혹은 그것 너머에 있는 것을 가리킨다. 예를 들면, 어쩌면 유일신은, 만약 현존한다면, 세계에 대해 초월적일 것

12. Bhaskar, *A Realist Theory of Science*, 23.
13. Gilles Deleuze, "Immanence : A Life," trans. Nick Millet, *Theory, Culture & Society* — *Explorations in Critical Social Science*, vol. 14, no. 2, 1995를 참조하라.

이다. 반면에, 초험적인 것은 어떤 다른 실천, 인지 형식, 혹은 활동에 대한 조건에 해당하는 것을 가리킨다.

그러므로 예를 들면, 어쩌면 언설은 그 초험적 조건으로서 언어가 필요할 것이다. 만약 이것이 사실이라면, 그 이유는 두 사람이 소통할 수 있게 하는 조건이 언어의 형태로 공유된 코드가 있어야 함을 요구하기 때문이다. 여기서 내가 여러분에게 내 생각을 전할 수 있게 하는 조건은 우리가 모두 같은 언어 — 몸짓처럼 단순한 것이든 자신에 관해 자기성찰적으로 논평할 수 있는 기표들의 연쇄처럼 매우 복잡한 것이든 간에 — 를 공유하는 데 있을 것이다. 반면에, 언설의 지시대상은 어쩌면 언어와 언설 둘 다에 대해 초월적일 것이다. 언설의 지시대상이 언설에 대해 초월적이라면, 그 이유는 (1) 우리가 어떤 물리적 지시대상도 없는 허구적 존재자에 관해 말할 수 있거나, 혹은 (2) 부재하는 존재자에 관해 말할 수 있으며, (3) 언설 자체에 관해 언급함으로써 언설을 객체로 변환할 수 있기 때문이다. 지금까지 너무나 흔히 초험적인 것에 관한 물음이 초월적인 것에 관한 물음과 혼동되었다. 그런데 요점은 초험적 물음이 특정한 실천이나 활동을 가능하게 하는 것에 관한 물음이라는 점이다. 초험적 물음은 특정한 실천이 이루어지는 데 필요한 것에 관한 물음이기에 이런 실천에 내재적인 것을 가리킨다.

게다가 초험적 물음은 특성상 토대주의적이지 않다는 점을 인식해야 한다. 초험적 물음은 지식이나 실천에 대한 절대적으로 확고하고 논박할 수 없는 토대를 추구하는 것이 아니라, "그렇고 그런 실천이 주어지면, 이런 실천이 가능하기 위해서는 사정이 어떠해야 하는가?"라고 물을 뿐이다. 그리하여 초험적 물음은, 지식에 대한 절대적 토대를 추구하는 프로젝트를 거부함으로써, 데카르트가 개시했고 흄이 매우 설득력 있게 비판한 인식론적 프로젝트를 회피하게 된다.

그런데 벌써, 바스카의 물음과 더불어, 우리는 공기 혹은 분위기가 매우 다름을 감지한다. 바스카는 과학이 가능하기 위해서는 마음이 어떠해야 하는지 묻지 않고, 오히려 과학이 가능하기 위해서는 세계가 어떠해야 하는지 묻는다. 이런 식으로 과학에 관한 물음의 틀을 형성하면서 바스카는 초험적 물음을 인식론의 영역에서 존재론의 영역으로 전환한다. 과학이 가능하기 위해서는 마음이 아니라 세계 자체가 어떤 특정한 방식으로 존재해야 한다. 그리고 바스카의 초험적 논변의 전개가 실재론을 옹호하는 변론으로서 역설적이라면, 그것은 바로 이런 이유 때문이다. 왜냐하면 최초로 초험적 논변 모형을 명시적으로 발명했던 칸트로 시작하여 초험적 논변에 관한 모든 후속 모형은 어떤 실천 형식의 조건을 마음 혹은 사회적인 것의 어떤 변양태로 거슬러 올라갔기 때문이다. 그런데 바스카와 더불어 여기서 우리는 이런 논변 양식과 철저히 반대되는 양식을 갖게 된다. 제기되는 물음은 더는 "X가 가능하기 위해서는 마음이 어떠해야 하는가?"도 아니고, "X가 가능하기 위해서는 사회적인 것이 어떠해야 하는가?"도 아니라, 오히려 "X가 가능하기 위해서는 세계가 어떠해야 하는가?"이다. 게다가 이런 식으로 이미, 바스카는 초험 철학을 어떤 형식의 초험적 관념론 혹은 반실재론의 제약에서 벗어나서 초험적 실재론의 틀로 전환한다. 왜냐하면, 과학이 가능하기 위해서는 세계가 어떠해야 하는지 묻는 경우에, 우리는 인간과 독립적인 별개의 세계를 전제로 하고서 시작하기 때문이다.

그러므로 다른 책에서 바스카는 초험적 논변의 본성에 관해 부연하면서 다음과 같이 서술한다.

철학이 가능할 수 있으려면(그리고 나는 철학이 사실상 필수불가결하다고 주장하고 싶다) 철학은 칸트의 길을 좇아야 한다. 그런데 그 과정에서 철학은 특정 이론들의 내용을 신봉하지 않을 뿐만 아니라 그 모든 결과의 조건적 본성도 인식해야 한다. 더욱이, 철학은 칸트 특유의 철학적 프로젝트에 중심적이었던 두 가지 전제를 거부해야 한다. 즉, 'φ가 가능하기 위해서는 사정이 어떠해야 하는가'라는 형태의 모든 탐구에서 결론 X는 우리에 관한 사실일 것이라는 전제와 더불어 φ는 언제나 마음의 어떤 보편적인 작용을 나타내야 한다는 전제를 거부해야 한다. 말하자면, 철학은 칸트가 그 속으로 자신의 탐구를 밀어 넣었던 관념론적이고 개체주의적인 주형을 거부해야 한다.[14]

이 진술에 나는, "φ가 가능하기 위해서는 사정이 어떠해야 하는가?"라는 물음에 대한 모든 답변은 사회, 언어, 혹은 권력을 거론해야 한다는 결론을 회피해야 한다는 점을 덧붙일 것이다. 그러므로 사실상 바스카는 초험적 논변 양식에서 마음과 사회적인 것을 뜯어낼 것을 제안한다. 봉합하는 것은 묶는 것이고, 이런 점에서 모든 상관주의는 봉합이다. 모든 상관주의의 표식은 존재를 이런저런 형태로 인간적인 것과 봉합한 자국이다. 그러므로 탈봉합은 존재의 영역과 사유의 영역을 봉합한 매듭을 풀어서 체계적으로 분리하는 것에 해당할 것이고, 그리하여 근대 시대를 지배한 프로타고라스적 기반을 약화할 것이다. 그런데 이런 탈봉합의 전략이 유망한 것처럼 보일지라도, 이와 같은 존재와 사유의 탈봉합 혹은 마음에서 세계로의 직접적인 이행에 있어서 우리가 바스카를 좇을 납득할 만한 이유가 필요하다.

과학을 가능하게 하는 조건은 우리 마음과 독립적으로 현존하는

---

14. Roy Bhaskar, *The Possibility of Naturalism* (New York: Routledge, 1998), 5.

실재적 구조이면서 종종 사건의 현실적 패턴과 "결이 어긋나는" 것, 즉 "자동적 객체"라고 일컬어지는 것이 존재하는 상황이라고 바스카는 주장한다.[15] 바스카가 명확히 서술하는 대로,

> … 지식의 자동적 객체들은 일반적으로 그것들에 관한 우리의 지식에 대해 불변적이다. 그것들은 세계의 실재적 사물과 구조들, 메커니즘과 과정들, 사건과 가능한 것들이다. 그리고 대체로 그것들은 우리와 전적으로 독립적이다. 그것들은 알 수 없는 것이 아닌데, 그 이유는 사실상 그것들에 관한 꽤 많은 것이 알려져 있기 때문이다 … 그런데 그것들은 어떤 식으로도 그것들에 관한 우리의 지식 ─ 지각은 말할 것도 없고 ─ 에 의존하지 않는다.[16]

자동적 객체가 그것에 관한 우리의 지식에 대해 불변적이라는 주장은 자동적 객체가 **불변적**이라는 주장과 같지 않다. 오히려 요점은, 이런 객체는 누군가가 그것에 관해 아는지 혹은 그것을 지각하는지 여부에 무관하게 자신이 행하는 바를 행할 것이라는 점이다. 자동적 객체가 현실적 사건 패턴과 '결이 어긋날' 수 있다는 주장은 이런 자동적 객체가 작용하지 않거나 휴면 상태에 있을 수 있음으로써 다른 환경이나 맥락에서는 산출할 어떤 사건을 산출하지 않는다는 주장이다.

현재까지 우리는 바스카가 무엇이 과학적 실천의 초험적 조건이라고 주장하는지는 알지만, 바스카가 왜 이것이 과학의 초험적 조건이라고 주장하는지는 알지 못한다. 사실상, 현 상태로는, 바스카가 과학적

---

15. Bhaskar, *A Realist Theory of Science*, 13.
16. 같은 책, 22.

실천이 왜 이들 자동적 객체를 전제로 해야 하는지에 대한 아무 근거도 제시하지 않으면서 마음과 독립적인 객체들의 현존을 독단적으로 단언하고 있는 것처럼 들린다. 여기서 만사는 자동적 객체가 현실적 사건 패턴과 '결이 어긋날' 수 있다는 바스카의 논제와 과학적 실천에 있어서 실험의 본성에 달려 있다. "실험 활동의 이해 가능성은 실험 조건 아래서 탐구되는 객체의 자동성뿐만 아니라 구조화된 특성을 전제로 한다."[17] 그런데 왜 이러해야 하는가? 바스카에 따르면,

> … 실험 조건 아래서 나타날 사건들의 패턴이 그 조건이 없다면 나타나지 않을 것이라는 바로 그 점에서 실험이 필요하다. 그러므로 어떤 실험에서 우리는 일련의 사건의 인과적 행위주체이지만, 일련의 사건이 실험 조건 아래서 산출되었다는 이유로 인해 우리가 식별할 수 있게 되는 인과 법칙의 행위주체는 아니다.[18]

바스카의 주장을 이해하려면, 여기서 그의 논제와 감각자료 경험론이 옹호하는 논제를 비교해야 한다. "경험론적 존재론에서 인과 법칙은 지각된 사건들(혹은 지각된 것들)의 일정한 연접으로 분석된다."[19] 토대주의적 열망에서 벗어난 경험론자는 오직 감각에 주어지는 것과 함께 머무르기로 함으로써 근거 없는 존재론적 전제들을 전부 근절하려고 시도한다. 예를 들면, 경험론자의 경우에, 감각과 독립적인 더 심층적인 사실은 존재하지 않는다. 지금 나는 귤의 맛을 본다. 감각자료 경험론자의 경우에, 이 귤은 내 앞에 보이는 오렌지색의 광

---

17. 같은 책, 33.
18. 같은 곳.
19. 같은 곳.

택과 둥근 모양, 내 콧구멍을 가득 채우는 달콤한 과일 향기, 이제 내가 그것을 만질 때 느껴지는 신선한 차가움 등일 따름이다. 경험론자의 경우에, 귤이라고 일컬어지는 것은 내 마음이 연합이라는 조작을 거쳐서 통합한 감각들의 다발이다. 경험론자에 따르면, 이들 감각이 나에게 제공하는 것보다 더 많은 것이 귤에 있더라도, 귤이 자체적으로 독립하여 현존하더라도, 나는 언제나 이들 감각을 통해서만 그 객체에 접근할 수 있기에 그런 상황에 관해서는 아무것도 알 수 없다. 그러므로 일종의 비판적 경계 작업을 수행하고 있는 경험론자는 독립적인 실재적 객체를 정당하지 않은 형이상학적 잔류물로 여기며 논의에서 전적으로 배제하기로 함으로써 철학적 논의를 오로지 감각에 주어지는 것에 한정한다.

경험론자가 인과성을 논의하게 될 경우에, 그는 아무것에도 의지하지 않고 인과성에 관한 주장을 사건들 혹은 감각 인상들의 일정한 연접에 관한 주장으로 논의할 따름이다. 경험론자의 경우에, 인과적 주장은 경험되는 감각들의 일정한 연접에 지나지 않는다. 무엇보다도 인과적 주장은 객체 속에 자리하고 있는 역능에 관한 주장이 아닌데, 그 이유는 바로 우리가 이런 감춰진 역능에 접근할 수 없기 때문이다. 흄이 서술하는 대로, "내가 전에 먹었던 빵은 나에게 영양을 공급했다. 즉, 그런 감각적 성질들의 물체가, 그 당시에는, 그런 은밀한 역능을 부여받았다. 그런데 다른 빵도 다른 때에 나에게 언제나 영양을 공급해야 하며, 그리고 비슷한 감각적 성질에는 비슷한 감각적 역능이 수반되어야 한다는 결론이 당연히 도출되는가?"[20] 우리에게 주어지는

---

20. David Hume, *An Enquiry Concerning Human Understanding*, ed. Tom L. Beauchamp (Oxford: Oxford University Press, 1999), 114. [데이비드 흄, 『인간의 이해력에 관한 탐구』, 김혜숙 옮김, 지만지, 2012.]

것은 객체 — 이 경우에는 빵 — 의 역능이 아니라, 오히려 감각들의 일정한 연결 관계 — 빵의 시각적 외양에 이어지는, 고통스러운 배고픔이 충족되었다는 감각 — 이다. 인과관계는 시간의 순서에 따른 이들 감각의 심적 연합일 따름이다.

이제 우리는 바스카의 주장을 더 잘 이해할 위치에 있다. 경험론적 논제가 올바르다면 실험 활동은 아무 의미도 없을 것인데, 그 이유는 인과적 지식이 감각에 현시되는 사건들의 일정한 연접에 지나지 않을 것이기 때문이다. 경험론자에게 실험은 이해할 수 없는 것임이 틀림없는데, 그 이유는 바로 객체의 감춰진 혹은 은폐된 역능이라는 관념이 오로지 감각에 현시되거나 주어지는 것의 견지에서만 세계를 다루기로 작정하는 경험론적 환원에 의해 추방되기 때문이다. 따라서 어떤 다른 책에서, 유머를 담고서, 바스카는 이렇게 적는다.

> …흄의 설명은 인과 법칙과 그 경험적 근거의 그릇된 동일화에 의존한다. 일정한 연접이 이루어지는 데에는 일반적으로 인간 활동이 필요하기에, 인과 법칙을 그 연접과 동일시하는 사람이라면 누구나, 논리적으로 인간이 자신의 실험 활동으로 자연 법칙을 초래하고 심지어 변화시킨다는 터무니없는 입장에 처하게 된다![21]

이런 터무니없는 결론은 인과적 관계가 사건들 혹은 감각 인상들의 일정한 연접에 지나지 않는다는 주장에서 당연히 도출될 것인데, 그리하여 객체 속에 감춰진 어떤 역능도 용납하지 않음으로써 실험자에게서 새로운 감각 인상이 출현하기 위한 유일한 현장을 저버린다.

---

21. Bhaskar, *The Possibility of Naturalism*, 9.

실험 활동의 존재초험적 근거

그러므로 바스카는 실험 활동이 이해될 수 있는 초험적 조건은 특성상 존재론적이라는 결론을 내린다. 실험 활동이 이해될 수 있으려면, 마음이 아니라 세계가 어떤 식으로 존재해야 한다. 그리고 세계는, 어떤 과학이 생겨나든 혹은 과학에 가까운 것에 관여하기 위해 어떤 지각 있는 존재자가 현존하든 간에 아무 상관 없이 이런 식으로 존재해야 한다. 무엇보다도 (1) 객체는 객체에 관한 우리의 지식, 지각, 혹은 담론에 대해 자동적이어야 하고, (2) 객체가 현실적 사건과 결이 어긋날 수 있어야 한다. 나는 이들 요건 중 두 번째 것을 먼저 논의하겠다.

과학적 실천의 이해 가능성을 납득하기 위해서는 객체들과 이들 객체가 생성하는 사건들을 존재론적으로 구분해야 한다면, 그 이유는 바로 객체들은 통상적으로 혹은 정기적으로 사건들의 일정한 연접을 생산하지 않기 때문이다. 사건들의 일정한 연접은 규칙이라기보다는 오히려 예외이고, 따라서 바로 이런 이유로 인해 우리는 실험적 실천에 관여한다. 이와 관련하여, 바스카는 열린 체계와 닫힌 체계를 구분한다. 닫힌 체계는 사건들의 일정한 연접이 이루어지는 체계다. 반면에, 열린 체계는 객체의 역능이 작용하고 있지 않거나 아니면 다른 원인이 개입함으로써 가려지거나 감춰지는 체계다. 열린 체계는 예외라기보다는 오히려 전형이다. 그리고 열린 체계 속에서 혹은 객체들이 얽혀 있는 상황 속에서 개별 객체들의 역능은 흔히 은폐되거나 작용하지 않게 된다. 바로 여기서 우리는 실험 활동의 이면적 이유를 맞닥뜨리게 된다. 바스카가 서술하는 대로,

그런데 일단 메커니즘과 구조가 실재적이라고 할 수 있다는 점을 인

정한다면, 우리는 사건 패턴으로부터 인과적 법칙의 독립성을 해명할 수 있을 뿐만 아니라 더 유력한 이유로 실험 활동을 해명할 수 있다. 왜냐하면 이런 독립성의 실제 근거는 자연의 생성 메커니즘이 자신이 생성하는 사건과 독립적이라는 사실에 놓여 있기 때문이다. 그런 메커니즘은 작동하고 있지 않을 때도 지속하며, 그리고 그것은 자신이 근거를 두고 있는 법칙성 언명의 결과가 실현되지 않을 때―개입하는 메커니즘 혹은 상쇄하는 원인의 조작으로 인해―도 통상적인 방식으로 작동한다. 일반적으로 나타나는 그런 개입을 배제함으로써 해당 메커니즘이 작동하도록 촉발하는 것이 실험 과학자가 할 작업이다. 이렇게 해서 메커니즘의 활동이 아무 간섭도 받지 않은 채 탐구될 수 있을 것이다…. 오로지 닫힌 조건 아래서만 인과 법칙과 사건 계열 사이에 일대일 대응 관계가 나타날 것이다.[22]

그러므로 이쪽에는 객체 또는 생성 메커니즘을 배치하고 저쪽에는 사건을 배치하는 존재론적 구분이 이루어지게 된다. 실험 활동이 필수적이라면, 그 이유는 생성 메커니즘이 휴면 상태에 있을 수 있거나, 아니면 다른 객체 또는 생성 메커니즘의 행위주체성에 의해 가려질 수 있기 때문이다. 그런데도 사건을 일으키는 원인은 생성 메커니즘 또는 객체다. 바스카가 덧붙여 진술하는 대로, "세계는 사건들로 이루어져 있는 것이 아니라 사물들로 이루어져 있다. 대다수 사물은 복합적 객체인데, 그 덕분에 사물은 일단의 추세와 경향, 역능을 갖추게 된다. 바로 이들 추세와 경향, 역능의 행사를 참조함으로써 세계의 현상이 설명된다."[23]

---

22. Bhaskar, *A Realist Theory of Science*, 46.

사물, 객체, 또는 생성 메커니즘은 사건과 결이 어긋날 수 있기에, 생성 메커니즘과 사건 사이의 관계가 드러날 수 있도록 닫힌 체계를 생산하는 데 실험 활동이 필요하다. 이런 점을 예시하기 위해, 바스카는 실재적인 것의 영역과 현실적인 것의 영역, 경험적인 것의 영역을 구분하는 도표를 제시한다.[24]

	실재 영역	현실 영역	경험 영역
메커니즘	X		
사건	X	X	
경험	X	X	X

경험적인 것의 영역은 사건을 경험으로 환원하면서 메커니즘을 전적으로 배제한다. 흄의 경험론 사례에서 본 대로, 오로지 감각 인상만이 주어진다. 현실적인 것의 영역에서는, 일부 사건이 어쩌면 경험될 수 있을 것이지만, 우리가 아직 경험하지 않은 많은 사건이 있을 수 있고 심지어 전혀 경험할 수 없는 일부 사건도 있을 것이다. 또한 사건이나 현실태는 메커니즘, 객체, 또는 사물과 결이 어긋날 수 있다. 마지막으로, 메커니즘 또는 실재적인 것의 영역은 메커니즘과 사건, 경험이라는 범주들이 교차하거나 언제나 함께 발생해야 한다고 요구하지 않은 채로 이들 범주를 모두 포괄한다. 그러므로 사건 혹은 경험이 부재하더라도 메커니즘은 존재할 수 있고, 그것을 경험할 사람 혹은 심지어 그것을 경험할 수 있는 사람이 전혀 없더라도 사건은 존재할 수 있다. 얼룩말은 우리가 쳐다보지 않더라도 무사히 사바나를 가

23. 같은 책, 51.
24. 같은 책, 13.

로질러 달린다.

바스카는 실험 행위가 이해될 수 있는 조건이 "인간 없는 세계"의 가능성에 놓여 있다고 주장함으로써 상당히 두드러지게 자신의 논점을 잘 이해시킨다.[25] 실험을 수행하는 것은 인간이고 게다가 어쩌면 다른 지각 있는 존재자일 것이라는 점에서 처음에 이 논제는 역설적인 것처럼 들릴 것이다. 그런데 바스카의 요점은 어딘가 다른 곳에 자리하고 있다. 바스카는, 실험에는 실험을 수행할 인간 혹은 지각 있는 존재자가 있을 필요가 없다는 터무니없는 주장을 제기하고 있지 않다. 오히려, 사건들의 일정한 연접은 통상적으로 그 연접을 생산할 인간 혹은 어떤 다른 지각 있는 존재자가 필요하기에, 사건들의 일정한 연접은 규칙이 아니라 예외이기에, 그리고 생성 메커니즘 또는 객체는 통상적으로 사건이나 현실태와 결이 어긋나기에 우리의 실험 활동의 이해 가능성은 인간 없는 세계의 가능성에 전제를 두고 있다고 주장하는데, 그 세계에서는 객체가 현시되지 않고 목격되지 않은 채로 그리고 실험 환경에서 나타나는 것과 같은 현실태를 생산하지 않은 채로 거주한다.

그리하여 바스카의 논제는, 우주는 수사학의 꽃이라는 라캉의 주장 같은 것과 근본적으로 대립한다. 라캉의 주장 같은 그런 논제가 잘못된 이유는 두 가지인데, 첫째로 이런 논제는 세계에 관한 명제를 세계 자체와 융합한다. 그런데 세계는 세계이기 위해서 세계에 관한 명제가 전혀 필요 없다. 둘째, 더 중요하게도, 이런 논제는 실험 활동을 완전히 앞뒤가 맞지 않게 만드는데, 그 이유는 과학이 참된 명제로 시작하는 것이 아니라 생성 메커니즘을 촉발함으로써 사건들의 일정

---

25. 같은 책, 34.

한 연접을 생산하거나 드러내도록 (가능한 곳에서) 닫힌 체계를 창출하고자 하기 때문이다. 만약 세계가 참된 명제들의 총체이거나 언어에 의해 구축된 것이라면, 실험 환경에서 밝혀질 미지의 생성 메커니즘이 전혀 없을 것이기에 이런 활동은 사실상 가장 특이할 것이다. 다시 말해서, 실험 행위의 이해 가능성은 그 활동과 **독립적인** 생성 메커니즘이나 객체에 대한 **존재론적** 가정에 전제를 두고 있기 때문이다.

그리고 실험 활동의 이해 가능성을 위한 조건이 마음 및 지각과 독립적인 객체들, 즉 자동적 객체들의 현존인 것도 바로 이런 이유 때문이다. 왜냐하면 객체가 마음, 지각, 혹은 문화에 의존한다면, 실험 환경에서 생산되는 닫힌 체계에서 드러날 것이 아무것도 없을 것이기 때문이다. 그리하여 자동적 객체는 실험 활동의 전제일 뿐만 아니라, 또한 실험 활동에서 밝혀진 생성 메커니즘은 일단 드러나게 되면 열린 체계에서도 작동하는 것으로 여겨진다. 그렇다 하더라도 사실상 열린 체계에서 그런 메커니즘은 그것이 휴면 상태에 있거나 아니면 다른 생성 메커니즘들에 의해 상쇄됨으로써 그것이 생산할 수 있는 사건이 실현되지 않는 식으로 작동한다.

그러므로 바스카의 논변에 따르면 생성 메커니즘에 관한 주장은 초사실적이다. 실험 활동은 사건들의 일정한 연접이 열린 체계들에서 언제나 유효하여야 함을 보여주는 것이 아니라, 오히려 생성 메커니즘이 현실태나 사건을 전혀 생산하지 않으면서 현존하는 경우에도 이들 열린 체계에서 작용함을 보여준다. 그러므로 바스카는 생성 메커니즘이 성향 혹은 역능으로 이해되어야 한다고 주장한다. "성향은 어떤 특정 결과로 현시되거나 실현되지 않은 채로 이른바 '놀고' 있거나 아니면 발휘될 수 있는 잠재태다."[26] 말할 필요도 없이, 성향 혹은 역능은 객체 자체의 실재적 특질, 즉 객체의 본질의 특질이지, 우리에-대한 객체의 특질이 아니다. 게다가 자신의 성향 혹은 역능을 갖춘 생성 메커니즘 또는 객체와 사건 또는 현실태 사이의 구분은 존재론적 구분이지, 우리 지식과 관련된 구분이 아니다. 사건은 생성 메커니즘에 의해 생산된 실재적 존재자 혹은 사태이고, 생성 메커니즘은 이런 사건을 생산할 역능을 갖춘 실재적 존재자다. 그러므로 실험 행위의 이해 가능성에 대해 바스카가 밝혀낸 초험적 조건은 특성상 철저히 존재론적이고 실재론적이다. 그 조건은 세계 자체의 특질이지, 세계를 지켜보는 마음의 특질이 아니다.

이미 우리는 자신이 칸트와 흄에게서 얼마나 멀어졌는지 정말 감지할 수 있는데, 지금까지 그 두 철학자 모두 종종 은근한 방식이기는 하지만 현대 이론에 매우 깊은 영향을 미쳤다. 칸트와 흄은 둘 다 지식에 관한 물음을 제기하면서 마음에 대한 탐구를 요청하는 반면에, 바스카는 세계에 대한 철학적 탐구를 요청한다. 바스카의 경우에, 제일 철학은 인식론이 아니라 존재론이다. 더 중요하게도, 칸트와 흄은 둘 다 인과성에 관한 주장을 사건들의 일정한 연접에 관한 주장으로 여기는 반면에, 바스카는 사건들의 일정한 연접이 규칙이라기보다는 오히려 예외라는 점에 근거를 두고서 인과성에 관한 주장이 사건들의 일정한 연접에 관한 주장이라는 논제를 맹렬히 거부하고, 오히려 인과성에 관한 주장은 다른 객체들과 얽힘에 따라 어떤 사건을 산출하기도 하고 산출하지 않기도 하는 생성 메커니즘에 관한 주장이라는 논변을 펼친다.

더욱이, 바스카가 제시한 존재론은 소박한 실재론이라는 혐의와 무관함을 알게 될 것이다. 소박한 실재론의 혐의는 실재론을 옹호하

---

26. 같은 책, 50.

는 변론을 맞닥뜨릴 때마다 반실재론적이고 상관주의적인 논증 양식이 선호하는 게으른 응답이다. 그런데 소박한 실재론은 세계가 우리가 지각하거나 경험하는 바로 그대로라는 논제다. 소박한 실재론은, 요약하면, 우리가 객체에서 지각하는 성질들이 누가 그 객체를 지각하는지와 무관하게 그 객체 자체에 정말로 속한다는 논제다. 하지만 바스카의 입장에서 바라보면 더 진전시킬 수 있는 것이 전혀 없음이 명백하다. 생성 메커니즘 또는 객체와 사건 또는 현실태를 구분할 때, 객체가 열린 체계와 닫힌 체계에서 달리 행동하는 방식을 지적할 때, 바스카는 객체가 그것이 우연히 현시할 모든 성질로부터 물러서 있는 방식을 강조한다. 다시 서술하면, 바스카가 전개하는 논증의 요점은, 객체나 생성 메커니즘은 그것의 성질들과 동일시될 수 없거나 그 성질들로 환원될 수 없다는 것이다. 나중에 외부관계, 즉 생성 메커니즘이나 객체들 사이의 관계를 다룰 때 이 논제에 관해 말할 것이 더 많이 있지만, 당분간은 바스카가 제시한 존재론이 소박한 실재론의 모든 변양태에 저주나 다름없는 것임을 인식하기만 하면 된다.

이의와 응답

상관주의적인 논증 노선에 공감하는 독자의 마음속에서는 많은 이의가 제기되었을 것이 틀림없다. 특히, 세 가지 논증 노선이 예상될 수 있다. 첫째, 바스카가 제시한 실재론적 존재론과 초험적인 논증 노선은 객체를 알기도 전에 선험적으로 알고 있다고 주장한다. 둘째, 인간 없는 세계를 구상하는 것은 불가능한데, 그 이유는 우리가 우리 자신이 이 세계에 없다고 생각하면서 이 세계 속에 자리하고 있는 것으로 여전히 구상하기 때문이다. 그리고 셋째, 밀접히 관련된 취지에서, 사유될 것에 관한 그림 속에 사실상 우리 자신을 포함하지 않고서 무언가를 생각하는 것은 불가능하다.

이들 이의 가운데 첫 번째 것이 가장 쉽게 해결된다. 첫 번째 이의가 주장하는 바는 실재론적 존재론이 우리가 알기 전에 이미 알고 있다고 주장한다는 것이다. 그 이의는 이런 공격 노선을 거쳐서 존재론에 대한 인식론의 우위를 확립하거나, 혹은 인식론이 사실상 제일 철학이라는 점을 입증하기를 바란다. 그 이의는 이렇게 묻는다. 존재론은 이들 존재자를 먼저 알지 않은 채로 존재자들의 본질에 관한 주장을 어떻게 제기할 수 있는가? 바스카가 이런 논증 노선을 명확히 서술하는 대로, "존재론이 인식론에 의존하는 이유는 우리가 현존한다고 알 수 있는 것은 단지 우리가 알 수 있는 것의 일부일 따름이기 때문이다."[27] 나는, 여타의 노선보다도, 이런 논증 노선이 존재론의 인식론에의 종속을 더 조장할 뿐만 아니라 존재론을 '존재인식론'으로 여기도록 더 장려한다고 추정한다. 이것은 분명히 다음과 같이 전개될 것처럼 보인다. 존재에 관해 말하려면 우리는 존재를 알아야 하고, 따라서 지식에의 탐구 혹은 인식론이 존재에 관한 모든 논의에 선행해야 한다. 예를 들면 하이데거는, 우리가 존재의 의미에 관한 물음(그가 이 물음을 존재가 무엇임에 관한 물음이라기보다 오히려 의미에 관한 물음으로 표명한다는 점은 주목할 만하다)을 표명할 수조차 있기 전에 먼저 존재에 대한 현존재의 존재자적-존재론적 사전 이해를 탐구해야 한다고 주장한다.[28] 이보다 더 명백할 수는 없다.

그런데 바스카가 주장하는 대로,

---

27. 같은 책, 39.
28. Heidegger, *Being and Time*, 34. [하이데거, 『존재와 시간』.]

이런 변론은 철학적 존재론과 과학적 존재론의 암묵적인 융합을 염치없이 이용한다. 왜냐하면 '우리가 현존한다고 알 수 있는 것'이 과학 이론의 가능한 내용을 가리킨다면, 그것이 단지 우리가 알 수 있는 것의 일부에 불과하다는 점은 흥미롭지 않은 단순한 사실이기 때문이다. 하지만 철학적 존재론은 과학이 가능하기 위해서는 사정이 어떠해야 하는지를 성찰함으로써 전개되고, 게다가 이것은 모든 실제적인 과학적 지식과 독립적이다. 더욱이, 과학의 내재적 논리의 관점에서 바라보더라도, 우리가 현존한다고 알 수 있는 것이 우리가 알 수 있는 것의 일부일 따름이라는 주장은 사실이 아니다. 왜냐하면 어떤 법칙이 현존하고 우리가 그 법칙을 알지 못한 채로 현존한다고 알려질 수 있기 때문이다. 대다수 과학 연구는 사실상 추적과 동일한 논리적 특성을 갖는다. 범인을 추적하는 한 사건에서, 형사는 범죄가 저질러졌음과 그것과 관련된 몇 가지 사실은 알고 있지만 그 범인의 정체는 알지 못하거나, 혹은 적어도 아직 입증할 수 없다.[29]

존재론은 어떤 객체가 현존하는지 말해주지 않고, 오히려 객체가 현존한다는 것, 객체가 생성 메커니즘이라는 것, 객체가 사건, 현실태, 혹은 성질과 동일시될 수 없다는 것, 그리고 객체는 열린 체계와 닫힌 체계에서 달리 행동한다는 것을 말해준다. 이것들은 우리의 실험 활동을 이해할 수 있게 만드는 데 필요한 존재론적 전제다. 어떤 객체가 현존하는지 알아내는 것은 실제 탐구의 과업이다. 그런데 탐구가 이해할 수 있는 것이 되려면, 이루어지는 탐구와 독립적으로 작용하는 객체가 있음을 전제로 해야 한다.

29. Bhaskar, *A Realist Theory of Science*, 39.

두 번째 논증 노선은, 인간 없는 세계를 이해하기 쉽게 생각하는 것이 불가능한 이유는 우리가 그런 세계를 생각하는 바로 그 행위 속에서 스스로 이 세계 속에 있는 것으로 구상하고 있기 때문이라고 주장한다. 여기서 논점은 세계에 관한 모든 구상에는 우리 자신이 포함된다는 것이다. 그런데 퀑탱 메이야수가 설득력 있게 주장한 대로, 그런 논증 노선은 우리 자신의 죽음에 관한 생각이 이해하기 불가능하거나 아니면 우리가 필연적으로 불멸이어야 한다는 결론에 이르게 된다. 그 이유는 우리가 자신이 세계 속에 있다고 생각하지 않고서는 세계를 생각할 수 없다는 것이 사실이라면, 우리 자신의 죽음에 관한 생각 역시 생각하는 우리가 있어야 한다는 결론이 당연히 도출되고, 그리하여 죽음의 가능성의 기반을 약화하기 때문이다. 메이야수가 이런 논증 노선을 명확히 서술하는 대로, "나는 나 자신이 현존한다고, 그것도 내가 현존하는 방식대로 현존한다고 생각할 수 있을 따름이다. 그러므로 나는 현존한다고, 그것도 지금 내가 현존하는 대로 언제나 현존한다고 생각할 수밖에 없다."[30]

그런 것은 (1) 사유와 구별되는 그것-자체의 현존을 부인하고, (2) 존재와 사유 사이의 상관관계가 절대적이거나 실재 자체라고, 즉 상관관계와 별개의 것은 전혀 없다고 (버클리와 헤겔이 매우 다른 방식으로) 주장하는 절대적 관념론자들의 논증이다. 이런 논증 노선에 대응하여, 메이야수는 불가지론자 ─ 사유와 구별되는 그것-자체의 가능한 현존을 인정하는 한편으로 현상, 즉 우리에-대한-존재에의 모든 사유의 지표를 유지하는 상관주의자 ─ 의 주장을 인용하면서 다음과 같이 지적한다.

---

30. Meillassoux, *After Finitude*, 55. [메이야수, 『유한성 이후』.]

후자(강한 혹은 절대적 상관주의자)에 대응하려면 불가지론자는 선택의 여지가 없는데, 그는 (신에게 현혹되든, 혹은 소멸하든 간에) 죽음에 있어서 자신의 철저히-타자일-수-있는-능력이 자신의 자기동일성을 고집하는 것만큼이나 생각할 수 있는 것이라고 주장해야 한다. 이런 사태에 대한 '이유'는 내가 나 자신이 언제나 그러할 어떤 이유도 없다고 생각하기 때문이고, 게다가 이런 부조리 — 이런 사실성 — 를 생각할 수 있다는 것은 여타의 세 가지 논제 — 두 명의 실재론자와 한 명의 관념론자의 논제들 — 가 모두 동등하게 가능하다는 점을 함축한다. 내가, 예를 들면, 나 자신이 소멸하였다고 생각할 수 없더라도, 나는 이런 만일의 사태를 배제할 어떤 이유도 생각할 수 없다.[31]

나는 우리 존재의 우연성에서 존재 자체의 우연성을 끌어내는 메이야수의 추론을 좇지 않지만(나는 이 논증의 더 명료한 표명을 기다리고 있다), 여기서 이루어진 그의 논증은 적확하다고 믿고 있다. 우리의 소멸이, 원칙적으로, 생각할 수 있는 것이라는 점이 용인된다면, 우리는 인간 없는 세계가 생각할 수 있는 것이라는 점도 인정하기 마련이다. 그 이유는 우리의 소멸을 생각함이 바로 우리가 없는 세계를 생각하는 것이기 때문이다. 그런데 사정이 이러하다면, 사유와는 별개의 존재 형식을 생각할 수 없다는 상관주의적 논증에는 심각한 문제가 있다.

여기서 메이야수의 논증은 우리가 죽음으로써 정말로 소멸한다는 점을 입증하거나, 혹은 죽음이 우리 존재의 소멸을 수반함을 우리가 알고 있다는 점을 입증하는 데 있지 않다는 사실이 강조되어야 한다.

---

31. 같은 책, 56. [같은 책.]

우리가 마음과 뇌 사이의 관계에 관해 지금까지 알게 된 것을 예상치 못한 것과 마찬가지로, 죽음 후에도 우리가 존속하는 것이 어쩌면 가능할지도 모른다. 메이야수의 논증에 오로지 필요한 것은 우리가 우리의 멸종 혹은 소멸을 하나의 가능한 사태로서 생각할 수 있다는 점이다. 그리고 그것이 하나의 가능한 사태로서 생각될 수 있는 것 — 죽음에 대한 사람들의 불안으로 충분히 지지받는 것처럼 보이는 논점 — 이라면, 인간 없는 세계를 생각하는 것이 가능하다는 논점도 당연히 도출된다.

마지막이자 밀접히 관련된 논증 노선은 사유의 성찰성을 중심으로 전개된다. 여기서 착상은, 내가 무언가를 생각한다면 그와 동시에 나는 그것을 생각하고 있다고 생각하지 않을 수 없다는 것이다. 두 번째 이의와 마찬가지로, 이런 이의는 사유자가 자신이 생각하는 그림 속에 언제나 포함되어 있다는 논제와 관련이 있다. 그러므로 예를 들면, 내가 커피를 마시고 있는 나 자신에 관해 생각하는 경우에, 나는 내가 커피를 마시고 있는 나 자신에 관해 생각하고 있음을 생각하고 있다는 것 또한 자각해야 한다고 주장된다. 그러므로 모든 사유는 사고 활동 속에서 사유에 관한 사유를 포함해야 한다. 그리하여 모든 사유는 부득이 성찰적이어야 하거나, 혹은 생각되는 객체와 더불어 이런 사유를 생각하고 있다는 사실을 동시에 자각해야 한다. 그리고 사정이 이러하다면, 사유자는 사유 이외의 어떤 존재에 관한 사유에도 포함되어야 한다는 논점이 당연히 도출되고, 따라서 사유와 존재의 상관관계를 벗어나는 것은 불가능하다는 논점도 도출된다.

메이야수가 골드스미스 칼리지에서 행한 강연에서 재미있게 서술하는 대로, 사유는 누군가가 자신의 손가락에서 떼어 내고자 하는 일종의 양면테이프와 같은 것으로 판명된다.[32] 이 강연은 알베르토 토스카노가 조직한 학술회의의 행사였는데, 이 회의에서 레이 브라지에, 이언 해밀턴 그랜트, 그레이엄 하먼, 그리고 메이야수가 각각 강연을 했다. 바로 여기서 '사변적 실재론'이라는 용어가 최초로 사용되었다. 자신의 강연에서 메이야수는 어떤 사람의 손가락에 달라붙은 한조각의 양면테이프라는 유비를 통해서 상관주의적 논증을 예시했다. 그 사람이 그 테이프를 떼어 내려고 할 때마다 그것은 다른 손가락에 달라붙기에 결국 그 테이프는 불가피한 것이 된다. 마찬가지로, 사유가 사실상 성찰성이라는 특질을 사유 자신에 언제나 수반되는 특징으로서 갖추고 있다면, 상관관계 혹은 사유는 불가피한 것이라는 결론이 당연히 도출된다. 그것이 바로 데카르트가 두 번째 성찰에서 행한 밀랍에 관한 유명한 분석에 함축된 의미다.

이 밀랍을 매우 뚜렷하게 지각하는 것처럼 보이는 나는 무엇이냐고 자문한다. 나는 나 자신을 훨씬 더 참되고 확실하게 인식할 뿐만 아니라, 훨씬 더 뚜렷하고 명백하게 인식하는 것은 아닐까? 왜냐하면 내가 자신이 밀랍을 본다는 사실로부터 그것이 현존한다고 판단한다면, 내가 밀랍을 본다는 동일한 사실로부터 나 자신이 현존한다는 결론이 훨씬 더 명백히 도출됨이 확실하기 때문이다. 그 이유는 내가 보는 것은 사실상 밀랍이 아닐 수도 있기 때문이다. 나는 무언가를 볼 눈이 없을 수도 있다. 하지만 내가 보거나 혹은 자신이 본다고 내가 생각하면서…, 생각하는 내가 무언가가 아니라는 것은 당치도 않은 일이다. 마찬가지로, 내가 자신이 밀랍을 만진다는 사실로부터 그것이 현존한다고 판단한다면, 역시 동일한 결론, 즉 내가 현존한다는 결

---

32. Ray Brassier, Iain Hamilton Grant, Graham Harman, and Quentin Meillassoux, "Speculative Realism," *Collapse*, vol. III (Falmouth : Athenaeum Press, 2007).

론이 도출될 것이다.[33]

여기서 제시된 데카르트의 무고한 작은 논제가 후속 철학에서 저질러진 많은 해악의 원천이었으며 상관주의적 사유의 근본적인 전제 중 하나다. 우리가 모든 사유에 수반되어야 하는 것으로 여겨지는 통각에 관한 칸트의 초험적 통일성에 관해 언급하고 있든,[34] 혹은 사유에는 사유자가 언제나 포함된다는 점이 증명되는 헤겔의 변증법적 훈련을 언급하고 있든 간에,[35] 이들 주장의 근거는 모든 사유는 필연적으로 성찰적이라는 데카르트의 논제로 거슬러 올라간다. 바로 이 논제에 힘입어, 예를 들면, 『정신현상학』에서 헤겔이 실체와 주체의 동일성을 궁극적으로 단언할 수 있게 될 것이다.

그런데 외관상 명백해 보이는 이 논제가 정말로 매우 명백한가? 메이야수는 이것이 거론되어야 하는 강력한 논증이라고 믿고 있다. 나는 그다지 확신하지 않는다. 모든 사유에는 사유자가 포함되어야 한다거나 혹은 사유자가 그 사유를 생각하고 있다는 것은 자명한가? 많은 경우에 우리가 자신이 어떤 사유를 생각하고 있다는 사유를 자

---

33. René Descartes, *Discourse on Method and Meditations on First Philosophy : Fourth Edition*, trans. Donald A. Cress (Indianapolis : Hackett Publishing Company, 1998), 69. [르네 데카르트, 『데카르트 연구 : 방법서설·성찰』, 최명관 옮김, 창, 2010.]

34. Immanuel Kant, *Critique of Pure Reason*, trans. Paul Guyer and Allen W. Wood (Cambridge : MIT Press, 1998). [임마누엘 칸트, 『순수이성비판 1·2』, 백종현 옮김, 아카넷, 2006.]

35. G.W.F. Hegel, *Hegel's Phenomenology of Spirit*, trans. A.V. Miller (Oxford : Oxford University Press, 1977). [게오르그 빌헬름 프리드리히 헤겔, 『정신현상학 1·2』, 임석진 옮김, 한길사, 2005.] 로버트 피핀의 독해에 따르면, 칸트에 의한 통각의 초험적 통일성과 그것이 모든 표상에 반드시 포함되는 방식이 헤겔의 절대적 관념론의 핵심이다. Robert B. Pippin, *Hegel's Idealism* (Cambridge : Cambridge University Press, 1999)를 참조하라.

기성찰적으로 생각할 수 있다는 논제를 나는 확실히 인정하지만, 모든 사유는 필연적으로 성찰적이라는 주장에 관해서 나는 훨씬 더 신중하다. 사정이 이러하다면 사유는 불가능한 것처럼 보일 것인데, 그 이유는 우리가 무한 회귀에 빠질 것이기 때문이다. 그러므로 내가 여기 앉아서 커피를 마시고 싶다고 생각하는 경우에, 만약 성찰성 논제가 참이라면, 나는 커피를 마시고 싶다고 내가 생각하고 있는 것을 생각해야 할 것이다. 그런데 모든 사유는 성찰적이라고 단언되기에 나는 추가적으로 커피를 마시고 싶다고 내가 생각하고 있는 것을 내가 생각하고 있는 것을 생각해야 할 것이고, 그렇게 무한히 이어질 것이다. 하지만 이런 사태가 사유의 활동에서 정말로 일어나는 일이라면, 사유는 마비될 것이다. 바스카가 서술하는 대로, "A가 ε을 생각하고, ε을 생각하는 것에 관해 생각하지 않으면서 ε을 생각하는 것을 자각할 수 있다. 게다가 사정이 그렇지 않다면 아무도 결코 제대로 생각할 수 없을 것이다."[36] 여기서 우리에게 필요한 것은 그 생각 자체를 동시에 생각하지 않으면서 무언가를 생각하는, 사르트르의 "전前성찰적 코기토" 같은 것이다.[37] 그런데 그런 코기토가 가능하고, 게다가 사실상 그것이 필요한 것처럼 보인다면, 우리는 그 생각 자체를 동시에 상정하지 않으면서 자신이 생각하고 있는 것에 완전히 몰입하는 사색을 할 수 있게 된다.

상관주의의 기원 : 현실주의와 인식적 오류

---

36. Bhaskar, *A Realist Theory of Science*, 48.

37. Jean-Paul Sartre, *The Transcendence of the Ego*, trans. Forrest Williams and Robert Kirkpatrick (New York : Hill and Wang, 1990), 40~2. [장폴 사르트르, 『자아의 초월성』, 현대유럽사상연구회 옮김, 민음사, 2017.]

이 장의 두 번째 절에서 나는 어떤 철학적 전제들이 상관주의를 매우 매력적이고 설득력 있는 가정으로 만드는지에 관한 물음을 제기했다. 이제 우리는 이 물음에 대답할 위치에 있다. 『실재론적 과학론』에서 바스카는 궁극적으로 현실주의가 상관주의를 낳는 근본적인 전제라고 규명한다. 바스카가 명확히 표현하는 대로,

> '현실주의'는… 인과 법칙의 현실성에 대한 신조, 즉 법칙이 (현실적이거나 가능한 경험의 대상에 해당한다고 여겨지는) 사건들 혹은 사태들 사이의 관계라는 관념을 가리킨다. 물론 이 관념의 배후에는 (경험의 확정적인 대상으로 인정되는) 현실적인 것만이 실재적이라는 관념이 놓여 있다.[38]

여기서 현실주의는, 현실적인 것을 누군가가 그것을 목격할 참이든 아니든 간에 상관없이 세계 속에서 일어나는 사건으로 여기는 것이 아니고 오히려 현실적인 것을 인상 또는 감각에 주어지는 것과 동일시한다는 점을 인식해야 한다. 더욱이, 이 가설은 흄 같은 경험론자들에게 한정되는 것이 아니라 칸트와 그 계승자들에 의해서도 계속 추진된다. 그리하여 흄 같은 고전적 경험론과 경험론적 존재론을 구별할 필요가 있다. 고전적 경험론자는 지식이 오로지 감각에서 생겨난다고 생각한다. 경험론적 존재론자는 현실적인 것 – 원자론적 감각에 주어지는 것으로 해석되는 것 – 만이 실재적이라고 생각하거나, 혹은 어쨌든 현실적인 것이 우리가 언급할 수 있는 전부라고 생각한다.

칸트는 우리의 지식이 인상 또는 감각에 주어지는 것에 한정된다

---

38. Bhaskar, *A Realist Theory of Science*, 64.

는 흄의 논제를 의문시하는 것이 아니라, 오히려 그 논제를 전적으로 수용한다. 그리고 칸트는 경험론적 존재론의 현실주의적 논제를 계속 추진하기에 인과적 주장이란 현실화되지 않을 수도 있는, 객체나 생성 메커니즘에 속하는 역능에 관한 것이라기보다는 오히려 감각에 주어지는 사건들의 일정한 연접에 관한 주장이라는 논제를 신봉한다. 그러므로 칸트의 혁신은 흄의 인상 학설을 거부하는 데 있는 것이 아니라, 연합의 원리 같은 마음의 심리학적 조작들이 우리가 인과관계에 귀속시키는 필연성을 설명하는 데 불충분하다는 점을 인식하는 데 있다. 칸트의 주장에 따르면 감각은 마음이 보완할 필요가 있는데, 그 이유는 관계가 자체적으로 인상들에 직접 주어지지 않기 때문이다. 그리하여 칸트는, 필연성에 대한 우리의 판단이 감각 혹은 연합에서 생겨나는 것이 아니고 오히려 원인과 결과 같은 선험적인 오성 범주들을 감각의 다양체에 적용하는 데서 생겨난다고 주장한다.

그런데 칸트와 그 계승자들은 경험론적 존재론의 현실주의적 가설을 전제함으로써 결과적으로 감각은 마음의 범주들(혹은 문화, 언어, 규범, 권력)이 보완할 필요가 있다는 결론에 이를 따름이다. 왜냐하면 지식은 현실적인 것에 한정되고 현실적인 것은 감각이나 인상과 동일시되는 한편으로, 객체들 사이의 관계는 현실적인 것들에 직접 주어지지 않기에 전적으로 불가사의하게 되기 때문이다. 하먼이 설득력 있게 주장한 대로, 우리가 얻게 되는 것은 세속적 형식의 기회원인론이다.[39] 기회원인론자는 모든 사건이 근본적으로 서로 독립적이라고 주장한다. 기회원인론자의 경우에는 객체들 사이에 직접적인 연계

---

39. Graham Harman, *Prince of Networks* (Melbourne : Re.Press, 2009), 112~6. [그레이엄 하먼, 『네트워크의 군주』, 김효진 옮김, 갈무리, 2019.]

가 전혀 없다. 전통적인 기회원인론에서는 유일신이 객체들을 서로 연계하는 데 소환된다. 그러므로 종이가 탈 때 그 종이를 태우는 원인은 화염이 아니고, 오히려 종이와 화염을 서로 관련시키는 유일신의 개입이다.

흄과 칸트로 인해 우리가 세속적 형식의 기회원인론을 얻게 된다면, 그 이유는 감각 인상의 형식을 띤 사건들이 절대적으로 서로 독립적이고 아무 관계도 없다는 논제 때문이다. 그리하여 유일신보다 마음이 사건들 사이의 관계를 만들어낸다. 칸트의 경우에는 이런 연계가 공간 같은 선험적인 직관 형식들과 선험적인 오성 범주들을 통해서 일어나는 반면에, 흄의 경우에는 이런 연계가 연합의 조작을 통해서 초래된다. 문제는 마음이 연계되지 않은 채로 있는 것을 연계할 수 있는 이런 불가사의한 역능을 어떻게 획득하는지 그리고 왜 오직 마음만이 이런 특권적인 역량을 지녀야 하는지 불분명하다는 것이다. 사건 자체보다 마음이 이런 역능을 지녀야 한다고 생각할 이유가 전혀 없다. 그런데 이런 문제는, 실재적인 것이 현실적인 것과 동일시되고 현실적인 것이 원자론적 감각들로 이루어져 있는 것으로 여겨질 경우에만 나타날 따름이다. 인과관계에 관한 주장이 경험에 주어지는 사건들의 일정한 연접에 관한 주장으로 더는 여겨지지 않고, 오히려 어떤 사건들을 산출할 수도 있고 그렇지 않을 수도 있는 생성 메커니즘에 관한 주장으로 여겨지는 경우에는 그 문제가 사라진다. 인과적 주장은 객체들에 대한 우리의 경험에 관한 주장이 아니라 객체들 자체에 관한 주장이다. 그리고 감각은 연합 원리, 오성 범주, 언어, 기호, 규범 등과 같은 어떤 다른 행위주체가 보완할 필요가 있다고 하는 주장을 맞닥뜨릴 때마다, 우리는 현실주의가 그림자 속에 잠복하고 있으며 실험의 이해 가능성을 위한 존재론적 조건이 무시되었다는 것을 확신할 수 있다.

그런데 우리는 어떻게 이런 종류의 현실주의에 빠지게 되는가? 바스카는 현실주의가 그가 '인식적 오류'라고 일컫는 것에서 비롯된다고 주장한다. 바스카가 명확히 표현하는 대로,

> 이것은 존재에 관한 진술이 지식에 관한 진술로 환원될 수 있다거나 혹은 지식에 관한 진술에 의거하여 분석될 수 있다는 견해, 즉 존재론적 물음이 언제나 인식론적 술어로 번역될 수 있다는 견해에 놓여 있다. 존재는 언제나 존재에 관한 우리의 지식에 의거하여 분석될 수 있다는 관념, 철학은 '네트워크가 무엇을 서술하는지 논하지 않고 단지 네트워크에 관해서만 논하는' 것으로 충분하다는 견해는 과학과 독립적이지만 과학에 의해 탐구되는 세계(여기서 나는 비유적으로 그것을 존재론적 영역으로 특징지을 것이다)라는 관념의 체계적 해체를 초래한다.[40]

더 이전에 바스카는 "이들 전제는 … 철학자들이 느끼는, 지식의 확실한 토대에 대한 필요성에 의거하여 설명될 수 있을 따름이다"[41]라고 진술한다.

여기서 인식적 오류가 무엇과 관련된 것인지 그리고 무엇과 관련된 것이 아닌지 분명히 해야 한다. 인식적 오류에 대한 비판과 철학에서 인식적 오류가 작동하는 방식에 대한 비판은 인식론, 즉 탐구와 지식의 본성에 관한 물음이 오류라고 하는 주장에 해당하지 않는다. 인

---

40. Bhaskar, *A Realist Theory of Science*, 36.
41. 같은 책, 16.

식적 오류가 규정하는 것은 존재론적 물음을 인식론적 물음으로 환원하는 오류이거나 혹은 우리가 어떻게 아는가에 관한 물음을 존재가 무엇인가에 관한 물음과 융합하는 오류다. 요약하면, 존재가 존재에 대한 우리의 접근으로 환원될 때마다 인식적 오류가 발생한다. 그러므로 예를 들면, 존재가 존재에 대한 우리의 인상이나 감각으로 환원될 때마다, 존재가 존재에 관한 우리의 이야기로 환원될 때마다, 존재가 존재에 관한 담론으로 환원될 때마다, 존재가 존재를 표현하는 기호로 환원될 때마다, 인식적 오류가 저질러진 것이다.

우리는 사정이 왜 이러한지 이해했는데, 왜냐하면 우리의 실험 행위가 일련의 존재론적 전제에 근거를 두고서야 이해될 수 있을 뿐이고 이들 존재론적 전제가 존재에 대한 우리의 접근으로 환원될 수 없기 때문이다. 그 전제들은 견고한 의미에서 존재론적이다. 이들 존재론적 전제는 우리에게 현시되는 것, 즉 우리에게 현실적인 것을 가리키지 않는다. 사실상 그것들은, 우리가 곧 알게 되듯이, 모든 현전 혹은 현실태로부터 근본적으로 물러서 있는 존재자들을 가리킨다. 그리하여 그것들은 주어지는 것과 관련된 인식론적 전제들이 아니라 진정으로 존재론적인 전제들이다.

철학자의 경우에 인식적 오류가 토대주의적 열망에서 비롯된다는 사실을 인식할 때, 바스카는 핵심을 찌른다. 철학자가 현실주의적 입장을 채택하여 인식적 오류에 빠지게 하는 것은 확고하고 확실한 지식의 토대에 대한 욕망이다. 또한, 이런 결정은 궁극적으로 상관주의를 낳게 된다. "우리가 어떻게 아는가"라는 물음을 제기하고 회의주의자나 소피스트를 철저히 패배시킬 논증을 추구할 때, 철학자는 오직 현시되거나 주어지는 것만이 회의주의자의 습격에 맞서 방어할 수 있다는 결론을 내린다. 그런데 현시되거나 주어지는 것은 마음 아니면 감각인 것으로 판명된다. 그러므로 철학자는 모든 존재자를 감각에 현실적인 것으로서 주어지는 것에 한정하는 입장에 처하게 된다. 여기서부터 진정한 존재론적 범주로서의 세계가 점점 더 해체되는 일련의 문제적 결과가 잇따른다.

그런데 일단 이런 토대주의적 열망을 버리면 문제의 특질이 두드러지게 변화하기에, 우리는 이들 모든 쟁점을 만들어내는 현실주의적 전제와 더는 결부되지 않는 처지에 놓이게 된다. 그리고 사실상 이런 열망은 반드시 버려져야 하는데, 그 이유는 토대주의가 절대적 현전의 가능성, 절대적 근접성의 가능성, 모든 비현전의 부재의 가능성에 전제를 두고 있기 때문이며, 그리고 이제 우리가 생성 메커니즘이나 객체와 현실적인 것 사이의 분열이 존재 자체임을 깨달았기 때문이다. 차이, 유예, 비현전 등은 우리가 결코 존재에 이르지 못하게 방해하는 우리 본질의 특이한 것들이 아니라, 오히려 존재 자체의 존재론적 특질이다. 게다가 모든 존재자의 핵심에 놓여 있는 이런 분열은 우리가 알고자 하는 객체들의 특질일 뿐만 아니라, 인간이라는 독특한 객체의 특질이기도 하다. 우리 자신이 분열되어 있다. 그렇다면 이런 분열이 세계의 일반적인 존재론적 특질이라면, 모든 형식의 토대주의에 대해서 요구되는 현전의 꿈은 선험적으로 불가능하다. 이렇게 해서 우리에게는 두 가지 경로가 남게 되는데, 하나는 존재론적 물음을 인식론적 물음으로 환원하면서 그것 자체가 현실주의라는 존재신학적 가정을 암묵적으로 전제하는 상관주의적 논제를 고수하는 것이다. 나머지 다른 하나는 진정으로 존재론적인, 포스트휴머니즘적인 실재론적 방식으로 존재의 분열을 탐구하는 것이다. 여기서 내가 시도하는 것은 이들 두 경로 중 두 번째 것이다.

지각의 수위성을 내세우는 주장에 관하여

앞서 제시된 논증 노선에 대응하여 어쩌면 누군가가 객체의 본질을 알기 위해서는 객체를 식별해야 하며, 그리고 객체를 식별하려면 지각적 관습을 아무튼 참조해야 한다고 주장할 것이다. 객체임은 경계를 갖추고 있거나 혹은 다른 것들과 구별된다는 것이며, 그리고 한 객체를 다른 한 객체와 구별하려면 우리는 지각을 참조해야 한다. 그리하여 이것이 논증의 첫 번째 단계일 것인데, 요컨대 존재론에 대한 인식론의 우위성을 단언한다. 그다음 단계는 다른 생명체는 세계를 다른 방식으로 지각하거나 분할한다고 지적하는 데 있을 것이다. 그러므로 예를 들면, 나는 어떤 나무를 매우 명료하게 알아보지만, 아메바가 이 나무를 나무로서 맞닥뜨릴 것 같지는 않다. 마찬가지로, 흐르는 물은 그 흐름 속으로 뛰어드는 개구리, 그 흐름의 경로를 가로막는 바위, 혹은 흐르는 물에 부딪히는 돌풍 사이에서 아무 차이도 맞닥뜨리지 않는다. 그렇다면 요점은, 우리가 객체들을 구별하려면 인식론이나 지각적 관습을 참조해야 한다는 것일 뿐만이 아니라, 또한 지각 이외의 무언가가 있는 한편으로(버클리주의적인 주관적 관념론은 잘못된 것이다), 존재-자체가 객체들로 이루어져 있다거나 혹은 이 무언가가 세계에 대한 우리의 지각과 절대 같지 않은 것이라고 주장할 이유도 전혀 없다는 것이다.

이런 논증 노선은 존재론적 근거에 기반을 두고서 제기되는 논증과 인식론적 근거에 기반을 두고서 제기되는 논증을 구별하는 것이 정말로 매우 중요한 이유를 강조한다. 이런 구별이 왜 그렇게 중요한가? 17세기 이후로 철학에서 지배적인 가정은 인식론의 물음이 존재론의 물음에 선행해야 한다는 것이다. 여기서 품은 착상은, 우리는 어떤 객체를 먼저 알고 나서야 비로소 그 객체의 본질에 관해 말하기 시작할 수 있다는 것이다. 이 착상은 플라톤이 제기한 메논의 역설에 대한 일반적인 독해를 떠올리게 한다. 『메논』에서 소크라테스는 이렇게 묻는다. "우리는 미덕을 먼저 알지 않고서도 미덕의 본성을 어떻게 탐구할 수 있는가?" 그리고 이 물음이 하나의 역설에 해당한다면, 그 이유는 바로 우리가 미덕을 이미 알고 있다면 미덕의 본성을 탐구할 이유가 전혀 없기 때문이다.

지각에 관한 물음은 객체의 본질에 관한 물음이 아니라, 객체의 본질에 대한 우리의 접근에 관한 물음이다. 그 물음의 논점은 두 가지인데, 첫 번째 논점은 객체의 본질에 관해 말하려면 우리는 먼저 객체에 접근할 수 있어야 한다는 것이다. 두 번째 논점은 어쩌면 객체에 대한 우리의 접근이 실재 자체가 어떠한지와 아무 관계도 없으리라는 것이다. 이것이 아메바와 나무 사례의 논점이다. 아메바는 나무를 나무로서 맞닥뜨리지 않고, 따라서 우리는 나무 같은 존재자가 여하튼 독립적이거나 실재적인 존재자라는 관념에 대해서 회의적이기 마련이다. 그러므로 어떤 객체의 본질은 그 객체의 고유한 독립적인 구조에서 비롯되는 것이 아니라, 오히려 그 객체를 지각하는 존재자가 만들어내는 구분 도식에서 비롯된다는 것이 그 논제다. 이것은 탁월한 상관주의적 태도다. 상관주의자는 아메바 이외의 무언가가 존재함을 인정할 것이지만 이 무언가가 아메바가 그것을 경험하는 방식 같은 것이 절대 아니라고 가정할 이유가 전혀 없다고 주장하기를 바랄 것임이 틀림없는데, 왜냐하면 아메바가 지각하는 그 존재자의 본성은 이런 타자 자체의 본질에 달린 것이 아니라 아메바의 구분 도식에 달려 있기 때문이다.

이제 존재론적으로 추동되는 논증과 인식론적으로 추동되는 논증 사이의 차이를 다시 논의하자. 상관주의자의 논증에 대해서 인식할 첫 번째 논점은 이 논증이 이미 적어도 한 객체의 현존은 인정한다는 사실을 무시하는 것처럼 보인다는 점이다. 그것은 무슨 객체인가? 그 나무의 현존이 아님은 확실하다. 오히려 상관주의자는 그 아메바의 현존을 인정한다. 어떤 아메바가 여하튼 무언가를 무언가로서 파악하려면, 그 아메바는 하나의 존재자, 실체, 혹은 객체로서 현존해야 한다. 요약하면, 상관주의자의 논증은 적어도 한 존재자의 현존을 전제함으로써 진척될 수 있을 따름이다. 그리고 이것이 관찰자가 객체를 구성하는 방식에 관한 논증이 설득력이 없는 주요한 이유인데, 이런 논증은 관찰자가 정말로 하나의 객체라는 점을 언제나 망각한다.

바위, 개구리, 혹은 돌풍을 맞닥뜨리는 물의 사례를 다시 논의하자. 여기서 물에 대해서 이들 존재자는 구별되지 않고 전적으로 같은 질적 효과를 산출한다는 주장이 제기되었다. 4장에서 우리는 사정이 이러한 이유를 알게 될 것이지만, 당분간은 물에 관해 이야기하기보다는 오히려 개구리와 아메바의 관계에 관해 이야기하자. 아메바와 개구리의 관계를 논의하는 경우에, 우리는 물이 돌, 개구리, 혹은 바람과 맺는 관계와 정확히 같은 문제를 맞닥뜨리게 되는데, 말하자면 개구리는 아메바를 구별하지 못한다. 아메바는 개구리를 개구리로서 맞닥뜨리지 않고, 개구리도 아메바를 아메바로서 맞닥뜨리지 않는다. 개구리가 겪은 경험의 입장에서 바라보면, 아메바는 공기 혹은 물과 구별될 수 없는 것이다. 물이 바위, 개구리, 혹은 바람의 바위, 개구리, 혹은 바람으로서의 현존에 무심한 것처럼, 개구리는 어느 모로 보나 아메바의 아메바로서의 현존에 무관심하다. 여기서 실제적 차이는 전혀 없다. 아메바는 현존하지 않을지도 모른다. 그런데 여기에 어려움이 있다. 개구리의 환경 속에 아메바가 현존하지 않는다는 사실이 그 아메바의 현존과 어떤 관계가 있는가? 관계가 있다고 주장하는 것은,

다른 존재자들을 그런 것들로 만드는 것은 그 존재자(관찰자)의 구분 도식이라는 특이한 결론에 이르게 되는 것이다.

그리하여 이제 우리는 인식론적으로 추동된 논증과 존재론적으로 추동된 논증 사이의 차이를 알게 된다. 인식론적으로 추동된 논증은 어떤 존재자가 그 존재자에 대한 우리의 접근의 견지에서 과연 무엇인지에 관한 물음을 언제나 던질 것이다. 우리는 어떤 존재자가 당연히 무엇이어야 하는지 묻기보다는 오히려 존재자들을 구별하기 위해 어떤 관습을 우리가 사용하는지 묻는다. 그런데 이렇게 함으로써 쟁점이나 물음이 전환됨을 분명히 알 수 있다. 상관주의자는 그 물음을 어떤 존재자가 무엇인지에 관한 물음으로 여기는 대신에 어떤 사물이 무엇인지 우리가 어떻게 아는지에 관한 물음으로 전환한다. 그리고 상관주의자가 그 물음을 어떤 존재자가, 다른 누군가가 그 존재자를 알고 있는지 여부와 무관하게, 당연히 존재자이려면 그 존재자가 무엇을 갖추고 있어야 하는지에 관한 쟁점에서 우리가 어떤 존재자를 어떻게 아는지에 관한 물음으로 전환했기에, 상관주의자는 소여 혹은 접근에 관한 물음을 마주치게 된다. 철저히 존재론적인 물음을 인식론적 물음으로 번역함으로써 소여(지각에의 준거) 혹은 접근의 문제에 이르게 된 상관주의자는 이제 다른 존재자 혹은 관찰자는 세계를 다르게 지각한다는 것, 즉 다른 관찰자에는 세계가 다른 방식으로 주어진다는 것을 깨닫는다. 아메바는 나무를 나무로서 맞닥뜨리지 않는다. 색맹인 사람은 보라색을 볼 수 없다. 기타 등등.

이런 논증 노선에 바탕을 두고서 이제 우리는 바스카가 인식적 오류를 하나의 오류라고 일컫는 이유를 알 수 있다. 인식적 오류는 인식론의 물음을 제기하는 데 있지 않다. 그렇다면 터무니없을 것이다. 당연히 우리는 인식적 물음을 제기하기 마련이다. 인식적 오류는 철저히 존재론적인 물음이 인식론적 물음으로 완전히 번역될 수 있다는 논제에 있다. 상관주의자는 존재자가 무엇인지에 관한 물음을 존재자에 대한 우리의 접근에 관한 물음으로 전환했기에, 그리고 접근에 관한 물음은 반드시 소여에 관한 물음으로 거슬러 올라가기에 이제 소여가 무엇이 현존하는지 그리고 무엇이 현존하지 않는지 통제하게 된다. 그러므로 상관주의자는 나무가 현존하지 않는다고 주장하거나 혹은 개구리와 바위가 현존하지 않는다고 주장하지 않을 수 없다. 이런 조치가 문제가 있다면, 그 이유는 그 조치가 언제나 자기준거적 역설에 빠지게 되기 때문이다. 즉, 그것은 적어도 한 존재자의 현존을 인정한 다음에 그 존재자가 독자적인 구분 도식을 통해서 나머지 세계를 관찰하는 방식을 사용하여 다른 존재자들의 현존을 삭제하기 때문이다. 우리가 세계를 인지하거나 지각하는 방법에 의해 추동되는 이런 종류의 논증들은 모두 그런 종류의 문제에 얽히게 될 것이다.

여기서 요점은, 존재론의 물음이 어떤 식으로도 인식론의 물음을 형성하거나 구성할 수 없으며 그런 물음으로 환원될 수 없다는 것이다. 다시 말해서, 존재자의 본질에 관한 주장은 존재자에 대한 우리의 접근에 관한 주장으로 번역될 수 없다. 존재자의 본질에 관한 주장이 존재자에 대한 우리의 접근에 관한 물음으로 번역될 때마다, 우리는 결국 주어지는 것 혹은 입수할 수 있는 것에 근거를 두고서 무엇이 현존하는지 그리고 무엇이 현존하지 않는지를 통제하는 소여에 이르게 되고, 그리하여 자신이 객체들의 현존을 인정하는 동시에 그 현존을 부정하는 자멸적인 자기준거적 역설에 빠졌음을 알아차린다.

그 결과, 존재자의 본질에 관한 주장에는 접근에 관한 인식론적 물음과는 전적으로 다른 방식으로 도달하게 된다. 우리는 존재자에 대한 우리의 접근으로 시작하지 않고, 오히려 어떤 실천이 가능하기 위해서는 세계가 어떠해야 하는지 묻는다. 객체지향 존재론자는 우리가 존재자에 접근할 수 있다거나, 존재자는 주어진다거나, 혹은 우리의 지각이 세계가 존재하는 방식과 동일하다고 주장하는 것이 아니라, 실체의 현존이 매우 다양한 우리의 실천을 이해할 수 있으려면 필요한 전제라고 주장한다. 다시 말해서 그 존재론적 논제는, 지각, 실험, 담론 등과 같은 어떤 실천과 활동이 가능하기 위해서는 세계가 어떤 특정한 방식으로 존재해야 한다는 것이고, 우리가 그것에 관해 지각하는지, 실험하는지, 혹은 이야기하는지 여부와 무관하게 세계가 이런 식으로 존재하리라는 것이다.

어쩌면 논쟁의 견지를 전환하는 것이 상관주의를 패퇴시키는 최선의 방법일 것이다. 상관주의자는 거의 어김없이 인간이 세계에 관해 지각하고 이야기하는 방식을 논의함으로써 논증을 전개한다. 그런데 인간으로 시작하기보다는 오히려 아메바로 시작하면 어떤가? 상관주의자는 아메바가 그의 존재를 구성한다고 주장하기를 과연 바랄까? 이런 결론은 아메바가 나무를 맞닥뜨리는 방식에 관한 상관주의적 논증에서 직접 비롯된다. 상관주의자가 이런 결론에 이르기를 바라지 않는다면, 그 이유는 무엇인가? 여기서 가능한 결론은 두 가지가 있을 따름인데, 그 두 결론은 모두 상관주의자의 논증을 무너뜨리게 된다. 첫 번째 가능한 결론은, 아메바가 상관주의자의 존재를 구성할 수 없는 이유는 인간이 '타자'의 원시적 유출로부터 다른 존재자들을 구성할 수 있는 유일한 존재자라는 점 덕분에 아무튼 존재의 질서에서 특별하기 때문이라는 것이다. 두 번째 가능한 결론은, 아메바가 상관주의자를 지각함으로써 상관주의자의 존재를 구성하지 못하는 이유는 상관주의자가 하나의 실체, 즉 독자적으로 독립적인 존재자이며 무언가가 다른 한 존재자를 지각하는 방식이 그 존재자의 실체로서의 지위와는 아무 관계도 없기 때문이라는 것이다.

그런데 누구나 실재론자가 첫 번째 가능한 결론을 그것이 인간 중심적이라는 이유로 거부하리라 예상할 수 있을 것이다. 하지만 이것이 참이더라도 내 주장은 이런 것이 아니다. 첫 번째 반대 논증에서 상관주의자를 좇으면, 우리는 상관주의자가 적어도 한 객체, 즉 상관주의자 자신의 현존을 인정했다는 점을 인식해야 한다. 여기서부터 인간 혹은 상관주의자가 존재의 질서 안에서 이런 특권적 지위를 가져야 하는 이유를 묻는 것은 금방이다. 더욱이, 모든 존재자가 세계를 자신의 어깨 위에 걸치는 아틀라스처럼 무無구조의 세계, 전前개체적 유출을 이산적인 다발들 혹은 단위체들로 분절하는 위업을 수행할 수 있어야 한다는 것은 상당히 주목할 만하다. 두 번째 주장을 인정한다면, 당연히 우리는 어떤 실체가 다른 실체가 자신을 지각하는 방식과 무관하게 독자적인 존재를 갖추고서 물러서 있다는, 그런 실체의 현존을 인정하는 셈이다. 우리에게 관찰자를 관찰하라고 권고하는 사람은, 아무튼 관찰자를 관찰하는 바로 그 행위, 즉 다른 관찰자가 관찰하는 방식을 관찰하는 바로 그 행위가 다른 관찰자를 관찰하는 행위를 수행하고 있는 한 관찰자의 현존을 전제로 한다는 요점을 놓치는 것처럼 보인다. 다시 말해서, 이런 조치는 실체들이나 객체들이 현존한다는 논제의 기반을 약화하기는커녕 적어도 한 실체 또는 객체의 현존을 전제로 한다. 그리하여 이런 조치는, 세계는 관찰자가 다른 객체들을 지각하는 방식의 산물이라는 논제를 정합적으로 유지할 수 없다.

2장

실체의 역설

서론

아리스토텔레스, 실체, 그리고 성질

실체의 역설

장갑, 쥐, 꽃가루, 병마개, 그리고 나뭇가지의 물질성이 빛나고 번뜩이기 시작하면, 그 이유는 부분적으로 그것들이 서로 각자와, 거리와, 그날 아침의 날씨와, 그리고 나와 형성한 우연적인 정경 때문이다. 만약 검은 장갑에 햇빛이 비치지 않았다면, 나는 쥐를 보지 못했을지도 모르기 때문이다. 만약 쥐가 그곳에 없었다면, 나는 병마개를 인식하지 못했을지도 모르기 때문이다. 기타 등등. 하지만 그것들은 모두 마침 그렇게 있었고, 그래서 나는 이들 사물, 즉 내가 일반적으로 활력이 없다고 여긴 사물들 각각이 내부에 품은 강력한 활기를 엿보았다. 이런 회집체에서 객체들은 사물로서, 즉 (인간) 주체들이 그것들을 배치한 맥락으로 온전히 환원될 수는 없을뿐더러 그것들의 기호로도 결코 완전히 망라되지는 않는 생생한 존재자로서 나타났다. — **제인 베넷**[1]

서론

　로이 바스카의 초기 연구로부터 우리는 실험 행위가 이해할 수 있는 것이 되려면 세계가 어떤 특정한 방식으로 존재해야 한다는 점을 알게 되었다. 첫째, 객체는 열린 체계와 닫힌 체계에서 달리 행동할 수 있어야 한다. 이런 이유로 인해 생성 메커니즘의 본질 혹은 실체는 그 메커니즘의 현실화된 성질과 동일시될 수 있는 것이 아니라, 어딘가 다른 곳에 자리하고 있어야 한다. 오로지 닫힌 체계에서만 인과관계에 있어서 사건들의 일정한 연접이 성립한다고 바스카는 주장한다. 반면에, 열린 체계에서는 객체가 휴면 상태에 있으면서 결코 아무 사건도 산출하지 않거나, 혹은 상쇄하는 원인이 개입함으로써 (a) 객체가 산출하는 사건이 가려지거나 아니면 (b) 객체들의 얽힘이 엮인 방식에 따라서 생성 메커니즘 또는 객체가 닫힌 체계에서 산출할 사건과는 다른 사건이 산출된다. 그리하여 둘째, 객체 또는 생성 메커니즘은 사건이나 현실태와 구별되어야 한다. 객체 또는 생성 메커니즘은 자신의 성질이나 사건에 의해 규정되는 것이 아니라, 오히려 자신의 역능 또는 역량에 의해 규정된다. 객체는 자신의 역능이나 역량을 갖추지 않고서는 존재할 수 없지만, 자신의 성질이나 사건을 나타내지 않으면서도 존재할 수 있다. 마지막으로 셋째, 사건들의 일정한 연접이 성립될 수 있는 닫힌 체계를 형성하는 것이 가능한 일이라면, 객체 또는 생성 메커니즘은 자신이 맺은 관계와 독립적이어야 한다는 결론 역시 도출된다.

---

1. Jane Bennett, *Vibrant Matter* (Durham : Duke University Press, 2010), 5. [제인 베넷, 『생동하는 물질』, 문성재 옮김, 현실문화, 2020.]

나는 객체들이 관계를 맺을 수 있다고 기꺼이 인정하지만 — 그렇지 않다면 어떻게 열린 체계가 가능하겠는가? — 이로부터 객체는 바로 자신이 맺은 관계들이라는 결론이 도출되지는 않는다. 요약하면, 때때로 실험실 환경에서 그렇듯이, 일반적으로 사건들의 일정한 연접을 성립시키는 닫힌 체계를 형성하는 것이 가능할 수 있으려면, 당연히 관계는 그것의 항들, 즉 그것이 관련시키는 객체들에 존재론적으로 내재적일 수가 없다. 다시 말해서, 객체는 자신이 세계의 나머지 부분과 맺은 관계들로 구성되지 않는다. 다른 객체들과 맺은 관계들이 흔히 객체의 사건이나 성질을 촉발하는 데 핵심적인 역할을 수행하지만, 여기서 우리는 객체가 자신의 성질들과 동일한 것이 아니라 오히려 그 성질들의 근거라는 점을 떠올려야 한다. 그러므로 우리는 객체와 그 관계들, 혹은 차라리 객체의 구조와 객체가 맺은 관계들을 구별해야 한다. 나는 객체의 구조를 '내부관계'(혹은, 그레이엄 하먼을 좇아서, "대내 관계")라고 일컫고, 객체가 맺은 관계를 '외부관계'(혹은, 하먼이 일컫는 대로, "대외 관계")라고 일컫는다.[2] 내부관계는 여타의 객체와 독립적인, 객체의 내부구조를 구성하고, 외부관계는 객체가 다른 객체와 맺은 관계다. 객체가 자신의 외부관계들, 즉 자신이 다른 객체들과 맺은 관계들로 구성된다면, 그 존재자는 동결될 것이기에 아무것도 움직이거나 변화할 수 없을 것이다. 그런 변화가 구상될 수 있는 것은 오직 관계가 객체들에 외재적인 경우일 뿐이다.

바스카가 생성 메커니즘이라고 일컫는 것이 사건 또는 성질의 근거인 한, 그것은 실체라는 고풍의 아리스토텔레스적 이름을 가질 자격

---

2. Graham Harman, *The Quadruple Object* (Winchester : Zero Books, 2011). [그레이엄 하먼, 『쿼드러플 오브젝트』, 주대중 옮김, 현실문화, 2019.]

이 있다. 실체는 사건이 생겨나게 할 수 있는 역능을 갖추고 있기에 나는 실체를 차이 기관difference engine으로 일컬을 것인데, 왜냐하면 사건이 생겨남은 세계에서 차이가 생겨나는 것이기 때문이다. 차이 기관, 즉 실체는 자신이 생성하는 사건이나 성질과 동일하지 않기에, 실체가 아무리 짧게 지속하더라도, 객체의 실체적 차원은 잠재적 고유 존재라는 칭호를 받을 자격이 있다. 게다가 사건 또는 성질은 특정한 조건아래서만 그리고 다양한 방식으로 생겨나기에 나는 차이 기관에 의해 생겨나는 사건을 국소적 표현이라고 일컬을 것이다. 국소적 표현이표현인 이유는 그것이 세계에서 이루어지는 현실화이기 때문이다.

실체의 특성들을 나열하는 이 목록에 네 번째 특성을 추가할 수있다. 국소적 표현은 어떤 주체에의 표현이나 어떤 주체에 대한 표현과혼동하지 말아야 하는데, 오히려 그 표현은 그것을 목격할 주체 혹은의식 있는 존재자가 현존하는지 여부와 무관하게 세계에서 생겨나는사건이다. 그리하여 국소적 표현은 경험적인 것, 즉 어떤 주체가 경험하는 것과 동일하지 않다. 경험은 국소적 표현의 부분집합인데, 요컨대 국소적 표현들로 이루어진 집합은 경험으로 구성된 집합보다 무한히 더 크다. 이런 점에서, 국소적 표현이라는 범주는 외양이 현시되거나 주어지는 주체 없이 나타나는 것으로서의 외양에 관한 바디우의구상에 얼마간 친화적이다.[3]

다른 한편으로, 국소적 표현 또는 사건이 국소적이라면, 그 이유는객체의 성질이나 사건이 객체 또는 차이 기관의 역동적인 내부 메커니즘 및 객체가 맺은 외부관계에 따라 가변적이기 때문이다. 그리하여

---

3. Alain Badiou, *Logics of Worlds: Being and Event II*, trans. Alberto Toscano (New York: Continuum, 2009), 119.

우리는 객체가 자신의 성질들을 지니고 있다거나 혹은 그 성질들이 객체에 내재한다고 말하지 말아야 하고, 또한 무엇보다도 객체가 바로 자신의 성질들이라고 말하지 말아야 하며, 오히려 기괴하고 당혹스러운 것처럼 보일 수밖에 없는 어법으로, 성질은 객체가 행하는 것이라고 말해야 한다. 여기서 국소적 표현이라는 개념은 객체가 자신의 표현으로 산출하는 사건의 맥락 의존성 — 그 맥락이 내재적이든 외재적이든 간에 — 을 포착하려고 고안된 것이다.

마지막으로, 실체가 자신의 사건들이나 성질들과 동일하지 않는 한 — 게다가 자신이 다른 객체들과 맺은 외부관계들과도 동일하지 않는 한 — 에 있어서 나는 차이 기관을 분열된-객체라고 일컫는다. 차이 기관을 분열된-객체로 규정하는 것은 언제나 절반으로 쪼개지거나 분리될 수 있다는 의미에서의 물리적인 분열을 가리키는 것이 아니라, 오히려 객체의 잠재적 고유 존재, 즉 역능들과 그 국소적 표현들, 즉 성질들 사이의 분열을 가리킨다. 여기서 염두에 두어야 할 요점은, 객체는 언제나 자신의 모든 국소적 표현을 초과하는 상태에 있기에 세계에서 나타나는 어떤 국소적 표현으로도 환원될 수 없는, 감춰진 화산성의 역능을 품고 있다는 것이다. 이런 점에서, 분열된-객체라는 개념은 그레이엄 하먼이 객체의 '물러서 있음'이라고 일컫은 것에 대한 나의 판본을 포착한다. 하먼이 서술하는 대로, "모든 관계로부터 절대적으로 물러서 있는 … 객체들이 있지만, 이들 객체가 상호작용하게 하는 성질들의 에테르도 편재하고 있다."[4]

하먼은 객체의 물러서 있음을 여기서 내가 옹호하는 것보다 훨씬 더 근본적인 의미에서 옹호한다. 하지만 우리의 입장들 사이에는 뚜

---

4. Graham Harman, *Guerrilla Metaphysics* (Chicago : Open Court, 2005), 76.

렷한 공통점이 있다. 존재자론의 틀 안에서, 객체가 다른 객체들에서 물러서 있다는 주장은 (1) 실체가 그것이 다른 객체들과 맺은 관계들과 독립적이거나 혹은 그것들로 구성되지 않는다는 주장이면서 (2) 객체가 그것이 우연히 국소적으로 현시하는 어떤 성질과도 동일하지 않다는 주장이다. 객체의 실체성은 그것이 산출하는 성질들과 결코 동일시될 수 없다. 그러므로 하먼이 계속해서 진술하는 대로,

> 어떤 객체가 존재한다면 그것은 어떤 종류의 진공 같은 상태로 현존해야 하는데, 그 이유는 어떤 관계도 그 객체를 전적으로 전개할 수 없기 때문이다. 최근의 철학적 경향은 끊임없이 전체론적 상호관계를 찬양하는 것이며, 그리고 무엇이든 여타의 것에서 격리되어 현존할 수 있을 어떤 것에 관한 관념을 공공연히 비난하는 것이다. 그런데 이것이 바로 객체가 행하는 바다. 어떤 객체가 사건에 휩쓸려서 자신의 힘을 발휘할 수는 있지만, 어떤 그런 사건도 그 객체를 전적으로 활용할 수는 없다. 그 객체에 인접하는 객체들은 언제나 그것의 일부 특질에 대하여 반응하는 한편으로, 여타 특성은 보지 못한 채로 있을 것이다. 한 사건에 연루된 객체는 아무튼 언제나 어딘가 다른 곳에, 모든 관계에서 벗어난 어떤 곳에 있다.[5]

존재자론은 이 구절에서 감탄할 만한 것을 많이 찾아낸다. 하먼의 객체지향 철학과 마찬가지로, 존재자론은 객체, 즉 실체가 그것이 다른 실체들과 맺은 관계들로 구성된다고 이해되는 전체론적 상호관계라는 논제를 거부한다. 마지막으로, 하먼의 객체지향 철학과 마찬가

---

5. 같은 책, 81.

지로, 존재자론은 어떤 관계도 어떤 객체 속에 포함된 모든 힘이 발휘되게 할 수는 결코 없다고 주장한다. 존재자론과 하먼의 객체지향 존재론이 갈라지는 논점은, 객체 또는 실체의 독립성이 객체들은 결코 서로 접촉하거나 만날 수 없다는 점을 수반하는지, 즉 물러서 있음 덕분에 객체들은 진공이어야 한다는 점을 수반하는지를 둘러싼 쟁점에 관한 것이다. 사정이 이렇다면, 어떤 객체도 다른 객체의 힘이 도무지 발휘되게 할 수 없을 것처럼 보인다. 객체들이 흔히 다른 객체들의 힘이 발휘되게 한다는 사실을 고려하면 객체들은 아무튼 서로 교란할 수 있어야 하는 것처럼 보이는데, 한편으로 객체의 잠재적 고유 존재는 이런 만남을 초과하는 상태에 영원히 있으면서 폐쇄되어 있다.

이 장에서 나의 목표는 실체의 구조를 부각하는 동시에 실체가 성질을 나타낼 때 맺어진, 잠재적 고유 존재와 국소적 표현 사이의 관계를 부각하는 것이다. 그런데 이 과업에 착수하기 전에 먼저 실체라는 개념의 몇 가지 특질을 명확히 표현하면서 케네스 버크가 '실체의 역설'이라고 일컫은 것에 대응해야 한다. 『동기의 문법』에서 이루어진 실체의 역설에 관한 버크의 논의가 여기서 적절한데, 왜냐하면 버크가 하나의 역설로 여기는 것, 즉 실체에 대한 비판이 실체의 존재론적 구조 및 그것이 필연적으로 물러서 있음으로 특징지어지는 이유에 대한 근본적인 실마리를 무심코 제공하기 때문이다.

아리스토텔레스, 실체, 그리고 성질

아리스토텔레스는 존재에 관하여 유추적으로 구상하면서 존재라는 낱말이 다양한 의미로 구사된다는 것을 밝혀낸다고 종종 언급된다. 그런데 철학사에서 흔히 그렇듯이, 그 쟁점은 이보다 더 복잡한

데, 그 이유는 아리스토텔레스가, 예를 들면, 우리가 '존재'라는 용어를 사용하여 이차 실체(성질)와 일차 실체(개별 사물 또는 객체)를 언급하는 경우에 사실상 그 용어의 용법이 다르다고 주장하면서도 존재의 일차적 의미는 개별 사물이라고도 주장하기 때문이다. 『형이상학』의 7권(Z)에서 서술하는 대로,

어떤 사물이 존재한다고 하는 것은 여러 가지 의미가 있는데 … , 왜냐하면 한 의미에서 그것은 어떤 사물이 무엇인지를, 즉 '이것'을 뜻하고, 다른 한 의미에서 그것은 어떤 사물에서 드러나는 질이나 양 혹은 그런 속성을 뜻하기 때문이다. '존재'는 이렇게 온갖 의미로 말해지지만, 그중 일차적인 의미는 어떤 사물의 실체를 가리키는 '무엇'임이 명백하다 … . 그리고 여타의 것이 존재한다고 하는 이유는 그것들이 일차적 의미에서 존재하는 것의 성질이거나 작용이거나 한정이기 때문이다. 그러므로 '걷다'와 '건강하다'와 '앉다'가 저마다 존재하는 무언가를 나타내는지에 관한 물음을 제기할 수 있을 것이며, 그리고 이와 비슷한 모든 경우에 마찬가지 물음을 제기할 수 있을 것이다. 왜냐하면 이것들은 모두 자립적이지도 않고 실체와 따로 떨어져 있을 수도 없고, 오히려 현존하는 것은 걷거나 앉거나 건강한 것이기 때문이다. 그런데 이것들이 더 실재적인 것처럼 보이는 이유는 그것들의 바탕이 되는 무언가 명확한 것이 있기 때문이다. 그리고 이것이 그런 술어에 함축된 실체 혹은 개체인데, 왜냐하면 '좋음' 혹은 '앉아 있음'은 이것 없이 사용되지 않기 때문이다. 그렇다면 실체라는 범주가 있는 덕분에 여타의 것이 각각 존재함이 확실하다. 그러므로 일차적으로 존재하며 (특정한 것이 아니라) 단적으로 존재하는 것은 실체이어야 한다.[6]

아리스토텔레스의 경우에, 존재한다는 것은 하나의 실체 또는 사물이라는 것이다. 존재의 여타 의미는 궁극적으로 실체를 다시 가리킨다고 아리스토텔레스는 주장하는데, 그 이유는 궁극적으로 이들 다른 존재 형식은 모두 실체에 내재하거나 실체에 의해 가능해지기 때문이다. 존재자론, 그리고 더 넓게 해석하면 객체지향 존재론이 옹호하는 것은 실체 또는 개별 사물로서의 존재의 본질을 향한 아리스토텔레스적 지향성이다. 그렇다면 제기되는 것은 실체란 정확히 무엇인가라는 물음이다. 이 물음이 바로 이 책이 대답하고자 하는 것이다.

한편으로,『범주들』에서 아리스토텔레스는 실체의 본성에 대한 중요한 실마리를 제공한다. 그 저작에서 아리스토텔레스는 이렇게 서술한다. "〔하나의〕 실체 — 더 엄밀하게, 으뜸으로 그리고 무엇보다도 실체라고 일컬어지는 것 — 는 어떤 주어에 관해 말해지지도 않고 어떤 주어에 속해 있지도 않은 것, 예를 들면 별개의 특정한 인간 혹은 별개의 특정한 말馬이다."7 요약하면, 하나의 실체는 여타의 것에 관해 서술되지 않는 것이고, 따라서 독립적이거나 자율적인 현존을 누린다. 예를 들면, 색깔은 언제나 어떤 실체에 관해 서술된다. 다시 말해서, 색깔은 언제나 무언가 다른 것 속에 있어야 한다. 빨간색은 결코 독자적인 실체가 아니라, 언제나 공 속에 혹은 딸기 속에 혹은 립스틱 속에 있다. 성질은 실체에 내재하고, 성질은 실체에 관해 서술되는 반면에, 실체는 어느 것에 관해서도 서술되지 않는다.

---

6. Aristotle, *Metaphysics*, in *The Complete Works of Aristotle*, Vol 1 & 2, ed. Jonathan Barnes (Princeton : Princeton University Press, 1984), 1028a10~30. [아리스토텔레스, 『형이상학』, 김진성 역주, 이제이북스, 2007.]

7. Aristotle, *Categories*, in *The Complete Works of Aristotle*, Vol 1 & 2, ed. Jonathan Barnes (Princeton : Princeton University Press, 1984), 2a10~15. [아리스토텔레스, 『범주들·명제에 관하여』, 김진성 역주, 이제이북스, 2008.]

그러므로 아리스토텔레스는 다음과 같이 진술할 것이다. "일차 실체들 가운데 한 실체는 다른 한 실체만큼 실체일 따름인데, 이를테면 개별적 인간은 개별적 황소만큼 실체일 따름이다."[8] 요약하면, 모든 실체가 실체라는 점에서 동등하다는 바로 그 의미에서, 객체들의 평등성, 객체들의 민주주의가 존재한다. 이런 민주주의에는 실체들이 서로 대등하다는 것, 실체들 사이에 아무 차이도 없다는 것, 그리고 다른 실체들보다 더 강하거나 더 약한 실체가 존재하지 않는다는 것이 수반되는 것이 아니라, 오히려 모든 실체가 실체라는 점에서 동등하다는 것이 수반된다. 내가 평평한 존재론이라는 개념을 논의할 때, '동등한 존재'라는 이 논제가 비판 이론과 비판 이론을 실천하는 방식에 심대한 영향을 미침을 알게 될 것이다. 특히, 그 논제에는 우리가 한 종류의 존재자를 여타 존재자의 근거로 여길 수 없다는 점이 수반된다.

마찬가지로, 나중에 내가 부분전체론을 논의할 때, (1) 한 실체는 여타의 실체에 관해 서술되지 않는다는 논제와 (2) 한 실체는 더도 말고 덜도 말고 여타의 실체만큼 실체일 따름이라는 논제가 부분과 전체 사이의 관계와 관련된 일단의 미묘하고 흥미진진한 문제를 초래함을 알게 될 것이다. 객체 또는 실체가 여타의 실체에 관해 서술되지 않는다면, 실체는 자신의 **부분들**과 동일하다고 여겨질 수 없다는 결론이 당연히 도출된다. 객체가 자신의 부분들과 동일하다면, 이 사태에는 객체가 자신의 부분들에 관한 술어라는 것이 수반된다. 그리하여 이것은 객체의 자율성 혹은 독립성의 기반을 약화할 것이다. 결과적으로, 실체는 자신의 부분들이 없다면 확실히 현존할 수 없지만, 실체성은 객체를 구성하는 부분들 이외의 무언가임이 틀림없다. 여기서 우리

---

8. 같은 책, 2b25. [같은 책.]

는 존재자론이 옹호하는 실재론이 모든 형태의 고전적 유물론에 저주나 다름없는 것이 되는 방식 중 하나를 맞닥뜨린다. 데모크리토스와 에피쿠로스, 루크레티우스 같은 사상가들이 옹호한 그런 종류의 고전적 유물론은, 객체가 궁극적으로는 바로 원자 형태로 자신을 구성하는 부분들이고 그리하여 이들 원자가 유일하게 참된 실체들이라고 생각한다. 존재자론은, 이와는 대조적으로, 무언가의 규모와 무언가가 집합체인지 여부는 무언가가 실체인지 여부와 무관하다고 주장한다. 하먼이 훌륭하게 표명하는 대로, "마치 원자는 실재적이고 야구 연맹은 파생물일 따름이거나, 혹은 병사는 실재적이고 군대는 파생물일 따름인 것처럼, 단지 집합체에 불과한 것을 넘어서 그리고 그것에 맞서서 객체에 어떤 특권도 부여되지 않는다."[9] 하먼은 계속해서 진술한다. "오히려 우주는 객체들이 들어 있는 객체들이 들어 있는 객체들이 들어 있는 객체들로 구성되어 있고" 그리하여 "모든 객체는 실체이자 관계들의 복합체다."[10]

부분전체론적으로 이 진술에는, 부분은 자신이 속하는 전체와 스스로 독립적인 실체임 — 즉, 부분은 자신이 속하는 전체에 관한 술어에 불과한 것이 아님 — 이 이해되고 전체는 자신의 부분들과 독립적이라고 여겨지도록 실체들의 독자적인 자율성과 독립성을 지탱할 수 있는 존재론을 우리가 전개해야 한다는 점이 수반된다. 모든 객체의 주요한 특질 — 사실상 객체를 규정하는 특질 — 은 그것의 자율성이다. 객체가 단순하든 혹은 복합적이든 간에 그와 무관하게 각각의 객체는 자율적이다. 우리가 이해하게 되듯이, 부분과 전체 사이의 관계에 관한 외

---

9. Harman, *Guerrilla Metaphysics*, 76.
10. 같은 책, 85.

관상 무미건조한 이들 존재론적 쟁점은 사회 이론과 정치 이론에서 제기되는 일단의 쟁점에 뜻밖에도 중요하다. 여기서 '크기는 중요하지 않다'라는 점도 인식하는 것이 중요하다. 다른 실체보다 더한 실체도 없고 덜한 실체도 없는 한에 있어서, 하먼이 지적하는 대로, 원자는 더도 말고 덜도 말고 분자나 땅돼지 혹은 야구팀만큼 실체일 따름이라는 결론이 당연히 도출된다.

실체가 여타의 것에 관해 서술되지 않는 한, 성질이 실체 속에 있다는 그런 의미에서는 실체가 여타의 것 속에 있지 않다는 결론이 당연히 도출된다. 아리스토텔레스가 서술하는 대로, "주어 속에 있지 않음이 모든 실체에 공통적인 특징이다. 왜냐하면 일차 실체는 주어에 관해 말해지지도 않고 주어 속에 있지도 않기 때문이다."[11] 실체는 어떤 개별 사물 속에 있는 것이 아니고, 오히려 바로 개별 사물이다. 그리하여 모든 실체는 어떤 집합이 자신을 그 집합의 원소로 포함하지 않고 있는 집합의 특징을 갖는다. 그러므로 모든 실체는 그것이 자체적으로 객체들인 부분들을 포함하고 있는 한에 있어서 '다양체'이지만, 어떤 실체의 실체성 자체는 그 실체의 부분이 아니다. 오히려 실체성은 바로 그 실체다.

실체가 자신의 부분들, 즉 자신을 구성하는 객체들과 동일시될 수 없는 한, 실체는 언제나 수¹적으로 하나라는 결론이 당연히 도출된다. 아리스토텔레스가 서술하는 대로, "실체는 더 이상의 것 혹은 더 이하의 것을 허용하지 않는 것처럼 보인다."[12] 실체는 언제나 하나의 실체다. 그리하여 실체는 더도 말고 덜도 말고 그것 자체일 따름이고, 또한

---

11. Aristotle, *Categories*, 3a10. [아리스토텔레스, 『범주들·명제에 관하여』.]
12. 같은 책, 3b35. [같은 책.]

실체는 결코 하나보다 더 많지 않다. 첫 번째 경우에, 어떤 사람이 몸무게가 늘어나거나 혹은 팔 하나를 잃더라도 그 사람은 여전히 이 실체라는 의미에서 실체는 더도 말고 덜도 말고 그것 자체일 따름이다. 두 번째 경우에, 실체가 언제나 하나라면, 그 이유는 실체가 많은 부분이나 다른 객체들로 이루어져 있을지라도 실체로서의 실체는 여전히 하나의 실체이기 때문이다. 또다시, 실체를 이렇게 한정하는 것은 일자一者와 다자多者의 문제와 관련하여 미묘한 부분전체론적 쟁점을 많이 제기함이 확실하다.

마지막으로, 실체의 고유한 특징은 그것이 비변증법적이라는 것이다. 아리스토텔레스가 진술하는 대로, "실체의 다른 한 특징은 그것에 반대되는 것이 전혀 없다는 점이다."[13] 헤겔부터 시작하여, 변증법은 각기 다르지만 종종 서로 융합되는 두 가지 의미를 띤다. 첫째, 특히 맑스주의적 맥락에서, 변증법은 명확한 관계적 특성을 갖춘 사유를 가리키는 것으로 여겨질 수 있다. 예를 들면, 맑스는 상품이 어떻게 해서 임금 노동과 자본주의로 특징지어지는 어떤 사회적 구성체에서만 현존할 수 있는지를 보여준다. 나중에 끌림 체제와 외부관계를 논의하면서 우리는 이런 관계적 의미에서의 변증법에 관한 어떤 관념이 국소적 표현과 관련하여 어떻게 유지될 수 있는지를 알게 될 것이다. 둘째, 변증법은 언제나 더 큰 전체 혹은 총체로 지양되는, 상반되거나 모순되는 것들에 의거하여 관계를 사유함을 뜻하는 것으로 여길 수 있다. 존재자론은 적대적인 것들의 현존을 기꺼이 인정하는 한편으로, 적대적인 것들을 상반되거나 모순되는 것들과 동등하다고 여길 이유가 전혀 없다고 본다.

---

13. 같은 책, 3b25. [같은 책.]

실체는 상반되거나 대립하는 것들로 규정되는 것이 아니라, 단적으로 그런 것이다. 물론 이것은 실체가 생성되지 않는다거나 혹은 실체가 소멸할 수 없다고 주장하는 것은 아니고, 실체가 대립하거나 상반되는 항들을 허용하지 않는다고 주장할 뿐이다. 한 특정한 줄기 두꺼비는 대립물이 없다. 오히려 만약 반대 관계가 있다면 그것은 단지 성질의 영역에서 현존할 따름이다. 나중에 국소적 표현과 잠재적 고유 존재를 논의할 때 우리는 반대 관계가 진정한 존재론적 범주인지 의심할 이유가 있음을 알게 될 것이다. 실체가 자신의 관계들로 구성되지 않는 한, 관계가 그 항들에 내재적이지 않는 한, 실체는 관계적 의미에서도 반대의 의미에서도 변증법적일 수가 없다는 결론이 당연히 도출된다. 반대 관계는, 만약 그것이 현존한다면, 실체의 층위가 아니라 성질의 층위에서 현존한다. 오로지 실체를 삭제함으로써, 실체를 그 성질들로 환원함으로써, 바로 앞 장에서 논의된 대로의 현실주의라는 태도를 통해서만 실체가 변증법적이라고 주장될 수 있다.

이렇게 해서 아리스토텔레스는 광범위한 존재론적 영향을 미치는 실체에 관한 또 다른 정의를 표명하게 된다. 실체는 여타의 것에 관해 서술되지 않는 것이라는 점을 우리는 이미 이해했다. 이것에 덧붙여, 아리스토텔레스는 다음과 같이 진술한다. "수적으로 단 하나인 것이 반대되는 것들을 수용할 수 있는 점이 실체의 가장 독특한 특징인 것처럼 보인다."[14] 아리스토텔레스는 다음과 같은 일례를 제시하면서 계속해서 이 점을 예시한다. "한 개인 — 동일한 사람 — 이 어느 때는 밝아지고 어느 때는 어두워지며, 어느 때는 뜨거워지고 어느 때는 차가워지며, 어느 때는 나빠지고 어느 때는 좋아진다."[15] 요약하면, 실체는 동

---

14. 같은 곳. [같은 곳.]

일한 실체로 남아 있으면서 다양한 성질을 현실화할 수 있는 것이다. 추후에 『범주들』에서 아리스토텔레스는 성질이란 "그것 덕분에 사물이 아무튼 한정된다고 말해지는 것"이라고 진술한다.[16] 여기서 실체는 자신의 성질들과 동일하지 않다는 존재론적 논제의 확증이 제시되는데, 왜냐하면 실체가 동일한 실체로 남아 있으면서 다양한 성질을 띨 수 있는 한에 있어서 객체는 자신의 성질들과 구별되어야 한다는 결론이 당연히 도출되기 때문이다.

그렇지만 여기서 우리는 주의해야 한다. 왜냐하면 우리가 실체는 자신의 성질들과 구별된다고 주장하면서, 마치 성질들이 한 존재자이고 실체가 다른 한 존재자인 것처럼, 그것들이 수적으로 서로 구별됨을 뜻하고자 작정하지 않기 때문이다. 실재적 구별, 수적 구별, 그리고 형상적 구별 사이의 차이에 관해 언급하면서 들뢰즈는 이렇게 서술한다.

주지하다시피 이름이나 명제들은 정확히 같은 사물을 가리킬 때도 같은 의미를 지니지 않는다(새벽별-저녁별, 이스라엘-야곱, *plan-blanc* 같은 유명한 사례들의 경우에서처럼 말이다). 이들 의미 사이에서 이루어지는 구별은 사실상 실재적 구별distinctio realis이지만, 그 구별과 관련하여 수적 — 더군다나 존재론적 — 인 것은 전혀 없다. 그것은 형상적 구별이며, 질적이거나 기호학적인 구별이다.[17]

나는 수적 구별과 형상적 구별 사이의 차이가 존재론적인 것을

---

15. 같은 책, 4a10. [같은 책.]
16. 같은 책, 8b25. [같은 책.]
17. Gilles Deleuze, *Difference and Repetition*, trans. Paul Patton (New York : Columbia University Press, 1995), 35. [질 들뢰즈, 『차이와 반복』, 김상환 옮김, 민음사, 2004.]

전혀 가리키지 않는 기호학적 차이에 불과하다는 들뢰즈의 논제를 따르고 싶지 않은 한편으로, 들뢰즈는 실재적 구별이 취하는 두 가지 매우 중요한 형식 사이의 차이에 주의를 끌어들인다. 한편으로, 두 사물이 서로 독립적으로 현존하는 경우에 그것들은 수적으로 구별된다. 앞서 이해한 대로, 실체들이 서로 독립적인 한에 있어서 그것들은 모두 수적으로 구별된다. 다른 한편으로, 두 사물이 실제로 서로 다르면서도 서로 독립적으로 현존할 수 없다면 그것들은 형상적으로 구별된다.

실체와 그 성질들 사이에 맺어진 관계의 경우에는, 실체가 자신의 성질들과 절대 동일하지 않은 한에 있어서 실재적 구별이 존재한다. 그렇지만 실체와 그 성질들 사이의 구별은 수적 구별이 아니라 형상적 구별이다. 그런데 여기서 나는, 실체와 그 성질들 사이의 형상적 구별은 대칭적이지 않고 오히려 비대칭적이라는 점을 서둘러 덧붙인다. 바로 앞 장에서 이해한 대로, 실체는 현실화하지 않거나 아무 사건도 산출하지 않은 채로 현존할 수 있다. 그리하여 실체는 자신의 성질들에 의존하는 것이 아니라, 도대체 아무 성질도 나타내지 않은 채로(아직 구체화하지 않은 형태로) 현존할 수 있다. 그렇지만 그 반대는 성립되지 않는다. 실체는 아무 성질도 나타내지 않거나 아무 사건도 산출하지 않은 채로 현존할 수 있는 반면에, 성질은 그 속에서 현존할 실체가 없다면 결코 현존할 수 없다. 마지막으로, 여기서 실체와 성질 사이의 구별은 실재적인 것과 실재적이지 않은 것 사이의 구별이 아니라는 점을 덧붙여야 한다. 실체와 성질은 모두 전적으로 실재적이다. 실체는 자신의 국소적 표현이나 현실화된 성질 중 어느 것으로도 결코 환원될 수 없다는 것이 요점이다.

실체의 역설

바로 앞 장에서 이해한 대로, 실체라는 존재론적 범주는 실험 행위에 대한 우리의 설명을 이해할 수 있게 만드는 데 필수적이다. 실험이라는 실천은, 열린 체계에서 작용하고, 자신이 산출할 수 있는 사건과 결이 어긋날 수 있으며, 자신이 다른 실체와 맺은 관계에서 분리될 수 있는 생성 메커니즘, 차이 기관, 또는 실체의 현존에 전제를 두고 있다. 그런데 실체라는 개념은 철학 안에서 평판이 나빠졌음이 확실한데, 종종 도대체 정당한 근거가 전혀 없는 형이상학적 유령이나 허구물과 동일시된다.

오늘날 실체 개념이 경멸적인 태도로 수용되는 원인 중 한 가지는 로크의 『인간지성론』에서 찾아볼 수 있다. 그 책에서 로크는 이렇게 서술한다.

순수 실체 일반이라는 개념을 스스로 검토하려는 사람이라면 누구나, 우리 안에서 단순한 관념들을 산출할 수 있는 성질들의 무언가 알 수 없는 지지체를 상정하는 것 외에는 그 개념에 관한 어떤 다른 관념도 자신이 절대 품지 않음을 알아차릴 것이다. 그런 성질들은 일반적으로 우유적인 것이라고 일컬어진다. 색깔 혹은 무게가 내재하는 주체가 무엇이냐는 질문을 받게 되는 사람이라면 누구나 고체성의 연장된 부분들 외에는 말할 것이 전혀 없을 것이다. 또 고체성과 연장延長이 내재하는 것이 무엇이냐는 질문을 받게 되면, 그 사람은 앞서 언급된 인도인과 사정이 별반 다르지 않을 것이다. 거대한 코끼리 한 마리가 세계를 떠받치고 있다고 말한 그 인도인은 무엇이 그 코끼리를 떠받치고 있느냐는 질문을 받았는데, 이에 대한 그의 답변은 거대한 거북이였다. 그런데 또다시 등판이 넓은 그 거북이는 무엇이 떠받치고 있는지 아느냐고 재촉을 받은 그는 자신이 알지 못하는 무언가를 답변으로 제시했다. 그러므로 여기서 우리는, 명료하고 뚜렷한 관념들을 품지 않은 채 낱말들을 사용하는 여타의 경우와 마찬가지로, 어린이처럼 말한다. … 그렇다면 우리가 품고 있는 그 관념, 우리가 실체라는 일반 명칭을 부여하는 그 관념은 우리가 현존하는 것으로 알아채는 그런 성질들에 대하여 상정되지만 알려지지 않은 지지체일 따름인데, 요컨대 우리는 그런 성질들이 그것들을 떠받치는 것이 없다면sine re substante 존속할 수 없다고 생각하기에 그 지지체를 실체Substantia라고 일컫는다. 그 낱말의 참된 의미에 따르면, 쉬운 영어로, 아래에 서 있는 것, 혹은 떠받치는 것이다.[18]

실체 개념에 대한 로크의 비판은 실체와 성질이 분열되는 방식을 중심으로 전개된다. 아리스토텔레스적 틀 안에서 실체는 성질의 근거이지만, 우리는 결코 실체 자체를 맞닥뜨리지 않고 오히려 실체의 성질을 언제나 맞닥뜨릴 따름이다. 로크의 경우에 이런 소견에서 두 가지 문제가 나타나는데, 첫째, 도대체 실체의 현존을 가정하기 위한 어떤 정당한 근거가 있는가? 실체가 절대 맞닥뜨려지지 않는다면, 우리가 언제나 맞닥뜨리는 것은 오로지 성질이라면, 실체는 번개를 설명하기 위해 제우스를 지칭하는 것과 어떻게 다른가? 둘째, 실체가 자신의 성질들과 근본적으로 다르다면, 그것은 필경 무엇일 수가 있는가? 실체에서 그 성질들을 모두 박탈한다면 우리에게는 벌거숭이 기체基體가 남게

---

18. John Locke, *An Essay Concerning Human Understanding* (Oxford : Clarendon Press, 1979), 295~6. [존 로크, 『인간지성론 1·2』, 정병훈·이재영·양선숙 옮김, 한길사, 2014.]

되기에 모든 실체는 궁극적으로 동일하다는 당혹스럽고 터무니없는 결론에 이르게 되지 않겠는가?

한편으로, 『동기의 문법』에서 케네스 버크는 로크를 논의하면서 이런 사태를 '실체의 역설'이라고 일컬을 것이다. 그 책에서 버크는 이렇게 서술한다. "어떤 사물이 과연 무엇임을 가리키는 데 사용되는 '실체'라는 낱말은 어떤 사물이 아닌 것을 가리키는 낱말에서 비롯된다. 즉, 실체라는 낱말은 그 사물 속에 있는 것, 그것에 고유한 것을 가리키는 데 사용되더라도, 어원적으로는 그 사물 바깥에 있는 것, 그것에 고유하지 않은 것을 가리킨다."[19] 버크의 논점은, 실체는 어떤 객체에 내재적인 것, 어떤 객체를 그런 것으로 만드는 것이어야 하지만, 기묘하게도 결국 그 객체에 외재적인 것이 된다는 것이다. 실체가, 버크의 논점대로, 객체에 외재적인 것으로 판명된다면, 그 이유는 우리가 언제나 객체의 성질을 맞닥뜨릴 따름이고 객체의 실체는 절대 맞닥뜨리지 않기 때문이다. 그리하여 객체가 자신의 성질들과 동일시된다면, 실체는 기묘하게도 객체 이외의 것으로 판명된다.

로크의 실체 비판으로 인해 오늘날 현대 철학에 이르기까지 줄곧 반향을 불러일으키는 상당한 위기가 초래되었다. 메이야수가 진술하는 대로, 이전 철학에서는 "경쟁하는 철학자들을 가장 단적으로 갈라놓은 물음 중 하나는 다음과 같았다. '누가 실체의 참된 본성을 파악하는가? 이데아를 생각하는 자인가, 개체인가, 원자인가, 유일신인가? 어떤 유일신인가?'"[20] 그런데 로크의 실체 비판과 더불어 이런 논쟁 전체가 위기로 내몰리게 되는 이유는 실체에 관한 존재론적 개념에

---

19. Kenneth Burke, *A Grammar of Motives* (Berkeley : University of California Press, 1969), 23.

20. Meillassoux, *After Finitude*, 6. [메이야수, 『유한성 이후』.]

대하여 정당한 어떤 인식적 근거도 더는 없는 것처럼 보이기 때문이다. 그렇지만 실체에 관한 존재론적 개념은 철학에서 아무 여지도 없는 불가사의하고 근거 없는 상상의 세계로 추방된 것처럼 보이는 한편으로, 개별 사물들은 우리의 경험 세계에 존속한다. 그러므로 실체에 관한 존재론적 개념 ― 즉, 모든 인지와 독립적인, 독자적으로 현존하는 대로의 실체 ― 을 추방한 후에 철학은 경험할 수 없는, 마음과 독립적인 실체에 의거하지 않고서 개별 사물들을 어떻게 설명해야 하는지에 관한 물음을 직면하게 된다. 예를 들면, 흄은 실체가 세계 ― 혹은 적어도 우리가 인식할 수 있는 세계 ― 의 특질이 아니라 오히려 마음의 조작에서 생겨난다고 주장할 것이다. 과거에 함께 발생한 많은 유사한 감각의 조합을 경험한 마음은 이들 인상이나 감각을 서로 연합하게 된다. 이런 점에서, 흄의 경우에, 객체 자체는 실체가 아니고, 오히려 누구나 어떤 객체를 맞닥뜨릴 때 자신이 실체를 맞닥뜨린다는 감각은 마음이 인상들과 관념들을 하나의 통일체로 연합하는 방식의 효과다. 이렇게 해서 흄은 감각에 주어지는 것과 독립적인 '불가사의한 존재자들'에 의거하지 않고서 로크의 이의에 대응한다.

칸트의 『순수이성비판』에서도 세계에서 마음으로의 유사한 이행이 나타난다. 칸트가 주장하는 대로,

경험 속에서, 확실히, 지각들은 단지 우연히 함께 모이고, 그리하여 그것들의 연결의 어떤 필연성도 지각 자체 속에서 자명하지 않거나 자명해질 수가 없는데, 그 이유는 파악이 경험적 직관의 다양체의 병치일 따름이고, 그 파악이 시간과 공간상에 병치하는 외양들의 통합된 현존의 필연성에 대한 어떤 표상도 그 파악 속에서 맞닥뜨리게 될 수 없기 때문이다. 하지만 경험은 지각을 통한 객체들의 인지이고, 따라

서 그 다양체의 현존에 있어서 관계는 그것이 시간상에서 병치되는 대로가 아니라 시간상에서 객관적으로 존재하는 대로 경험 속에서 표상되어야 하지만, 시간 자체는 지각될 수 없기에 시간상에서 객체들의 현존에 대한 결정은 오로지 시간 일반에서의 그것들의 결합을 통해서만, 그러니까 개념들을 선험적으로 연결함으로써만 이루어질 수 있다. 그런데 이들 개념은 언제나 필연성을 수반하므로 경험은 지각들의 필연적인 연결에 대한 표상을 통해서만 가능하다.[21]

칸트의 경우에 경험적 직관(감각)의 영역은 일종의 난잡한 혼돈이므로, 흄과는 대조적으로, 질서정연하거나 조직적인 경험을 전혀 제공할 수 없다. "우리의 감성 전체는 사물들에 대한 모호한 표상에 지나지 않는데, 그것은 오로지 사물들 자체에 속하는 것을 포함하지만 우리가 결코 의식적으로 서로 분리할 수 없는 표식들과 부분적 표상들의 덩어리 아래서 그럴 따름이다."[22] 혹은, 칸트가 첫 번째 유추를 논의할 때 서술할 것처럼, "외양의 다양체에 대한 우리의 파악은 언제나 순차적이고, 따라서 언제나 변화한다. 그러므로 우리는 경험 대상들로서의 이런 다양체가 동시적인지 아니면 순차적인지를 이런 파악만으로는 결코 결정할 수 없다."[23]

여기서 칸트가 로크의 실체 비판 자체는 의문시하지 않은 채로 그 비판의 전제를 전적으로 계승한다는 점을 인식하자. 우리는 실체에 접근할 수 없고 오히려 경험되는 대로의 성질에만 접근할 수 있다는 전제와 더불어 경험적 감각 또는 '직관의 다양체'는 포맷되지 않은 상태

---

21. Kant, *Critique of Pure Reason*, A176/B219. [칸트, 『순수이성비판 1·2』.]
22. 같은 책, A43/B60. [같은 책.]
23. 같은 책, A182/B225. [같은 책.]

로 있다는 논제로 시작한 칸트는, 실체들의 실체성이 객체들 자체의 존재론적 특질이 아니고 오히려 우리 마음에서 비롯된다고 주장하는 것 외에는 다른 도리가 없다. 칸트는 물자체가 현존한다는 논제를 승인함이 확실하지만, 우리가 이들 객체에 접근할 수 없으므로, 우리 경험의 대상들과 마찬가지로, 사물들-자체가 자율적인 별개의 통일체들인지 아니면, 사실상, 우리 마음에 의해 후속적으로 포맷되거나 '절단'되는 하나의 사물-자체, 즉 원시적인 통일체 또는 일자인지를 결정할 수단이 전혀 없다고 주장한다. 실체의 실체성은 어딘가에서 비롯되어야 하고, 게다가 우리는 실체를 정초하기 위해 존재 자체에 호소할 수는 없기에, 칸트는 오히려 실체가 직관의 난잡한 다양체 위에 부과되어 그것에 구조를 부여하거나 그것을 포맷하는 마음의 선험적 범주라고 주장한다.

　여기서 우리에게 주어진 것은 하먼이 실체의 '위로 환원하기'라고 일컫는 것이다. 아래로 환원하기는 객체를 원자, 물(탈레스), 일자, 전前개체 등과 같은 더 근본적이라고 추정되는 것에 용해하는 반면에, 위로 환원하기는 객체를 더 직접적이라고 여겨지는 것에 용해한다. 위로 환원하기에 관해서 하먼은 이렇게 서술한다. "〔객체는〕너무 깊다고 한다. 이 견해에 따르면, 객체는 쓸모없는 가설, 나쁜 의미에서 '무엇인지 모를 것'je ne sais quoi이다."[24] 흄의 경우에는 실체가 마음의 연합 조작에 의해 함께 다발을 이루는 인상들 또는 감각들을 지지하도록 위로 환원되고, 칸트의 경우에는 실체가 시간과 공간이라는 선험적인 순수 형식들, 그리고 마음의 선험적 범주들과 더불어 직관의 다양체(감각들)를 지지하도록 위로 환원된다. 두 경우에 모두, 객체 또는 실체는

---

24. Harman, *The Quadruple Object*, 10. [하먼, 『쿼드러플 오브젝트』.]

더 직접적이거나 접근 가능한 것(실증적 경험과 마음)의 효과로 여겨진다.

로크의 실체 비판, 그리고 실체의 역설에 대하여 제안된 흄의 해결책과 칸트의 해결책이 철학과 이론의 후속 역사에 미친 영향을 대단히 높이 평가해도 지나치지 않을 것이다. 왜냐하면 후속 철학과 이론에서 로크와 흄, 칸트에 대한 직접적인 언급은 종종 없을지라도, 우리는 현대 철학과 이론 전체에 걸쳐서 로크의 실체 비판을 암묵적인 전제로서 맞닥뜨릴뿐더러 이 문제를 해결하는 흄의 양식과 칸트의 양식도 맞닥뜨리기 때문이다. 예를 들면, 실재를 조직하는 것은 언어라는 진술을 들을 때마다 우리는 로크에 대한 칸트의 반응의 한 변양태를 맞닥뜨리고 있다. 비판의 내용과 제안되는 해결책이 다름은 확실하지만, 비판의 형식은 여전히 같다. 여기서 (1) 실체라는 존재론적 범주가 추방되어야 하는 이유는 우리가 실체에 직접 접근할 수 없기 때문이라는 전제와 (2) 직관의 다양체는 감각의 난잡한 광시곡이라는 전제는 지금까지 전적으로 수용되었으며, 그리고 칸트의 마음과 선험적 범주들은 사회와 언어로 대체되었다.

그런데 역설적이게도 칸트의 추리는 어떤 **모호성** ─ 초험적 종류의 모호성이라기보다는 존재론적 종류의 모호성 ─ 에 기반을 두고 있다. 『순수이성비판』에서 칸트는, 초험적 모호성이란 "오성의 순수 대상과 〔경험적〕외양이 헷갈리는 상태"라고 말해준다.[25] 칸트의 경우에는 모호한 추리로 빠지게 되는 합리론적 방식과 경험론적 방식이 모두 있다. 칸트는 해당 사례들로서 라이프니츠와 로크에 의지하면서 다음과 같이 주장한다. "로크가 오성의 개념들을 전적으로 **감성화**했다면, 즉 이들

---

25. Kant, *Critique of Pure Reason*, A270/B326. 〔칸트, 『순수이성비판 1·2』.〕

개념을 반성의 추상된 개념 혹은 경험적 개념에 지나지 않는 것으로 해석했다면, 라이프니츠는 외양들을 지성화했다."[26] 라이프니츠는 오로지 오성의 선험적 개념들에서 비롯되는 것을 감각 속에서 직접 찾아냄으로써 모호한 추리의 잘못을 저지른다고 칸트는 고발한다. 라이프니츠는 어떤 감각을 마치 그 감각이 개념 속에서만 드러나는 것과 동일한 것처럼 여긴다. 예를 들면, 감각은 언제나 특정한 것이면서 어떤 사물의 현전을 요구하는 반면에, 개념은 공동의 특징을 갖춘, 눈앞에 없는 복수의 사물을 생각할 수 있게 한다. 이와는 대조적으로, 칸트에 따르면, 로크는 오성에서 선험적으로 발견될 수 있을 따름인 범주들, 마음에 의해 생성될 수 있을 따름인 개념들이 경험적인 것의 영역 또는 감각에서 추상될 수 있다고 주장함으로써 모호한 추리에 사로잡히게 된다. 이들 두 사례에서 로크와 라이프니츠는 둘 다 마음의 초험적 구조와 감각의 경험적 차원을 융합한다고 칸트는 주장한다.

칸트(그리고 로크)가 모호한 추리의 잘못을 저질렀다면, 이 잘못은 초험적인 것(칸트가 마음의 구조로 이해하는 것)과 경험적인 것을 융합한 데서 비롯되지 않고, 오히려 존재론적인 것과 경험적인 것을 융합한 데서 비롯된다. 왜냐하면 한편으로는 로크가, 경험에는 실체가 주어지지 않고 오히려 단지 경험적 성질이 주어질 뿐이기에 우리의 존재론에서 실체를 추방할 정당한 근거가 있다고 추리하기 때문이다. 마찬가지로 칸트는, 실체가 감각의 다양체에 주어지지 않기에 실체가 물자체에 속한다는 주장을 거부하고서 그 대신에 실체를 마음에서 비롯되는 범주로 여겨야 한다고 추리한다. 그러므로 존재론적 모호성은

---

26. 같은 책, A271/B327. [같은 책.]

두 가지 별개의 탐구 영역 – 존재론적인 것과 인식론적인 것 – 을 혼동하는 데 있다. 여기서 존재론적인 것은 인식론적인 것에 종속되고, 따라서 인식론적인 것이 존재하는 것과 존재하지 않는 것을 결정하는 데 사용된다. 문제는, 우리가 알 수 있는 것과 알 수 없는 것이 존재하는 것과 존재하지 않는 것을 정당하게 규정하는 데 사용될 수 없다는 것이다. 어떤 사물의 존재는 어떤 사물을 알 수 있는 우리의 능력과 무관하다.

그런데 흄의 해결책 및 칸트의 해결책과 관련된 문제는 두 가지 별개의 물음 집합 혹은 탐구 영역의 단순한 융합보다 훨씬 더 심각하다. 이 점을 예시하기 위해 예를 들어 칸트를 살펴보자. 일종의 광시곡적 혼돈인 직관의 다양체는 경험하는 데 필요한 확정물을 산출할 수 없다는 것이 칸트의 논제다. 오히려, 광란 상태의 이런 다양체는 마음의 선험적 범주들에 의해 조직되어야 한다. 그리고 이런 이유로 인해, 이들 마음의 선험적 범주는 경험에서 도출되거나 추상될 수 없고 오히려 오로지 마음에서 생겨나야 한다. 이들 범주가 우리 마음과 독립적으로 있는 그대로의 실재를 나타내는지 여부는, 칸트에 따르면, 우리가 영원히 알 수 없는 것인데, 그 이유는 우리가 자신이 실재를 보는 방식을 알아내고 자신의 경험이 실재에 해당하는지 결정하기 위해 자기 자신에게 뒤에서 몰래 다가갈 수 없기 때문이다. 그리하여 우리가 어떤 개별 사물을 경험하거나 어떤 개별 사물을 언급할 때마다, 이 사물은 우리 마음이 단일성, 실재성, 실체, 그리고 현존이라는 선험적 범주들을 적용함으로써 직관의 난잡한 다양체를 포맷한 방식의 결과다. 게다가 여기서 우리는 이들 네 가지 범주가 세계가 아니라 마음에서 비롯된다는 점을 인식해야 한다.

처음에는 칸트가 우리 경험이 왜 그런 식으로 포맷되는지에 관한 물음에 대한 영리한 해답을 제공하고, 그리하여 이들 개념이 마음(우리가 정말 접근할 수 있는 것)에서 선험적으로 비롯되는 방식을 보여줌으로써 일종의 불가사의한 개념으로서의 실체에 대한 로크의 비판을 교묘히 벗어나는 것처럼 보일 것이다. 그런데 잠깐만 성찰하면, 칸트의 해결책은 처음 보일 때보다 문제가 훨씬 더 많음이 드러난다. 일찍이 1919년에 하이데거가 존재를 논의하면서 '전체로서의 존재'와 '여하튼 무언가'something at all를 구별한 맥락에서 하먼은 "어떤 특정한 성질들이 저런 '여하튼 무언가'보다 이런 '여하튼 무언가'에 배정되어야 하는 이유에 대한 설명이 전혀 제시되지 않는다"라고 주장한다.[27] 이런 동일한 기준이 로크의 실체 비판에 대하여 칸트가 제시한 해결책에도 마찬가지로 적용된다. 칸트는 단일성, 실체, 그리고 현존 같은 선험적 범주들이 어떻게 혹은 왜 저런 감각의 다양체보다 이런 감각의 다양체에 적용되는지 설명할 방법이 전혀 없다. 예를 들면, 나의 딸과 나의 부모, 룰라Rula라는 개, 국제연합으로 이루어진 어떤 집합체에는 실체와 단일성의 범주들이 왜 적용되지 않는가? 범주들이 순전히 선험적인 한, 그것들 자체는 아무 내용이 없다. 그렇다면 어떤 선험적 범주가 저런 사물보다 이런 사물에 적용되게 하는 것은 무엇인가? 오성의 순수한 선험적 개념들보다 언어가 이런 작업을 수행할 칸트적 해결책의 변양태 사례에서도 마찬가지의 문제가 나타난다. 두 경우에 모두 우리는 '여하튼 무언가'가 어떤 구체적 존재자로서 특정화되는 방식을 설명할 수단을 결코 갖추지 못한 채로 남게 된다. 들뢰즈가 베르그손의 변증법 비판과 가능성이라는 범주를 논의하는 맥락에서 서술하는 대로, 이런 범주들은 "너무나 큰, 헐렁한 옷과 같다."[28]

---

27. Harman, *The Quadruple Object*, 90. [하먼, 『쿼드러플 오브젝트』.]

여기서 요점은, 우리가 실체에 관한 뿌리 깊은 지식을 지니고 있고 자신의 경험 속에서 실체에 접근할 수 있다는 것도 아니고, 우리가 세계를 분석하는 방식이 세계가 실제로 포맷된 방식이라는 것도 아니다. 오히려, 요점은 (1) 실체에 관한 물음이 우리가 실체를 인식하는 방식과 전적으로 구별되는 존재론적 물음이라는 것과 (2) 실체에 관한 물음이 접근 혹은 지식에 관한 물음으로 용해될 수 없다는 것이다. 바로 앞 장에서 이해한 대로, 존재론은 인식론에 의해 삭제될 수 없고, 또한 존재론적 물음은 존재자들에 대한 우리의 접근과 관련된 인식론적 물음으로 전환될 수 없다. 이런 식으로 존재론적 물음을 삭제하려고 시도할 때마다 결국에는 하먼의 '여하튼 무언가' 문제의 어떤 변양태에 이르게 된다.

로크, 칸트, 흄, 그리고 그 이후의 대다수 철학적 전통이 그런 식으로 귀결되는 이유는 바로 그들이 바스카가 '인식적 오류'라고 일컫는 것과 현실주의에 빠져 버려서 존재자에 대한 우리의 접근에 관한 물음을 존재자가 무엇임에 관한 물음과 혼동하기 때문이다. 그들은 확고한 토대에 대한 욕망(즉, 존재론의 요구에 부차적인 욕망)에서 생겨난 현실주의적 논제로 시작함으로써 담론을 경험에 주어지는 것에 한정한다. 그다음에 그들은, 자신이 우주의 얼개를 설명할 수 없는 이유는 바로 실체가 모든 소여, 경험, 혹은 사실상 현실태에서 물러서 있는 것이기 때문이라는 점을 깨닫는다. 그리하여 실체는 경험 속 어딘가에서 발견될 수 있는 것이 아니라 — 어떤 단일한 실체를 본 적이 있거나 경험한 적이 있는 사람은 지금까지 결코 없었다고 나는 주장한다 — 오히려 우

28. Gilles Deleuze, *Bergsonism*, trans. Hugh Tomlinson and Barbara Habberjam (New York : Zone Books, 1991), 44. [질 들뢰즈, 『베르그송주의』, 김재인 옮김, 문학과지성사, 1996.]

리의 세계와의 교섭과 실험 활동이 이해할 수 있는 것이 되는 데 필요한, 환원 불가능한 존재론적 전제다. 실체의 현존은 경험이나 직접적인 관찰을 통해서 도달할 수 있는 것이 아니라, 초험적 논변을 통한 전제로서 도달할 수 있을 따름이다. 우리가 지식을 경험에 직접 주어지는 것에 한정하는 현실주의적 태도를 취할 때, 실체에 도달하는 이 방법은 돌이킬 수 없게 배제된다.

그런데 버크가 '실체의 역설'이라고 일컬은 것을 다시 검토하면, 우리는 버크가 실체를 규정하면서 잘못을 저지르기보다는 오히려 실체의 바로 그 본질을 부각한다고 주장해야 한다. 요약하면, 우리는 버크가 실체를 성질과 실체성 사이의 분열로 규정하는 것을 수용해야 한다. 실체가 역설적으로 보이는 것은 단지 우리가 인식론의 입장에서, 경험에 주어지는 것의 입장에서 시작하는 경우에 그럴 뿐이다. 그리고 사정이 이러한 이유는, 인식론으로 시작하게 되면 우리가 경험하는 객체는 바로 그 성질들이라고 주장하는 동시에 그 객체는 자신의 성질들과 근본적으로 다른 것이라고 주장하게 되기 때문이다. 그렇지만 정반대 편에서 존재론으로 시작함으로써 실체는 (1) 다른 시점에 다른 성질을 현실화할 수 있는 것(아리스토텔레스)이자, (2) 성질을 현실화하지 못할 수도 있는 것(버크)이라는 점을 인식하게 되면, 이제 우리는 실체의 바로 그 본질 혹은 구조가 자기타자화와 물러서 있음에 있다고 주장할 수 있다. 객체 또는 실체가, 이른바, 성질로부터 자신을 소외시키는 한, 그것은 자기타자화하고 있다. 객체 또는 실체는 세계에서 차이를 만들어낸다. 그런데 객체가 자신의 성질들과 절대 동일시되지 않는 한, 객체가 자신의 성질들을 넘어서는 화산성의 저장고를 언제나 품고 있는 한, 객체는 자신의 성질에서 영구적으로 물러서 있기에 세계에서 결코 직접적으로 현시되지 않는다. 하면이 진술하는 대로, 그것은 마치 모든 객체가 우주에 자리하고 있는 진공처럼 보이는 상황이다. 실체의 존재가 본질적으로 분열되어 있다는 것은 바로 이런 이유 때문이다.

그리고 여기서 존재자론과 객체지향 철학은 둘 다 데리다가 존재신학이라고 일컫는 것과 현전의 형이상학을 철저히 회피하는 형이상학 혹은 존재론임을 인식해야 한다. 실체의 바로 그 본질은 존재의 완전성 혹은 현전을 나타내는 기표이기는커녕 현전에서 물러서는 것이고 모든 현실태를 넘어서는 것이다. 그런데 이런 현전의 형이상학이 전복되는 사태는, 현전이 영원히 이루어질 수 없도록 존재가 우리에 대해서 유예와 차이를 언제나 품고 있는 방식을 예증함으로써 발생하지 않고 오히려 그런 것으로서의 존재, 존재 자체가 이런 식으로 물러섬을 보여줌으로써 발생한다. 구체적인 일례를 통해서 잠재적 고유 존재와 국소적 표현 사이의 이런 분열을 더 자세히 살펴보자.

잠재적 고유 존재

정말로 평등한 존재자들 사이에서 이루어지는 정말로 민주적인 만남은 어떤 모습일지, 그것이 어떠할지 ― 우리는 그것을 상상조차할 수 있을까? ― **티모시 모턴**[1]

머그잔이 파란색을 나타내다

　경험의 소여에 의해 보증되지 않는 불가사의한 존재자로서의 실체에 대한 로크의 비판 문제가 해결되었더라도, 벌거숭이 기체의 문제는 여전히 남아 있다. 실체가 자신의 성질들이 아니라면, 이것은 실체 자체가 성질을 갖추고 있지 않고 따라서 벌거숭이 기체라는 점을 수반하지 않는가? 그리고 실체가 벌거숭이 기체라면, 이것은 모든 실체가 동일하다는 점을 수반하지 않는가? 사정이 이렇다면 실체라는 개념은 엉망이 되는데, 그 이유는 실체가 실체의 개체성을 부분적으로 설명해야 하기 때문이다. 하지만 실체가 벌거숭이라면 모든 개체성이 사라져 버린다. 이런 난점을 피할 수 있으려면, 성질들로 이루어지지 않은, 실체 또는 분열된-객체의 구조나 체제에 관해 이야기할 어떤 방법이 필요하다. 이를 위해 어떤 특정한 실체의 본질을 탐구하는 것이 유익하다고 밝혀질 것이다.

　논증을 위해 여기 탁자 위에 자리하는 나의 파란색 커피 머그잔이 하나의 실체라고 가정하자. 내가 객체의 잠재적 고유 존재와 객체의 국소적 표현을 구분할 때, 나는 포맷된 구조이자 지속하는 통일체로서의 객체와 성질들 또는 특성들로서의 객체를 구분하려고 시도하고 있다. 어떤 객체의 잠재적 고유 존재는 자기타자화하는 그 실체성, 실체로서의 그 존재, 혹은 (다소간) 지속하는 통일체로서의 그 존재다. 여기서 지속 시간은 어떤 실체가 하나의 실체인지 여부와 무관함을 염두에 두는 것이 중요하다. 실체는 파괴되기 전에 아주 짧은 순간 동

---

1. Timothy Morton, *The Ecological Thought* (Cambridge : Harvard University Press, 2010), 7.

안 현존할 수 있거나, 혹은 수십억 년 동안 현존할 수 있다. 아리스토텔레스에 따르면, 모든 실체는 더도 말고 덜도 말고 여타의 실체만큼 실체임을 떠올리자. 이것은 오래 존속하는 객체나 순간적인 객체의 경우에 성립하는 것에 못지않게 바위와 인간처럼 그 종류가 다른 경우에도 성립한다.

어떤 객체의 잠재적 고유 존재는 그 객체를 고유하게 하나의 객체로 만드는 것이다. 그것은 어떤 객체를 하나의 차이 기관 또는 생성 메커니즘으로 구성하는 것이다. 그런데 아무도 그리고 여타의 것도 어떤 객체를 그 잠재적 고유 존재로서 결코 맞닥뜨리지 못하는데, 그 이유는 어떤 객체의 실체가 영구적으로 물러서 있거나 그 객체의 모든 표현을 넘어서기 때문이다. 오히려, 어떤 객체의 잠재적 고유 존재는 그 객체가 세계에 현시하는 국소적 표현들에서 추정될 수 있을 따름이다. 반면에, 어떤 객체의 국소적 표현은 그 객체의 실체 또는 잠재적 고유 존재가 한정된 조건 아래서 세계에 현실화하는 방식이다. 여기서 표현은 어떤 주체에 대한 현상 혹은 외양을 가리키는 것이 아님을 강조하는 것이 중요하다. 비록 이런 사태 역시 발생할 수 있음이 확실하더라도 말이다. 내가 표현을 언급할 때, 나는 어떤 주체에의 소여를 언급하고 있는 것이 아니라 오히려 어떤 세계 속에서 이루어지는 현실화를 언급하고 있다. 객체는 세계에 자신을 현시하는 데 어떤 주체도 필요하지 않다. 우주는 모든 종류의 의식 있는 존재자가 없으면서 표현이 계속해서 현시될 그런 우주일 수 있을 것이다. 그러므로 우리는 운이 좋게도 아틀라스 역할에서 해방된다. 그리하여 외양과 현상, 즉 주어지는 것이 표현의 부분집합이지, 그 반대가 아니다. 표현은 인식론적 술어가 아니라 존재론적 술어다.

전통적인 존재론은 객체의 실체와 성질을 구분한 점에서는 옳았지만, 실체의 본성에 관해 생각한 방식에서는 잘못을 저질렀다는 것이 나의 주장이다. 객체는 자신의 성질들로 환원될 수 없다고 주장하는 것이 올바른 이유는 성질이 변화하고 바뀌는 동안에도 객체는 여전히 이런 실체이기 때문이다. 그렇지만 전통적인 철학은 옳은 길에서 벗어나고서 실체는 자신의 성질들로 환원될 수 없기에 모든 성질이 제거된 객체 또는, 로크가 서술하는 대로, 벌거숭이 기체임이 틀림없다는 결론을 내린다. 실체가 이런 식으로 구상되는 경우에 그 개념은 전적으로 앞뒤가 맞지 않게 된다.

객체의 실체성은 벌거숭이 기체가 아니라 오히려 역능들의 절대적으로 개별적인 체계 또는 조직이라는 것이 나의 논제다. 역능은 객체의 역량, 즉 객체가 行할 수 있는 것이다. 객체의 역능은 세계에 직접 현시되는 것이 결코 아니다. 그리고 사정이 이러한 이유는 어디까지나 어떤 객체의 성질이 그 객체가 발휘하는 역능의 국소적 표현일 따름이기 때문이다. 다시 말해서, 어떤 객체가 보유한 역능의 영역은 그 객체의 어떤 국소적 표현이나 현실화보다도 언제나 더 크다. 이런 이유로 인해, 마누엘 데란다를 좇아서, 나는 객체의 위상 공간과 객체의 역능을 구분한다. 위상 공간은 일련의 변이가 점유할 수 있는 점들의 집합이다. 예를 들면, 진자는 왕복 운동을 하면서 두 개의 최대 높이 지점과한 개의 최소 높이 지점 사이에 놓인 일련의 점을 통과한다. 이들 점이 그 진자의 위상 공간을 구성한다. 더욱이, 이들 점은 결코 한꺼번에 점유되지 않는다. 마찬가지로, 우리는 성질이나 특성을 객체가 위상 공간에서 현시하거나 현실화하는 점으로 여길 수 있다. 어떤 진자의 역능은 이런 위상 공간을 통과할 수 있는 능력, 즉 이들 현실화를 산출할 수 있는 능력이고, 그 진자가 통과하는 각각의 점은 이런 역능의 국소적 표현이다.

실체 또는 잠재적 고유 존재와 성질 또는 국소적 표현 사이의 관계에 관한 이 논제에서 두 가지 논점이 도출된다. 첫째, 우리는 성질을 객체가 소유하거나 갖추고 있는 것, 즉 명사로 언급하지 말아야 하고, 오히려 객체가 행하는 것, 즉 작용이나 동사로 언급해야 한다. 둘째, 어떤 객체를 인식한다는 것은 그 객체에 속하는 일단의 본질적인 성질이나 특성을 나열하는 데 있는 것이 아니라, 오히려 그 객체의 역능들 또는 역량들을 인식하는 데 있다, 이것은, 다음 장에서 알게 되듯이, 모든 객체가 역능들의 유한한 구조와 더불어 무한한 위상 공간을 필연적으로 갖추고 있는 한에 있어서 어떤 객체도 완전히 인식될 수는 결코 없다는 점을 수반한다.

여기서 이 절의 서두에서 언급된 파란색 머그잔을 다시 검토하자. 내가 제시하고 있는 존재론적 틀 안에서, "그 머그잔은 파란색이다"라고 말하거나 "그 머그잔은 파란색의 성질을 소유하고 있다"라고 말하는 것은 부정확할 것이다. 오히려, 존재론적으로 정확히 표현하면, "그 머그잔은 파랗게 된다" 혹은 "그 머그잔은 파란색을 나타내고 있다" 혹은 "그 머그잔은 파랗게 되기를 행한다"라고 말할 것이다. 그 머그잔의 파람은 그 머그잔이 갖추고 있는 성질이 아니라 그 머그잔이 행하는 것이다. 그것은 그 머그잔에 의한 **활동**이다. 또한, 그 머그잔의 잠재적 고유 존재의 층위에서, "그 머그잔은 파란색 역능을 갖추고 있다"라고 주장하는 것도 정확하지 않을 것이다. 그 머그잔은 파란색 역능을 갖추고 있지 않고, 오히려 **색깔을 나타내는 역량**을 갖추고 있다. 사정이 이러한 이유는 그 머그잔이 어느 주어진 시점에 자신이 나타내는 색조보다 더 넓은 범위의 색깔을 나타낼 수 있는 역능을 언제나 갖추고 있기 때문이다.

그 머그잔은 색깔을 나타내는 역능보다 파란색 역능을 갖추고 있다는 논제를 존재자론이 거부한다는 점과 더불어, 객체의 성질을 소유물로 여기기보다는 오히려 작용 혹은 행위로 여기고자 하는 결정은 두 가지 연관된 관심사에 의해 촉발된다. 첫째, 성질이 객체에 의한 작용인 이유는 바로 성질이 변화하기 때문이다. "그 머그잔은 파란색이다"라고 말하는 것이 부정확하다면, 그 이유는 그 머그잔이 자신이 빛과 맺는 외부관계에 따라서 다양한 색깔을 나타내기 때문이다. 내가 데스크톱 램프의 따뜻한 불빛 아래서 그 머그잔을 바라보고 있다면, 이때 그것은 매우 짙고 깊은 단순한 파란색이다. 이제 나는 햇빛이 흘러들어오도록 사무실의 차양을 걷는다. 그 머그잔은 찬란하고 밝게 반짝이는 파란색이 된다. 촛불을 켜고서 나의 커피 머그잔과 낭만적인 순간을 함께하면, 그 파란색은 사무실 조명 아래서 그러했던 대로 깊고 풍성하면서도 이제는 양초 화염의 세기가 바뀜에 따라 명멸하고 춤을 춘다. 그리고 마지막으로, 내가 그 촛불을 불어 끄면 그 머그잔은 검게 된다.

여기서 제기할 만한 논점이 몇 가지 있다. 첫째, 나는 그 머그잔의 성질이 변화하는 방식을 지적하면서 이들 성질은 비실재적이라는 주장을 제기하거나 혹은 그 머그잔의 색깔은 정말로 한 가지 색조의 파란색이고 이들 다른 색조는 그 머그잔의 진짜 색깔에서 벗어난 왜곡이나 일탈이라는 주장을 제기하고 있는 것이 아니다. 오히려, 그 머그잔의 이들 성질은 전적으로 실재적이고 그 머그잔의 색깔은 이들 색깔 전부다. 사실상 우리는 원칙적으로 그 머그잔의 색깔이 잠재적으로 무한하다고 말할 수 있는데, 그 이유는 그 머그잔이 맺을 수 있는 외부관계에 제한이 없기 때문이다. 그리하여 우리는 그 머그잔이 현실화하는 모든 성질을 더함으로써 그것의 참된 본질을 마침내 얻게 될 것이라고 말할 수 없다. 그 머그잔의 본질은 그 성질들의 총합이 아니고, 오히려 성질은 실체가 산출하는 독특한 사건이다.

둘째, 그 커피 머그잔의 색깔과 관련하여 사실인 것은 그것의 모든 성질이나 특성의 경우에도 마찬가지로 사실이다. 예를 들면, 그 머그잔의 공간적 형태는, 그 머그잔의 색깔보다 훨씬 더 오래감이 확실하지만, 원칙적으로는 그 색깔에 못지않게 가변적이다. 그 머그잔이 비교적 안정된 공간적 구조나 연장적 구조를 갖추고 있기 마련인 이유는 그것이 안정된 끌림 체계 또는 일단의 외부관계 안에 현존하기 때문이다. 그 머그잔의 외부관계 중 온도 혹은 중력이 바뀌면 그 머그잔의 연장이나 공간적 형태 역시 바뀔 것이다.

그렇다면 여기서 우리는 어떤 객체의 잠재적 고유 존재와 그것의 국소적 표현을 구분하는 중요한 방법 중 하나를 맞닥뜨리게 된다. 국소적 표현은 기하학적이고, 잠재적 고유 존재는 **토폴로지적**이다. 스티븐 코너가 서술하는 대로,

> 토폴로지는 위상동형의 변형, 이를테면 대체로, 늘리기, 누르기, 혹은 접기의 작용 아래서 여전히 불변인 객체의 공간적 특성들에 관한 연구로 규정될 수 있다. 〔토폴로지는〕 기하학의 영역인 정밀한 측정에 관여하는 것이 아니라… 오히려 연속성, 근접성, 내부성과 외부성, 분리와 연결 같은 공간적 관계들에 관여한다…. 토폴로지는 변형의 결과로서 여전히 불변인 것에 관여하기에 기하학 더하기 시간, 즉 운동하는 신체를 부여받은 기하학으로 여겨질 수 있을 것이다.[2]

---

2. Steven Connor, "Topologies : Michel Serres and the Shapes of Thought," *Anglistik*, vol. 15 (2004) : 106. Cary Wolfe, "Bring the Noise : The Parasite and the Multiple Genealogies of Posthumanism," in Michel Serres, *The Parasite*, trans. Lawrence R. Schehr (Minneapolis : University of Minnesota Press, 2007), xvii [미셸 세르, 『기식자』, 김웅권 옮김, 동문선, 2002]에서 인용됨.

기하학은 정해진 계량적 특성과 형태를 다루는 반면에, 토폴로지는 자신의 구조를 유지하면서 늘리기, 누르기, 혹은 접기의 조작을 거쳐 변이를 겪을 수 있는 구조체를 다룬다. 여기서 토폴로지와 기하학의 구별은 공간에 접근하는 두 가지 다른 방식에 의거하여 수학적으로 이해되지 말아야 하고, 오히려 실체의 두 가지 다른 양태로서 철학적으로 이해되어야 한다. 토폴로지적 영역은 실체의 잠재적 역능들이 조직되는 방식의 영역을 가리키고, 기하학적 영역은 실체가 국소적으로 정해진 성질들로 현실화하는 방식을 가리킨다. 객체에서 현시되는 공간적 성질들의 토폴로지와 기하학이 있는 것과 마찬가지로 실체에서 현시되는 색깔들의 토폴로지와 기하학도 있다. 그리하여 우리는 객체의 잠재적 고유 존재가 절대적으로 개별적이면서 구체적인 토폴로지적 가소성으로 특징지어진다고 말할 수 있는데, 덧붙여 나는 이 장의 다섯 번째 절에서 이 논점을 더 자세히 언급할 것이다.

그 머그잔의 색깔을 나타내는 역능은 그 머그잔의 유클리드적 특성, 기하학적 특성 – 말하자면, 정해진 특성 – 이 아니라, 오히려 그 머그잔이 상이한 객체들(상이한 빛의 광자들)과 맺는 관계들에 따라서 바뀌는 일련의 변이의 토폴로지다. 이런 이유로 인해, 우리는 그 머그잔이 파란색'이다'라고 말하기보다는 파란색을 나타낸다고, 파란색을 나타내는 작용을 '행한다'라고 말해야 한다. 그 머그잔의 파란색 나타내기는 그 머그잔의 국소적 표현이다. 마찬가지로, 우리가 그 머그잔은 파란색 역능을 갖추고 있다고 말하지 않고 오히려 색깔을 나타내는 역능을 갖추고 있다고 말한다면, 그 이유는 그 머그잔이 검은색에서 찬란한 파란색에까지 이르는 온갖 색깔을 산출할 수 있는 토폴로지적 역능을 갖추고 있기 때문이다. 이런 색깔의 범위가 그 머그잔의 역능인 한편으로, 이 범위에 속하는 모든 점, 즉 변양태는 그 머그잔의 위상 공간이다. 마지막으로, 이런 토폴로지 혹은 위상 공간에 속하는 어떤 점의 현실화가 그 머그잔의 국소적 표현이다. 아리스토텔레스의 형상 인은 그 정해진 구조의 유클리드주의에서 구출된 다음에 실체 속에 화산처럼 갇힌 일련의 변이에 대한 잠재태를 포함하는 구조들의 장 또는 토폴로지의 장 속에 확실히 놓여야 한다. 그리고 이것이 바로 내가 객체를 '차이 기관' 또는 '생성 메커니즘'으로 일컫는 이유인데, 왜냐하면 객체는 성질 또는 국소적 표현의 층위에서 세계에 차이를 만들어내는 이들 역능이기 때문이다.

그렇다면 우리는 왜 그 머그잔은 파란색을 나타낸다거나 색깔을 나타내는 역능을 갖추고 있다고 말하기보다는 오히려 그 머그잔은 파란색'이다'라고 말하는 경향이 있는가? 이 점에 대해서 나는 세 가지 이유가 있다고 생각하는데, 하나는 인지적 이유이고, 또 다른 하나는 사회학적 이유이며, 세 번째 이유는 객체가 그 속에서 자신을 현시하는 로고이logoi, 즉 국소적인 존재론적 상황 또는 끌림 체제와 관련이 있다. 인지적으로 우리의 사유와 지각은 행동에 적합하게 되어 있기에 자신의 관심을 끄는 것에 지향된다. 베르그손이 매우 멋지게 서술하는 대로,

나의 신체는… 그것이 다른 이미지들 위에 행사할 다양한 행동의 관점에서 이들 이미지를 분석하면서 반사하게 될 하나의 이미지처럼 행동한다. 그리하여 같은 객체에서 나의 다양한 감관에 의해 지각되는 성질들은 각각 나의 활동의 특정한 방향, 특정한 필요를 상징한다.[3]

---

3. Henri Bergson, *Matter and Memory*, trans. Nancy Margaret Paul (New York : Zone Books, 1991), 48~9. [앙리 베르그손, 『물질과 기억』, 박종원 옮김, 아카넷, 2005.]

우리 신체는 다른 객체들과 관계를 맺으면서 어떤 식으로 이들 객체를 자신의 목적과 필요, 욕망의 대상으로 환원하여 단순화한다. 그리하여 어떤 객체의 변이는 무시되고 그 객체는 우리 신체의 바람직한 행동에 가장 적합한 기하학적 동일성으로 환원된다. 다음 장에서 알게 되듯이, 이것은 인간 혹은 동물 본성의 특색이 아니라 오히려, 생명이 있는 객체든 생명이 없는 객체든 간에, 객체들 사이에 맺어진 모든 관계의 경우에도 사정은 마찬가지다. 한 객체에 의한 다른 한 객체의 환원 또는 단순화는 객체들이 서로 관계를 맺는 방식의 일반적인 존재론적 특질이다. 요약하면, 이런 종류의 단순화는 인간의 인식론적 특색이 아니다.

사회학적으로 철학자들은, 작가 및 학자들과 마찬가지로, 많은 일을 앉아서 수행한다. 그들이 잠시 멈추고 객체가 무엇인지 성찰하면서 의아하게 여기는 경우에도 상황은 마찬가지다. 모든 것은 가만히 자리하고 있다. 철학자들은 객체에 작용하기보다는 오히려 바라본다. 객체에 작용하는 것은 객체에 있어서 질적 차이를 만들어내는 경향이 있는 반면에, 객체를 응시하는 것은 일정한 특성들을 드러내는 경향이 있다 (특히 그들과 객체가 가만히 자리하고 있다면 말이다). 그리하여 관조할 객체를 찾아다닐 때, 그들은 비교적 일정한 환경에서 객체를 맞닥뜨리기 마련이다. 철학자들은, 나의 파란색 머그잔처럼, 주변이나 근처에서 최초로 맞닥뜨리는 물건을 집어 든다. 그런데 성찰을 특징짓는 비교적 일정한 환경의 결과로서 그들은 어떤 객체의 변화하거나 전환하는 성질을 맞닥뜨리지 않고 오히려 그 객체가 소유하는 영속적 성질들을 맞닥뜨린다. 그다음에 그들은 객체에의 이런 무無관여와 그로 인한 불변을 무심코 자신의 존재론을 정초하는 바로 그 토대로 삼는다. 이런 사태와 관련하여 질베르 시몽동은, 완전히 현시된 국소적 표현이나 기하학적인 것에 대한 편향은 그리스 철학의 사회적 위계를 반영한다고 주장한다.[4] 마찬가지로, 『파스칼적 명상』 같은 저작들에서 피에르 부르디외는 그가 "학구적 성향"이라고 일컫는 것으로 인해 철학자들이 실천의 본성에 관한 물음을 체계적으로 왜곡하는 방식을 보여준다.[5] 부르디외의 주장과 시몽동의 주장은 실천에 관한 사회학적 물음과 고대 그리스에 대해서 성립할 뿐만 아니라, 존재론에 관한 물음과 우리 당대의 역사적 국면에 대해서도 성립한다. 오늘날 지적 작업은, 고대 그리스에 못지않게, 대체로 독립적인 사회의 어떤 특정 부분에서 육체노동을 면해 줌으로써 학문 생활을 가능하게 하는 노동의 어떤 분배에 의존한다. 이렇게 해서 결국, 강단 철학자는 대체로 객체에 직접 작용하지 않는 덕분에 객체 속에 감춰진 화산성 잠재력을 맞닥뜨리지 않게 되기에 객체를 특정한 방식으로 맞닥뜨리게 된다. 그리하여 이런 사태로 인해 존재론적 물음과 객체를 구성하는 것이 체계적으로 왜곡된다.

마지막으로 셋째, 우리 세계에 거주하는 객체들은 외부관계들 혹은 끌림 체제들의 상당히 안정한 집합들 속에 현존하기 마련이다. 예를 들면, 지구의 중력과 압력, 온도는 상당히 안정한데, 적어도 우리가 일반적으로 행동하는 환경에서는 그렇다. 이것은 우리의 일상적 경험의 얼개를 구성하는 객체들의 성질들이 종종 거의 변동이 없음을 수반한다. 이런 사정이 바로 객체를 그 성질들과 혼동하는 것이 그토록

---

4. Gilbert Simondon, *L'individuation à la lumière des notions de forme et d'information* (Paris : PUF, 1995), 51. [질베르 시몽동, 『형태와 정보 개념에 비추어 본 개체화』, 황수영 옮김, 그린비, 2017.]

5. Pierre Bourdieu, *Pascalian Meditations*, trans. Richard Nice (Stanford : Stanford University Press, 2000). [피에르 부르디외, 『파스칼적 명상』, 김웅권 옮김, 동문선, 2001.]

지속하는 사유 경향인 이유 중 하나임이 틀림없다. 아리스토텔레스가 객체의 형상인을 역동적인 토롤로지적 견지에서 생각하기보다는 오히려 대체로 고정된 유클리드적 또는 기하학적 견지에서 생각할 수 있었다면, 그 이유는 객체들의 외부관계들 사이에 종종 일종의 화해 분위기가 조성되어서 객체들 사이에서 상당히 안정한 성질들 또는 국소적 표현들이 나타나게 되기 때문이다. 예를 들면, 내가 나의 몸이 꽤 일정한 형태를 갖추고 있다고 생각하게 된다면, 그 이유는 나를 누르는 지구의 공기에 의해 생겨난 대기압이 상당히 일정하기 때문이다. 이와는 대조적으로, 어떤 미친 과학자가 나를 대기압이 서서히 감소하는 방에 가두면, 내 몸의 형태나 모양이 미세하게 바뀌면서 결국에는 감압으로 인해 내 몸이 복수의 객체로 흩어지게 될 지경에 이를 것이다. 마찬가지로, 온도가 변함에 따라 내 몸의 형태도 미세하게 바뀌는데, 이를테면 내 몸은 날씨가 매우 추울 때는 더 수축하고 날씨가 매우 더울 때는 약간 팽창한다. 내 몸의 공간적 형태조차도 내 몸의 입장에서는 하나의 행위, 내 몸이 행하는 것이지, 내 몸이 갖추고 있는 것, 내 몸이 그런 것이 아니다. 이것이 바로 내가 로고스^{logos}보다 로고이, 즉 국소적인 존재론적 상황 또는 끌림 체제를 언급하는 이유다. 이들 로고이, 즉 국소적인 존재론적 상황들은 객체들 사이의 비교적 안정한 외부관계들이기에 결과적으로 객체들에서 지속적이고 안정한 성질들을 생성하는 경향이 있다.

들뢰즈의 분열증 : 일원론과 다원론 사이에서

실체의 이런 앞선 측면 ─ 시간적 의미가 아니라 초험적 의미에서 ─ 을 질 들뢰즈보다 더 깊이 탐구한 사람은 지금까지 아무도 없다. 『차이와 반복』에서 들뢰즈는 성질을 소유하지 않은 채 포맷되거나 조직된 실체의 이런 차원을 잠재적인 것the virtual이라고 일컫는다. 여기서 잠재적인 것은 가상현실virtual reality과 혼동하지 말아야 한다. 가상현실은 일반적으로 실재의 시뮬라크럼, 즉 일종의 허위 실재 혹은 컴퓨터에 의해 생성된 실재로 여겨진다. 이와는 대조적으로, 잠재적인 것은 전적으로 실재적임에도 현실적이지 않은 것이다. '잠재태'virtuality라는 용어는 효력과 효능을 함축하는 비르투스virtus라는 라틴어 낱말에서 비롯된다. 그리하여 비르투스로서의 잠재적인 것은 어떤 존재자에 속하는 역능과 역량을 가리킨다. 그리고 어떤 존재자가 역능이나 역량을 갖추려면 그 존재자는 실제로 현존해야 한다. 이런 맥락에서, 잠재적인 것은 잠재력을 가리키지만, 이 잠재력을 잠재적 객체라는 개념과 융합하는 것은 오류일 것이다. 잠재적 객체는 현존하지 않지만 현존하게 될 수 있을 객체다. 반면에, 잠재적인 것은 단연코 실제로 현존하는 어떤 객체의 일부다. 잠재적인 것은 객체 속에 똬리를 틀고 있는 화산성 역능들로 이루어져 있다. 그것은 실체성이자 구조, 객체가 국소적 표현의 층위에서 질적 변환을 겪을 때 지속하는 그런 특이점들이다.

그런데 잠재적인 것이라는 들뢰즈의 개념을 환기할 때 우리는 조심스럽게 나아가야 하는데, 그 이유는 매우 대립적인 두 가지 경향이 잠재적인 것에 관한 들뢰즈의 논의를 고무하기 때문이다. 한편으로, 들뢰즈는 종종 존재론적 일원론의 견지에서 잠재적인 것을 언급하는데, 그리하여 이것은 현실화 과정을 통해서 이산적인 존재자들로 분할되는 단 하나의 실체가 있을 따름이라는 논제를 들뢰즈가 신봉함을 시사한다. 일원론은 두 가지 변양태 중 한 가지 형태로 제시되는 경향이 있다. 일원론의 한 가지 변양태는, 오로지 단일한 실체가 현존할 뿐이고 현존하는 모든 것은 각각 그런 단일한 실체의 어떤 한 특성이나 성질이라고 주장한다. 예를 들면 스피노자의 일원론은, 오로지 단일한 실체가 현존할 뿐이고 모든 존재자(양태)는 이런 단일한 실체의 표현이라고 주장한다. 일원론의 또 다른 변양태는, 오로지 단일한 존재유형이 있을 뿐이지만 세계에는 수적으로 구별되는 이런 유형의 존재자들이 거주하고 있다고 주장한다. 예를 들면 루크레티우스가 이런 종류의 일원론자로 여겨질 수 있을 것인데, 그 이유는 그가, 형상들의 세계와 존재자들이나 외양들의 타락한 세계 같은 각기 다른 두 개의 존재론적 유형을 구상한 플라톤과 달리, 오로지 원자들과 그 조합들이 현존할 뿐이라고 생각하기 때문이다.

들뢰즈는 종종 전자 유형의 일원론을 옹호하는 것처럼 보이는 한편으로, 객체지향 철학과 존재자론은 후자 유형의 일원론을 신봉하는 것처럼 보일 것이다. 들뢰즈의 저작 전체에 걸쳐서, 이산적인 존재자들로 아무튼 포맷될 단일한 실체에 관한 주제가 나타난다. 이와는 대조적으로, 객체지향 존재론은 존재가 오직 이산적인 존재자들 또는 실체들로만 이루어져 있다는 논제를 옹호한다. 데란다는 들뢰즈의 이런 변양태를 다음과 같이 멋지게 진술함으로써 부각한다.

들뢰즈는 깨진 대칭들을 통해서 어떤 다양체가 점진적으로 펼쳐지는 과정(차이생성)과 다양체들로 이루어진 연속적인 공간이 점진적으로 특화되는 과정(분화) — 이 과정을 통해서 불연속적인 공간적 구조물로 이루어진 우리 세계가 생겨난다 — 을 구별한다. 들뢰즈는 우리에게, 실재에서 분리된 차원으로서 현존하는 초월적인 천상과는 달리, 우리의 친숙한 삼차원 공간과 더불어 공간적으로 조직된 내용물들로 스스로 분화하는 다양체들의 연속체를 상상하라고 요청한다.[6]

나는 다양체라는 들뢰즈의 개념을 잠깐 논의하겠지만, 당분간은 '다양체'가 잠재적인 것을 가리키는 들뢰즈의 용어 중 하나임을 인식하는 것이 중요하다. 여기서 시사되는 것은 잠재적인 것이 단일한 연속체로 이루어져 있는 것처럼 보인다는 점인데, 그리하여 외관상 별개의 존재자들로 분할되는 단 하나의 잠재적인 것, 하나의 실체가 있을 따름이다. 그리고 사실상, 들뢰즈가 진술하는 대로, "모든 [다양체]는 공존하지만, 그것들은 점들에서, 가장자리들에서 공존한다."[7] 게다가 들뢰즈가 잠재적인 것을 전개체적인 것으로 변함없이 언급한다는 사실 역시 이런 독법을 시사하는데, 그 이유는 그런 언급이 차이가 없는 상태에서 분화된 개체로의 전환을 함축하기 때문이다. 잠재적인 것이 전개체적이라면, 그것은 각기 다른 별개의 통일체들 또는 실체들로 이루어질 수 없다. 여기서 개별적인 것은 근본적인 존재 자체가 아니라 잠재적인 것의 결과일 것이다.

다른 한편으로, 들뢰즈는 실재적 객체의 한 부분으로서의 잠재적인 것에 관해 언급한다. 여기서 들뢰즈는 두 번째 의미의 일원론을 향해 움직이는 것처럼 보이는데, 여기서 일원론은 존재가 그 유형이 모두 같은 복수의 개별적 존재자로 구성되어 있음을 수반한다. 들뢰즈가 진술하는 대로, "잠재적인 것은 실재적 객체의 엄연한 일부로서 규정되어야 하는데, 마치 실재적 객체가 자신의 한 부분을 … 어떤 객관적 차원으로 빠져들게 한 것처럼 말이다."[8] 들뢰즈는 계속해서 다음과 같이 묻는다.

---

6. Manuel DeLanda, *Intensive Science and Virtual Philosophy* (New York : Continuum, 2005), 23. [마누엘 데란다, 『강도의 과학과 잠재성의 철학』, 김영범·이정우 옮김, 그린비, 2009.]

7. Deleuze, *Difference and Repetition*, 186~7. 수정됨. [들뢰즈, 『차이와 반복』.]

8. 같은 곳. [같은 곳.]

그런데 우리는 어떻게 완결된 결정에 관해 말하는 동시에 오로지 객체의 한 부분에 관해서만 말할 수 있는가? 결정은 객체에 대한 완결된 결정이어야 하지만, 객체의 한 부분만을 형성한다. 『아르노에 대한 답변들』에서 데카르트가 제시하는 지침을 따르면, 우리는 완결된 것으로서의 객체와 전체로서의 객체를 세심하게 구별해야 한다. 완결된 것은 객체의 〔잠재적〕 부분 ─〔다양체〕 속에서 객체들의 다른 부분들(다른 관계들, 다른 특이한 점들)과 함께 참여하는 것 ─ 일 따름이지, 하나의 통합적 전체 자체를 결코 구성하지 못한다. 완결된 결정에서 부족한 것은 현실적 실존에 속하는 관계들의 전체 집합이다. 어떤 객체는 철저히 결정되지 않았거나 또는 현실적으로 실존하지 않으면서도 실재ens일 수 있거나, 혹은 차라리 모든 양상에서 결정된 (비)–실재(non)-ens omni modo determinatum일 수 있다.9

잠재적인 것을 객체의 한 부분이자 완전히 결정된(조직된) 것으로 여기는 경우에, 들뢰즈는 잠재적인 것 ─ 이산적인 존재자들로 분할되는 전개체적 연속체를 구성하기는커녕 ─ 이 사실상 순전히 이산적이며 개별적이라고 시사하는 것처럼 보인다. 이런 독법 아래서 다양체 또는 내부관계적 구조는 별개의 현존하는 개체일 것이다. 여기서는 전개체적 잠재적인 것에서 개체적 현실적인 것으로의 전환이 일어나지 않을 것이고, 오히려 내부구조와 현실태 사이의 관계는 어떤 객체 속에서 일어나는, 발휘되지 않은 역능과 현실화된 성질 사이의 전환일 것이다.

여기서 나의 목적은 들뢰즈의 존재론에 관한 논평을 제공하는 것도 아니고 그의 사상을 계속 고수하는 것도 아니라, 오히려 실체의 성

---

9. 같은 책, 209. [같은 책.]

질들로 이루어지는 이런 포맷 구성이 없더라도 실체가 포맷되는 것이 어떻게 가능한지 결정하는 것이다. 나의 주장은, 어떤 객체가 자신의 성질들과 결이 어긋날 수 있는 (초험적인 실재론적 의미에서의) 초험적 조건은 자체적으로 질적이지 않은 어떤 포맷된 구조에 있다는 것이다. 오로지 이런 방법을 통해서만 벌거숭이 기체 문제가 회피될 수 있을뿐더러 실체는 상반되는 성질들을 나타낼 수 있다는 아리스토텔레스의 통찰도 입증될 수 있다. 그런데 캐런 배러드가 닐스 보어에 관해 논의하면서 진술한 바를 바꿔 말하면, "비록 나는 이 존재론이 들뢰즈가 반드시 염두에 두고 있던 것이라고 주장하지는 않더라도, 〔들뢰즈의 많은〕 견해와 정합적이라고 스스로 믿고 있는 그런 존재론을 제안한다."[10] 그리하여 여기서 들뢰즈의 사상은 그것이 실체의 분열 본성에 대한 우리의 이해를 증진하는 한에 있어서 적실할 따름이다. 내 생각에, 1장에서 이산적이거나 개별적인 실체들의 현존에 대한 존재론적 필연성이 예증되었다. 들뢰즈의 스피노자주의적 일원론과 잠재적인 것에 대한 그의 연속체 가설과는 대조적으로, 이런 필연성은 실험 활동이 이해할 수 있는 것이 되려면 객체가 자신이 다른 객체들과 맺은 관계들로부터 분리될 수 있어야 한다는 요구에서 특히 비롯된다. 실험이 가능할 수 있으려면, 객체가 자신의 역능을 표현할 수 있는 닫힌 체계를 구성할 수 있어야 한다. 객체 또는 생성 메커니즘이 한낱 그 자체가 일자인 연속체의 표현에 불과하다면, 이런 조건이 도대체 어떻게 충족될 수 있는지 이해하기 어렵다. 그런데 이런 조건이 정기적으로 충족되는 것처럼 보인다는 사실을 참작하면, 들뢰즈의 일원론은 잘못된 것임이 틀림없는 것처럼 보인다.

---

10. Barad, *Meeting the Universe Halfway*, 69.

들뢰즈의 사유에 더 직접적으로 접근하면, 두 가지 난제가 그의 일원론적 연속체 가설을 포위하고 있는 것처럼 보인다. 첫째, 잠재적인 것이 이산적인 존재자들로 분할되는 단일한 실체라면, 잠재적인 것이 도대체 어째서 자신으로부터 이탈하여 개체 속에서 '소외당하게' 되는지 이해하기 어렵다. 들뢰즈는, 현실적인 것, 개체화된 것을 독자적으로는 아무 차이도 생성하지 않고 한낱 잠재적인 것의 보잘것없는 분비물의 일종에 불과한 것으로 언급하는 경향이 있다. 들뢰즈가 서술하는 대로,

차이는 자신의 주름이 바깥으로 펼쳐지지만, 그것이 상쇄되는 경향이 있는 체계들에서 펼쳐진다. 이것은 차이가 본질적으로 자신의 주름이 안으로 접힌다는 것을, 차이의 본질은 접힘 운동이라는 것을 의미할 따름이다. 차이의 경우에, 바깥으로 주름이 펼쳐진다는 것은 상쇄되는 것이거나 혹은 자신을 구성하는 불평등을 일소하는 것이다. '전개하는 것은 확인하는 것이다'라는 표현은 동어반복이다. 이로부터 차이가 상쇄된다는 결론, 혹은 적어도 차이가 자체적으로 소멸한다는 결론이 도출되지는 않는다. 차이는, 연장延長체 안에서 그리고 그 연장체를 채우는 성질 안에서, 그것이 자신의 바깥에서 도출되는 한에 있어서 상쇄된다. 그런데 이런 연장체뿐만 아니라 이런 성질도 차이에 의해 생성된다.[11]

여기서 'implication'이라는 용어와 'explication'이라는 용어는 직서적으로 해석되기보다는 오히려 어원학적으로 해석되어야 한다. 이를

---

11. Deleuze, *Difference and Repetition*, 228. [들뢰즈, 『차이와 반복』.]

테면 'explication'이라는 용어는 설명 활동을 나타내기보다는 오히려 '펼침' 활동을 나타낸다. 그렇다면 여기서 'plication'이라는 용어가 강조되어야 하는데, 요컨대 그 용어는 펼쳐지는 것을 가리킨다. 그리하여 'implication'이라는 용어는 어떤 주어진 사실로부터 가능한 논리적 추리라는 의미로 해석되지 말아야 하고, 오히려 다른 무언가 속에 접히거나 감춰지는 것을 나타낸다는 의미로 해석되어야 한다. 이로부터 우리는 다음과 같은 도표를 도출할 수 있다.

	접힘 (implication)	펼침 (explication)
잠재적 (virtual)	유력하지만 현실화되지 않은 차이 / 존재자들의 원인 / 전개체적	상쇄된 차이 / 성질의 구성 / 불모의 존재
현실적 (actual)	조건 / 현실적인 것의 원인	생산물 / 인과적 효험이 없는 개체 / 과정의 완결 또는 끝

들뢰즈는 시몽동을 좇아서 "연장체가 자신 안에서 일어나는 개체화를 해명하지 못한다는 것은 주목할 만하다"라는 점에 근거하여 잠재적인 것과 현실적인 것 사이의 관계와 존재에 관한 이런 구상에 이르게 된다.[12] 들뢰즈가 연장체를 언급하는 경우에, 그는 시간과 공간 속에 처한 성질들을 갖춘 존재자를 가리키고 있다. 나의 파란색 커피 머그잔의 사례로 돌아가면, 나는 그 머그잔을 지금 여기서 간단히 검토함으로써 그것이 이런 모양, 이런 색깔을 어떻게 갖게 되었는지, 그것이 왜 나의 책상 위에 놓이게 되었는지 등을 알아낼 수 없다.

그러므로 들뢰즈가 암시하는 바는, 연장체가 자신 안에서 일어나

---

12. 같은 책, 229. [같은 책.]

는 개체화(그것을 이런 개체로 만드는 성질들과 구조)를 설명하지 못하기에 이들 개체화를 해명하려면 우리는 또 다른 차원, 암묵적인 것, 잠재적인 것을 참조해야 한다는 것이다. 게다가 연장적인 것의 세계는 개별적 존재자들 또는 개체화된 존재자들로 이루어져 있기에 들뢰즈는 이런 보완적 차원이 전개체적임이 틀림없다는 결론을 내린다. 들뢰즈가 진술하는 대로, "개체화하는 것은 단순한 개체가 아니다."[13] 그런데 이런 조치를 취하면서 들뢰즈는 개체화를 촉발하는 근거를 철저히 불가사의한 것으로 만든다. 잠재적인 것은, 들뢰즈가 주장하는 대로, 유력하지만 현실화되지 않은 차이들이 들어찬 하나의 연속체이자 전체이며, 현실적인 것은 한낱 잠재적인 것의 분비물이나 생성물에 불과하다면, 잠재적인 것이 도대체 자신의 주름을 바깥으로 펼치면서 전개하게 하거나, 아니면 자신을 떠나서 불모의 현실적 개체로 전락하게 하는 것은 무엇인가? 차이는 현실적인 것이 아니라 잠재적인 것에서 비롯되는데, 왜냐하면 현실적인 것은 바로 차이가 상쇄되는 영역이기 때문이다. 그리하여 여기서 우리는 플라톤의 형상론을 괴롭힌 것과 유사한 문제를 맞닥뜨리게 되는데, 요컨대 우리는 불완전한 피조물의 세계가 도대체 왜 생성되고 완벽한 형상의 세계가 왜 고요하고 움직이지 않는 영원한 현존에 그냥 머무르지 않는지 의구심을 갖게 된다.

이들 소견은 두 번째 문제를 초래한다. 홀워드가 『이 세상과 동떨어진』이라는 논란이 많은 자신의 연구서에서 지적하는 대로, 들뢰즈의 존재론은 본질적으로 창조성과 창조 활동의 견지에서 존재를 구상한다. 홀워드에 따르면, 이런 구상으로 인해 들뢰즈는 창조하는 것

---

13. 같은 책, 38. [같은 책.]

과 피조물 사이, 개체화하는 것과 개체 사이를 구별하게 되는데, 피조물과 개체는 창조하는 것과 개체화하는 것의 지위에 대하여 파생적인 지위를 부여받는다. 홀워드가 서술하는 대로,

들뢰즈 철학의 거의 모든 양태는 존재와 창조성, 사유 사이에 애초에 정립된 이런 상관관계의 결과에 포획되어 있다. 대충 말하자면, 그것은 (a) 대단히 많은 별개의 창조 행위 혹은 대단히 많은 개별적 창조물이 그렇듯이, 모든 현존하는 것이나 과정은 단 하나의 방식으로 현존함을 함축하고, (b) 이들 창조물 자체는 무한하기에 독특한 창조력, 순수 사유를 매개로 하여 가장 적절히 표현되는 힘의 양태들임을 함축하고, (c) 모든 창조 활동은 파생적인 피조물, 즉 창조되는 것을 낳는데, 그것 자체의 역능 또는 창조성은 그것의 물질적 조직과 상황, 현실적 역량, 다른 피조물들과의 관계들 등에 의해 한정됨을 함축하며, (d) 모든 그런 피조물이 직면하는 주요 과업은 단독으로 그것을 개체화하는 그런 잠재적인 창조 활동을 위한 더 적절하거나 비물질적인 매체가 되기 위해 이들 한계를 완화한 다음에 없애는 것임을 함축한다.[14]

여기서 홀워드의 세 번째 논점이 특히 두드러진다. 차이, 잠재적인 것, 접힌 것을 개체화의 원인이 되는 것으로 여기고, 펼쳐진 것, 현실적인 것, 개별적인 것을 개체화의 생산물로 여김으로써 들뢰즈는 피조물 또는 개체에 존재 내에서의 파생적인 지위를 부여할 수밖에 없다. 개체는 존재의 생산물, 잠재적 차이의 결과물은 되지만, 세계 속 차이의 동인으로 여겨질 수 없음은 확실하다. 달팽이나 민달팽이가 지나

---

14. Peter Hallward, *Out of this World* (New York : Verso, 2006), 2.

간 여파로 남게 되는 점액질의 흔적처럼 개체는 이미 전개된 개체화의 변별적 과정이 남긴 잔류물이나 분비물에 불과할 따름이다.

그러므로 들뢰즈의 사유에서 얻게 되는 것은 깊이의 수직적 존재론의 일종이다. 존재자들 또는 실체들이 옆으로 또는 수평적으로 상호작용하는 존재론을 얻게 되기보다는 오히려 차이가 잠재적인 것의 심층에서 수직적으로 생겨나는 존재론을 얻게 된다. 그리하여 개체는, 그 모두가 잠재적인 것의 층위에서 일어나는 진정한 과정들의 결과물에 불과한 것으로서 부차적인 지위를 갖추게 된다.

홀워드의 책에 대한 철학적으로 풍성한 서평에서 존 프로테비는 홀워드가 들뢰즈의 존재론이 품은 복잡성을 부당하게 단조롭게 한다고 주장한다. 프로테비가 진술하는 대로,

> 현실적인 것과 잠재적인 것, 강도强度적인 것 사이의 관계들이 들뢰즈의 존재론을 해명할 때 가장 중요한 쟁점이 된다. 우리는 강도적인 것을 독립적인 존재론적 기입자, 즉 자신의 극한들에 해당하는 잠재적인 것과 현실적인 것을 매개하는 기입자로 여겨야 한다고 나는 주장할 것이다. 이 주장을 수용하지 않으면서 잠재적인 것과 현실적인 것의 이원론을 고집하는 사람이라면 누구나 강도적인 것은 현실적인 것에 속한다고 말해야 할 것이다.[15]

프로테비는 계속해서 다음과 같이 주장한다.

시공간적으로 역동적인 변화, 즉 강도적 특성을 나타내는 형태생성

---

15. John Protevi, "Out of This World," *Notre Dame Philosophy Reviews*, August 3, 2007.

과정은 개체화의 과정, 전개체적 장에서 비롯되는 창발의 과정이다. 들뢰즈에게 전형적인 사례들은 배아와 날씨 체계다. 생물학적 기입자의 경우에, 개체화의 '장'(이것의 구배에 전개체적 특이점들이 반영된다)은 난자이고 개체화의 과정은 배아의 형태생성이다. 형태생성적 기입자의 경우에, 개체화의 장은 시공간적으로 역동적인 변화에 해당하는 바람 흐름 혹은 폭풍에 대한 사전 조건(공기와 물의 다양한 온도와 압력)이다. … 루이지애나 주민이라면 누구나 허리케인의 위치를 그것의 시공간적 좌표에 의거하여 여러분에게 알려줄 수 있을 것이다. 공정하게 말하자면, 우리는 지리학적 좌표 체계에 묻어 들어가 있는 것으로서의 허리케인의 위치 – 그것의 연장적 특성 – 와 그것의 강도적 특성에 고유한 문턱을 구별해야 한다. 폭풍우와 열대성 저기압, 열대성 폭풍, 허리케인이 형성되는 것은 단지 공기 온도와 물 온도, 바람 흐름 사이의 변별적 관계들의 어떤 특이점들에서 그럴 뿐이다. 그런데도 요점은, 날씨 체계 자체는 그런 특이점들이 현실화하는 강도적 과정이고 이런 강도적 과정은 여기서, 이 세계에서 작동한다는 것이다.[16]

전적으로 옳다. 그렇지만 프로테비가 알아채지 못하고 있는 것처럼 보이는 점은 잠재적인 것과 현실적인 것, 강도적인 것 사이의 관계를 이렇게 다루려면 들뢰즈의 존재론이 상당히 수정되어야 한다는 사실이다. 들뢰즈의 존재론에 대한 프로테비의 독해에서 우리는 그가 다양한 방식으로 상호작용하면서 서로 교란하는 이산적인 현실적 실체들 또는 개체들을 끊임없이 언급함을 알게 된다. 들뢰즈의 존재론에 대한 프로테비의 분석에는, 이산적인 존재자들로 분할되는 일원론

---

16. 같은 글.

적인 잠재적 연속체이기는커녕 상호작용하면서 이들 상호작용을 통해서 서로의 내부에서 잠재적 역능들을 불러일으키는 이산적인 실체들 또는 존재자들의 현존이 필요하다. 그리고 말이 난 김에, 여기서 우리는 인과성 개념에 대한 들뢰즈의 끊임없는 반론을 떠올려야 한다. 들뢰즈가 진술하는 대로,

> 발생은 시간상으로 어떤 두 개의 현실적인 항 ─ 아무리 작더라도 ─ 사이에서 일어나는 것이 아니라 잠재적인 것과 그것의 현실화 사이에서 일어난다는 점을 이해하면 충분하다. 다시 말해서, 발생은 구조에서 그것의 구체화로, 어떤 문제의 조건에서 해답의 사례들로, 변별적 요소들과 그것들의 이상적인 연관관계들에서 매 순간에 시간의 현실성을 구성하는 다양한 실재적 관계들과 현실적인 항들로 이행한다.[17]

들뢰즈가 인과성 개념을 매우 빠르게 거부한다면, 그 이유는 인과성은 객체에서 객체로, 옆으로 또는 수평적으로 작용하는 반면에 잠재적인 것은 접힌 것에서 펼쳐진 것으로, 수직적으로 작동하기 때문이다. 프로테비의 설명 아래서 거부되어야 하는 것은 바로 이런 논제다. 잠재적인 것과 현실적인 것 사이의 관계로 시간을 설명하는 들뢰즈의 시도가 여기서 수용되면, 들뢰즈의 사상이 나타내는 특징에 대한 프로테비의 규정에서 환기된 현실적인 항들이 프로테비가 그것들에 귀속하는 그런 종류의 인과적 효험을 어떻게 지닐 수 있는지 이해하기 어렵다. 오히려, 잠재적 시간에 대한 들뢰즈의 모형 아래서, 현실적인 항들 사이의 모든 인과적 관계는 외양적이거나 일종의 초험적인

---

17. Deleuze, *Difference and Repetition*, 183. [들뢰즈, 『차이와 반복』.]

환영일 수밖에 없다. 여기서 나의 논점은, 프로테비가 잠재적인 것과 현실적인 것, 강도적인 것 사이의 관계에 대한 자신의 설명에서 잘못 생각한다는 것이 아니라, 오히려 프로테비의 설명 같은 것이 변함없이 정합적일 수 있으려면 잠재적 시간, 현실화의 시간에 대한 들뢰즈의 설명이 폐기되어야 한다는 것이다. 현실적인 항들이 인과적으로 상호작용할 수 있어야 하고 현실적인 것이 잠재적인 것에 영향을 미쳐야 한다.

그런데 사정이 이렇다면, 잠재적인 것은 전개체적이고 현실적인 것은 개체적이라고 더는 말할 수 없다. 잠재적인 것은 개체적인 것을 생산하는 것이 아니라, 오히려 엄밀히 개체적인 것의 한 가지 차원이어야 한다. 잠재적인 것이 개체적인 것에 선행하는 것이 아니고 오히려 바로 개체적인 것이 잠재적인 것에 선행하는데, 시간상으로 선행하는 것이 아니라 초험적으로 선행한다. 실체들 또는 개체들이 서로 교란할 수 있으려면, 존재는 하나의 전체 또는 하나의 연속체로 구성될 수 없고 오히려 이산적인 다발들 또는 실체들로 이루어져 있어야 한다. 게다가 이로부터 존재자의 현실적 차원은 차이의 소거 혹은 소멸을 나타낼 수 없고, 오히려 그 자체가 다른 존재자들에서 차이를 촉발하는 선동자이자 잠재적인 것의 아직 현실화되지 않은 화산성 역능들을 세계에서 발휘하고 제시하는 메커니즘 중 하나라는 결론이 도출된다. 그리고 여기서 나는, 프로테비와 데란다 같은 들뢰즈에 관한 뛰어난 해설자들이 세계를 분석하려고 착수하면서 바로 이런 견지에서 말한다는 점을 특히 덧붙인다. 그들은 현실적인 것과 실체를 파생적인 것으로 여기기는커녕 개별 실체가 만들어내는 차이에 깊은 주의를 기울인다. 여기서 이론적 실천에서 비롯된 존재론은 그들이 자신의 실천에서 행하고 있는 바를 서술하려고 노력할 때 옹호되는 존재론과 모순된다.

언젠가 응한 어떤 인터뷰에서 들뢰즈는 다음과 같이 진술했다.

철학자들은 새로운 개념들을 도입하고, 그들은 그것들을 설명하지만, 그들은 그런 개념들이 대응하는 문제들을 말해주지는 않는데, 어쨌든 완전히 말해주지는 않습니다. 예를 들면, 흄은 믿음에 관한 참신한 개념을 제시하지만, 그는 지식에 관한 문제가 어떻게 그리고 왜 지식을 어떤 특정한 종류의 믿음으로 여기는 그런 식으로 제기되는지 말해주지 않습니다. 철학의 역사는, 어떤 철학자가 말하는 바를 반복하기보다는 오히려, 그가 당연시해야만 했던 것, 그가 말하지 않았음에도 그가 말한 것에서 제시되는 것을 말해야 합니다.[18]

바로 이런 식으로 우리는 들뢰즈가 잠재적인 것이라는 개념을 전개하는 국면에 접근해야 한다. 요약하면, 잠재적인 것이라는 들뢰즈의 개념이 대응하는 문제는 무엇인가? 들뢰즈 자신은 그 문제를 아무리 희미하게 식별했었더라도, 잠재적인 것이라는 개념이 대응하는 것처럼 보이는 문제는 객체에 있어서 물러서 있는 존재와 성질들 사이의 분열에 관한 문제와 더불어 벌거숭이 기체에 관한 문제다. 실체의 본질은 그 성질들 및 현실화된 구조와 동일시될 수 없다는 점을 들뢰즈가 인식했음은 확실한 것처럼 보인다. 실체는 변화하기에, 실체는 반대되는 성질들을 나타낼 수 있기에, 실체는 자신의 고유 존재에 있어서 자신의 성질들과 달라야 한다. 그런데 실체가 자신의 성질들과 다

18. Gilles Deleuze, *Negotiations*, trans. Martin Joughin (New York : Columbia University Press, 1995), 136.

르다면, 그것은 성질을 띠지 않은 채로 포맷된 어떤 형태의 구조가 필요하다. 실체의 이런 다른 차원이 없다면 우리는 바로 앞 장에서 논의된 벌거숭이 기체 문제에 빠지게 되는데, 여기서 실체들은 완전히 텅비어 있고 아무 차이도 전혀 없기에 터무니없게도 서로 동일하다.

잠재적인 것이 가리키는 것은 바로 존재의 이런 영역인데, 그 이유는 잠재적인 것이 성질 없는 구조와 효험이기 때문이다. 그런데 이 문제를 희미하게 일별했던 들뢰즈는 잠재적인 것에 대한 자신의 설명을 앞뒤가 맞지 않게 하는 일단의 오류에 즉시 빠지게 된다. 기묘하게도, 이들 오류는 현실주의를 너무나 많이 용인하는 데서 비롯되는 것처럼 보인다. 들뢰즈는 현실적인 것, 즉 성질들과 연장태들의 영역이 개체의 개체성이나 실체의 실체성을 설명할 수 없다는 점을 인식했음에도 현실적인 것을 개체 또는 일차 실체의 유일한 영역으로 여긴다. 그리하여 들뢰즈는, 잠재적인 것의 영역을 개체적인 것, 실체적인 것, 혹은 변화를 겪으면서 지속하는 것의 영역으로 여겨야 하는데도, 오히려 잠재적인 것의 영역을 전개체적인 것으로 특징짓게 되었다. 이런 결단이 미치는 영향은 심대하다. 잠재적인 것의 영역을 전개체적인 것으로 여기고 현실적인 것의 영역을 잠재적인 것의 결과로 여김으로써, 들뢰즈는 잠재적인 것이 도대체 왜 스스로 현실화하는지에 대하여 전혀 설명하지 않은 채로(그의 인상적인 별도의 노력에도 불구하고), 현실적인 것을 자체적으로는 존재 내에서 아무 효험도 지니지 않은 한낱 생산물, 분비물에 불과한 것으로 여기게 된다. 오히려 요구되는 것은 잠재적인 것을 일차 실체 또는 이산적인 개체의 한 차원으로 다루는 설명인데, 여기서는 (시간상으로가 아니라 초험적으로) 잠재적인 것이 실체에 선행하는 것이 아니라 실체가 잠재적인 것에 선행하며, 그리고 현실적 존재자들이 상호작용할 수 있다. 이제 나는 잠재적인 것에 대한 바로 이런 설명을 검토하겠다.

잠재적 고유 존재

『차이와 반복』에서 들뢰즈는 이렇게 진술한다. "잠재적인 것은 실재적인 것에 대립하는 것이 아니라 현실적인 것에 대립한다. 잠재적인 것은 그것이 잠재적인 한에 있어서 전적으로 실재적이다. 프루스트가 공명 상태에 관해 언급한 표현, 즉 '현실적이지 않으면서 실재적이고, 추상적이지 않으면서 이상적이다'라는 표현이 바로 그대로 잠재적인 것에 관해서도 언급되어야 한다."[19] 존재자론의 틀 안에서, 잠재적인 것은 실재적이라는 주장은 잠재적인 것은 언제나 어떤 실체 또는 개체의 잠재태라는 주장이다. 달리 서술하면, 잠재적인 것은 실재적이라는 주장은 잠재적인 것이 잠재적 존재자라는 주장이 아니라, 오히려 잠재적인 것은 언제나 어떤 존재자 또는 실체의 잠재태나 잠재력이라는 주장이다. 여기서 소유격이 가장 중요하다. 잠재적인 것이 언제나 실체에 속하는 것이지, 실체가 잠재적인 것에 속하는 것이 아니다. 게다가 잠재적인 것은 언제나 이산적이거나 개별적인 존재자가 품거나 지닌 잠재력이다. 이렇게 해서 우리는 모든 객체, 실체, 또는 차이 기관의 두 절반을 구별해야 한다. 한편으로는 성질들과 연장태들로 이루어진, 객체의 현실적 측면이 있고, 다른 한편으로는 잠재태들 또는 역능들로 이루어진, 실체의 잠재적 측면이 있다. 잠재적인 것은 '이상적'이라고 주장하는 경우에 들뢰즈는, 잠재적인 것은 심적이거나 인지적이라고 주장하고 있는 것이 아니라 ─ 마음 역시 자신의 잠재적 차원을 갖추고 있

---

19. Deleuze, *Difference and Repetition*, 208. [들뢰즈, 『차이와 반복』.]

지만 말이다 — 오히려 잠재적인 것은 관계적이라고 주장하고 있다. 그런데 이들 관계는 존재자들 사이의 관계들이 아니라, 객체의 내부구조, 내부 토폴로지를 구성한다. 마지막으로 우리는, 현실적으로 실존하는 존재자가 계속해서 잠재태의 상태에 있으면서 세계에서 아무 성질이나 연장태도 산출하지 않은 채로 철저히 실재적이고 현존적이며, 철저히 구체적일 수 있다 — 흔한 일은 아닐지라도 말이다 — 고 주장할 수 있다. 오로지 이런 조건에서 우리는, 생성 메커니즘, 차이 기관, 또는 실체가 휴면 상태에 여전히 있으면서 실재적일 수 있기에 자신의 성질이나 사건과 결이 어긋날 수 있다는 바스카의 주장을 이해할 수 있다.

그렇다면 우리는 성질을 소유하지 않은 채로 포맷된 실체의 이런 차원을 어떻게 이해할 수 있는가? 특히 두 가지 특질에 힘입어 잠재적인 것이라는 들뢰즈의 개념이 이와 같은 실체의 물러서 있는 차원을 이론화하는 데 적합하게 된다. 한편으로 들뢰즈는, 잠재적인 것은 현실적인 것과 유사성이 전혀 없다고 조심스럽게 강조한다. "모든 객체는 이중적인데, 그 두 절반은 서로 닮지 않았다."[20] 만약 현실적인 것이 이 장의 첫 번째 절에서 규정된 의미에서 성질들과 기하학적 구조를 구현하는 것으로 여겨진다면, 이것은 실체의 잠재적 차원이 어떤 질적인 것과도 다른 방식을 포착하고, 따라서 성질을 나타내지 않은 채로 조직되거나 포맷된 실체를 제공한다. 분열된 객체의 잠재적 절반과 현실적 절반 사이의 이런 유사성 결여 사태를 예시하기 위해 계시적인 유전자 사례를 제시한다. 잠재적 다양체들로 구성된 "변별적 관계들의 체계로서의 유전자는 어떤 종에서 구현되는 동시에 그 종을 구성하는 유기적 부분들에서도 구현된다."[21] 어떤 현실화된 유기체가 구현하는

---

20. 같은 책, 209. [같은 책.]

모든 형태에 이바지하는 것으로서의 유전자는 그런 현실화된 유기체와 유사성이 전혀 없는 일단의 변별적 관계와 특이점을 형성한다. 유전자는 유기체가 취할 형태에 대한 조건에 속하지만, 유기체와 결코 닮지 않았다.

다른 한편으로, 잠재태라는 개념 덕분에 우리는 실체가 언제나 다른 실체나 존재자에 대한 준거가 필요하지 않은 채로 개별적 실체인 방식을 이론화할 수 있게 된다. 들뢰즈에 따르면, 잠재적인 것은 '다양체들'로 이루어져 있다. 나는 조만간 다양체에 관해 더 많이 언급할 것이지만, 당분간은 다음과 같은 점이 주목할 만하다. 들뢰즈에 따르면, "다자에 못지않게 일자도 대체하는 '다양체'는 참으로 실질적인 것, 실체 자체다."[22] 들뢰즈는 다양체라는 개념을 프리드리히 가우스와 베른하르트 리만의 미분기하학에서 끌어낸다. 마누엘 데란다가 설명하는 대로,

> 가우스가 이들 미분적 자원을 활용하기 시작한 19세기 초에 곡면의 이차원 표면은 구식의 데카르트적 방법을 사용하여 연구되었는데, 요컨대 그 표면은 자체적으로 정해진 일단의 축이 완비된 삼차원 공간에 삽입되어 있었고, 그다음에 이들 축을 사용하여 그 표면의 모든 점에 좌표가 할당되었으며, 마지막으로 그 표면의 형태를 결정하는 점들 사이의 기하학적 연계가 숫자들 사이의 대수적 관계들로 표현될 것이었다. 그런데 가우스는, 표면 자체 위에 놓인 무한소의 점들에 집중하는(즉, 국소적 정보에 전적으로 의거하여 작동하는) 미분법 덕분

---

21. 같은 책, 210. [같은 책.]
22. 같은 책, 182. [같은 책.]

에 전체적인 삽입 공간을 전혀 고려하지 않은 채로 표면에 관한 연구가 이루어질 수 있음을 깨달았다. 기본적으로 가우스는 좌표축들을 표면 자체 위에 이식하는 방법(즉, 표면을 '좌표화하는' 방법)과 더불어, 그리하여 일단 점들이 숫자들로 전환되면, (대수 방정식이 아니라) 미분 방정식을 사용하여 그것들의 관계들을 규정하는 방법을 개발했다.[23]

다양체라는 개념은 수학에 매우 중요할 뿐만 아니라 존재론에도 대단히 중요하다. 그 이유는 다양체라는 개념 덕분에 전체적인 삽입 공간을 전혀 고려하지 않은 채로 어떤 공간의 내부적 구조를 생각할 수 있게 되는 것처럼 어떤 개별 실체의 본질 역시 그 실체가 다른 실체들과 맺은 관계들, 즉 그것의 외부관계들과 독립적으로 생각할 수 있게 되기 때문이다. 바로 이런 이유로 인해 나는 실체의 잠재적 고유 존재를 내부관계들로 이루어진 것, 즉 내부구조 혹은 내부조성이라고 일컫는다. 요점은 모든 실체가 공간적이라는 것이 아니라, 오히려 다양체 덕분에 모든 종류의 전체적인 삽입 공간 혹은 외부관계들의 집합에서 격리된 상황에서 순전히 내재적인 방식으로 개별 실체를 생각할 수 있다는 것이다. 실체는 다른 실체들과 관계를 맺을 수 있고 실제로 맺는 한편으로, 실체로서의 그 본질은 이들 외부관계에 의해 구성되지 않는다. 외부관계는 어떤 실체가 국소적 표현의 층위에서 구현하게 되는 성질에 대하여 중요한 역할을 종종 수행하지만, 실체의 본질로서 실체성은 이들 외부관계 이외의 것이다. 다양체라는 이 개념의 추가적인 결과로, 여기서 용기로서의 시간과 공간에 관한 칸트의 구상이

---

23. DeLanda, *Intensive Science and Virtual Philosophy*, 11~2. [데란다, 『강도의 과학과 잠재성의 철학』.]

폐기되는 것과 더불어 실체에서 비롯되는 시간과 공간에 대한 모형이 옹호되어야 한다.

들뢰즈는 다양체를 규정하면서 다음과 같이 진술한다. "가장 중요시되어야 하는 것은 실질적 형식인데, 다양체는 다자와 일자의 어떤 조합을 지칭하는 것이 아니라 오히려 하나의 체계를 형성하기 위해 어떤 통일성도 필요하지 않은 다자 자체에 속하는 어떤 조직을 지칭하여야 한다."[24] 잠시 뒤에 계속해서 들뢰즈는 다양체가 "그러므로 하나의 구조로서 규정되"어야 한다고 설명한다.[25] 다양체가 하나의 구조 또는 체계로 규정되어야 한다면, 그 이유는 다양체를 구성하는 요소들이

> 단지 상호적으로, 어떤 독립성도 존속할 수 없게 하는 호혜적 관계들에 의해 사실상 결정되어야 하기 때문이다. 이들 관계가 다양체를 전체적으로 특징짓든 혹은 인접 영역들의 병치에 의해 진행되든 간에, 그것들은 바로 국소화할 수 없는 이상적 연관관계들이다. 모든 경우에 다양체는, 그것이 잠기게 될 어떤 균일한 공간에의 외부적 준거나 근거가 전혀 없이 내재적으로 정의된다.[26]

미분 존재론, 즉 동일성을 불문하고 단지 차이에만 의존하는 존재에 대한 설명을 구성하려는 들뢰즈의 충동 속에서 그의 다양체 개념은 두 가지 반대 방향으로 견인된다. 한편으로, 들뢰즈는 통일성을 동일성과 연관시킴으로써 다양체에 어떤 통일성도 부여하지 않기를 바

---

24. Deleuze, *Difference and Repetition*, 182. [들뢰즈, 『차이와 반복』.]
25. 같은 책, 183. [같은 책.]
26. 같은 곳. [같은 곳.]

란다. 다른 한편으로, 들뢰즈는 다양체에 관해 논의하면서 불가피하게도 다양체를 통일체로 여길 수밖에 없는 것처럼 보인다. 이런 두 번째 경향에 대해서는 들뢰즈가 모든 구성요소가 어떤 조직을 구현하도록 호혜적으로 결정되는 구조로서의 다양체를 언급하는 방식을 살펴보기만 하면 된다. 다양체가 구축되거나 조직된다면, 다양체가 내재적으로 '규정된'다면, 다양체는 통일성이 없다고 주장하기가 어려운 것처럼 보인다.

오히려, 다양체의 바로 그 본질이 그것의 통일성에 있는 것처럼 보인다. 오로지 이것에 근거를 두고서야 우리는 다양체를 실체라고 일컬을 수 있다. 들뢰즈는 다양체에 관해 생각하면서 총체 혹은 공동체라는 고전적 범주를 모색하고 있는 것처럼 보인다. 하나의 총체는 모든 부분이, 들뢰즈가 서술하는 대로, 호혜적으로 결정되도록 서로 의존하는 하나의 체계다. 예를 들면, 나의 몸은 하나의 총체다. 반면에, 하나의 공동체는 어떤 사회적 존재자라기보다는 오히려 모든 부분이 서로 동시에 영향을 주고받는 하나의 체계다. 그러므로 예를 들면, 모든 유기체는 각각 그 부분들이 서로 의존할 뿐만 아니라 끊임없이 상호작용하는 한에 있어서 하나의 총체인 동시에 하나의 공동체다. 마찬가지로, 지구와 달 사이의 관계는 달의 중력이 지구에 영향을 주고 지구의 중력이 달에 영향을 주는 한에 있어서 하나의 공동체다. 들뢰즈가 다양체 개념을 환기하면서 염두에 두고 있는 것처럼 보이는 것은 바로 이런 종류의 구조다. 그런데 이런 종류의 체계는 내부적으로 변별화되어 있음이 확실한데도 하나의 통일체 또는 실체다.

들뢰즈는 잠재적인 것 또는 다양체의 본질을 정의하면서 다음과 같이 주장한다. "잠재적인 것의 실재는 변별적 요소들 및 관계들과 더불어 그것들에 상응하는 특이점들로 이루어져 있다. 잠재적인 것의 실재는 구조다."[27] 들뢰즈가 잠재적인 것 또는 다양체는 전개체적인 것으로 여기고 현실적인 것은 개체적인 것으로 여긴다면, 그 이유는 그가 실체 내부에서의 토폴로지적인 것과 기하학적인 것을 적절히 구별하지 못하기 때문이다. 들뢰즈는 개체의 개체성이 그 성질들, 부분들, 혹은 기하학적 연장태에 놓여 있다고 결론지음으로써 다양체의 개체성을 부정할 수밖에 없다. 하지만 내가 이 장의 두 번째 절에서 주장한 대로, 다양한 이유로 인해 이 논제는 옹호될 수 없다. 오히려, 다양체는 성질을 띠지 않으면서도 어떤 실체의 질적 변이의 근거로서 작용하는 구조 또는 '형식'이다.

그렇다면 여기서 우리는 『도구-존재』에서 하먼이 하비에르 수비리에 관해 논의한 바를 생각할 수 있을 것이다. 그 책에서 하먼은 "어떤 사물의 실재는 그것의 현전과 동일시될 수 없다"라고 지적함으로써 시작한다.[28] 여기서 어떤 실체나 사물의 현전은 그 사물의 현실태, 즉 그 사물이 구현하는 특성들이나 성질들과 동일시될 수 있다. 하먼에 의해 해석된 수비리의 논제는 어떤 사물의 본질을 그 사물의 성질이나 특성과 대비한다는 점에서, 실체는 자신의 사건이나 특성과 결이 어긋날 수 있다는 바스카의 논제와 긴밀히 일치한다. 하먼은 계속해서 이렇게 진술한다. "사물의 실재는 특성들을 부여받은 실체로 여겨질 수 없다. 오히려 사물은 언제나 하나의 체계, 자신의 수많은 '주석'note을 모두 통합하는 체계다."[29] 하먼에 의해 해석된 수비리의 구상은 사물의 실체성을 주석들의 체계로 여긴다는 점에서, 잠재적 다양체는 변별적 관계들과 특이점들로 구성되어 있다는 들뢰즈의 구상과 각별

---

27. 같은 책, 209. [같은 책.]
28. Harman, *Tool-Being*, 244.
29. 같은 곳.

한 유사성을 드러낸다. 하먼은 계속해서 다음과 같이 진술한다.

실재는 자신의 주석들에 힘입어 다른 사물들에 작용하는 것으로 정의된다. '주석'이라는 이 용어는 '특성'이라는 낱말의 대체어로서 의도되는데, 수비리는 '특성'이라는 낱말을 개념적으로 보이는 실재, 즉 사물 자체보다 어떤 관계의 외부적 시각에서 보이는 실재를 향해 편향되었다고 여긴다. 어떤 **특성**에 관해 언급한다는 것은 한 사물을 다른 한 사물과 구별하는 특질에 관해 언급하는 것이라고 수비리는 말하는데, 이렇게 해서 그 특성은 어떤 근본적인 기체에 이식된 외부적 특질이기에 언제나 내부보다 외부에서 보인다. 특성과는 대조적으로, 어떤 사물의 주석들은 그 사물의 가장 은밀한 **부분들** – "질료, 그것의 구조, 그것의 화학적 조성, 그것의 정신적 '역량' 등" – 을 구성한다. 어떤 실체에 속하는 성질들 대신에 수비리의 주석들은 바로 사물 자체의 실재다.[30]

수비리의 주석과 마찬가지로, 들뢰즈의 특이점들은 어떤 사물의 가장 은밀한 실재로서 그것의 본질을 규정하고 조직한다. 그런데 수비리의 주석과는 달리, 들뢰즈의 특이점은 특성 또는 성질이라는 개념을 대체하지 않고 오히려 특성 또는 성질의 근거로서 환기된다. 특이점은 객체가 수행하는 행위로서의 성질 또는 특성을 생성하는 효능이다. 그리고 들뢰즈가 객체의 본질을 설명하기 위해 특이점이라는 개념을 전개할 수밖에 없었다면, 그 이유는 바로 어떤 객체 또는 실체의 특성은 가변적이고 변화하지만 그 실체는 여전히 – 어떤 한계 내에

---

30. 같은 책, 246~7.

서—그런 실체이기 때문이다. 그러므로 요구되는 것은 자신의 동일성을 유지하면서 가소성이 있는 근거, 즉 변화할 수 있는 근거다. 다양체라는 개념이 충족하는 것은 바로 이런 요구다.

불행하게도, 들뢰즈는 이들 특이점이 정말 무엇인지에 대하여 거의 말해주지 않는다. 우리는 특이점들이 필요하다는 사실, 실체가 특이점들을 소유해야 한다는 사실을 알고 있지만, 이들 특이점 자체가 성질이 아닌 한에 있어서 우리는 그것들이 무엇인지 알지 못한다. 『차이와 반복』에서 들뢰즈는 특이점을 "체계의 모든 평범한 점을 가로질러 펼쳐져 있는 한 계열의 출발점으로서 첫 번째 계열과 수렴하기도 하고 아니면 그 계열에서 발산하기도 하는 다른 한 계열을 자체적으로 생성하는 다른 한 특이점의 영역 근처에까지 이른다"라고 정의한다.[31] 불행하게도, 이 정의는 그다지 도움이 되지 않는다. 평범한 점은 무엇인가? 특이한 점은 무엇인가? 해당 계열은 무엇인가? 어쩌면 토폴로지라는 개념을 다시 살펴보면 이 쟁점이 얼마간 규명될 것이다.

토폴로지는 구부리기, 늘리기, 접기 등의 조작을 통한 위상동형적 변형 아래서 여전히 동일한 채로 있는 어떤 객체의 불변적 특질들을 연구하는 동적 기하학의 일종이다. 그러므로 예를 들면, 유클리드 기하학의 틀 안에서는 삼각형과 사변형이 전적으로 다른 별개의 것이지만, 토폴로지에서는 사변형과 삼각형이 서로 동등하다. 그 이유는 접기와 늘리기, 구부리기를 거쳐서 삼각형이 사변형으로, 사변형이 삼각형으로 변환될 수 있기 때문이다. 사변형을 삼각형으로 변환하려면, 간단히 사변형의 꼭짓점 중 하나를 택하여 접으면 된다. 이렇게 해서 특이점은 토폴로지 안에서 역설적인 지위를 차지한다. 특이점이 평범

---

31. Deleuze, *Difference and Repetition*, 278. [들뢰즈, 『차이와 반복』.]

한 점들의 계열을 규정하는 동시에 새로운 형식이 나타나는 문턱도 표시해야 함은 분명하다. 한편으로, 토폴로지 공간의 특이점은, 예를 들면, 삼각형의 꼭짓점일 수가 없다. 만약 그렇다면, 삼각형과 사변형은 구조적으로 동등하지 않을 것이기 때문이다. 오히려, 삼각형과 사변형의 꼭짓점들은 특이점들의 토폴로지 공간 내부에 있는 **평범한 점들**을 규정함이 틀림없다. 그리고 여기서 토폴로지 공간의 특이점들 자체는 결코 현시되거나 나타나지 않는다는 점을 인식해야 한다. 현시되는 것은 각각의 개별 형상의 평범한 점들, 유클리드 기하학이다. 이들 형상의 근거로서 작용하는 특이점들은 추리될 수 있을 뿐이다. 특이점들은 결코 직접 주어지지 않고 영구적으로 물러서 있다. 토폴로지 공간의 특이점들을 구현하는 형태는 전혀 없고, 상응하는 기하학적 공간도 결코 토폴로지 공간과 유사하지 않다. 다른 한편으로, 특이점은 다른 토폴로지 공간들 사이의 문턱을 규정한다. 예를 들면, 가느다란 종이 한 조각을 택하여 그 양쪽 끝을 고정하거나 혹은 그것을 비튼 다음에 그 양쪽 끝을 고정하면, 이제 독자적으로 다양하게 변형할 수 있는, 두 가지 새로운 토폴로지 공간을 얻게 된다.

그런데 존재자론의 존재론적 관심사의 맥락에서 토폴로지를 환기하는 경우에 주의력을 발휘하는 것이 중요하다. 첫째, 토폴로지는 특정적으로 그리고 배타적으로 공간적 관계들과 관련되어 있지만, 존재론은 온갖 종류의 존재자 및 성질과 관련되어 있다. 둘째, 토폴로지는 다양한 별개의 존재자를 가로지르는 위상동형성 또는 구조적 동일성과 관련되어 있지만, 여기서 나는 개별적 존재자들의 실체성을 설명하려고 노력하고 있다. 그리하여 토폴로지와 다양체 사이의 유사성은 중요한 측면에서 갈라지게 된다. 토폴로지에서 도출될 수 있는 교훈은 구조-보존적인 또는 체계-보존적인 변이들이 존재한다는 것이다. 들뢰즈가 서술하는 대로, "모든 현상은 그것을 조건 짓는 어떤 불평등과 관련되어 있다. 모든 다양성과 모든 변화는 그것의 충족이유로서 어떤 차이와 관련되어 있다."[32] 여기서 현상은 '국소적 표현'의 의미에서 이해되어야 하는 한편으로, 불평등 혹은 차이는 성질을 산출하기 위한 조건 혹은 근거로서 다양체에 속하는 특이점 혹은 주석의 견지에서 이해되어야 한다.

『강도의 과학과 잠재성의 철학』에서 마누엘 데란다는 들뢰즈의 특이점을 끌개로 여기자고 제안한다. 몇 가지 유보 조건이 붙고 개념적으로 일부 수정된 이 제안이 내가 옹호하고 싶은 들뢰즈의 특이점에 대한 해석이다. 그런데 계속해서 끌개를 논의하기 전에 먼저 내가 여기서 전개하고 있는 입장과 데란다의 입장을 구별해야 한다. 『강도의 과학과 잠재성의 철학』에서 마누엘 데란다는 들뢰즈의 다양체 개념이 본질에 관한 구식의 철학적 개념들을 대체하려고 고안된 것이라고 주장하고, 게다가 사물, 실체, 또는 객체는 그것의 본질보다 그것이 생산되는 방식에 의거하여 설명되어야 한다고 주장한다. 데란다가 서술하는 대로, "들뢰즈의 존재론에서 … 하나의 종(혹은 다른 어떤 자연종)은 그것의 본질적 특질들에 의해 정의되기보다는 오히려 그것을 생성한 형태발생적 과정에 의해 정의된다."[33]

존재자론, 그리고 더 넓게 해석하면 객체지향 존재론은 이런 논제를 거부함이 확실하다. 이 장의 두 번째 절에서 이미 우리는, 데란다가 잠재적인 것은 성질들을 띤 이산적인 존재자들로 분할되는, 특이점들의 일원론적 연속체로 이루어져 있다는 들뢰즈의 논제를 승인함

---

32. 같은 책, 222. [같은 책.]

33. DeLanda, *Intensive Science and Virtual Philosophy*, 10. [데란다, 『강도의 과학과 잠재성의 철학』.]

을 이해했다. 거기서 나는, 이런 입장은 비정합적이고 오히려 잠재적인 것은 각각의 객체가 독자적인 잠재적 차원을 갖도록 이산적인 존재자들의 일부로 단연코 여겨져야 한다고 주장했다. 마찬가지로, 어떤 존재자가 그것을 생성한 형태발생적 과정에 의해 정의된다는 논제는 두 가지 별개의 쟁점을 융합한다. 많은 존재자는 생성됨이 틀림없이 확실하지만, 이로부터 존재자의 본질이 그것을 생성한 과정에 의해 규정될 수 있다는 결론이 당연히 도출되지는 않는다. 이런 결론이 성립된다면, 우리는 존재자를 그것의 역사로 환원할 것이다. 그런데 모든 부모가 알고 있듯이, 부모는 그들의 자식이 태어나게 하는 작용인임이 확실하지만, 그 자식은 자신이 태어나는 이런 형태발생적 과정과 독립적인 본질을 갖추고 있다. 어떤 존재자의 본질은 그 존재자의 작용인으로 환원될 수 없고, 오히려 그것의 형상인 또는 구조적 원인도 포함한다.

더욱이, 데란다는 자신의 논제와 어긋나는 것처럼 보이는데, 그 이유는 같은 텍스트에서 나중에 그가 "시공간적 규모는 다르지만 존재론적 지위는 아무 차이가 없는, 독특한 각각의 개체들로만 전적으로 이루어진 것"일 어떤 평평한 존재론을 제시하기 때문이다.[34] 데란다가 자신의 존재론을 평평한 존재론으로 표명할 때의 논제는 자신이 앞서 주장한, 존재자의 본질은 그것의 형태발생적 과정에 의거하여 구상되어야 한다는 논제에 역행하는 것처럼 보인다. 왜냐하면 이번에는 데란다가 개별 실체들을 일차적인 것으로 여기는 아리스토텔레스적 노선을 취하는 것처럼 보이기 때문이다. 아리스토텔레스가 서술하는 대로, "생산되는 모든 것은 … 무언가에 의해, 그리고 무언가로부터 생

---

34. 같은 책, 47. [같은 책.]

산된다."[35] 다시 말해서, 개별 실체들은 다른 개별 실체들에 의해 그리고 그것들을 통해서 생산된다. 그리하여 개별 실체들은 필연적으로 생산 과정에 선행하는 생산 조건이다. 그런데 요점은 우리가 생산 과정을 검토할 필요가 없다는 것이 아니다. 우리는 검토해야 한다. 오히려, 요점은 실체가 생산에 존재론적으로 선행한다는 것이다.

『강도의 과학과 잠재성의 철학』에서 마누엘 데란다는 "특이점은 … 〔어떤 객체의〕 궤적들에 대한 끌개로 작용함으로써 〔그 객체의〕 행동에 영향을 미친다."[36] 여기서 끌개라는 개념이 목적론적 개념이 아님을 인식하는 것이 중요하다. 끌개는 어떤 실체가 향해 나아가는 목적지가 아니라, 오히려 어떤 실체가 자신의 성질들을 현실화하는 다양한 조건 아래서 향해 나아가는 잠재태다. 데란다가 계속해서 말하는 대로, "특이점은 … 어떤 체계의 … 본질적이거나 내재적인 경향, 즉 그 체계가 다른 힘들의 제약을 받지 않는 한에 있어서 … 자발적으로 택하기 쉬울 상태다."[37] 이런 점에서, 데란다의 끌개는 바스카가 『실재론적 과학론』에서 전개한 생성 메커니즘과 대단히 유사하다.

그런데 나는, 데란다와는 대조적으로―나는 그의 분석이 이런 구분을 이미 시사한다고 믿고 있지만―끌개가 객체나 실체의 상태가 아니라 오히려 현실화된 상태 또는 국소적 표현의 생성을 실체 속에서 주재하는 것이라고 주장한다. 이런 점에서, 어떤 실체의 끌개들은 하먼이 수비리를 좇아서 그 객체의 주석들 또는 가장 은밀한 실재라고 일컫는 것을 구성한다. 끌개는 어떤 객체가 나타낼 수 있는 사건 또는 성

---

35. Aristotle, *Metaphysics*, 1033a25. [아리스토텔레스, 『형이상학』.]
36. DeLanda, *Intensive Science and Virtual Philosophy*, 15. [데란다, 『강도의 과학과 잠재성의 철학』.]
37. 같은 곳. [같은 곳.]

질을 그 객체의 내부에서 주재하는 생성 메커니즘이다. 그런데 이들 사건이나 성질의 조건으로서 기능하는 이들 끌개 자체는 질적인 것도 아니고 사건도 아니다. 데란다가 서술하는 대로, "끌개는 절대 현실화되지 않는데, 그 이유는 (어떤 객체의) 궤적의 어떤 점도 끌개 자체에는 절대 도달하지 않기 때문이다."[38] 그리하여 객체의 내부구조에 자리하는 끌개들 또는 특이점들은 근본적으로 물러서 있다. 이들 끌개는 객체의 현실적 차원, 객체의 국소적 표현들에 대한 조건으로서 기능하는 것이지만, 그것들 자체는 객체의 현실적 측면에서 절대 발견되지 않는다. 이런 이유로 인해 데란다는 우리가 "한편으로는 어떤 체계의 위상 묘사에서 나타나는 대로의 궤적들과 다른 한편으로는 벡터장을 존재론적으로 뚜렷이 구분해"야 한다고 주장한다.[39] 객체의 위상 공간 혹은 위상 묘사는 객체가 자신의 현실화된 성질이나 특성의 층위에서 차지하는 다양한 상태이고, 벡터장은 이들 성질의 생성을 주재하는 끌개들로 이루어져 있다. 그러므로 예를 들면, 커피 머그잔의 위상 공간은 무엇보다도 그것이 현실화하는 다양한 색깔일 것이고, 한편으로 끌개는 이들 다양한 색깔 모두에 대한 생성 조건으로서 기능하는 특이점일 것이다. 이들 변이나 변환을 겪는 동안 내내 지속하는 것은 끌개다.

객체가 분열된-객체라는 주장은 객체가 자신의 잠재적 고유 존재와 자신의 국소적 표현 사이에 분열되어 있다는 주장이다. 어떤 객체의 잠재적 고유 존재는 그 객체의 내부구조인데, 말하자면 실체의 내부에서 벡터장 또는 잠재력의 장을 규정하는 변별적 관계들과 끌개

---

38. 같은 책, 31~2. [같은 책.]
39. 같은 책, 32. [같은 책.]

들 또는 특이점들을 그 객체가 구현하는 방식이다. 어떤 실체의 국소적 표현은 이런 벡터장의 위상 공간 내부의 점을 현실화된 성질의 형태로 실현하는 것이다. 잠재적 고유 존재와 국소적 표현을 구분하는 것이 중요하다면, 그 이유는 어떤 객체의 성질이 그 객체는 여전히 그런 객체인 채로 있는 상태에서 변이를 겪을 수 있기 때문이다. 아리스토텔레스가 실체와 그 성질들을 구분하게 만든 것은 바로 실체 내부의 이런 역량에 대한 흐릿한 인식이다. 그런데 실체와 그 성질을 여전히 구분하면서 로크의 벌거숭이 기체 문제에 빠지지 않을 수 있으려면, 실체가 성질을 띠지 않은 채 조직될 수 있는 방식을 부각해야 한다. 잠재적 고유 존재라는 개념이 해결하는 것은 바로 이 문제다. 그런데 무엇보다도, 잠재적 고유 존재와 국소적 표현 사이의 구분은 객체가 조형적임을 우리에게 가르쳐준다. 어떤 실체의 잠재적 공간을 규정하는 끌개들은, 그 객체가 다른 객체와 맺는 외부관계에 따라, 다양한 방식으로 활성화될 수 있기에 국소적 표현의 층위에서 다양한 방식으로 그 객체를 현실화한다. 바로 이런 이유로 인해 객체를 국소적 표현에 있어서 그것의 현실화와 혼동함으로써 언제나 이론적 재난이 초래되는데, 왜냐하면 그런 와중에 객체의 심층에 감춰진 화산성 잠재력이 배제되기 때문이다.

토끼와 모자의 문제

『네트워크의 군주』에서 하먼은, 라투르를 좇아서, 분열된-객체라는 나의 개념의 핵심에 자리하는 잠재력과 잠재태라는 개념들에 대해서 신랄한 비판을 퍼붓는다. 나는 그 비판에 대응함으로써 잠재적 고유 존재라는 개념을 약간 더 구체화하면서 몇 가지 중요한 결과를 부각하고 싶다. 『비환원』에서 라투르는 "효능의 기원은 이런 혼돈 상황에서 찾을 수 있는데, 어떤 행위자는 그것을 강하게 만드는 동맹자들과 더는 구별할 수 없다"라고 진술한다.[40] 라투르가 계속해서 진술하는 대로, "가능한 것들에 관한 이야기는 수송비를 망각한 채로 움직이는 행위자들의 환상이다."[41] 어쩌면 이 비판을 부각하는 한 가지 방식은 어떤 모자에 토끼를 먼저 넣지 않으면 그 모자에서 토끼를 꺼낼 수 없다고 말하는 것일 것이다. 이런 모형 아래서 잠재력 개념과 관련된 문제는 그 개념이 토끼를 모자 속에 넣는 데 소요되는 일을 고려하지 않은 채로 토끼가 이미 모자 속에 있는 것처럼 여긴다는 점이다.

하먼은 바로 이런 의미에서 라투르의 비판을 취하는 것처럼 보인다. 하먼이 주장하는 대로, "잠재적으로 존재하는 무언가에 대하여 언급하는 것은 그것이 이미 존재하지만 단지 가려져 있거나 억제당하고 있음을 암시한다. 이 상황은 라투르가 부정하는 것이다. 라투르에게 사물은 더 이전이 아니라 바로 지금 여기에 있을 때만 여기에 있을 뿐이다."[42] 하먼은 이 논점을 예시하면서 다음과 같이 진술한다. "라투르의 경우에 사람은 내부에 저장된 잠재력에 의지하여 일어서는 것이 아니라 일련의 매개 작용 — 신경 흥분이 근육을 움직이는 작용과 그다음에 근육이 몸의 하중을 탄력이 없는 딱딱한 바닥으로 옮기는 작용 — 을 거쳐 일어선다. 우리 몸의 가장 단순한 움직임에도 수많은 동맹자가 작용하게 된다."[43] 라투르가 포착하기를 바라는 바는 어떤 행위소 또는

---

40. Bruno Latour, *Irreductions*, in *The Pasteurization of France*, trans. Alan Sheridan and John Law (Cambridge : Harvard Universirty Press, 1988), 174.
41. 같은 책, 174.
42. Harman, *Prince of Networks*, 128. [하먼, 『네트워크의 군주』.]
43. 같은 곳. [같은 곳.]

객체가 일어서기 같은 가장 단순한 움직임조차도 실행하려면 거쳐야 하는 모든 번역이다. 이렇게 해서 잠재력 개념과 관련된 문제는 그 개념이 이들 역능이 실체의 존재 속에 이미 자리하고 있다고 여긴다는 점인데, 그리하여 우리는 어떤 행위가 이루어지는 데 필요한 이들 다양한 번역을 무시하게 된다. 우리는, 예를 들면, 군주가 권력을 발휘하지 않을 때도 그것을 지니고 있다고 말함으로써 병사들을 관리하고, 법적 체계를 유지하고, 다른 귀족들과 안정한 동맹을 형성하고, 농민 반란을 처리하는 등의 작업에 투입되는 모든 일을 무시한다. 혹은, 마찬가지로, 우리는 도토리가 그 속에 한 그루의 참나무를 포함하고 있다고 말하는데, 그리하여 그 참나무는 도토리 속에 이미 들어 있기에 밖으로 나가기를 기다리고 있을 뿐이다.

잠재력에 대한 하먼-라투르의 비판에 대응하여 제기할 만한 두 가지 논점이 있다. 첫째, 번역과 일에 관한 하먼과 라투르의 논점은 잘 취해진 것이지만, 이 비판은 실체가 이들 번역을 받아들일 수 있어야 한다는 요점을 놓치는 것처럼 보인다. 일어서기에 관한 하먼의 진술로 돌아가면, 나는 신경이 흥분됨으로써 발이 딱딱한 바닥을 디딜 수 있도록 근육이 활성화되어야 하는 등의 과정이 진행되어야 한다는 점을 기꺼이 인정한다. 그런데 신경이 흥분되려면 신경이 흥분될 수 있어야 한다. 하먼과 라투르가 오로지 현실적인 것이 현존할 따름이라고 주장하는 경우에, 그들은 흥분된 신경이 전적으로 새로운 존재자라고 주장하고 있는가? 아니면 어떤 존재자가 단지 자신의 상태를 변화시킨다고 주장하고 있는가? 만약에 그들이 흥분된 신경이 전적으로 새로운 존재자라고 주장하고 있다면, 그들은 존재자가 무無에서 불쑥 탄생하고 있다는 꽤 기묘한 논제를 신봉하는 것처럼 보인다. 이것이 바로, 자신의 비환원의 원리와 화이트헤드의 존재론에의 헌신에서 비롯된 결과로서, 라투르가 옹호하는 논제인 것처럼 보인다. 화이트헤드 주의적 틀 안에서 모든 현실적 계기(존재자)는 그 존재에 있어서 전적으로 완성된 순간적인 존재자다. 스티븐 샤비로가 서술하는 대로,

각각의 계기는, 그 자체로, 하나의 양자, 즉 이산적이고 분할할 수 없는 생성의 단위체다. 그런데 이것은 또한 계기의 범위가 엄격히 한정되어 있음을 뜻한다. 일단 어떤 계기가 발생하면, 그 계기는 이미 끝났고, 이미 죽었다. 일단 어떤 계기가 자신의 최종 '충족'에 이르게 되면, 그 계기는 어떤 활력도 더는 없다. "현실적 계기는… 절대 변화하지 않는다"라고 화이트헤드는 말한다. "그것은 생겨나서 사라질 뿐이다."[44]

화이트헤드와 더불어 얻게 되는 것은, 모든 변화에는 전적으로 새로운 존재자가 수반된다는 일종의 근본적 현실주의다. 그런데 사정이 이렇다면, 우리가 어떻게 한 존재자에서 다른 한 존재자로 될 수 있는지 이해하기 어렵다. 오히려, 존재자는 변화를 겪을 수 있는 역량, 잠재력을 보유해야만 한다.

이런 점에서, 잠재적 특이점 또는 끌개라는 개념을 이해하기 위한 또 하나의 방법은 스피노자의 정동 개념에 의거하는 것이다. 『에티카』에서 스피노자가 서술하는 대로, "〔정동〕으로 내가 이해하는 바는 신체의 활동 능력을 증진하거나 감퇴시키고, 지원하거나 견제하는 신체의 작용이다."[45] 스피노자의 정동 개념을 매우 흥미롭게 하는 것은 그

44. Steven Shaviro, *Without Criteria* (Cambridge : MIT Press, 2009), 19.
45. Benedict de Spinoza, *Spinoza : The Complete Works*, trans. Samuel Shirley (Indianpolis : Hackett Publishing Company, Inc., 2002), 278.

개념이 정동을 느껴지는 것에 한정하지 않고 오히려 정동을 객체의 역량과 연계한다는 점이다. 그리고 여기서 내가 객체의 역량을 언급한다면, 그 이유는 스피노자의 경우에, 인간이든 동물이든 혹은 무생물이든 간에, 모든 존재자가 스피노자가 정동이라고 일컫는 것을 갖추고 있기 때문이다. 그리고 이들 정동은 다른 존재자들에 대한 존재자의 '감수성'과 더불어 존재자가 작용하려고 갖추고 있는 다양한 역량으로 구성되어 있다. 존재자들 사이에 극복할 수 없는 간극이 있는 원자론에 빠지지 않으려면, 스피노자의 의미에서의 정동을 객체에 귀속시켜야 하는 것처럼 보인다. 따라서 신경은 흥분되거나 자극받을 수 있는 역량을 갖추고 있어야 한다.

하먼은 이들 쟁점을 둘러싸고 나와 논의하면서 다음과 같이 진술한다. "그런데 브라이언트가 암시하는 바와는 대조적으로 ⋯ 나는 도토리가 이미 참나무-성질들을 지니고 있다고 생각하지 않는다. 나는 도토리가 도토리-성질들을 지니고 있다고 생각한다."[46] 그런데 이것이 바로 내가 주장하지 않는 것이다. 도토리가 참나무-성질들을 지니고 있다고 주장하는 것은 실체와 성질을 융합하는 처사일 것이다. 그런데 이 장의 세 번째 절에서 내가 주장한 대로, 객체의 잠재적 고유 존재는 어떤 질적인 것과도 동일시될 수 없다. 잠재적 고유 존재는 성질과 근본적으로 다른 것이다. 도토리가 포함하고 있는 것은 도토리 역능들 또는 끌개들이고, 게다가 이들 역능 또는 끌개는 전적으로 확정된 반면에 그것들의 현실화는 새로운 성질들을 산출하고 궁극적으로는 어떤 새로운 객체를 생산하는 순전히 창조적인 과정이다. 이런 점

---

46. Graham Harman, "Levi Responds," *Object-Oriented Philosophy*, May 24, 2010. ⟨http://doctorzamalek2.wordpress.com/?s=Levi+Responds⟩에서 입수할 수 있음.

에서 하먼과 나는 매우 유사한데, 그 이유는 하먼처럼 내가 도토리는 참나무-성질들을 지니고 있는 것이 아니고 오히려 잠재적 층위에서 하나의 도토리로서 전적으로 확정되어 있다는 논제를 옹호하기 때문이다. 그리하여 객체의 잠재적 차원은 현실적이지 않으면서 구체적이다. 이런 점에서, 하먼과 라투르는 잠재적인 것을 가능한 것과 융합하는 것처럼 보인다.

들뢰즈가 잠재적인 것에 대한 자신의 설명으로 벗어나고자 하는 것은 바로 잠재적인 것과 가능한 것을 융합하는 구상이다. 들뢰즈가 경고하는 대로,

이 모든 것에 있어서 유일한 위험은 잠재적인 것이 가능한 것과 혼동될 수 있다는 것이다. 가능한 것은 실재적인 것에 대립적인데, 따라서 가능한 것이 겪는 과정은 '구현'이다. 반면에, 잠재적인 것은 실재적인 것에 대립적이지 않은데, 그것은 독자적으로 완전한 실재를 갖추고 있다. 잠재적인 것이 겪는 과정은 현실화 과정이다.[47]

들뢰즈는 라투르가 잠재력에 대하여 퍼붓는 비판과 유사한 이유로 가능한 것이라는 개념을 비판한다. 요약하면, 들뢰즈는 가능한 것이라는 개념이 토끼를 그것이 이미 모자 속에 있는 것처럼 여긴다는 이유로 비판한다. 들뢰즈가 주장하는 대로,

가능한 것과 실재적인 것에 의거하여 그 물음을 제기할 때마다, 우리는 현존을 우리의 배후에서 언제나 일어나는 어떤 냉정한 돌발 사태,

---

47. Deleuze, *Difference and Repetition*, 211. [들뢰즈, 『차이와 반복』.]

어떤 단적인 행위 또는 도약이면서 전부 아니면 전무의 법칙에 종속된 것으로 구상하지 않을 수 없다. 현존하지 않는 것이 이미 가능하고, 개념 속에 이미 포함되어 있으며, 그 개념이 하나의 가능한 것으로서의 그것에 부여하는 모든 특징을 갖추고 있다면 현존하는 것과 현존하지 않는 것 사이에는 아무 차이도 있을 수가 없다. 현존은 가능한 것과 동일하지만 그 개념을 벗어나 있다.[48]

가능한 참나무와 현실적 참나무 사이에는 현존이라는 냉정한 사실 외에는 절대적으로 아무 차이도 없다. 그리하여 도토리의 잠재력을 참나무의 가능성과 융합한다면, 우리는 도토리가 잠재적 상태이긴 하지만 이미 참나무를 포함하고 있다고 주장하는 셈이 된다.

그런데 "이와는 대조적으로, 잠재적인 것의 현실화는 언제나 차이, 분기 혹은 분화에 의해 일어난다 … . 현실적 항은 자신이 실현하는 특이점을 절대 닮지 않았다."[49] 구현 과정, 즉 가능한 것에서 실재적인 것으로의 이행과는 대조적으로, 현실화 과정은 실체 내부에서 일어나는, 일이 필요한 창조적 과정이다. 더욱이, 현실화 과정에서 산출되는 국소적 표현은 새로운 것이면서 자신이 현실화하는 특이점을 전혀 닮지 않았다. 이 논점을 예시하기 위해, 이론이 분분한 도토리 사례를 다시 살펴보자. 도토리의 잠재태는 참나무가 아니고 오히려 그 존재의 주석들이다. 도토리의 구체적 현존을 특징짓는 특이점들은 그 현존 속에 깊이 접혀 있고 세계에서 물러서 있다. 도토리가 다른 존재자들과 외부관계를 맺게 되면, 이들 특이점은 도토리가 다른 존재자들

---

48. 같은 곳. [같은 곳.]
49. 같은 책, 212. [같은 책.]

과 맺은 외부관계에 따라서 다양한 방식으로 활성화될 것이다. 토양이 너무 축축하거나 온도가 상당히 온난하지 않다면 도토리는 썩게 된다. 온도가 적정하고 토양 속에 적당한 양의 수분이 있다면, 도토리는 싹을 틔우기 시작할 것이다. 그런데 이제 싹을 틔움에 따라 도토리는 자신이 맺는 외부관계의 장에서 다른 존재자들을 맞닥뜨리게 된다. 예를 들면, 도토리 자신의 뿌리가 경쟁해야 하는 온갖 종류의 다른 식물이 도토리의 영역에서 성장하고 있다. 이렇게 해서 묘목은 약해지고 무기력해지거나 혹은 강해지고 번성하게 된다. 도토리가 성장하는 영역은 어쩌면 특히 바람이 세게 몰아칠지도 모르는데, 이를테면 주로 서쪽에서 강한 바람이 묘목이 자라는 평원에 몰아칠 것이다. 수십 년이 지난 후에 참나무를 맞닥뜨리면, 우리는 그것이 신중히 전지된 분재 나무처럼 동쪽으로 굽은 옹이투성이의 나무임을 알아챈다.

여기서 요점은 도토리에 속하는 특이점들 또는 끌개들이 참나무를 미리 포함하고 있지 않다는 것이다. 오히려, 도토리는 다른 존재자들과 맺은 외부관계들의 환경과 타협함으로써 자신의 국소적 표현들 또는 성질들을 산출하게 된다. 이런 과정을 주재하는 끌개들은 근본적으로 성질을 띠지 않는다. 여기서 나는 "겨루기에 저항하는 것이라면 무엇이든 실재적이다"라는 라투르의 논제를 나 자신이 수용하는 경향이 있음을 깨닫는다.[50] 라투르의 표명과 관련된 문제는 그것이 단적으로 부정적이고 관계적이라는 점이다. 라투르는 어떤 존재자의 내부구조를 저항의 견지에서 규정함으로써 어떤 존재자가 다른 존재자들과 외부관계를 맺을 때 일어나는 일을 강조한다. 이것은, 우리 혹은 다른 존재자들이 또 다른 존재자를 실재적인 것으로 인식할 때 거

---

50. Latour, *Irreductions*, 158.

치는 인식적 규준과 누군가가 혹은 무언가가 그것을 인식하는지 여부와 무관하게 그 존재자의 실재를 구성하는 것을 혼동한다. 이런 점에서 라투르는 어떤 존재자의 본질을 그 존재자를 맞닥뜨리는 다른 존재자의 시각에서 생각한다. 그것 자체가 많은 존재자로 이루어진 바람은 묘목을 맞닥뜨리고서 그것을 틀림없이 흔들어댄다. 묘목은 바람에 저항한다. 묘목이 바람에 저항할 수 있는 것은 자신의 특이점들, 자신의 내부구조 덕분이지만, 이들 특이점은 저항이 아니다. 오히려, 그 특이점들은 무언가가 자신들과 상호작용하는지 여부와 무관하게 묘목 속에 존재할 것이다.

이들 소견으로부터 많은 구별이 이루어지게 된다. 한편으로, 우리는 대칭적인 성질 또는 국소적 표현과 비대칭적인 성질 또는 국소적 표현을 구별해야 한다. 대칭적인 성질은 거듭해서 재빨리 생겨나서 사라질 수 있는 성질이다. 예를 들면, 커피 머그잔이 현시하는 다양한 색조는, 커피 머그잔의 내부구조를 변환시키지 않으면서 이들 성질이 생겨나서 사라질 수 있다는 점에서, 대칭적인 성질들이다. 조명을 끄면 머그잔은 검은색이 된다. 이와는 대조적으로, 비대칭적인 성질은 어떤 객체의 내부에서 일어나는 비가역적인 질적 변환이다. 이런 성질은 어떤 객체 자체에 의해 산출될 수 있거나 아니면 그 객체가 다른 객체들과 맺은 외부관계들을 통해서 산출될 수 있는 질적 변환이다. 그러므로 예를 들면, 어떤 나무의 굽은 형상은 그 나무가 바람, 그리고 어쩌면 그것이 햇빛을 놓고서 경쟁하는 주변의 다른 식물들과 맺은 외부관계들에 의해 산출된 비대칭적인 성질이다. 비대칭적인 성질과 관련하여 놓치지 말아야 하는 중요한 점은 비대칭적인 성질은 비가역적이라는 것이다. 비대칭적인 변환은 어떤 실체의 끌개들의 장 내부에서 다른 가능성을 차단한다.

다른 한편으로, 우리는 외부성질과 내부성질을 구별해야 한다. 외부성질은 다른 객체들과 맺은 일단의 외부관계 속에서 그리고 이들 관계를 통해서 현존할 수 있을 따름인 성질이다. 예를 들면, 색깔은 이런 종류의 성질인 것처럼 보인다. 색깔은 해당 객체의 분자적 내부조성과 빛의 특정한 파장, 어떤 유기체의 특정한 신경학적 구조 사이에 맺어진 외부관계들의 네트워크를 통해서만 발생할 뿐인 하나의 사건이다. 이들 요소 중 어느 것이라도 제거되면 색깔은 혹 사라질 것이다. 그리하여 하나의 외부성질로서 색깔은 서로 얽힌 이들 세 가지 행위주체의 진정한 창조물이다. 그 머그잔이 색깔이 있는 것이 아니라, 오히려 이들 행위자의 얽힘이 하나의 사건으로서 색깔을 산출한다. 그 머그잔은 이런 외부성질을 산출하는 데 이바지할 수 있는 역능을 갖추고 있을 따름이다. 이와는 대조적으로, 내부성질은 해당 객체 속에 정말로 존재하는 성질이다. 그런데 어떤 실체의 국소적 표현으로서 내부성질은 두 가지 방식으로 생겨난다. 첫째, 어떤 객체의 내부성질은 여타 객체와 독립적인 그 객체의 역동적인 내부 메커니즘을 통해서 생겨날 수 있다. 이 경우에는 내부성질이 산출되려면 그 객체가 다른 객체의 교란을 받을 필요가 없다. 둘째, 내부성질은 다른 객체들과 맺은 외부관계들을 통해서 생겨날 수 있는데, 여기서 이들 외부관계는 해당 객체의 국소적 표현을 비가역적으로 변환한다. 비대칭적인 성질들은 모두 이런 종류다. 이들 사건은 또한 객체의 내부구조를 변환할 수 있는 역능도 품고 있기에 객체의 잠재적 고유 존재에 있어서 새로운 특이점, 역능, 끌개, 혹은 벡터장을 생성하게 된다.

여기서 회피해야 할 큰 오류는, 잠재적인 것과 잠재력을 목적론적 견지에서 구상하거나 혹은 어떤 존재자에 대한 모든 가능한 관점을 더함으로써 그 존재자가 포획되거나 완전히 파악될 수 있다고 믿는데 있다. 잠재적 고유 존재와 국소적 표현 사이의 관계는 목적론적 관계, 즉 어떤 행위주체와 어떤 목적 사이의 관계가 아니다. 앞서 세 장에 걸쳐서 나는, 객체가 자신을 국소적으로 현시하지 않거나 성질로 현실화하지 않으면서도 전적으로 구체적일 수 있다는 주장에 대한 논변을 전개하려고 시도했다. 이 주장을 서술하는 다른 한 방식은, 국소적 표현은 객체의 완성이 아니라고 말하는 것이다. 국소적 표현은 객체가 할 수 있는 것이지만, 자신을 국소적으로 현시하지 않는 객체는 어떤 면에서 부족하지도 않고 아무튼 불완전하지도 않다. 게다가 우리가 어떤 실체를 모든 곳에서 동시에 볼 수 있기만 하다면 그 실체의 완전한 존재를 맞닥뜨릴 것이라는 주장도 사실이 아니다. 객체의 국소적 표현에 관한 한, 이들 표현은 원칙적으로 무한하다. 어떤 객체가 현실화할 수 있는 국소적 표현의 수가 한정되지 않는 이유는 바로 그 객체가 맺을 수 있는 외부관계와 그 결과로 산출할 수 있는 외부 성질에 대한 제한이 없기 때문이다. 그런데 유일신이 현존하고 무한한 국소적 표현을 지각할 수 있더라도 객체의 본질은 심지어 신에게서도 근본적으로 물러서 있는데, 왜냐하면 실체의 은밀한 차원, 즉 그것의 잠재적 고유 존재는 그것의 모든 국소적 표현을 넘어서는 것이기 때문이다. 객체의 잠재적 고유 존재는 성질들이 아니라 역능들로 이루어져 있고, 게다가 이들 역능은 국소적 표현들로 절대 망라되지 않는다. 이렇게 해서 어떤 위상 공간에 대해서도 완전한 지도를 결코 작성할 수 없고, 오히려 언제나 객체가 맺게 되는 외부관계들에 의존하여 어떤 한정된 위상 공간의 지도를 작성할 수 있을 따름이다.

여기서 나는 열린 체계보다 닫힌 체계에 특권을 부여하는 바스카를 좇을 이유를 전혀 알지 못한다. 바스카의 논제는, 어떤 실체가 실험실 환경의 닫힌 체계 속에 놓일 때 우리가 목격하는 사건들이 그 객체의 참된 본질을 구성한다는 것인 듯 보인다. 여기서 바스카가 자신의 근본적인 통찰 ─ 실체는 자신이 현시할 수 있는 성질 또는 사건과 결이 어긋날 수 있고, 따라서 실체와 성질은 근본적으로 다르다는 통찰 ─ 을 저버린다고 나는 믿고 있다. 실험실 환경의 닫힌 체계에서 일어나는 일은 특정 사건들이 발생하도록 어떤 객체가 특정한 일단의 외부관계를 맺게 되는 상황을 조성하는 것일 따름이다. 이와 관련된 어떤 것도, 그런 상황에 놓이게 된 어떤 실체가 이런 환경으로 망라될 수 있다거나 혹은 우리가 그 객체의 참된 본질을 맞닥뜨리게 된다고 시사하지 않는다. 그 본질은 언제나 물러서 있고 자신의 모든 표현을 넘어선다. 모든 요리사가 알고 있는 대로, 다른 외부관계를 맺게 되면 다른 국소적 표현이 나타난다.

나는 잠재력에 대한 하먼의 강력한 비판에 관해 성찰하면서 이 비판의 배후에서 부추기는 실제 욕망은 객체의 구체성을 보존하려는 욕망인 것처럼 느껴졌다. 하먼이 서술하는 대로,

잠재력에 의지하는 것은 현실태를 미결정 상태로 남겨 두어서 마침내 흥미롭지 않은 것으로 만드는 술수인데, 그 술수는 현재 현실적인 것을 시간을 가로지르는 창발적 과정의 일시적인 의상衣裳으로 환원하여서 실제 작업이 현실태 자체의 바깥에서 일어나게 한다. '잠재력'을 '잠재적인 것'으로 대체한다면, 잠재력과 잠재태가 다르긴 하지만 상황은 역시 마찬가지다. 두 경우에 모두 구체적 행위자 자체는 세계의 노동에 대해서 불충분한 것으로 여겨지면서 숨은 지배자에게 고용되는데, 요컨대 그 지배자는 가능한 것이든 잠재적인 것이든 은폐된 것이든 토폴로지적인 것이든 유동적이든 간에 바로 지금 여기에 현실적으로 존재하는 것에서 벗어나고자 하는 것이다.[51]

그런데 여기서 하먼이 말하는 바가 참이라면, 나는 어떤 객체가 여전히 동일한 실체인 채로 있으면서 변화하는 것이 어떻게 가능한지 이해하지 못하게 된다. 오히려, 이 논제로 인해 우리는 화이트헤드가 제시한 현실적 계기들의 엄밀한 원자론, 즉 각각의 변화가 철저히 새로운 객체를 구성하는 관점에 이르게 된다. 여기서 어쩌면 우리는 구체적인 것, 현실적인 것, 그리고 잠재적인 것을 구별해야 할 것이다. 하먼은 구체적인 것과 현실적인 것을 서로 동의어라고 여긴다. 그런데 구체적인 것과 현실적인 것을 서로 동의어라고 여긴다면, 우리는 화이트헤드의 경로를 밟아서 어떤 현실적 존재자에서 일어나는 모든 변화를 철저히 새로운 존재자로 여기지 않을 수가 없게 된다. 이런 모형에 따르면, 키보드를 두드릴 때마다, 내 손가락을 움직일 때마다, 내 심장이 뛸 때마다 나는 지금 이 책을 저술하고 있는 동일한 존재자가 아니라 오히려 철저히 새로운 별개의 존재자가 된다. 이것은 구체적인 것을 보존하기 위해 치러야 하는 존재론적으로 큰 희생인 것처럼 보이고 존재자들이 무에서 창조된다는 논제를 낳는 것처럼 보이는데, 그 이유는 바로 어떤 존재자도 새로운 존재자를 생산할 수 있을 잠재력을 품고 있지 않기 때문이다.

이들 문제를 고려하면, 구체적인 것과 현실적인 것, 잠재적인 것을 구별하는 것이 훨씬 더 좋다. 이런 틀 안에서는 모든 존재자가 철저히 구체적이지만 잠재적 차원과 현실적 차원을 갖추고 있다. 잠재적인 것은 가능한 것이 아니고, 게다가 잠재적인 것은 아직 현존하지 않는 존재자 또는 실체도 아니다. 오히려 잠재적인 것은 객체의 전적으로 구체적이면서 실제로 현존하는 차원이다. 잠재적인 것은 객체를 숨은

---

51. Harman, *Prince of Networks*, 129. [하먼, 『네트워크의 군주』.]

지배자에 종속시켜서 현실태를 무의미한 것으로 만들지도 않는다. 이런 일은 어떤 객체의 참된 존재가 그 객체의 잠재적 차원일 경우에만 성립할 것인데, 하지만 우리가 이해한 대로, 잠재적인 것은 단지 객체의 한 차원일 뿐이고 현실태는 객체에서 주요한 역할―그 역할의 적잖은 부분은 어떤 객체가 외부관계를 맺을 때 그 객체의 내부에서 잠재력이 발휘되도록 하는 데에 있다―을 수행한다. 여기서 나는, 여러 가지 점에서, 나의 입장과 하먼의 입장이 애초에 시사되었던 것보다 훨씬 더 유사하다고 느낀다. 『게릴라 형이상학』에서 하먼은 "어떤 객체가 사건에 빠져들어 자신의 힘을 펼칠 수 있을 것이지만, 어떤 그런 사건도 그 객체가 완전히 전개하게 할 수는 없다"라고 진술한다.[52] 잠재력 혹은 잠재태의 차원이 없다면, 객체가 이런 식으로 자신의 힘을 펼치는 것이 어떻게 가능한지 이해하기 어렵다. 하먼은, 자신의 가장 최근 저작에서, 실재적 객체와 실재적 성질, 그리고 감각적 객체와 감각적 성질을 구분한다. 실재적 객체와 성질은 다른 객체들과 맺어진 모든 관계에서 물러서 있는 객체와 성질을 가리키고, 감각적 객체와 성질은 한 객체가 다른 한 객체와 만나는 방식을 가리킨다. 나는 하먼의 실재적 객체와 감각적 객체 사이의 구분에서 나의 잠재적 고유 존재와 국소적 표현 사이의 구분과 유사하다는 일시적인 감각 이상의 것을 느낀다.

객체에 대한 지젝의 반대

존재자론은 객체를 분열된-객체로 특징지음으로써 지젝이 자신의 존재론에서 전개한 대로의 객체에 대한 구상과 자연스럽게 비교된

---

52. Harman, *Guerilla Metaphysics*, 81.

다. 나는 이 장을 마무리하면서 존재자론과 지젝의 사유가 일치하는 점과 서로 다른 점을 공히 논의할 것이다. 『시차적 관점』에서 지젝은 다음과 같이 진술한다.

나는 (이 책을 제외하고) 나의 가장 긴 책의 제목에 관하여 뻔하지만 타당한 질문, 즉 "그래서 누가 혹은 무엇이 간지럼을 타는 주체를 간 질이고 있는가?"라는 질문을 자주 받는다. 당연히 그 대답은 객체인 데, 그렇지만 어떤 객체인가? 한마디로(혹은 차라리 껍질 속에 있는 밤처럼), 이것이 이 책의 주제다. 주체subject와 객체object 사이의 차이 는 그 둘에 해당하는 동사들 사이의 차이로 또한 표현될 수 있는데, 요컨대 object(항의하다, 반대하다, 장애물을 만들어내다)하는 일에 자신을 subject(내맡기다)한다. 주체의 기본적이고 기초적인 태도는 자신을 내맡기는 것─당연히 자발적으로─인데, 이를테면 두 명의 위대 한 적수인 바그너와 니체가 모두 잘 인식하고 있었던 대로, 자유의 가 장 고상한 행위는 운명애amor fati를 드러내는 것, 즉 어쨌든 필연적인 것을 자유롭게 떠맡는 행위다. 그렇다면 가장 근본적인 측면에서 주 체의 능동성이 불가피한 것에 자신을 내맡기는 활동이라면, 객체의 수동성, 객체의 수동적 현전의 가장 근본적인 양태는 우리(주체들)를 감동하게 하고, 짜증이 나게 하고, 불안하게 하며, 우리에게 정신적 충격을 주는 것인데, 말하자면 가장 근본적인 측면에서 객체는 object 하는 것, 즉 세상의 매끈한 운행을 교란하는 것이다. 그러므로 역설은 수동적인 객체에 작용하는 능동적인 주체라는 표준 관념의 견지에서 그 역할들이 반전된다는 것인데, 여기서 주체는 근본적인 수동성에 의해 규정되는 한편으로 움직임이 비롯되는 것─간질이기를 행하는 것─은 객체다. 그런데 또다시, 이것은 어떤 객체인가? 그 대답은 시차

적 객체다.[53]

여기서 지젝이 언급하는 시차적 객체는 "새로운 시선을 제공하는 관찰 지점의 변화에 의해 초래된, 어떤 객체의 외관상 변위(어떤 배경에 대한 그 위치의 변화)"이다.[54]

시차라는 개념은 일자의 자신과의 비동일성을 중심으로 전개되는 지젝의 사유에서 정립된 장기적인 발달 노선을 요약한다. 어딘가 다른 곳에서 지젝이 진술하는 대로, "헤겔적 한 쌍은 일자를 두 부분으로 쪼개는 분열을 가리키기보다는 오히려 일자를 내부에서 쪼개는 분열을 가리키는데, 궁극적인 분열은 두 절반 사이의 분열이 아니라, 있는 것과 없는 것 사이의 분열, 일자와 그 장소의 공백 사이의 분열이다."[55] 그리하여 "실재계는 어떤 사물을 그것 자체로부터 분리하는 간극을 유지하는 '거의 없는 것'이다."[56] 객체들의 존재론과 관련하여 지젝의 시차 개념은 물자체와 현상 사이 혹은 실재와 외양 사이의 칸트적 대립을 극복하기 위한 기능을 수행한다.

칸트의 주요 주장 중 하나는, 우리는 언제나 현상(외양)에만 접근할 수 있을 따름이고 있는-그대로의-사물(실재)에는 결코 접근할 수 없다는 것임을 떠올리자. 그리하여 최선의 경우에는 실재 또는 물자체가 그것이 우리에게 현시되는 것과 같은지 여부를 결정할 수 없고, 최

---

53. Slavoj Žižek, *The Parallax View* (Cambridge : MIT Press, 2006), 17. [슬라보예 지젝, 『시차적 관점』, 김서영 옮김, 마티, 2009.]

54. 같은 곳. [같은 곳.]

55. Slavoj Žižek, *For They Know Not What They Do* (New York : Verso, 2002), xxvii. [슬라보예 지젝, 『그들은 자기가 하는 일을 알지 못하나이다』, 박정수 옮김, 인간사랑, 2004.]

56. 같은 곳. [같은 곳.]

악의 경우에는 실재 또는 물자체가 그것이 우리에게 현시되는 방식과 전적으로 다를 수가 있다. 지젝이 옹호하는, 이런 이원성을 극복하려는 헤겔적 조치는 우리가 외양을 극복할 방법을 보여주는 데 있는 것이 아니라, 오히려 현상 또는 외양과 물자체 사이의 이런 분열이 외양 자체의 내부에서 생겨난다고 주장하는 데 있다.[57] 다시 말해서, 실재와 외양 사이의 분열은 일종의 관점의 환영이다. 지젝이 진술하는 대로,

> 외양은 그것을 통해서 현시되는 무언가가 그것의 배후에 존재함을 함축하는데, 요컨대 외양은 진실을 은폐함으로써 그에 따른 예감을 제시하며, 외양은 장막 뒤에 있는 본질을 감추는 동시에 드러낸다. 그런데 현상적 외양의 배후에 감춰진 것은 무엇인가? 바로 감춰진 것이 전혀 없다는 사실이다. 은폐된 것은 바로 그 은폐 행위가 아무것도 은폐하지 않는다는 사실이다.[58]

요약하면, 지젝이 외양과 실재 사이의 관계와 관련하여 초래하는 시차는, 우리가 외양을 초월하여 실재에 도달하거나 접촉할 방법을 보여주는 데 있는 것이 아니라 오히려 외양과 실재 사이의 이런 외관상의 간극이 사실상 외양 자체의 측면에 놓여 있는 방식을 보여주는 데 있다. 외양이 내부적으로 분열되어 있을 뿐 아니라, 이런 분열 역시 그 자체로 하나의 외양, 일종의 시각적 착각이다. 그렇다면 이것이 시차적 변화를 구성한다면, 그 이유는 주체성에 대한 첫 번째 표상에서는 우

---

57. 지젝이 헤겔에 의지하여 이런 교착 상태를 극복하는 방법에 관한 탁월한 논의에 대해서는 Adrian Jonston, *Žižek's Ontology* (Evanston : Northwestern University Press, 2008)을 참조하라.

58. Žižek, *The Sublime Object of Ideology*, 193. [지젝, 『이데올로기의 숭고한 대상』.]

리가 자신이 외양 속에 갇혀 있고 실재에 닿을 수 없는 것으로 경험하지만, 이제는 이것을 환각으로서의 환각으로 여기기 때문이다. 달리 서술하면, 우리는 외양 자체가 바로 이런 환각을 산출하는 그런 방식으로 조직되어 있음을 알게 된다. 바로 이런 이유로 인해 우리는, 지젝이 말하는 의미에서, 객체가 분열되어 있다고 말할 수 있다. 그리하여 또한 실재는 외양을 넘어서거나 외양의 배후에 있는 것이 아니라 오히려 외양 자체다.

그런데 왜 객체 혹은 현상은 현상이 어떤 접근 불가능한 실재의 표현인 것처럼 보이는 이런 종류의 환각을 만들어내는가? 지젝의 답변은 이런 효과가 객체와 그 장소의 공백 사이의 관계에서 구현된 객체의 분열에서 생겨난다는 것이다. 지젝이 진술하는 대로,

> 어떤 존재자의 자신과의 동일성은 이 존재자가 자신이 '기입'된 빈자리와 동시에 발생하는 것과 같다. 서술이 실패할 때 우리는 동일성을 맞닥뜨린다. 동일성은 서술로 포획될 수 없는 잉여인데, 더 정확히 말하면(우리가 헤겔의 잘못된 구상을 피하고 싶다면 이런 정확성이 중요하다), 자신-과의-동일성은 이런 서술의 불가능성에 지나지 않는 것, 어떤 존재자가 우리가 어떤 술어, 그것의 실정적 내용의 규정("법칙은 …이다.")을 예상하는 지점에서 공백과 직면하는 사태에 지나지 않는 것이다. 그러므로 자신-과의-동일성은 절대적 (자기준거적) 부정성, 즉 누군가 ─ 무언가? ─ 의 동일성을 규정하는 모든 술어를 향한 부정적 관계를 가리키는 또 하나의 이름이다.[59]

---

59. Žižek, *For They Know Not What They Do*, 36~7. [지젝, 『그들은 자기가 하는 일을 알지 못하나이다』.]

존재자는, 지젝에 따르면, 그 객체와 그것이 기입된 빈자리 사이에 분열된 이런 동일하지 않은 동일성이기에 그 객체가 서술을 통해서 외양인 것처럼 보이는 동시에 이런 외양 너머의 도달할 수 없는 실재의 표현인 것처럼 보이도록 그 객체 속에서 어떤 '실재 효과'를 창출한다. 어딘가 다른 곳에서 지젝이 주장하는 대로,

가상으로서의 〔대상〕 *a*는 라캉적 방식으로 기만하는데, 그 이유는 그것이 실재계의 기만적인 대체물이기 때문이 아니라 바로 그것이 자신의 배후에 있는 어떤 실체적 실재계에 대한 인상을 불러일으키기 때문이다. 그리고 칸트의 경우에도 사정은 마찬가지인데, 칸트가 인식하지 못하는 것은 사물das Ding이 초험적 객체가 불러일으키는 신기루라는 점이다. 한정이 초월에 선행하는데, '실제로 현존하는' 전부는 현상과 그 한정의 장인 반면에 사물은 초험적 객체의 빈자리를 채우는 환영에 지나지 않는 것이다.[60]

게다가, 조금 뒤에 지젝이 계속해서 진술하는 대로,

우리가 '실재'로서 경험하는 것은 자신의 부재, 사물의 결여, 그것과 마주침이 욕동의 완전한 충족을 초래할 불가사의한 객체의 결여를 배경으로 드러난다. 그러므로 실재를 구성하는 이런 사물의 결여는, 실재의 근본적인 차원에서, 인식론적인 것이 아니라 오히려 욕망의 역설적인 논리 — 이 사물이 바로 그 상징화 과정에 의해 소급적으로 생산된

---

60. Slavoj Žižek, *Tarrying With the Negative* (Durham : Duke University Press, 1993), 36~7. [슬라보예 지젝, 『부정적인 것과 함께 머물기』, 이성민 옮김, 비(도서출판b), 2007.]

다는 역설적인 논리, 즉 그 사물이 자신의 상실이라는 바로 그 조치에서 생
겨난다는 역설적인 논리 — 와 관련되어 있다. 다른 (헤겔의) 표현대로,
현상의 장막 배후에는 아무것 — 어떤 실정적이고 실체적인 존재자 — 도
없고, 그 환등상이 사물의 다양한 형태를 꾸미는 응시만이 있을 뿐
이다.[61]

여기서 놓치지 말아야 하는 요점은 바로 '실재 효과'는 상징계에서
이루어진 기입의 결과라는 것이다. 도처에서 지젝은, 근본적인 대립은
축축함과 건조함 사이의 대립 같은 한 기표와 그에 대립적인 한 기표
사이에 있는 것이 아니라 오히려 근본적인 대립, 기초적인 대립은 어
떤 기표와 그것의 기입 장소 사이에 있다고 주의 깊게 진술한다.[62] 그
런데 어떤 기표가 자신을 구현하는 동시에 그 기입 장소의 공백 상태
도 구현하는 한, 그것은 언제나 그 동일성에 있어서 자신과 동일하지
않고, 그리하여 자신을 넘어서는 과잉의 존재자를 시사한다. 하지만 이
런 과잉의 존재자 또는 실재는 결코 도달할 수 없는 것인데, 그 이유
는 바로 그것이 근본적으로 공백이거나 빈자리이기 때문이다. 다시
말해서, 이 존재자, 이 초월자는 '시각적 착각'이다.

근본적인 논점은 실재계가 상징계와 별개인 영역이 아니라 오히려
독특하게 뒤틀린 상징계라는 것이다. 지젝이 설명하는 대로,

〔실재계와 상징계〕를 분리하는 빗장이 단연코 상징계에 내재하는 이
유는 그것이 상징계가 '자신이 되지' 못하게 가로막기 때문이다. 기표

---

61. 같은 책, 37. [같은 책.]
62. Žižek, *For They Know Not What They Do*, 72~80을 참조하라. [지젝, 『그들은 자기가
하는 일을 알지 못하나이다』.]

와 관련된 문제는 그것이 실재계에 닿을 수 없다는 것이 아니라 '자신에 도달할' 수 없다는 것인데, 요컨대 기표가 결여하고 있는 것은 언어 외적인 객체가 아니라 기표 자체, 빗장이 쳐지지 않고 방해받지 않는 일자다.[63]

요약하면, 실재계는 상징계와 다른 무언가가 아니라 오히려 기표와 그 기입 장소 사이의 분열에 힘입어 모든 기표에 나타나는 차이에서 비롯되는 상징계의 효과의 일종이다. 기표는 자신과 그 기입 장소 사이의 이런 차이를 언제나 구현하기에 언제나 그리고 어느 곳에서나 자신과의 동일성을 필연적으로 달성하지 못하게 된다. 그런데 자신과의 동일성을 달성하지 못하는 바로 이런 사정이 그 동일성의 바로 그 본질이다. 『논리의 학』에서 헤겔이 장난스럽게 진술하는 대로, 만약 A가 자신과 동일하다면 내가 그것을 반복할 이유가 있겠는가? 'A=A'와 같은 동어반복의 형식으로 어떤 동일자가 반복되는 것은 사실상 A의 자신과의 차이 또는 비동일성을 나타낸다. 지젝은, 이런 노선을 따라, 실재계를 마음에 의해 '분할되'는 전前담론적 실재로 여기는 관점에서 실재를 상징계의 효과로 여기는 관점으로의 이행을, 아인슈타인의 중력 이론에 있어서 특수 상대성에서 일반 상대성으로의 이행과 비교할 것이다.

그리고 정화에서 삭제로의 이행 역시 칸트에서 헤겔로의 이행이 아닌가? 현상과 사물 사이의 긴장에서 현상들 자체 사이의 부정합성/간극으로의 이행이 아닌가? 실재에 관한 표준 개념은 개념적으로 파악

---

63. 같은 책, 112. [같은 책.]

할 수 없는 어떤 단단한 핵심이라는 개념이다. 헤겔이 행하는 바는 단지 이런 실재 개념을 더 직설적으로 간주하는 것인데, 비개념적 실재는 개념의 자기전개가 부정합성을 맞닥뜨리게 되어서 자신에 불투명해질 때 출현하는 것이다. 요약하면, 한계가 외부에서 내부로 전위되는데, 실재는 그 개념이 비정합적이고 자신과 일치하지 않기 때문에 그리고 그런 한에 있어서 존재한다. 현상들 사이에서 나타나는 관점상의 다양한 부정합성은 초월적인 사물이 미치는 영향의 결과가 아닌데, 오히려 반대로, 이 사물은 현상들 사이의 부정합성을 존재론화한 것에 지나지 않는다. 이런 반전의 논리는 궁극적으로 아인슈타인이 실행한 특수 상대성 이론에서 일반 상대성 이론으로의 이행과 동일하다. 특수 상대성 이론은 휘어진 공간이라는 개념을 이미 도입하면서 이 곡률을 물질의 효과로 구상하는데, 즉 공간을 휘게 하는 것은 물질의 현존이라고 여긴다. 다시 말해서, 오직 텅 빈 공간만이 평평할 것이다. 일반 상대성 이론으로 이행되면서 인과율이 반전되는데, 요컨대 물질은 공간의 곡률을 생성하는 원인이기는커녕 그 곡률의 결과다. 마찬가지 방식으로, 라캉적 실재계 ─ 사물 ─ 는 상징계 공간을 '휘게 하는'(그 속에 간극들과 부정합성들을 도입하는) 생기 없는 존재자라기보다는 오히려 이들 간극과 부정합성의 결과다.[64]

그리고 지젝의 문장을 완성하려면, 우리는 상징계에서 나타나는 간극들과 부정합성들이 실재계의 이들 효과를 산출한다고 말할 수 있다. 그러므로 '라캉적 실재계의 특수 이론'에서 '라캉적 실재계의 일반

---

64. Slavoj Žižek, *The Puppet and the Dwarf* (Cambridge : MIT Press, 2003), 66. [슬라보이 지젝, 『죽은 신을 위하여』, 김정아 옮김, 길 , 2007.]

'이론'으로의 이행은, 실재계를 상징계에 의해 포맷되고 상징계를 끊임 없이 교란하는 전담론적 실재로 여기는 이론에서 실재계를 전담론적 실재계에 대한 어떤 준거도 신화적인 것 혹은 일종의 시각적 착각이 되 도록 상징계 내부에서 나타나는 형식화의 교착 상태로 여기는 이론, 즉 실재계를 상징계의 결과물로 여기는 이론으로의 이행이다. 그리하 여 전담론적 실재에 대한 모든 옹호는 독단적 사유의 정점이 된다.

이제 내가 이 절을 시작한 인용문으로 돌아가면, 지젝의 의미에서 실재적인 것 또는 분열된 객체가 주체를 '간질이는' 이유가 무엇인가? 실재적인 것이 주체를 간질이거나 교란한다면, 그 이유는 그것이 주체 가 접근할 수 없는 동시에 주체의 이 사물에의 접근을 차단하는 사 물에 대한 환영을 만들어내기 때문이다. 이 사물은 주체의 충족되지 않은 욕망을 만족시키고 충족시킬 무언가에 대한 환영이다.

> 그러므로 실재적인 것은 실재에 대한 우리의 시각을 왜곡하여 일그러 뜨리는 부정당한 X인데, 그리하여 그것은 직접 접근할 수 없는 사물 인 동시에 이런 직접적인 접근을 가로막는 장애물이고, 우리가 파악 할 수 없는 사물인 동시에 우리가 사물을 놓치게 하는 왜상 영사막 이다.[65]

그런데 우리가 차단당한 이 사물은 바로 객체와 그 기입 장소 사 이에서 내부적으로 분열된 객체의 본성의 결과물이다. 객체가 어떤 사 물, 즉 우리의 욕망을 단박에 충족시킬 외양 너머의 어떤 완전한 객체 를 암시하는 것처럼 보인다면, 그 이유는 바로 외양의 층위에서 서술

---

65. Žižek, *The Parallax View*, 26. [지젝, 『시차적 관점』.]

이 객체를 포획하지 못하기 때문이다. 그런데 서술이 객체의 동일성을 포획하지 못한다면, 그 이유는 바로 객체가 기표에 있어서 그 기입 장소의 공백에 의해 내부적으로 분열됨으로써 결코 채워질 수 없는 그것의 바로 그 부재를 통한 충만 상태를 시사하기 때문이다.

그 결과, 객체 내부의 이런 분열은 사회적 적대의 현장이 된다. "'실재계'"는 현행의 사회적 조직에 대한 우리의 관점을 "왜곡하는 어떤 사회적 적대의 외상적 핵심"이다. 그리고 지젝이 계속해서 진술하는 대로, "시차적 실재계는 … 동일한 근원적인 실재계에 대한 외양들의 바로 그 다양체를 설명하는 것인데, 그것은 동일한 것으로서 존속하는 단단한 핵심이 아니라 동일한 것을 다수의 외양으로 분쇄하는 논쟁의 단단한 뼈대다."[66] 그보다 앞서 지젝은, 실재계, 시차적 간극은 "상징적 간극을 영원히 벗어나는 가늠할 수 없는 X이고, 따라서 상징적 관점들의 다양체를 초래하는 원인"이라고 진술한다.[67] 환원할 수 없고 제거할 수 없는 실재계 핵심이 상징계에서 떨어지지 않는 한에 있어서, 다양한 집단이 상징계를 교란하는 공백을 채우려고 애쓰기에 상징계는 사회적 투쟁의 현장이 된다.

앞서 나는 지젝의 존재론이 품은 복잡성과 더불어 객체와 주체 사이의 관계에 관한 그의 설명을 그다지 제대로 다루지 않고서 단지 존재에 관한 그의 설명에서 존재자론과 관련이 있는 특질들을 개괄하려고 했을 따름이다. 다음 장에서는 라캉주의 정신분석학과 지젝의 이데올로기 비판의 많은 부분이 존재자론에 의해 제시된 존재론적 틀 안에서 어떻게 유지될 수 있는지 알게 될 것이다. 그렇지만 존

---

66. 같은 곳. [같은 곳.]
67. 같은 책, 18. [같은 책.]

재론적인 측면에서 존재자론과 지젝의 존재론은 서로 두드러지게 다름이 틀림없다는 점은 명백하다. 주목할 만한 첫 번째 논점은, 지젝의 경우에 객체는 주체와 객체 사이에 관계를 구성하는 하나의 극이라는 것이다. 다시 말해서, 주체라는 한 가지 존재 유형과 객체라는 다른 한 가지 존재 유형이 있다. 객체는 언제나 주체에 대한 어떤 객체이고 주체는 언제나 객체에 대한 어떤 주체다. 그리하여 지젝의 존재론은 절대적 상관주의, 즉 주체에서 떨어져 있는 존재자는 전혀 없다는 입장의 한 변양태가 된다.

이와는 대조적으로, 존재자론의 틀 안에서는 어떤 객체에 반드시 그리고 불가역적으로 결부되는 '주체'라고 일컬어지는 특별한 범주가 존재하지 않는다. 오히려, 존재자론의 중심 논제는 존재가 전적으로 객체들 또는 일차 실체들로 구성되어 있다는 것이다. 객체들이 서로 다르고 다양한 역능이나 역량을 갖추고 있음은 확실하다. 더욱이, 우리가 사람이라고 일컫는 객체들도 존재한다. 그런데 사람들로 구성된 객체들의 범주는 존재 내에서 특별하거나 특권적인 어떤 지위도 보유하지 않고, 게다가 모든 존재자가 이런저런 형태로 사람들과 반드시 관계를 맺고 있는 것은 아니다. 라투르가 진술하는 대로, 얼룩말들은 우리의 응시를 받지 않더라도 무사히 초원을 가로질러 질주할 것이다. 인간은 존재자 중에 속하면서 세계에 속하는 존재자인데, 요컨대 인간은 존재의 중심에 자리하고 있지도 않고 존재하기 위한 필요조건도 아니다. 지젝의 주장이 참이라면, 언어 — 아무리 이질적이고 소외시키는 것일지라도 — 가 인간과 어쩌면 다른 몇몇 동물의 경우에만 현존하는 한, 인간에게서 떨어져 있는 존재자는 있을 수가 없을 것이다.

두 번째 논점을 살펴보면, 존재자론과 지젝의 존재론은 둘 다 객체가 분열되어 있다고 주장하지만, 그 두 이론이 그렇게 주장하는 이유는 근본적으로 다르다. 지젝의 경우에는 객체가 자신의 외양과 상징계에 있어서 자신의 기입 장소의 공백 사이에 분열되어 있다. 장소를 차지하는 것과 장소 사이의 이런 분리의 결과로서 객체는 결코 자신과 동일할 수가 없다. 객체가 자신의 외양과 자신의 기입 장소의 공백 사이에 분열되어 있는 한에 있어서 객체는 상징이나 기표의 결과물이다. 여기서 지젝은 라캉을 곧장 좇는데, 왜냐하면 『앙코르』에서 라캉이 진술하는 대로 "우주는 수사학의 꽃"이기 때문이다.[68] 우주가 수사학의 꽃이라는 주장은 우주가 수사학의 결과물 또는 산물이라는 주장이다. 라캉의 경우에, 우주는 언어와 말에서 개화하는 것이다. 그리고 사실상, 그보다 앞서 라캉은 다음과 같이 진술한다. "전담론적 실재는 전혀 존재하지 않는데, 그 이유는 바로 어떤 집단을 구성하는 것 ─ 내가 남자, 여자, 그리고 어린이라고 일컬은 것 ─ 이 전담론적 실재로서의 무언가를 절대 의미하지 않기 때문이다. 남자, 여자, 그리고 어린이는 단지 기표들일 따름이다."[69] 추정컨대, 라캉은 꽃, 얼룩말, 아원자 입자, 부리토, 항성, 그리고 여타의 존재자에 대해서도 마찬가지로 주장할 것이다.

객체가 기표, 상징, 혹은 언어의 결과물이라는 논제는 내가 '헤게모니적 오류'라고 일컫는 것의 한 변양태다. 대충 서술하면, 정치 이론에서 헤게모니적 관계는 사회적 장의 여타 요소에 영향을 미치는 사회적, 이데올로기적, 문화적, 혹은 경제적 지배 상태다. 예를 들면, 그리스도교, 특히 복음주의적 그리스도교는 여타의 종교적 신앙과 무신앙 모두와 비교할 때 미합중국 정치에 헤게모니적 영향력을 행사한

---

68. Lacan, *Encore*, 56.
69. 같은 책, 33.

다. 존재자론은 헤게모니라는 개념을 정치의 영역에서 존재론의 영역으로 전위하는데, 그 개념은 존재신학이라는 개념보다 유익할 것이다. 존재자론의 틀 안에서 헤게모니적 오류는 한 유형의 존재자가 여타 존재자의 근거 혹은 **설명항**으로 여겨질 때마다 발생한다.

지젝과 라캉이 언어 혹은 기표를 존재의 근거로 여기거나 우주를 기표의 결과물로 여길 때 바로 헤게모니적 오류가 발생한다. 칸트의 경우에는 존재자들이 마음의 지배를 받는 것과 꼭 마찬가지로, 지젝과 라캉의 경우에는 존재자들이 기표 혹은 언어의 지배를 받게 된다. 지젝이 펼치는 논증의 배후에 잠복해 있는 것은 1장에서 논의된 대로의 인식적 오류와 현실주의의 한 변양태라고 나는 추측한다. 로크가 우리에게는 의식 속 실체에 대한 어떤 접근권도 주어지지 않는다는 점을 근거로 삼고서 실체라는 개념의 정합성을 부정한 것과 꼭 마찬가지로, 전담론적 실재 같은 것을 부정하기 위한 근거는 우리가 기표 혹은 언어를 통해서만 전담론적 실재에 관해 말할 수 있을 뿐이라는 사실과 더불어 우리가 언어를 벗어나려고 아무리 열심히 노력하더라도 더 많은 기표를 생산할 뿐이라는 사실에 놓여 있을 것이다. 여기서 언어는 주어진 현실태이며 우리는 모든 존재자를 인식론적인 견지에서 생각하거나 이들 존재자가 언어를 통해서 우리에게 주어지는 방식에 의거하여 생각하도록 요청받는다.

그런데 1장에서 이해한 대로, 이런 주장은 철저히 존재론적인 물음을 인식론적 물음으로 전환할 수 있는 경우에만 도출된다. 우리가 객체의 현존에 이르게 될 때 거치는 추리는 언어 혹은 의식을 통한 우리의 객체에의 접근에서 비롯되는 것이 아니라, 오히려 우리의 실천이 이해할 수 있는 것이 되기 위해서는 세계가 어떠해야 하는지에 관한 성찰을 통해서 도출된다. 그리고 사실상, 세계 자체가 조직적이고 변별적이라는 사실이 없다면 언어적 관념론자들이 제시하는 방식으로 세계를 분할하거나 구획할 역능을 도대체 언어가 어떻게 갖출 수 있는지 이해하기 어렵다. 조직적이고 변별적인 세계가 현존하지 않는다면, 결과적으로 형태가 없는 유출의 일종으로서 세계의 표면은 기표가 여하튼 세계를 조직화하기에는 너무 유동적이고 너무 매끈할 것이다.

여기서 요점은 우리가 기표와 언어, 기호를 무시해야 한다는 것이 아니라, 기표가 존재의 근거로서 기능할 수 없다는 것이다. 여기서 헤게모니적 오류의 '헤게몬'hegemon은 진지하게 고려되어야 한다. 헤게몬은 어떤 객체들의 집단에서 여타의 것보다 우위에 서서 그것들을 과잉결정하는 군주다. 헤게모니적 관계는 하향식의 수직적 관계인데, 여기서 헤게몬의 역할을 맡은 존재자는 헤게모니 아래에 귀속되는 모든 것을 지배하는 군주로서 기능한다. 지젝-라캉의 도식에서 언어가 기능하는 방식이 바로 이렇다. 그러므로 헤게모니적 오류의 헤게몬은 구조가 없는 수동적인 어떤 질료에 구조를 부여하거나 그 질료를 포맷하는 어떤 능동적인 형상처럼 기능한다. 존재자론은 헤게모니적 조건화에 의거하여 생각하기보다는 오히려 객체들의 얽힘에 의거하여 생각하기를 권고한다. 캐런 배러드의 행위적 실재론의 모든 결론(특히 관계주의적 존재론)을 공유하지는 않으면서도 배러드의 프로젝트에 깊이 공감하는 나는 그 작업에서 '얽힘'이라는 용어를 빌린다.[70] 배러드는 우리가 다양한 행위주체의 얽힘과 이들 얽힘이 산출하는 회절 패턴들에 의거하여 생각하도록 고무한다. 배러드가 서술하는 대로,

회절은 파동들이 중첩할 때 서로 결합하는 방식과 관련이 있을뿐더

---

70. Barad, *Meeting the Universe Halfway*를 참조하라.

러 어떤 파동이 장애물을 맞닥뜨릴 때 일어나는 그 파동의 명백한 휨 및 퍼짐과도 관련이 있다. 회절은 모든 종류의 파동과 관련하여 일어날 수 있는데, 예를 들면, 물결과 음파, 광파가 모두 올바른 조건 아래서 회절을 나타낸다.[71]

배러드가 제시하는 회절 패턴이라는 개념은 헤게모니적 존재론에서 맞닥뜨리게 되는 그런 종류의 존재자에 관한 수직적 구상보다 훨씬 '더 평평한' 구상을 구현한다. 헤게모니적 존재론은 한 존재자가 모든 차이를 만들어낸다고 여기는 반면에, 얽힘을 전제로 하는 존재론은 다양한 객체 또는 행위주체가 상호작용하여 현상을 산출하는 방식에 주목한다. 파동들이 서로 교차하거나 장애물을 맞닥뜨릴 때 나타나는 패턴에 대하여 어떤 행위주체도 전적인 책임은 지지 않은 채로 새로운 패턴이 출현하는 것과 꼭 마찬가지로, 상호작용하는 객체들의 네트워크는 연루된 행위주체 중 어느 것으로도 환원될 수 없는 독특한 패턴을 산출한다. 그러므로 배러드는 "회절이 차이들에, 즉 우리의 지식형성 실천이 만들어내는 차이들과 그것들이 세계에 미치는 영향에 조율된다"라고 진술한다.[72] 그리고 여기서 핵심적인 요점은 "이들 얽힌 실천이 생산적이며, 게다가 내부-작용이 달라지면 다른 현상이 산출되기에 이들 얽힌 실천을 통해서 누가 그리고 무엇이 배제되느냐가 중요하다"라는 것이다.[73] 얽힘과 회절 패턴에 있어서 헤게몬이 전혀 있을 수 없다고 말하는 것이 어떤 특정한 배치에서 차이를 만들어내는 데 일부 객체들이 다른 객체들보다 더 많이 이바지하지 않을 것이라고

---

71. 같은 책, 74.
72. 같은 책, 72.
73. 같은 책, 58.

말하는 것은 아니다. 기표에 대한 강박적인 집중으로 인해 우리가 볼 수 없게 되는 것은 바로 차이 생성에 대한 기여가 이렇게 얽혀 있다는 점이다. 그리고 다시 한번, 여기서 요점은 기표와 기호들이 차이 생성에 기여하지 않는다는 것이 아니라, 어떤 집합체 안에서 다른 비기표적 행위주체들이 담당하는 역할에 주목해야 한다는 것이다.

그러므로 우리는 배러드에 준거함으로써 분열된 객체에 관한 지젝의 구상과 존재자론에 의해 제시된 분열된-객체에 관한 구상 사이의 심대한 차이점에 이르게 된다. 지젝의 경우에는 객체가 자신의 외양과 상징계 속 자신의 기입 장소의 공백 사이에 내부적으로 분열된 반면에, 존재자론의 경우에는 객체가 자신의 국소적 표현과 자신의 잠재적 고유 존재 사이에 분열되어 있다. 여기서 국소적 표현은 어떤 주체 혹은 인간에 대한 현시가 아니라, 오히려 세계에서 이루어진 현실화다. 더욱이, 국소적 표현은 그것을 수용할 인간이 현존하는지 여부 및 상징계가 현존하는지 여부와 무관하게 현시될 것이다. 그리고 이런 점에서, 지젝이 논의하는 관점들의 다양체는 외양과 상징계 속 기입 장소의 공백 사이의 분열에서 생겨난 산물이 아니라, 오히려 객체들 사이의 다양한 내부-작용의 산물이다. 잠재적 고유 존재에 관한 논의에서 이해된 대로, 객체의 잠재적 차원은 그것이 어떤 객체가 다른 객체들과 맺은 다양한 외부관계에 따라서 다양한 방식으로 자신을 현실화할 수 있는 그런 것이다. 여기서 인간-객체 관계와 관련하여 특별하거나 특권적인 것은 전혀 없다. 인간-객체 관계와 관련하여 참인 것은, 인간이 연루되거나 현존하는지 여부와 무관하게, 모든 객체-객체 외부관계의 경우에도 참이다. 인간이 현존하는지 여부와 무관하게 객체-객체 관계의 경우에도 사정이 마찬가지인 한, 객체를 구성하는 데 있어서 기표가 구성적 역할을 담당할 수 없다는 논점이 당연히 도출된다. 여기서 핵심적인 요점은, 국소적 표현이 부분적으로는 객체들이 서로 외부관계를 맺을 때 상호작용하는 방식의 산물이라는 것이다. 예를 들면, 소금은 나무와 물에서 상이한 국소적 표현을 현시한다.

그런데 국소적 표현은 인간이 현존하는지 여부와 무관하게 일어나는 현상이지만, 외부관계와 국소적 표현이라는 개념들은 우리가 인간이 자신의 도구를 통해서 그리고 특정 조건 아래서 객체에 작용하여 국소적 표현을 산출하는 방식에 관한 물음에 주목하도록 부추긴다. 요약하면, 표상의 틀 안에 머문 채로 우리가 객체를 반영하거나 반사하는 방식에 관한 물음을 제기하는 한, 우리는 인식론에 관한 물음을 서툴게 제기하는 셈이다. 반사하기와 반영하기라는 시각적 은유에 기반을 두고 있는 표상의 논리는 단지 표상과 표상되는 것 사이에 유사성이 있는지에 관한 물음을 제기할 따름이다. 그리하여 그 논리는 국소적 표현의 산출을 고찰하면서 객체들 사이의 상호작용과 외부관계들의 장을 필연적으로 빠뜨리게 된다. 존재자론이 그 대신에 권고하는 바는, 서로 외부관계를 맺는 객체들 사이에 일어나는 상호작용의 장에 특별히 주목함으로써 이들 상호작용이 다양한 회절 패턴으로 다양한 국소적 표현을 산출하는 방식을 검토하라는 것이다.

객체의 내부

해석학, 주석학, 혹은 기호학을 사용하는 사람들이 텍스트에 관해 말하는 바는 모든 〔객체〕의 경우에도 마찬가지로 적용될 수 있다. 한 텍스트와 다른 한 텍스트 사이의 관계는 언제나 해석의 문제라는 점이 동의를 얻은 지는 오래되었다. 이른바 텍스트와 이른바 객체 사이, 그리고 심지어 이른바 객체들 자체 사이의 경우에도 사정이 마찬가지라는 점을 왜 받아들이지 못하겠는가? — **브뤼노 라투르**[1]

모든 파악은 세 가지 인자로 이루어져 있는데, 그것들은 (a) 파악하는 '주체', 즉 그 파악을 자신의 구체적인 요소로 삼는 현실적 존재자, (b) 파악되는 '여건,' 그리고 (c) 그 주체가 그 여건을 파악하는 방식인 '주관적 형식'이다. — **알프레드 노스 화이트헤드**[2]

객체의 폐쇄성

2장에서 나는, 역설이기는커녕, 객체의 바로 그 본질이 객체가 물러서 있는 동시에 자신을 타자화하는 데 있다고 주장했다. 객체가 물러서 있는 동시에 자신을 타자화하는 이유는, 한편으로는 실체가 세계에서 결코 직접적으로 자신을 현시하지 않기 때문이고, 다른 한편으로는 실체가 자신의 내부 동학 및 자신이 다른 객체들과 맺는 외부 관계들의 결과로서 현시되는 성질과 상태로부터 언제나 소외되기 때문이다. 3장에서 나는, 언제나 그리고 반드시 물러서 있는 객체의 잠재적 고유 존재와 실체의 내부 동학 및 그것이 다른 객체들과 맺는 외부관계들을 통해서 생겨나는 객체의 국소적 표현들 사이의 관계에 의거하여 객체의 자기타자화를 분석했다. 실체들이 서로 물러서 있다는 주장은 객체들이 서로 직접 만나는 일은 불가능하다는 점을 시사한다. 그리하여 이런 사정은 객체들이 어떻게 서로 관계를 맺는지 혹은 다른 객체들에 대한 어떤 객체의 내부를 우리가 어떻게 생각해야 할 것인지에 관한 물음을 제기한다.

이 장에서 나는, 화이트헤드의 용어를 사용하면, 한 존재자가 다른 한 존재자를 '파악'함으로써 그레이엄 하먼이 '감각적 객체'라고 일컬은 것을 한 실재적 존재자의 내부에 만들어내는 방식을 논의할 것이다. 여기서 '파악'은 한 존재자가 다른 한 존재자를 이해하거나 혹은 다른 한 존재자와 관계를 맺는 방식을 가리킨다. 화이트헤드는 파악하는 주체(내가 실체 또는 객체라고 일컫는 것), 파악되는 것(또 다른

---

1. Latour, *Irreductions*, 166.
2. Alfred North Whitehead, *Process and Reality* (New York : Free Press, 1978), 23. [알프레드 노스 화이트헤드, 『과정과 실재』, 오영환 옮김, 민음사, 2003.]

실체 또는 객체), 그리고 그 다른 실체가 파악되는 방식을 신중히 구별한다. 이 장에서 나는 자기생산적 체계 이론의 견지에서 파악의 첫 번째 차원과 세 번째 차원을 집중적으로 고찰한다. 화이트헤드는 한 실체가 다른 한 실체를 파악하는 방식에서 '방식'을 강조함으로써, 어떤 존재자도 또 다른 존재자를 그 존재자 자체가 정말 어떠한지에 의거하여 맞닥뜨리지 않고 오히려 모든 존재자는 파악하는 실체로서 자신의 독특한 조직에 의거하여 또 다른 존재자에서 비롯되는 '여건'을 재구성하는 한, 존재자들 또는 실체들은 서로 물러서 있다는 진술의 의미를 암묵적으로 포착한다. 그런데 여기서 내가 전개하는 입장은, "현실적 존재자를 … 그것의 가장 구체적인 요소들로 분석할" 때 그 존재자는 자신의 가장 구체적인 요소들에서 "파악들의 합생"임이 드러난다는 논제를 거부한다는 점에서, 화이트헤드의 독특한 존재론과 두드러지게 다르다.[3] 어떤 실체가 다른 존재자를 사실상 파악하는 한, 이런 파악이 이루어지기 위해서는 그 실체가 현존해야 한다는 주장이 제기된다. 다시 말해서 나는, 파악을 실행하는 주체/실체와 파악 방식에 대하여, 화이트헤드가 실체는 바로 파악들의 합생이라는 자신의 논제에서 시사하는 것처럼 보이는 것보다 훨씬 더 강한 구분을 유지하고자 한다. 이런 구분의 일부는 3장에서 객체의 내부구조 또는 객체의 다양체로서의 존재와 관련하여 이미 전개되었다. 곧 이해하게 되듯이, 파악이 객체의 내부구조를 수정할 수 있기는 하지만, 한편으로 객체들 사이의 관계에 대한 나의 분석 전체를 가로지르는 요점은 파악 '방식'이 여하튼 생겨나기 위해서는 객체가 어떤 구조를 갖추고 있어야 한다는 것과 이런 내부구조가 객체의 실체성을 구성한다는

---

3. 같은 곳. [같은 곳.]

것이다.

이제 나는 마뚜라나, 바렐라, 그리고 특히 니클라스 루만에 의해 전개된 자기생산적 체계 이론의 자원에 의지하여 이 쟁점을 고찰한다. 우선, 나의 논제는 모든 객체가 자기생산적 기계라는 것은 아님을 인식하는 것이 중요하다. 「자기생산:살아있는 것들의 조직」이라는 초기의 기초적 시론에서 마뚜라나와 바렐라는 자기생산적 기계와 타자생산적 기계를 구별한다.[4] 나중에 나는 이들 두 가지 유형의 객체들을 더 자세히 설명할 것이지만, 당분간은 마뚜라나와 바렐라가 자기생산적 기계를 언급하는 경우에는 생명이 있는 객체를 가리키고 타자생산적 기계를 언급하는 경우에는 생명이 없는 객체를 가리킨다는 점을 인식하는 것으로 충분하다. 루만은 자기생산적인 것의 영역을 살아있는 유기체들 너머로 확장하여 사회적 체계들을 자기생산의 범위 안에 포함하지만, 당분간은 이런 개략적이고 편리한 구별이 우리의 목적을 위해 충분하다. 나는 몇 가지 조건을 붙여서 마뚜라나와 바렐라가 제시한 자기생산적 기계와 타자생산적 기계 사이의 구별을 수용한다. 그런데 루만의 작업이 이 프로젝트에 매우 필요한 이유는, 마뚜라나와 바렐라는 자기생산적 체계를 어떤 관찰자에 의해 구성되는 것으로 여기는 근본적 구성주의를 옹호하는 반면에 루만은 자기생산적 체계를 존재론적 차원에 놓고서 실재적 존재자로 여기기 때문이다. 『사회적 체계들』이라는 탁월한 저작의 1장 서두 부분에서 루만이 서술하는 대로, "이어지는 고찰은 체계들이 존재한다고 가정한다. 그러므로 그 고찰은 인식론적 의심으로 시작하지 않는다."[5] 루만의 경우에, 체

---

4. Humberto R. Maturana and Francisco J. Varela, "Autopoiesis : The Organization of the Living," *Autopoiesis and Cognition* (Boston : D. Reidel Publishing Company, 1980), 78~82.

계들은 세계 속에서 실제로 현존하는 객체들이다. 1장에서, 로이 바스카를 좇아서, 이런 전제가 왜 정당한지가 입증되었다고 나는 믿는다.

그런데 객체지향 존재론을 옹호하면서 니클라스 루만 같은 사상가를 거론하는 것은 놀라운 일로 여겨질지도 모른다. 「정체성 — 무엇 혹은 어떻게?」와 같은 시론들에서 루만은 존재론이라는 바로 그 관념에 대하여 실질적인 비판을 퍼붓는다. 그 시론에서 루만은 "존재론은 관찰하기와 서술하기의 어떤 형식, 즉 존재와 비존재 사이의 구분으로 이루어지는 그런 형식으로 이해된다"라고 진술한다.[6] 조금 뒤에 루만은 계속해서 이렇게 진술한다. "세계의 존재론적 분할에서 비롯된 결과 중에서 존재와 비존재를 변별하는 것은 이런 것인데, 즉 존재하는 것des Seienden의 정체성이 미리 전제되어야 한다는 것이다."[7] 다음 절에서 나는 루만의 구분 개념을 더 자세히 논의할 것이다. 여기서 인식해야 할 것은 루만이 존재론을 해체하는 방식이다. 루만의 논점은, 어떤 특정한 구분이 어떤 존재자의 정체성에 선행하는 까닭에 어떤 존재자의 정체성은 관찰에 선행하는 실체적 실재가 아니라 관찰을 가능하게 하는 구분의 결과물이라는 것이다. 루만의 논점을 이해하려면 스펜서-브라운의 형식 산법을 다시 참조해야 한다. 스펜서-브라운은 『형식의 법칙들』이라는 책의 서두를 지시는 그것에 선행하는 구분에 의거함으로써 가능할 따름이라는 논제로 시작한다. 스펜서-브라운이 서술하는 대로, "우리는 구분이라는 관념과 지시라는 관념, 그리

---

5. Niklas Luhmann, *Social Systems*, trans. John Bednarz, Jr. (Chicago : University of Chicago Press, 1989), 12. [니클라스 루만, 『사회적 체계들』, 이철·박여성 옮김, 한길사, 2020.]

6. Niklas Luhmann, "Identity — What or How?", *Theories of Distinction*, ed. William Rasch (Stanford : Stanford University Press, 2002), 115.

7. 같은 글, 118.

고 구분을 하지 않은 채로 지시를 할 수 없다는 점을 자명한 사실로 여긴다."[8] 예를 들면, 어떤 지시는 세계 속의 무언가를 가리키는 것일 수 있다. 스펜서-브라운의 논점은, 모든 지시에 대하여 그 지시가 이루어질 수 있으려면 어떤 구분이 필요하다는 것이다. 구분은 공간을 둘로 분할함으로써 외부와 내부를 규정한다. 예를 들면, 우리는 다수의 x가 기입되어 있는 한 장의 종이를 상상할 수 있다. 이 종이 위에 원을 하나 그리면(구분), 이제 우리는 원 안의 x와 원 밖의 x를 지시할 수 있다. 그러므로 모든 구분은 유표 공간과 무표 공간을 포함한다. 유표 공간은 구분의 내부에 속하는 것(이 경우에는 원 안에 있는 것)이고, 무표 공간은 그 밖의 모든 것이다. 어떤 구분에 의해 생성되는 유표 공간과 무표 공간의 이런 통일성이 스펜서-브라운이 '형식'이라고 일컫는 것이다. 매우 실재적인 의미에서 구분은 지시에 대하여 '초험적'이다. 형식은 지시를 가능하게 하는 조건이다. 그리하여 지시되는 것이 구분에 선행하는 것이 아니라, 어떤 구분이 이루어짐으로써 지시되는 것이 그 구분을 하는 체계에 대하여 생겨나기에 구분이 지시되는 것의 생성 조건이다. 물론 요점은, 구분 혹은 형식은 일단 이루어지면 엄밀한 법칙들을 따르지만, 설정된 그 구분 자체는 그와 다른 구분이 언제나 이루어질 수 있었다는 점에서 우연적이라는 것이다.

루만은, 존재론을 그것의 지시들이 사전 구분을 통해서 이루어질 수 있는 방식에 의거하여 분석함으로써, 그가 이해하는 대로의 존재론이 근거를 두고 있는 기초적 전제를 사실상 해체한다. 루만은, 존재론을 추적하여 존재자들을 동일한 것으로 관찰할 수 있게 하는 존재/비존재 구분까지 더듬어 올라감으로써, 그런 동일성이 더는 존재

---

8. G. Spencer-Brown, *Laws of Form* (New York : E.P. Dutton, 1979), 1.

의 근거가 아니라 관찰할 수 있게 하는 어떤 구분의 결과이고 그리하여 이런 구분이 우연적이라는 것을 사실상 보여준다. 그렇다면 요점은, 구분이 우연적인 한에 있어서 구분은 달리 설정될 수 있고 그리하여 결과적으로 다른 객체들을 산출할 수 있다는 것이다. 이렇게 해서 객체는 독자적으로 현존하는 자율적인 실체가 되지 않고, 오히려 하인츠 폰 푀르스터가 '고유값'이라고 일컫은 것이 된다.[9] 폰 푀르스터가 그 개념을 명시적으로 표명하는 대로,

> 고유값은 존재론적으로는 이산적이고, 안정하고, 분리 가능하며, 구성할 수 있는 것으로 밝혀진 한편으로, 개체발생학적으로는 순환 과정을 통해서 결정되는 평형으로서 생겨나는 것으로 밝혀졌다. 개체발생학적으로, 고유값과 객체, 그리고 마찬가지로, 안정한 행동과 어떤 객체에 대한 주체의 '파악'의 표현은 구별될 수 없다. 두 경우에 모두, 객체는 주체의 감각운동적인 조정에 대한 고유한 경험 속에 전적으로 자리하고 있는 것처럼 보인다.[10]

다시 말해서, 객체는 독자적인 실체로서 현존하는 것이 아니라 오히려 인지하는 체계가 지각 속에서 거듭해서 재현될 수 있는 안정한 평형 상태를 생산함으로써 구성하는 것이다. 한편으로, 고트하르트 베흐만과 니코 슈테르는 이런 사유 노선과 관련하여 다음과 같이 진술한다. 루만은 "유럽의 오랜 사유 양식을 다양성 아래에 놓여 있는 통일성의 식별과 관련된 것으로 서술한다. … 존재론은 명확한 언어적

---

9. Luhmann, *Social Systems*, 29. [루만, 『사회적 체계들』.]
10. Heinz von Foerster, *Understanding Understanding* (New York : Springer-Verlag, 2003), 266.

표상 능력을 갖춘, 세계를 의식하는 주체와 분리되어 객관적으로 현존하는 세계를 거론한다."[11] 루만이 이의를 제기하는 것은 바로 이런 존재 모형이다.

여기서 나타나는 것은 1장에서 논의되었던 인식적 오류와 현실주의의 한 변양태다. 객체를 고유값으로 여길 때, 루만은 어떤 실체를 한 특정한 관찰 체계에 대하여 그 실체가 무엇임과 융합한다. 그런데 실체라는 범주가 없다면 루만은 정합적으로 해낼 수 없다. 어디에서나 루만은 인식론적 쟁점에 집중하지만, 이런 인식론적 탐구에 착수하려면 체계의 현존이 필요하다. 이들 체계는 실체의 표식들에 정확히 해당하는 통일성, 자율성, 그리고 지속성에 의해 특징지어진다. 그리하여 실체 자체와 어떤 실체에 대하여 다른 실체가 무엇임을 구별해야 한다. 그런데 존재자론과 객체지향 철학은 자기생산 이론, 그중에서 특히 루만의 자기생산적 체계 이론의 반실재론에서 뜻밖의 동지를 만나게 된다. 루만의 체계들이 자율성에 의해 특징지어지는 한, 이들 체계는 관계주의의 전체론을 벗어나기에 단위체들로 분할되거나 구성되는 우주에 대한 구상을 제시한다. 3장에서 내가 그레이엄 하먼을 좇아서 논증한 대로, 객체들은 물러서 있음에 의해 특징지어지기에 결코 직접적으로는 서로 맞닥뜨리지 못한다. 객체가 언제나 자신의 고유한 조직에 의거하여 다른 객체들을 맞닥뜨리는 방식에 대한 설명에 있어서, 루만과 자기생산 이론은 존재자론과 객체지향 철학이 물러서 있음이라는 개념을 구체화하는 데 도움이 되는 강력한 개념적 도구를 제공한다. 베흐만과 슈테르가 올바르게도 비난하는 그런 종류의

---

11. Gotthard Bechmann and Nico Stehr, "The Legacy of Niklas Luhmann," *Society*, vol. 39 (2002) : 70.

존재론적 실재론은 단지 현전에 의거하여 실체를 설명하는 이론과 관련되어 있을 따름이다. 그런데 실체들이 언제나 서로 물러서 있기에 폐쇄성에 의해 특징지어진다면, 우리는 존재신학과 현전의 형이상학을 비판하는 데 적절한 존재론을 만나게 된다.

자기생산적 체계 이론에서 내가 관심을 두고 있는 것은 생명체나 사회에 대한 설명이라기보다는 조작적 폐쇄성에 대한 설명이다. 마뚜라나와 바렐라가 어딘가에서 정의하는 대로, "그것의 정체성[자기생산적 기계의 정체성]은 그 네트워크를 벗어나지 않는 결과를 낳는 역동적 과정들의 네트워크에 의해 규정된다."[12] 자기생산적 기계에 적용되는 대로의 조작적 폐쇄성이라는 개념은 두 가지 핵심 주장을 나타낸다. 첫 번째 주장은 어떤 자기생산적 체계의 조작들이 단지 자신들을 참조할 따름이며 그 체계 자체의 산물이라는 것이다. 예를 들면, 루만이 주장한 대로, 사회적 체계가 전적으로 소통들로 이루어져 있다면, 즉 소통들이 사회적 체계를 구성하는 요소들이라면, 소통들은 단지 다른 소통들을 참조할 따름이며 자신들의 외부에 있는 어떤 것도 결코 참조하지 않는다. 이런 상황을 서술하는 다른 한 방식은, 체계는 자신의 환경과 소통할 수 없고 환경은 체계와 소통할 수 없다고 말하는 것이다.

두 번째 주장은 자기생산적 체계가 자체적으로 닫혀 있다는 것, 이런 체계가 환경과 직접적으로는 관계를 맺지 못한다는 것, 그것이 환경으로부터 정보를 수신하지 않는다는 것이다. 그리하여 정보는 자기생산적 기계에 앞서 존재하면서 세계에서 발견되기를 기다리고 있는 것이 아니라는 점이 당연히 도출된다. 자기생산적 기계의 외부에 존재

---

12. Humberto R. Maturana and Francisco J. Varela, *The Tree of Knowledge* (Boston:Shambhala, 1998), 89. [움베르또 마뚜라나·프란시스코 바렐라, 『앎의 나무』, 최호영 옮김, 갈무리, 2007.]

하는 객체들이 자기생산적 기계를 교란하거나 자극할 수 있음은 확실
하지만, 이런 교란이나 자극이, 그것 자체로 그리고 그것만으로, 교란
되는 체계를 위한 정보를 구성하지는 않는다. 오히려, 그런 교란이 띠
는 모든 정보 가치는 전적으로 자기생산적 기계 자체의 조직에 속하
는 구분 도식에 의해 구성된다. 이어지는 글에서 내가 논증하는 대로,
교란에 대한 기계 또는 객체의 이런 폐쇄성은 자기생산적 기계에 고유
한 것이 아니라 자기생산적 기계와 더불어 타자생산적 기계에도 다 같
이 고유한 것이다. 자기생산적 기계와 타자생산적 기계는 모두 주변
세계에 대해 선택적 관계를 맺을 따름이어서 자신이 개방되는 대상을
자기준거적으로 구성한다. 그러므로 타자생산적 기계는 자신의 조작
들을 통해서, 자기생산적 기계의 경우처럼 자신을 재생산하지는 않음
에도 불구하고, 세계 속의 다른 존재자들에 자신이 개방되는 방식을
구성한다.

「자기생산: 살아있는 것들의 조직」에서 마뚜라나와 바렐라는 다
음과 같이 주장한다.

> 자기생산적 기계란, (i) 구성요소들 자체의 상호작용들과 변환들을
> 통해서 이들 구성요소를 만들어낸 과정들(관계들)의 네트워크를 끊
> 임없이 재생하고 구현하는 구성요소들을 생산하며, 그리고 (ii) 그것
> (기계)이 네트워크로서 구현되는 토폴로지적 영역을 규정함으로써 그
> 것들(구성요소들)이 현존하고 있는 공간에서 그것(기계)을 하나의 구
> 체적인 통일체로서 구성하는 요소들을 생산하는, 구성요소들의 생
> 산 과정들(변환과 파괴)의 네트워크로서 조직된(하나의 통일체로서
> 규정된) 기계다.[13]

어떤 체계의 통일성은 내가 그 체계의 '내부 정합성', 잠재적 고유 존재, 혹은 다양체라고 일컫는 것이다. 타자생산적이든 자기생산적이든 간에, 통일체로서의 체계는 실체다. 자기생산적 기계, 체계, 또는 실체는, 그것이 통일체일 뿐만 아니라, 그것이 세계의 나머지 부분에 대해 조작적으로 닫혀 있을 뿐만 아니라, 자신의 고유한 요소들도 스스로 구성한다는 점에서 독특하다. 루만이 어딘가에서 서술하는 대로, "일상 언어와 개념적 전통이 시사하는 것과는 대조적으로, 어떤 요소의 통일성은 … 존재자적으로 미리 주어지지 않는다. 오히려, 그 요소는 관계 속에서 그것을 사용하려고 하나의 요소로서 가담시키는 체계에 의해서만 하나의 통일체로서 구성된다."[14]

루만의 자기생산적 사회 이론을 살펴보면, 자기생산적 체계 이론의 함의들을 표현하고 급진화하며 발전시키는 데 있어서 루만보다 더 멀리 나아간 사람은 어쩌면 아무도 없을 것이다. 여기서 나는 루만의 사회학적 이론의 요소들을 논의할 것이지만, 나의 주요 목적은 자기생산적 체계로서의 사회에 대한 루만의 구상에 초점을 맞추기보다는 오히려 자기생산적 체계와 타자생산적 체계의 일반적인 특질들을 개괄하는 것임을 염두에 두어야 한다. 더 나아가기 전에, 자기생산적 체계에 관해 마뚜라나와 바렐라가 생각하는 방식과 루만이 생각하는 방식 사이에는 두드러진 차이점이 있음을 인식하는 것이 중요하다. 마뚜라나와 바렐라의 경우에는 자기생산적 기계가 항상성이라는 특질을 갖추고 있다. "자기생산적 기계는 항상성의 기계다."[15] 즉, 자기생산적 기계는 시간에 걸쳐서 특정한 평형을 유지하려고 하는 체계다.

---

13. Maturana and Varela, "Autopoiesis," *Autopoiesis and Cognition*, 78~9.

14. Luhmann, *Social Systems*, 21~2. [루만, 『사회적 체계들』.]

15. Maturana and Varela, "Autopoiesis," *Autopoiesis and Cognition*, 78.

반면에 루만의 자기생산적 기계는, 최소한 의미 체계의 경우에, 본질적으로 불안정성에 의해 특징지어진다. "우리는 환원적 '설명'을 시도하지 않으면서 기본적인 불안정성이라는 근본적인 상황(결과적으로 '일시적인' 복잡성을 갖는 상황)에서 시작하여, 심리적 체계든 사회적 체계든 간에, 모든 의미 체계가 그런 불안정성에 의해 특징지어진다고 주장한다."[16] 예를 들면, 어떤 소통 체계의 경우에, 그 체계의 목적은 그저 평형이나 항상성을 유지하려고 하는 것이 아니고 오히려 그 체계가 존속할 수 있으려면 무언가 새로운 말할 거리를 언제나 찾아내야 한다. 예를 들어, 대화를 나누는 상황을 생각하자. 어떤 대화를 나누는 사람들이 계속해서 같은 말을 반복하기만 한다면, 그 대화는 더는 진전이 없을 것이다. 하나의 체계로서 대화가 존속하려면 무언가 새로운 말할 거리를 찾아내야 한다. 그리하여 사실상 루만은 부재 상황과 불변의 상황 둘 다가 변화의 동인으로 기능할 수 있다고 진술할 것이다. 루만이 진술하는 대로,

> 한편으로, 정보 처리 능력을 참작하면, 현시되지 않은 것들도 영향을 미칠 수 있는데, 이를테면 실수와 무효, 실망 역시 그것들이 차이의 도식을 통해서 파악될 수 있는 한에 있어서 인과성을 획득할 수 있다. 다른 한편으로, 사건뿐만 아니라 사실과 구조, 지속적인 것 역시 그것들이 차이로서 경험될 수 있는 한에 있어서 인과관계를 촉발할 수 있다. 그러므로 불변의 상황이 변화의 원인이 될 수 있다.[17]

---

16. Luhmann, *Social Systems*, 65. [루만, 『사회적 체계들』.]
17. 같은 책, 40~1. [같은 책.]

모든 자기생산적 체계의 경우에 핵심 문제는 시간의 질서 속에서 새로운 요소를 획득하는 방법이다. 모든 자기생산적 체계는 엔트로피의 위협을 받고 있고, 따라서 자신이 엔트로피, 즉 복잡성의 해체 상태로 붕괴하는 사태를 저지할 방법을 찾아내야 한다. 루만적 틀 안에서 자기생산적 기계의 요소는 사건이다. 사건으로서의 요소는 생겨나자마자 사라진다. 그리하여 모든 자기생산적 체계는 시시각각 자신을 재생산하거나 새로운 요소를 생성할 방법의 문제에 직면한다. 변화의 부재 상황에 직면하는 경우에, 그런 변화의 부재 상황 자체가 현행 체계의 자기생산 과정에서 새로운 사건 또는 요소의 생산을 부추기는 동인이 된다. 자기생산적 기계는 오로지 후속 요소나 사건을 생산함으로써 지속하거나 존속할 수 있을 따름이다. 이런 이유로 인해 최소한 의미 체계는 부득이 기본적으로 불안정할 수밖에 없다. 여기서 자기생산적 체계의 실체성은 그 부분들의 물질성에 있는 것이 아니라, 오히려 내가 실체의 '내부구조' 또는 다양체라고 일컫은 구조 또는 조직 덕분이라는 점을 인식해야 한다.

　　자기생산적 체계를 구성하는 요소들은 존재자적으로 미리 주어진 것이 아니라고 주장하는 경우에, 이들 요소는 자체적으로 실체들이 아니고 오히려 그 요소들을 조성하는 다양체 또는 실체의 내부 정합성을 위해서 현존할 뿐이라는 주장이 제시되는 셈이다. 요점은, 어떤 체계와 별도로 현존하는 것은 아무것도 없다는 것이 아니라—아리스토텔레스가 주장한 대로 모든 것은 다른 것들로부터 만들어져야 한다—오히려 어떤 체계에 대한 요소에 해당하는 것은 그것을 자신의 요소로서 조성하거나 구축하는 체계에 앞서 현존하지 않는다는 것이다. 루만은 우리가 "어떤 체계의 환경과 그 체계의 환경 속에 있는 체계들을 구분해야 한다"라고 주장한다.[18] 어떤 체계의 환경과 그 체계의 환경 속에 있는 체계들을 구분하는 것이 중요한 이유는, 전자는 한 실체가 자신의 폐쇄성과 조직을 통해서 세계 속에 있는 다른 실체들을 맞닥뜨리는 방식을 가리키는 반면에 후자는 현실적으로 존재하는 체계들, 즉 이들 실체를 맞닥뜨리는 체계가 현존하든 말든 간에 현존할 체계들을 가리키기 때문이다. 자기생산적이든 타자생산적이든 간에, 현실적으로 존재하는 이들 체계는 어떤 체계가 자신의 요소들을 조성하는 데 필요한 질료로서의 역할을 수행할 수 있다.

루만은 자신의 사회학적 체계 이론에서 체계의 폐쇄성을 극적인 결과를 낳을 정도로 전개했다. 자기생산적 체계 이론의 경우에,

> 모든 체계 이론적 분석을 위한 출발점은 체계와 환경 사이의 차이임이 틀림없다. 체계는 때때로 그리고 적응적으로, 하지만 구조적으로, 자신의 환경에 의해 정향되고, 따라서 체계는 환경이 없다면 현존할 수 없다. 체계는 자신의 환경과 다른 점을 만들어내고 유지함으로써 자신을 구성하고 유지하며, 그리고 체계는 자신의 경계를 활용하여 이런 차이를 조절한다. 환경과 다른 점이 없다면 자기준거도 있지 않을 것인데, 그 이유는 차이가 바로 자기준거적 조작들이 기능하기 위한 전제조건이기 때문이다.[19]

존재자론이 실체는 전적으로 자율적이라고 주장하는 한, 그 이론은 실체 또는 체계가 환경과 독립적으로 현존할 수 없다는 루만의 논제와 결별한다. 그런데도 존재자론 역시 많은 체계가 특정한 종류

---

18. 같은 책, 17. [같은 책.]
19. 같은 책, 16~7. [같은 책.]

의 다른 존재자들과 맺는 외부관계들의 환경으로부터 격리되어 있다면 이상적이지 않은 국소적 표현들을 나타낼 것이라는 점을 인정한다. 예를 들면, 산소가 없는 경우에 고양이는 모든 종류의 작용 능력을 발휘할 수 없다. 여기서 중요한 점은 체계와 환경 사이의 구분이 자기준거적이라는 것이다. 이런 구분이 두 영역(체계와 환경)을 가리키지만, 그 구분 자체는 이들 영역 중 한 영역, 즉 체계에서 비롯된다. 체계와 환경 사이의 구분은 각각의 체계에 의해 수행되는 구분이다. 이런 구분은 체계의 조작적 폐쇄성의 기원 중 하나일 뿐만 아니라, 개별적이고 독립적인 실체로서 체계의 자율성에 대한 조건이기도 하다.

자기생산적 기계의 경우에, 체계와 환경 사이의 구분은 "각각의 체계에 대하여 해당 환경이 체계 자체보다 더 복잡하기에" 출현한다.[20] 그러므로 "체계와 환경 사이에 일대일 대응이란 … 전혀 존재하지 않는다."[21] 만약에 체계와 환경 사이에 일대일 대응이 존재한다면, 체계와 자신의 환경이 전혀 구분되지 않을 것이다. 게다가 이런 상황은 체계가 자신의 환경 속에서 일어나는 모든 사건에 반응하거나 대응할 것을 요구할 것이기에 체계에 지나친 부담을 지우게 된다. 그리하여 자기생산적 체계나 실체에 관해 생각하는 한 가지 방식은, 체계의 복잡성에 비해서 해당 환경이 지니고 있는 더 큰 복잡성으로 인해 체계가 확실히 지배하거나 명령할 수 없을뿐더러 체계가 전적으로 예상할 수도 없는 환경 속에서의 선택 혹은 지속 전략의 견지에서 생각하는 것이다.

체계가 만들어내거나 조성하는 요소의 경우에도 사정은 마찬가지

---

20. 같은 책, 25. [같은 책.]
21. 같은 곳. [같은 곳.]

다. 어떤 다양체 또는 체계의 내부 정합성을 구성하는 요소들의 경우에, 이들 요소는 서로 연계하여 현존할 따름이다. "환경 없는 체계나 체계 없는 환경이 존재하지 않는 것과 꼭 마찬가지로, 관계적 연결 없는 요소나 요소 없는 관계도 존재하지 않는다."[22] 여기서 우리는 실체와 요소를 주의 깊게 구분해야 한다. 요소는 언제나 어떤 실체에 대한 요소다. 요소는 단지 어떤 체계의 내부구조나 내부조성 속의 요소로 존재할 뿐이고, 따라서 우리가 이해한 대로, 요소는 어떤 독립적인 존재론적 현존성을 자체적으로 지니지 못한다. 이와는 대조적으로, 실체는 자율적인 존재론적 현존성을 언제나 자체적으로 향유하기에 자신에 외재하는 관계들 속에서 현존할 따름이다. 즉, 실체는 자신이 맺은 관계와 단절하여 새로운 관계를 맺을 수 있거나, 혹은 아무 관계도 맺지 않은 채로 온전히 현존할 수 있다. 체계의 복잡성이 증가함에 따라, 혹은 체계가 현존하기 위해 유지해야 하는 요소의 수가 증가함에 따라, 특별한 문제점들이 나타난다. 루만이 주장하는 대로, "어떤 체계 속에서 혹은 해당 환경으로서의 어떤 체계에 대하여 결합하여야 하는 요소의 수가 증가할 때, 모든 요소가 다른 모든 요소와 관계를 맺는 것이 더는 가능하지 않은 문턱이 매우 빠르게 나타나게 된다."[23]

이와 같은 체계의 내부 복잡성에서 세 가지 흥미로운 결과가 도출된다. 첫째, 체계의 모든 요소가 다른 모든 요소와 현실적으로 연결되는 것이 가능하지 않은 한, 체계는 자신의 요소들 사이에 이루어지는 관계들을 선택적으로 유지해야 한다는 점이 당연히 도출되고, 따라서 "〔요소들 사이에서〕 동등하게 여겨질 수 있는 다른 관계들을 〔배제

---

22. 같은 책, 20. [같은 책.]
23. 같은 책, 24. [같은 책.]

한다)."[24] 그러므로 요소들 사이의 이런 선택적 관계들은 체계 자체보다 언제나 더 복잡한 환경과 씨름하기 위한 전략이다. 루만은 이들 관계의 우연성과 그것들이 위험을 수반하는 방식을 강조한다. 그런데 둘째, 복잡한 체계에서는 모든 요소가 다른 모든 요소와 관계를 맺는 것은 아닐뿐더러 관계들이 환경과 씨름하기 위한 우발적인 전략인 까닭에, "매우 유사한 단위체들로 이루어진 기체로부터 매우 다양한 종류의 체계들이 형성될 수 있다"라는 결론이 당연히 도출된다.[25] 다시 말해서, 어떤 객체 또는 다양체의 잠재적 고유 존재에 관하여 말하는 경우에, 그 객체의 실체성을 구성하는 것은 자신의 요소들이라기보다는 오히려 자신의 요소들이 조직되거나 관계를 맺는 방식이다. 이런 이유로 인해 나는 '내부관계'를 객체의 잠재적 고유 존재의 내부 정합성과 관련지어 언급한다. 마지막으로 셋째, 체계가 자신의 요소들을 조성하기에 "더 높은 (창발적) 등급의 체계가 더 낮은 등급의 체계보다 덜 복잡할 수가 있다"라는 결론이 당연히 도출되는데, "그 이유는 체계가 자신을 구성하는 요소들의 통일성 및 수"와 더불어 이들 요소 사이의 관계들도 "결정하기 때문이다."[26]

자기생산적 체계든 타자생산적 체계든 간에, 모든 체계의 핵심에 놓여 있는 체계/환경 구분의 한 가지 역설적인 특징은, 이런 구분이 두 존재자 사이의 쌍방적 구분이 아니라 오히려 그 구분의 한 쪽에서 일방적으로 비롯된다는 점이다. 요약하면, 체계와 환경 사이의 구분을 '설정하는' 것은 바로 체계 자체다. 루만이 진술하는 대로, "환경은 체계를 통해서 그리고 오로지 체계와 관련되어 자신의 통일성을

---

24. 같은 책, 21. [같은 책.]
25. 같은 책, 25. [같은 책.]
26. 같은 책, 22. [같은 책.]

부여받는다."27 그러므로 환경은 오로지 어떤 객체나 실체의 내부에 대한 환경일 따름이다. 여기서 두 가지 결과가 도출된다. 첫째, 환경은 실체나 체계의 현존에 앞서 존재하면서 실체나 체계를 담는 용기가 아니다. 세계의 저쪽에 현존하는 '그런 것으로서의' 환경은 존재하지 않는다. 달리 서술하면, 체계가 '적응'해야 하는 미리 확립된 환경이나 미리 주어진 환경은 전혀 없다. 오히려, 우주 속에 존재하는 실체의 수만큼 많은 환경이 있기에 이들 실체가 모두 단일한 환경 속에 담겨 있다고 주장하는 것은 가능하지 않다. 매우 다른 맥락에서 티모시 모턴이 서술하는 대로, "환경은 자체적으로 존재하지 않는다. 환경은 모든 '개별적인 유기적 존재자'다."28 환경은 저기 눈앞에 자리하고 있으면서 체계가 자신에 적응하기를 기다리고 있는 용기가 아니다. 오히려, 존재하는 체계의 수만큼 많은 환경이 존재하고, 게다가 환경 역시 독자적인 체계/환경 구분을 '설정하는' 다른 체계에 지나지 않을 따름이다. 6장에서 이해하게 되는 대로, 이로부터 유일한 세계는 현존하지 않는다는 결론이 도출된다. 그리하여 둘째, 체계와 환경 사이의 구분은 역설적이고 자기준거적이다. 체계와 환경 사이의 구분이 체계에 의해 '이루어지는' 구분인 한, 이런 구분 역시 자기준거적이거나 체계 자체에 속하는 구분이다. 곧 이해하게 되는 대로, 이런 사실은 체계 또는 실체가 다른 존재자들과 관계를 맺는 방식에 두드러진 영향을 미친다.

이들 논점을 예시하기 위해 보잘것없는 곰벌레의 사례를 살펴보자. 곰벌레는 여덟 개의 다리, 두 개의 눈, 그리고 촉수가 있는 미시적인 다세포 유기체로서 약간은 진기한 돼지처럼 보인다. 곰벌레가 특별

---

27. 같은 책, 17. [같은 책.]
28. Morton, *The Ecological Thought*, 60.

히 흥미로운 이유는 그것이 열과 추위의 극단적인 변동에 죽지 않고 생존할 수 있기 때문이다. 그러므로 예를 들면, 곰벌레는 유성이 지구의 대기권에 진입할 때 발생하는 상황에서 나타나는 것과 같은 엄청난 고온에 견딜 수 있다. 이런 일이 일어나는 경우에, 곰벌레의 몸속에 있는 모든 수분이 증발하고 그것은 자신의 다리를 몸통으로 집어넣음으로써 죽은 듯이 보이는 단단한 알갱이가 된다. 그런데 곰벌레의 환경에 물이 다시 공급되면, 곰벌레는 다시 포동포동해지며 몇 시간이 지나지 않아서 아무 일도 없던 것처럼 다시 돌아다닌다. 1장에서 논의된 일부 주제들로 되돌아가면, 고양이나 인간 같은 실체들이 곰벌레의 환경에 속할 가능성은 거의 없다. 미시적 유기체로서의 곰벌레는 더 큰 규모의 유기체들이 현존하는지조차도 철저히 알지 못한 채로 그런 유기체들의 피부와 육체에 새겨진 다양한 균열의 안팎으로 기어 다닐 것이다. 게다가 더 큰 규모의 이들 유기체는 곰벌레가 적응해야 하는 환경으로서의 역할을 수행하지 않는다고 말할 수 있다. 요점은 더 큰 규모의 이들 유기체가 현존하지 않는다거나 혹은 곰벌레가 현존하는 것과 현존하지 않는 것을 결정하게 된다는 것이 아니다. 이렇게 주장하는 사람은 누구나 어떤 체계의 환경을 어떤 체계의 환경 속에 있는 체계나 실체들과 혼동하고 있을 것이다. 오히려, 요점은 실체가 자신의 환경과 선택적 관계들만 유지할 따름이라는 것이다.

체계/환경 구분의 자기준거성은 조작적 폐쇄성이 함축하는 의미 중 하나이고, 따라서 자기생산적 실체와 타자생산적 실체가 다 같이 공유하는 특질이다. 이들 실체가 하나도 빠짐없이 세계에 대해 닫혀 있는 것은 모든 실체의 공통적인 특질이기에 각각의 실체는 독자적인 구분이나 조직화를 통해서만 자신의 환경 속 체계들과 관계를 맺을 따름이다. 이런 폐쇄성으로 인해 체계나 실체는 단지 자신과 관련될 뿐이다. 다시 말해서, 실체는 다른 실체들과 외부관계를 맺을 수 있지만, 자신의 고유한 견지에서 그리고 자신의 고유한 조직에 대해서만 그렇게 할 따름이다.

　루만은 사회를 분석하면서 이 논제로부터 놀랄만한 결론을 끌어낸다. 사회가 자기생산적 체계 또는 실체라면, 그리고 자기생산적 실체가 자신의 요소들을 조성하는 동시에 조작적으로 닫혀 있다면, 인간은 사회의 일부가 아니라는 결론이 당연히 도출된다. 그러므로 사회에 관한 루만의 구상은 인간주의적 전통에서 나타나는 구상과는 근본적으로 어긋난다. 루만이 서술하는 대로,

> 차이점은, 인간주의적 전통의 경우에는 인간이 사회적 질서의 외부에 있는 것이 아니라 그 질서의 내부에 있다는 것이다. 인간은 사회적 질서의 영구적인 부분으로서, 즉 사회 자체의 한 요소로서 여겨진다. 인간은 사회의 궁극적인 불가분의 요소이기에 '개인'으로 일컬어졌다.[29]

　여기서 루만은 인간의 현존을 부정하기는커녕 그들의 현존을 옹호하고 있다는 점을 인식하는 것이 중요하다. 예를 들면, 이데올로기적 국가 장치에 관한 시론 등의 글에서 알튀세르가 주장하는 대로, 인간은 사회적 산물이나 결과물이라고 주장하는 사람은 누구나 인간의 현존을 사회라는 체계 속 요소들의 현존과 융합하고 있을 것이다. 그런데 사회가 조작적으로 닫혀 있는 체계인 것과 꼭 마찬가지로 인간 역시 그런 체계다. "인간을 (사회 자체의 일부가 아니라) 사회의 환경의 일부로 여기면, 고전적 인간주의의 전제들을 포함하여 모든 전통적인

---

29. Luhmann, *Social Systems*, 210. [루만, 『사회적 체계들』.]

의문의 전제들이 바뀐다."[30]

인간은 사회에 속하는 것이 아니라 오히려 사회의 환경에 속한다. 그렇다면 역설적으로 인간은 사회의 외부에 있다. 그리하여 루만의 경우에 사회는 오로지 소통들로 이루어져 있을 따름이다. 게다가 인간이 사회의 환경에 속하는 한, 인간은 사회에 참여하지 않는다. 어딘가에서 루만이 서술하는 대로, "사회적 체계의 환경은 사회와 소통할 수 없다고 말할 수 있을 것이다."[31] 마찬가지로, 체계나 실체는 자신의 환경과 소통할 수 없다. 왜냐하면 체계는 단지 자신과 관련되어 있을 뿐이고 "정보는 ··· 순전히 체계의 내재적 성질"이기 때문이다. "환경에서 체계로의 정보 전달은 전혀 이루어지지 않는다."[32] 약간 다르게 표현하면, 체계나 실체는 자신과 소통할 따름이다. 만약 사회가 인간이나 사람들로 구성되어 있지 않다면, 사회는 무엇으로 구성되어 있는가? 루만이 진술하는 대로, "결국 행동하거나 소통하는 것은 언제나 사람, 개인, 주체들이다. 나는 이것에 맞서서 오직 소통만이 소통할 수 있고 '행위'로 이해되는 것은 오로지 그런 소통의 네트워크에서만 생겨날 수 있다고 주장하고 싶다."[33] 사회를 구성하는 요소들은 단지 소통들과 더불어 소통에 대응하는 새로운 소통의 생산으로 이루어져 있을 따름이다. 소통하는 것은 사람들이 아니라 오히려 소통들이다.

루만이 사회는 인간 없이도 현존할 수 있다는 터무니없는 논제를 제시하고 있는 것이 아님은 확실하다. 사회적 체계는 인간에게서 자

---

30. 같은 책, 212. [같은 책.]
31. Niklas Luhmann, *Ecological Communication*, trans. John Bednarz, Jr. (Chicago, The University of Chicago Press, 1989), 29. [니클라스 루만, 『생태적 커뮤니케이션』, 서영조 옮김, 에코리브르, 2014.]
32. 같은 책, 18. [같은 책.]
33. Niklas Luhmann, "What is Communication?", *Theories of Distinction*, 156.

율적이면서 자체적으로 별개의 실체이지만, 그런 체계가 생성되려면 인간의 교란이나 자극이 필요하다. 『사회적 체계들』에서 루만이 서술하는 대로,

> 지금까지 심리적 체계와 사회적 체계는 함께 진화했다. 언제나 한 종류의 체계는 나머지 다른 한 종류의 체계에 필요한 환경이다. 그 필요성은 이들 종류의 체계들을 가능하게 하는 진화에 근거를 두고 있다. 사회적 체계가 없다면 사람은 출현할 수 없을뿐더러 존속할 수도 없으며, 사람이 없다면 사회적 체계 역시 출현할 수 없을뿐더러 존속할 수도 없다.[34]

그렇다면 사람들은 사회에 속하지 않으며, 그리고 오직 소통들만이 소통하는 한에 있어서 사람들은 서로 소통할 수 없다는 이런 경악할만한 반직관적인 논제를 어떻게 이해해야 할 것인가? 어딘가에서 한스-게오르그 묄러가 이 논점을 잘 설명한다.

> 유럽의 오랜 철학적 전통과 인도유럽어족의 문법적 습관이 인간은 서로 소통할 수 있다는 '진부한 가정'을 확립하는 데 이바지했지만, 인간을 구성한다고 이해되는 것의 '본질적' 요소들이 소통할 수 없다는 점은 경험적 사실이다. 뇌도 마음도 소통할 수 없다. 우리는 자신의 뇌파가 무엇을 '진동시키고' 있는지 말할 수 없으며, 자신이 무엇을 생각하고 있는지도 말할 수 없다. 소통에서 언급되는 것은 마음속에서 생각되고 느껴지는 것과 절대 동일하지 않다. 내가 이 문장을 작성하고

---

34. Luhmann, *Social Systems*, 59. [루만, 『사회적 체계들』.]

있는 동안 나 자신의 마음이 겪고 있는 것 – 지적으로, 정서적으로, '지각적으로' – 을 여기에 적절히 표현하는 것은 불가능하다. 게다가 내가 말하거나 쓰는 모든 문장의 경우에도 사정은 마찬가지인데, 요컨대 소통과 마음 사이에는 일대일 대응 관계가 전혀 없다. 내가 쓴 글을 읽고 있는 여러분의 경우에도 사정은 마찬가지라고 나는 추측한다. 여러분이 이 문장을 읽으면서 생각하고 느끼는 바는 언제나 이 문장에서 소통되는 것과는 전적으로 다를 것이다. 소통 체계와 심리적 체계는 조작적으로 분리되어 있다.[35]

마음은 뇌에 대해 조작적으로 닫혀 있다. 마음은 오로지 사유를 통해서 자신과 관계될 따름이고, 뇌는 오로지 전기화학적 반응을 통해서 자신과 관련될 따름이다. 이들 두 체계 중 어느 것도 서로에 관해 전혀 알지 못한다. 마찬가지로, 사회의 소통은 마음에 대해 조작적으로 닫혀 있기에 소통은 단지 소통에 반응할 수 있을 따름이다. 이들 경우에 각각 체계와 해당 환경이 있다.

나는 루만의 논제를 예시하기 위한 단순한 사례로서 어떤 소박한 대화를 살펴본다. 지난 여러 해 동안 나는 운이 좋게도 나와 같은 대학에 근무하는 수사학자 칼턴 클라크와 우정을 나누었다. 루만적 틀 안에서 바라보면, 이런 대화는 두 체계(클라크 및 나 자신) 사이의 소통이 아니라 오히려 독자적으로 하나의 체계다. 이렇게 해서 클라크와 나는 이 대화의 체계에 속하는 것이 아니라 이 대화의 환경에 속한다. 우리는, 둘 다 상대방의 사유나 신경계에 접근할 수 없는 한, 이 대화에 의해 구성되는 체계의 외부에 있다. 그러므로 이 대화에서 소통

---

35. Hans-Georg Moeller, *Luhmann Explained* (Chicago : Open Court, 2006), 11.

하는 것은 클라크도 아니고 나 자신도 아니라 오히려 소통들이다. 게다가 이 대화는 끊임없이 자신(그 대화에서 거론되는 사건들과 그 대화의 과거에서 이루어진 소통들)을 참조하고 타자(그 대화의 환경)를 참조한다. 다시 말해서, 그 대화는 그 대화 자체에 내재하는 것, 시간이 흐름에 따라 출현한 그 체계에 내재하는 것, 그리고 그 대화의 외부에 있는 것, 즉 그 대화 자체에 의해 조성된 그 대화의 환경 속에 있는 것에 내재하는 것을 둘러싸고 조직된다. 예를 들면, 대학에서 일어난 어떤 사건은 그 대화의 환경에 속하는 것, 그 대화의 외부에 있는 것으로 여겨지는 한편으로, 그 사건 역시 시간이 흐름에 따라 그 대화가 전개한 의미 도식에 따라 관련지어지는 그 대화 속 화제가 될 수 있다. 이런 긴 대화가 이루어지는 도중에 하나의 체계로서의 그 대화는 독자적인 구분, 주제, 화제, 그리고 이들 주제와 화제를 다루는 방식을 진화시켰다. 이들 화제와 주제 중 일부는 수사학, 교육, 철학, 가족, 대학 정치, 정치학 등을 포함한다. 그 대화에 내재하는 구분들은 이들 주제와 화제가 다루어지는 암묵적인 방식들이거나 그 대화를 조정하는 의미 도식이다. 그 대화의 환경에 내재하는 사건은 그 대화를 교란하거나 자극할 수 있기에 새로운 소통적 사건을 촉발하는 자극제를 제공한다. 예를 들면, 그 체계의 내부에서 새로운 소통을 만들어 내는 데 자극제가 되는 신간 도서가 출판될 수 있다. 그런데 이런 신간 도서의 출판은 책으로서 그 대화에 들어오는 것이 아니라, 그 대화 자체의 구분과 조직에 따라 그 대화에 통합된다. 이런 점에서 그 대화는 자신의 요소들(그 대화 속에서 일어나는 소통 사건들)을 조성하는 존재자 자체이며, 그리고 클라크와 나는 그 대화 속 부분이나 요소들이 아닌 채로 얽혀 있다. 메논이라는 그 사람 자신은 플라톤의 대화편 『메논』의 요소가 아닌 것과 꼭 마찬가지로, 클라크와 브라이언트는 이 대화의 요소들이 아니다.

자기생산적 객체의 조작적 폐쇄성에 관한 논의로부터 우리는 객체의 본성과 관련된 네 가지 중요한 특질을 알게 되었다. 무엇보다도 첫째, 객체는 단지 자신과 관련되어 있을 뿐이지 자신의 환경과는 결코 관련되어 있지 않다. 여기서 우주는 유아론자들, 아리스토텔레스의 제일 원인, 부동의 원동자, 라이프니츠적 모나드들, 혹은 하먼이 표현한 대로, 진공들로 가득 차 있는 것처럼 보인다. 둘째, 모든 실체나 체계는 체계 자체가 설정하는 체계와 환경의 구분을 둘러싸고 조직된다. 그리하여 실체와 환경 사이의 이런 구분은 자기준거적이다. 셋째, 자기생산적 실체는 타자생산적 실체와는 대조적으로 자신의 요소들을 조성하거나 혹은 자신이나 자신의 활동을 통해서 끊임없이 스스로 재생산한다. 자기생산적 실체의 경우에, 그 실체를 구성하는 요소들은 서로 조성하면서 조성된다. 마지막으로, 실체란 실체 속에 실체가 포개 넣어질 수 있는 한편으로 실체 속에 포개 넣어진 실체는 자신이 포개 넣어진 그 실체의 환경에 속하는 그런 것이다. 예를 들면, 사회와 관련된 사정이 이러하다. 인간은 사회 속에 포개 넣어져 있지만, 사회적 체계에 속하는 것이 아니고 오히려 사회적 체계의 환경에 속한다. 여러 가지 점에서, 인간이 사회적 체계의 구성 작업을 수행하는 존재자가 아닌 채로 끊임없이 사회적 체계를 교란하는 한, 인간은 사회적 체계가 자신을 구성하는 데 이용하는 질료다. 한편으로, 소통을 구성하는 것은 소통이다. 이 논점을 이해하려면, 소통에 있어서 우리의 의도들이 얽히게 되는 방식을 생각하라. 예를 들면, 우리는 과거에 자신이 제기했던 어떤 주장에 모순되는 주장을 제기하고 이어지는 후속 소통은 이런 모순을 지적함으로써 이른바 우리의 후속 소통을 조정한다. 세포와 육체 사이의 관계에 대해서도 실체 속에 포개 넣어진 실체의 유사한 사례가 발견된다. 각각의 세포는 자체적으로 닫혀 있는 자기생산적 체계이지만, 육체는 독자적인 자기생산적 과정을 통해서 자신을 구성하는 데 세포들을 활용한다. 여기서 또다시 우리는, 어떤 객체가 다른 객체 속에 포개 넣어질 수 있음에도 불구하고 그 객체는 자신이 포개 넣어진 그런 객체로부터 여전히 독립적이거나 자율적이라고 구상하는 존재자론과 객체지향 철학의 기묘한 부분전체론을 맞닥뜨리게 된다. 이런 부분전체론은 모든 실체가 어떤 유기적 전체의 부분으로 여겨지는, 사회와 우주 둘 다에 대한 유기체적 구상을 논파한다.

실체의 조작적 폐쇄성에서 당연히 도출되는 한 가지 중요한 결과는 이런 폐쇄성 덕분에 한 실체가 다른 한 실체를 일방적으로 통제하는 것이 불가능해진다는 점이다. 루만이 서술하는 대로,

> 자기준거적 체계의 구성에서 불가피하게 도출되는 한 가지 중요한 구조적 결과는 특별히 언급할 가치가 있다. 이 결과는 일방적 통제라는 관념을 폐기하는 것이다. 위계, 비대칭, 혹은 영향력의 차이는 있을 것이지만, 체계의 어떤 부분도 자신은 통제받지 않으면서 다른 부분들을 통제할 수는 없다. 그런 환경에서는… 어떤 통제도 대항 통제를 예상하면서 실행되어야 하는 그런 상황이 가능하다.[36]

이런 맥락에서 루만은 체계의 하위체계들과 그것들이 서로 관련되는 방식을 언급하고 있다. 어떤 체계에 속하는 하위체계들 자체가 각각 조작적으로 닫혀 있고 자기준거적인 체계/환경 구분에 정초하고

---

36. Luhmann, *Social Systems*, 36. [루만, 『사회적 체계들』.]

있는 까닭에 사회적 체계의 한 하위체계는 사회적 체계의 다른 한 하위체계를 통제할 수 없다. 예를 들면, 정치적 하위체계는 경제적 하위체계를 통제할 수 없는데, 그 이유는 각각의 하위체계가 특유의 조직에 의거하여 나름의 고유한 방식으로 자신의 환경과 관련되기 때문이다. 예를 들면, 사회적 체계의 경제적 하위체계는 사회적 체계의 정치적 하위체계에서 비롯되는 교란을 경제의 견지에서 맞닥뜨린다. 더 큰 규모의 체계에 내재하는 하위체계들에 대해서 성립하는 사정은 서로 다른 체계나 실체들 사이의 관계에 대해서도 마찬가지이거나 훨씬 더 그렇다. 각각의 실체는 독자적인 특유의 조직에 의거하여 다른 실체들과 상호작용한다. 그리하여 작용은 이 체계에서 저 체계로 결코 일방적으로 전달될 수 없고, 따라서 촉발하는 체계 또는 실체가 실행하는 작용의 내용이나 특성은 동일하게 유지될 수 없다. 다음 장에서 이해하게 되듯이, 이런 이유로 인해 우리는 티모시 모턴이 실체들의 '그물망' 혹은 네트워크라고 일컫는 실체들 사이의 제약 관계를 다시 고찰해야 한다.

객체들 사이의 상호작용

그런데 객체 또는 실체가 조작적으로 닫혀 있다면, 객체가 오로지 자신과 관련될 따름이라면, 객체들은 어떻게 상호작용하는가? 실체들은 서로에 대해 닫혀 있음에도 불구하고 서로 교란하거나 자극할 수 있다. 그리고 객체들이 서로 교란하거나 자극하는 경우에, 교란되거나 자극받는 체계에 의해 정보가 산출된다. 그런데 여기서 우리는 조심스럽게 나아가야 하는데, 그 이유는 정보가 환경 속 저쪽에 현존하면서 수신되거나 감지되기를 기다리고 있는 것이 아니기 때문이다.

더욱이, 정보는 체계들 사이에서 교환되는 것이 아니다. 우리는 종종 정보를 송신자에서 수신자에게 전송되는 것으로 여긴다. 여기서 제기되는 의문은 수신자가 수신된 정보를 전송된 정보와 동일하게 해독하는 일이 어떻게 가능한지에 관한 물음이다. 그런데 실체가 바로 앞 절에서 논의된 의미에서 닫혀 있는 한, 교환으로서의 정보에 관한 물음은 있을 수 없다는 결론이 당연히 도출된다. 오히려 정보는 순전히 체계 특정적이고, 단지 특정한 체계나 실체의 내부에서 현존할 따름이며, 오로지 그 체계 또는 실체에 대해서 현존할 뿐이다. 요약하면, 선재하는 정보는 전혀 없다. 오히려 정보는 체계에 의해 구성된다. 루만이 진술하는 대로, "무엇보다도 일반적으로 '정보'라고 일컬어지는 것은 순전히 내부적으로 이루어지는 것이다. 어떤 체계의 외부에서 내부로 이동하는 정보는 전혀 없다."[37] 어딘가에서 루만은 "정보란 어떤 체계의 내부 상태의 변화, 즉 소통적 사건이 스스로 생산하는 양태이지 그 체계의 환경 속에 현존하는 것이 아니다"라고 진술한다.[38] 그리하여 정보는 어떤 객체의 교란이 어떤 체계의 내부에서 정보로 변환되는 것이다.

이 논점은 내가 나의 고양이와 맺는 관계와 관련하여 예시될 수 있다. 나의 고양이가 나에게 비비대거나 나의 무릎에 뛰어오르면 이들 사건은 나에 대한 교란에 해당한다. 그런데 하나의 체계로서 나는 이들 교란을 정보로 번역함으로써 애정의 기호로 기입한다. 그에 대한 응답으로 나는 그 고양이를 쓰다듬음으로써 나의 애정을 보여준다. 이

---

37. Luhmann, "The Cognitive Program of Constructivism and the Reality that Remains Unknown," *Theories of Distinction*, 135.

38. Niklas Luhmann, "The Autopoiesis of Social Systems," *Essays on Self-Reference* (New York : Columbia University Press, 1990), 10.

와는 대조적으로, 나의 고양이는 단지 따뜻함을 추구하고 있거나 혹은 영토를 확정하려고 자신의 냄새를 나에게 묻히고 있을 따름일 것이다. 여기서 요점은, 이런 상호작용이 일어나고 유지되기 위해서는 공유되는 정보의 동일성이 확보될 필요가 없다는 것이다. 나의 고양이와 나는 어쩌면 각자 다른 이유가 있음을 전혀 알지 못하면서 완전히 다른 이유로 서로 관여할 것이지만, 상호작용과 소통은 여전히 일어난다.

그런데 여기서 두 가지 논점이 제기되어야 한다. 첫째, 실체는 모든 방식으로 교란될 수 있는 것은 아니다. 예를 들면, 나의 눈은 적외선에 의해 교란될 수 없다. 내가 이해하는 대로의 개와 고양이는 매우 한정된 범위의 색 시각을 지니고 있다. 중성미자는 지구상의 대다수 사물을 관통한다. 내가 알고 있는 한, 바위는 색을 전혀 지각할 수 없다. 전기뱀장어는 다양한 전기 신호를 통해서 세계를 감지하는 반면에, 고양이는 그런 견지에서 세계를 경험한다는 것이 어떠할지에 대한 감각을 갖추고 있을 가능성이 거의 없다. 그리하여 모든 실체는, 타자생산적이든 자기생산적이든 간에, 세계에 대하여 선택적으로 열려 있을 따름이다. 둘째, 그리고 밀접히 관련된 취지에서, 모든 교란이 정보로 변환되는 것은 아니다. 다음 절에서 우리는 타자생산적 기계와 자기생산적 기계가 매우 다른 방식으로 정보 사건과 관련됨을 알게 될 것이다. 그런데 자기생산적 기계의 경우에는 어떤 체계가 수용할 수 있는 교란이 아무 정보 사건도 산출하지 않는 일이 언제나 가능한데, 그런 교란은 한낱 배경 소음에 불과한 것으로 코드화된다. 예를 들면, 내가 이 책을 저술하고 있는 동안에 세 살 먹은 나의 딸이 방을 돌아다니면서 춤을 추고 있지만, 지금 나는 그 사태를 거의 알아채지 못한다.

그러므로 정보는 그것을 '경험하는' 체계와 독립적으로 세계 속에 현존하는 것이 아니라, 오히려 그것을 '경험하는' 체계에 의해 구성된다. 그런데도 이런 구성은 정보를 구성하는 체계 자체에서 전적으로 비롯되지는 않는다. 정보는 어떤 실체에 들이닥치거나 일어나는, 이른바, 진정한 사건이다. 정보를 산출하기 위한 근거로서 기능하는 교란은 환경에서 비롯될 수 있거나 혹은 체계 자체에서 이루어진 변환에서 비롯될 수 있지만, 여하튼 교란은 정보가 산출되려면 일어나야만 하는 사건이다. 루만은 그레고리 베이트슨을 좇아서 정보를 차이를 만들어내는 차이로 여긴다.[39] 정보가 차이를 만들어내는 차이라면, 그 이유는 그것이 체계 상태를 선택하기 때문이다. 루만이 서술하는 대로, "우리가 정보로 뜻하는 바는 체계 상태를 선택하는 사건이다. 이런 사건은 가능태를 한정하고 사전에 분류하는 구조의 경우에만 일어날 수 있을 뿐이다. 정보는 구조를 전제로 하지만, 그것 자체는 구조가 아니라 오히려 구조의 용법을 현실화하는 사건이다."[40] 그러므로 정보는 실체 자체의 **특성**이라기보다는 오히려 실체의 내부에서 생겨나는 것이다. 「인식론의 병리」에서 베이트슨은 이 논점을 멋지게 부각한다. 베이트슨이 서술하는 대로,

1. 체계는 차이에 의해 그리고 차이에 의거하여 작동할 것이다.
2. 체계는 차이와 차이의 변환이 전달될 경로들의 닫힌 고리들이나 네트워크들로 구성될 것이다(신경세포에서 전달되는 것은 자극이 아니라 차이에 관한 소식이다).
3. 체계의 내부에서 일어나는 많은 사건은 촉발하는 부분에서 비롯되는 충격에 의해 활성화되기보다는 오히려 반응하는 부분에 의해

---

39. Luhmann, *Social Systems*, 40. [루만, 『사회적 체계들』.]
40. 같은 책, 67. [같은 책.]

활성화된다.

4. 체계는 항상성을 향하거나 폭주하는 방향으로 자기교정성을 나타낼 것이다. 자기교정성은 시행착오를 수반한다.[41]

어딘가에서 베이트슨은 차이가 "영토에서 지도 위로 표시되는 그런 종류의 '것'에 의해 생긴다"라고 진술한다.[42] 여기서 우리는 지도와 영토를 체계와 환경으로 여길 수 있는데, 영토는 지도보다 언제나 더 복잡하다. 베이트슨의 논점은, 차이가 한 사물에서 다른 한 사물로, 예를 들면 이 신경세포에서 저 신경세포로, 전달되는 동일한 단위체가 아니라 오히려 수용하는 존재자에 의해 정보로 변환되는 교란이나 자극이라는 것처럼 보인다. 그리하여 정보는 차이를 수용하는 체계에 의해 구성된다. 3장에서 전개된 사물 도식의 맥락에서 살펴보면, 체계 상태를 선택하는 사건으로서의 정보는 어떤 객체의 잠재적 고유 존재에 속하는 잠재적인 역능을 현실화하고, 따라서 발휘되는 그 역능은 국소적 표현을 산출한다.

나중에 루만은 "정보란 차이들을 연결하는 사건에 지나지 않는 것이다"라고 진술한다.[43] 루만은 자신의 논제를 이런 식으로 전개하지 않더라도, 정보 사건이 생성하는 차이의 연결은 세 가지 차원에 의거하여 특징지어질 수 있다. 첫째, 정보는 어떤 객체를 그 객체의 물러서 있는 잠재적 고유 존재와 그 국소적 표현들 사이의 관계와 관련지어

41. Gregory Bateson, "Pathologies of Epistemology," *Steps to an Ecology of Mind* (Chicago : University of Chicago Press, 2000), 490. [그레고리 베이트슨, 「인식론의 병리」, 『마음의 생태학』, 박대식 옮김, 책세상, 2006.]

42. Bateson, "Form, Substance, and Difference," *Steps to an Ecology of Mind*, 458. [베이트슨, 「형태, 실제, 그리고 차이」, 『마음의 생태학』.]

43. Luhmann, *Social Systems*, 75. [루만, 『사회적 체계들』.]

그것 자체에 변별적으로 연결한다. 여기서 우리는 어떤 객체의 내부에서 국소적 표현이 생겨나는 과정을 맞닥뜨리거나, 혹은 차라리 자기생산적 객체든 타자생산적 객체든 간에 모든 객체를 특징짓는 자기타자화와 물러섬의 과정을 맞닥뜨린다. 정보는, 어떤 체계의 상태를 선택함으로써, 그 객체의 잠재적 차원이 물러서는 동시에 어떤 성질이 산출되는 자기타자화 과정에 영향을 미친다. 이런 정보 사건은 어떤 객체의 내부적으로 일어날 수 있거나 혹은 그 객체가 다른 객체들과 주고받는 외부적 상호작용의 결과로서 일어날 수 있다. 둘째, 정보 사건은 교란을 정보에 연결함으로써 차이를 차이에 연결한다. 교란이 정보와 절대 동일하지 않는 이유는 바로 정보가 객체 특정적이기 때문인데, 그리하여 같은 교란이 다양한 객체에 영향을 줌으로써 교란되는 각각의 객체에 대하여 매우 다른 정보를 산출할 수 있다. 마지막으로 셋째, 정보 사건은 물러서 있는 별개의 객체들을 서로 연결함으로써 차이를 차이에 연결한다. 어떤 객체도 또 다른 객체를 직접 만나지 못하는 이유는 바로 모든 객체가 조작적으로 닫혀 있기 때문이다. 그리하여 어떤 객체도 또 다른 객체를 표상할 수 없거나 혹은 또 다른 객체에서 비롯되는 교란의 순수한 전달자로서 기능할 수 없다. 이것은 객체들이 교란을 언제나 변환하거나 번역하기 때문이다. 그런데도 실체들이 서로 관계를 맺을 때마다 정보는 해당 실체에 특정한 방식으로 차이를 차이에 연결한다.

정보는 어떤 실체의 특성이 아니라 오히려 어떤 실체에 들이닥치거나 일어나서 어떤 체계 상태를 선택하는 사건이기에 "정보는… 어떤 놀라움의 요소를 언제나 포함한다."[44] 이런 이유로 인해, 정보는 자기

---

44. Luhmann, "Meaning as Sociology's Basic Concept," *Essays on Self-Reference*, 31.

생산적 체계의 진화와 발달에 있어서 핵심적인 역할을 수행함으로써 현존하는 자기생산적 실체의 내부에서 새로운 형태의 조직을 형성하는 데 이바지한다. 정보가 객체 상태를 선택하는 한에 있어서 그것은 놀라움의 요소를 언제나 나타낸다. 루만이 서술하는 대로,

> 반복되는 한 편의 정보는 더는 정보가 아니다. 그것은 반복되면서 그 의미는 유지하지만 정보로서의 가치는 상실한다. 누군가가 신문에서 독일 마르크화의 가치가 상승했다는 기사를 읽는다. 그가 또 다른 신문에서 이 기사를 읽는다면, 이 활동은 구조적으로 동일한 선택을 현시하더라도 정보로서의 가치가 더는 없다(그 활동은 해당 체계의 상태를 더는 변화시키지 않는다). 정보 사건이 사라지더라도 그 정보는 상실되지 않는다. 그 정보는 해당 체계의 상태를 변화시킴으로써 구조적 결과를 남기고, 그리하여 그 체계는 이런 구조적 변화에 반응하는 동시에 그런 변화된 구조를 갖고서 반응하게 된다.[45]

여기서 한 편의 정보가 정보로서 기능하는지 여부는 해당 실체의 이전 객체 상태에 달려 있다. 만약에 내가 달러화의 가치가 하락했다는 소식을 들은 후에 또 다른 뉴스 방송으로 채널을 돌려서 같은 소식을 다시 한번 듣는다면 이 정보는 정보의 지위를 잃어버리는데, 그 이유는 그것이 나의 심적 체계 내부에서 새로운 상태를 더는 선택하지 않기 때문이다. 그런데 내가 이 정보를 한 주 혹은 한 달 뒤에 듣는다면, 그것은 나의 이전 심적 상태와 대조를 이루는 덕분에 또다시 정보가 된다. 달러화의 가치가 다시 하락했다. 그리고 내가 투자자인 경

---

45. Luhmann, *Social Systems*, 67. [루만, 『사회적 체계들』.]

우에, 이 정보가 어떤 체계 상태를 선택한다면, 이번에 내가 주식을 매각하면 수익이 그다지 높지 않을 것이라는 사실에 의거하여 주식을 매각하지 않겠다는 형태로 이루어질 것이다.

그러므로 정보가 어떤 체계 속 사건으로서 생겨나려면, 그 체계의 내부에서 구분이라는 조작이 이루어져야 한다. 바로 앞 절에서 환기된 대로, 지시는 어떤 공간을 스펜서-브라운이 '형식'이라고 일컫는 통일성을 갖춘 유표 공간과 무표 공간으로 분할하는 사전 구분에 근거하여 이루어질 수 있을 따름이다. 정보는 해당 환경이 어떤 체계에 사실상 '강요'하는 지시의 일종이다. 예를 들면, 나는 오늘 아침에 일찍 일어나서 비가 내리고 있음을 깨달았다. 내가 이런 날씨 상태를 내 마음대로 불러내지 않았음이 확실하다. 그런데 이런 날씨 상태가 정보로서 기능하려면, 나의 인지 체계에서 작동하는 사전 구분이 있어야 한다. 어쩌면 이 구분은 '비가 내림'(유표 공간)과 '비가 내리지 않음'(비非유표 공간) 사이의 구분 같은 것으로 이루어질 것이다. 이런 구분은 나의 환경이 지금 어떤 상태인지 나에게 미리 알려주지 않는다는 사실이 강조되어야 한다. 그것은 폭우가 내릴지, 눈이 내릴지, 진눈깨비가 내릴지, 이슬비가 내릴지, 혹은 날씨가 맑거나 흐릴지 여부를 미리 알려주지 않는다. 그런데도 인지적 소통 체계의 경우에, 이들 상태와 여타의 상태가 의미를 띨 수 있게 하는 것은 바로 그런 구분이다. 여기서 환경은 사전 구분이 현실화되거나 내용으로 채워지는 방식을 선택하는 반면에, 사전 구분은 어떤 환경 상태가 해당 체계에 대하여 이런 기능을 수행할 수 있는지 미리 규정한다.

그런 사건이 체계 상태를 선택하는 방식은 다양하다. 그런 사건은 어떤 특정 방식으로 조작적 구분을 현실화할 뿐만 아니라('비가 억수같이 내린다!'), 해당 체계의 후속 조작에서도 어떤 역할을 수행한다.

예를 들면, 나는 비가 내리고 있음을 앎으로써 다음 며칠 동안 정원에 물을 뿌릴 필요가 없고, 외출하는 경우에 우산을 챙겨야 하며, 몸을 따뜻하고 건조하게 유지하기 위해 특정한 방식으로 옷차림을 해야 한다는 결론을 내린다. 요약하면, 정보는 체계 내부에서 후속 사건을 일으킨다.

여기서 체계 내부에서 일어나는 후속 사건들은 확정된 특질을 지니고 있지 않으면서 다양한 방식으로 전개될 수 있다는 점을 인식하는 것이 중요하다. 심리적 체계와 사회적 소통 체계처럼 의미를 둘러싸고 조직된 체계들의 경우에 특히 그렇다. 루만이 주장하는 대로,

어느 때나 경험을 채우는 순간적인 소여는 자신 너머의 무언가 다른 것을 언제나 그리고 돌이킬 수 없게 가리킨다. 경험은 자신을 가변적인 것으로서 경험하는데, 여기서 우리는 초험적 현상학과는 달리 이런 사태에 대한 유기적 근거를 가정한다. 경험은 닫혀 있고 자기완결적이며 자체적으로 한정된 것이 아니라, 그 순간에 자신의 현실적 내용이 아닌 무언가를 언제나 가리키고 있다. 이런 자신-너머를-가리킴, 즉 경험의 내재적 초월성은 선택의 문제가 아닌데, 오히려 그것은 그에 근거하여 모든 선택할 자유가 먼저 구성되어야 하는 조건이다.[46]

그런데 우리는 경험에 관한 루만의 논의에서 의미에 관한 그의 기본적인 개념을 맞닥뜨린다. 의미는 현실태와 잠재태 사이에서 나타나는 차이의 통일성이다. 각각의 현실화된 의미는 자신을 넘어서 현실화될 수 있었을 다른 의미들을 동시에 가리킨다. 예를 들면, 나는 외출할

---

46. Luhmann, "Meaning as Sociology's Basic Concept," *Essays on Self-Reference*, 25.

것이기에 우산을 챙겨야 한다는 결론을 내리지만, 한편으로 이런 현실화는 여전히 자신을 넘어서 집에 그냥 머무를 가능성을 가리킨다. 의미 현상은, 그것이 어떤 의미를 현실화하는 한편으로 부정되거나 배제된 대안들이, 부정의 표시 아래서도, 여전히 남아 있는 그런 것이다. 이것이 모든 의미가 그 주변에 우연성의 분위기를 나타내는 한 가지 이유다. 모든 의미는 자신이 배제한 여타의 잠재적 의미가 붙어 다닌다. 덧붙여 말하자면, 이런 이유로 인해 철학의 내부에서 궁극적인 토대를 정립하는 것은 불가능하다. 의미가 현실태와 잠재태 사이에서 나타나는 차이의 통일성인 한, 최종 근거로서 기능한다고 추정되는 모든 근거는 자신을 넘어서 근거로서 기능할 수 있었을 여타의 배제된 잠재적인 것을 가리킨다.

의미에 대한 이런 설명은 정보와 의미를 구별하는 수단을 제공한다. 루만이 서술하는 대로,

> 의미는 의식의 다른 가능한 상태들 또는 내용에서 어떤 선택이 이루어질 수 있게 하는 식으로 정보를 처리하기 위한 전제로서 기능하며, 그리고 도중에 의미는 선택되지 않은 것을 전적으로 제거하는 것이 아니라 세계의 형태로 보존함으로써 계속해서 입수할 수 있게 한다. 그렇다면 의미의 기능은 정보에 있지 않고, 즉 세계에 대한 체계 나름의 불확실한 상태를 사라지게 하는 데 있지 않고, 따라서 정보 이론의 기법으로 측정될 수 없다. 한 편의 메시지 혹은 뉴스가 반복된다면, 그것은 정보 가치는 상실하지만 그 의미는 상실하지 않는다. 의미는 선택적 사건이 아니라, 체계와 세계 사이의 선택적 관계다.[47]

---

47. 같은 글, 27.

정보는 사전 구분에 근거하여 상태를 선택함으로써 체계 내부에서 불확실성을 축소하는 사건이다('오늘 날씨가 어떠할까?' '비가 내리고 있다!') 반면에, 의미는 어떤 현실화된 소여와 그와 다른 잠재태나 가능태 사이의 통일성을 유지한다.

정보는 환경에서 일어나는 사건이 정보 가치를 띨 수 있게 하는 사전 구분을 전제로 하는 까닭에, 다른 객체들과 관계를 맺은 체계에는 언제나 맹점이 포함되어 있다는 결론이 당연히 도출된다. 여기서 우리가 알게 되는 것은 객체의 폐쇄성에서 비롯되는 결과로서 산출되는, 객체에 고유한 일종의 초험적 착각이다. 『생태적 커뮤니케이션』에서 루만이 진술하는 대로, "체계는 자신이 볼 수 있는 것만 볼 수 있을 뿐이라고 말할 수 있을 것이다. 체계는 자신이 볼 수 없는 것은 볼 수 없다. 게다가 체계는 자신이 이것을 볼 수 없다는 것을 알 수 없다. 체계에 이것은, 그것에 대해서는 '배후'가 전혀 없는 지평의 '배후'에 감춰진 것이다."[48] 체계가 자신이 볼 수 있는 것만 볼 수 있을 뿐이고, 자신이 볼 수 없는 것을 볼 수 없으며, 자신이 그것을 볼 수 없다는 것을 알 수 없다면, 그 이유는 세계에 대한 모든 관계는 체계 자체에서 생겨나는 체계 특유의 구분에 전제를 두고 있기 때문이다. 이렇게 해서 루만은 어딘가에서 다음과 같이 진술한다. "이로부터 도출될 결론은 외부 세계의 실재와의 연결 관계가 인지적 조작의 맹점에 의해 확립된다는 것이다. 실재는 누구나 그것을 지각할 때 지각하지 않는 것이다."[49]

실재가 누구나 그것을 지각할 때 지각하지 않는 것이라면, 그 이유는 (1) 객체들이 서로 직접 관계를 맺는 것이 아니라 오히려 독자적

---

48. Luhmann, *Ecological Communication*, 22~3. [루만, 『생태적 커뮤니케이션』.]
49. Luhmann, "The Cognitive Program of Constructivism and the Reality that Remains Unknown," *Theories of Distinction*, 145.

인 구분을 통해서만 다른 객체들과 관계를 맺을 뿐이기 때문이며, 그리고 (2) 객체가 자신이 이런 식으로 다른 객체들과 관계를 맺을 수 있게 하는 구분을 스스로 기입하지 않기 때문이다. 그러므로 객체는 이중의 의미에서 물러서 있다. 한편으로, 객체가 이들 다른 객체를 결코 직접 맞닥뜨리지 않고 오히려 이들 교란을 자신의 고유한 조직에 따라 정보로 변환한다는 점에서, 객체는 다른 객체들로부터 물러서 있다. 다른 한편으로, 조작이 이루어지는 중에, 조작을 가능하게 하는 구분으로서 객체의 내부구조가 이른바 배경으로 물러서 있기에, 객체는 심지어 자신으로부터도 물러서 있다. 내가 비가 내리고 있다는 사실을 인지할 때, '비가 내림'과 '비가 내리지 않음' 사이의 구분은 나의 인지 체계를 위해 내 앞에 존재하는 것이 아니라 오히려 나의 인지 체계에 의해 사용되거나 채택된다.

그러므로 객체들이 서로 관계를 맺는 방식에 의해 생성되는 초험적 착각으로 인해 어떤 체계에 의해 '경험되는' 상태는 그 체계 자체의 조직에 의해 생성되는 체계 특유의 존재자로 여겨지기보다는 오히려 자체적으로 다른 객체로 여겨지게 된다. 다시 말해서, 객체는 자신이 '경험하는' 세계를 자신의 고유한 조직에 의해 산출되는 체계 상태로 여기기보다는 오히려 실재 그 자체로 여긴다. 여기서, 앞서 언급된 분석에서 우리가 루만 혹은 스펜서-브라운을 좇아서 그런 체계 상태는 이진 구분에 의해 산출된다는 논제를 수용할 필요는 없다는 점을 인식하는 것이 중요하다. 오직 필요한 것은 이런 상태가 어떤 객체의 내부구조나 잠재적 고유 존재의 결과로서 산출된다는 점일 뿐이다. 이진 구분은 인지적 체계와 소통 체계 같은 '더 고등한' 객체들에서만 작동할 수 있을 것인데, 여타 체계는 베이트슨이 차이들의 전달(그보다는 생산)의 견지에서 서술한 노선을 따라 다양한 방식으로 교란될 수 있을 뿐인 특정한 조직을 규정하는 관계들의 네트워크로 이루어진 내부구조를 갖추고 있을 따름이다. '더 고등한' 체계 역시 이런 종류의 비선형 네트워크일 수 있다. 중요한 것은, 정보가 이진 구분을 통해서 산출되는지 여부가 아니라 오히려 정보가 해당 체계의 조직의 생산물이라는 점인데, 그리하여 정보는 자기동일성을 유지하는 것으로서 한 객체에서 다른 객체로 전달되지 않는다.

체계가 세계와 관계를 맺는 방식에 대한 루만의 설명과 그레이엄 하먼의 객체지향 존재론 사이에서는 두드러진 공통점들이 있다. 하먼의 객체와 마찬가지로, 루만의 체계는 다른 체계들에 독립적이고 닫혀 있는 자율적인 개체다. 하먼은 자신의 가장 최근 저작에서 모든 객체는 구조적으로 네겹이라고 주장했다.[50] 객체에 대한 하먼의 설명을 간략히 요약하면, 그는 실재적 객체와 실재적 성질, 그리고 감각적 객체와 감각적 성질을 구별한다. 여기서 우리는 조심스럽게 나아가야 하는데, 왜냐하면 하먼의 감각적 객체는 1) 한낱 허구적인 것에 불과한 객체만을 가리키지 않으며, 그리고 2) 오직 인간과 동물에만 한정되지 않기 때문이다. 오히려, 생명이 있든 생명이 없든 간에, 모든 객체는 다른 객체를 실재적 객체가 아니라 감각적 객체로서 받아들인다. 우리는 일종의 유사 루만주의를 환기함으로써 "감각적 객체는 다른 객체에 대한 객체다"라고 말할 수 있다. 감각적 객체는 실재적 객체 자체가 아니라, 오히려 객체의 다른 객체에 대한 무엇임이다. 이런 점에서 감각적 객체는 루만의 정보 사건 및 체계 상태와 매우 흡사하다.

하먼의 감각적 객체는, 실재적 객체와는 달리, 실재적 객체의 내부에서만 현존할 뿐이다. 이런 감각적 객체는 자신을 맞닥뜨리는 실재적

---

50. Harman, *Prince of Networks*, 188~211을 참조하라. [하먼, 『네트워크의 군주』.]

객체의 내부에서 생겨날 수 있거나 다른 실재적 객체에서 비롯될 수 있다. 『네트워크의 군주』에서 하먼은 자신이 돌보고 있는 친구의 고양이와 '괴물 X'의 사례들을 제시한다.[51] 괴물 X는 하먼이 자신의 상상을 통해서 만들어내면서 우리와 공유하는 성질을 부여하지 않는 괴물이다(그는 우리에게 이것이 여태까지 상상된 가장 무시무시하고 소름끼치는 괴물이라고 단언한다). 그런데 실재적 객체와는 달리, 괴물 X는 하먼의 상상 속에 현존할 따름이고, 물러서 있지 않으며, 그리고 그가 밤에 잠이 들거나 혹은 그것에 관해 생각하기를 그만둔다면 더는 현존하지 않게 된다. 괴물 X는 하먼에 의한 하먼의 자기감응 같은 것을 통해서 하먼에게 작용할 수 있지만, 세계 저쪽에 자리하고서 다른 객체들에 의해 교란될 수 있는 객체가 아니다. 하먼이 괴물 X에 관한 글을 쓰고 있을 때 돌보고 있던 고양이의 경우에도 사정은 마찬가지다. 물론 그 고양이는 세계 저쪽에 자리하고 있는 실재적 존재자로, 하먼이 그것의 활동을 인식하는지 여부와 무관하게, "하먼의 아파트에 풀려난 자율적인 힘"이다. 그런데 하먼에 대해서 그 고양이는 또한 하먼의 내부에 현존하는 감각적 객체이기도 하다. 괴물 X와 마찬가지로, 감각적 객체로서의 그 고양이는 하먼이 그것에 관해 생각하기를 그만두거나 잠이 들게 되면 더는 현존하지 않게 된다. 그렇지만 괴물 X와 달리, 실재적 객체로서의 그 고양이는 하먼이 그것에 관해 더는 생각하지 않을 때도 계속해서 세계에 풀려난 자율적인 힘이다.

이런 맥락에서 하먼의 네겹 객체에서 끌어낼 중요한 점은, 객체는 언제나 오로지 감각적 객체를 통해서 다른 객체와 관계를 맺을 따름이라는 것이다. 실재적 객체로서의 다른 객체를 맞닥뜨리는 객체는 결

---

51. 같은 책, 189~90. [같은 책.]

코 없다. 하먼의 논제를 루만적 표현으로 번역하면, 체계 또는 실재적 객체는 다른 객체를 오로지 정보와 체계 상태로서 언제나 맞닥뜨릴 따름이라고 말할 수 있다. 하먼의 무시무시한 괴물 X는 체계 상태의 일례일 것이다. 괴물 X는 외부에서 비롯된 교란의 결과로서 어떤 체계의 내부에서 산출된 사건이 아니라, 오히려 하먼이 독자적으로 산출한 의미 사건이다. 이와는 대조적으로, 하먼의 친구의 고양이는 정보와 의미의 결합체다. 그 고양이가 어떤 특정한 방식으로 하먼을 교란할 때, 그 고양이는 정보로서 기능하면서 하먼의 내부에서 어떤 특정한 체계 상태를 선택한다. 그 고양이와 관련하여 하먼이 품을 다양한 사유는 하먼이 산출할 의미 사건일 것이다. 그런데 두 경우에 모두, 우리에게 있는 것은 환경 속에 우연히 자리하고 있는 어떤 객체와도 다른 순전히 내부적인 체계 상태다. 그리하여 우리는 다른 객체를 실재적 객체로서 맞닥뜨리기보다는 오히려 언제나 단지 감각적 객체로서 맞닥뜨릴 따름이기에 우리 자신이 이런 실재적 객체에서 물러서 있을 뿐만 아니라 그것 역시 우리에게서 물러서 있다.

자기생산적 객체와 타자생산적 객체

바로 앞 장의 주제로 되돌아가면, 이제 우리는 어떤 체계의 작동을 그 체계가 잠재적 고유 존재와 국소적 표현의 견지에서 정보를 생산하고 정보에 대응하는 방식과 관련지어 설정할 수 있다. 이 장의 첫 번째 절에서 내가 주장한 대로, 마뚜라나와 바렐라는 자기생산적 기계와 타자생산적 기계를 구별한다. 자기생산적 기계는 자신의 구성요소들을 생산하고 시간이 흐름에 따라 그 조직을 유지하려고 '노력하는' 기계 또는 객체다. 예를 들면, 우리 몸은 베이면 낫는다. 자기생산적 기계의 핵심적인 특질은 그것이 자신을 생산한다는 것이다. 자기생산적 기계는 자신의 구성요소들을 조성할 뿐만 아니라, 또한 역설적으로 자신의 구성요소들 사이의 상호작용들을 통해서 자신의 구성요소들을 조성한다. 이와는 대조적으로, 타자생산적 기계는 무언가 다른 것에 의해 생산되는 기계다. 일반적으로 타자생산적 기계의 영역은 생명 없는 객체들을 가리킨다. 여기서 자기생산적 객체와 타자생산적 객체의 구별은 수정할 수 없거나 절대적인 구별이 아니라, 어쩌면 다양한 점진적인 중간 단계를 포함하는 구별일 것이다.

타자생산적 기계와 자기생산적 기계 사이의 차이점에도 불구하고, 나는 둘 다 정보를 통해서 현실화를 겪고 둘 다 다른 객체와의 관계를 조성하는 체계/환경 구분을 수반한다고 주장하고 싶다. 여기서 자기생산적 기계와 타자생산적 기계 사이의 한 가지 주요한 차이점은, 타자생산적 기계는 오직 정보를 통해서 현실화를 겪을 수 있을 뿐이지만, 자기생산적 기계는 정보를 통해서 특정한 방식으로 현실화될 수 있는 동시에 자신의 존재에 내재적인 현행의 조작을 통해서도 특정한 방식으로 자신을 현실화할 수 있다는 것이다. 그런데 어쩌면 타자생산적 객체 혹은 생명 없는 객체와 관련하여 정보를 언급하는 것이 기묘하게 들릴 것이다. 하지만 정보는 의미도 아니고 객체들 사이에서 교환되는 메시지도 아님을 떠올려야 한다. 오히려, 우리가 이해한 대로, 정보는 차이를 만들어내는 차이, 즉 체계 상태를 선택하는 사건이다. 이렇게 해서 우리는 정보를 자기생산적 객체에 한정할 이유가 없는데, 왜냐하면 그런 사건은 타자생산적 객체의 내부에서도 일어나기 때문이다.

이들 두 종류의 객체들이 정보와 관계하는 방식의 차이점을 계속해서 논의하기 전에, 자기생산 이론에서 전개된 대로의 체계/환경 구분에 대하여 몇 가지 논점을 제시하는 것이 중요하다. 마뚜라나, 바렐라, 그리고 루만은 체계와 환경 사이의 구분을 이런 구분에 힘입어 체계가 자신의 환경을 관찰할 수 있게 되도록 체계 자체가 설정하는 구분으로 언급하는 경향이 있다. 내가 보기에, 이것은 폐기되어야 하는 관행이거나, 혹은 차라리 대단히 체계 특정적인 맥락에서 환기되어야 하는 관행이다. 우리는 체계가 자신과 자신의 환경 사이의 구분을 설정한다고 주장하기 ― 그 구분을 설정하는 호문쿨루스가 있음을 함축하기 ― 보다는 오히려 체계 자체가 바로 구분 도식 또는 형식이라고 말해야 한다. 여기서 '형식'은, 스펜서-브라운이 이해하는 대로, 어떤 구분에 의해 산출되는 유표 공간과 무표 공간의 통일성임을 떠올려야 한다. 유표 공간과 무표 공간을 생성하는 구분은, 그것이 그 구분의 한쪽, 즉 해당 체계에 속한다는 의미에서, 당연히 자기준거적이다. 객체가 자율적이고 독립적인 한, 그것의 환경으로부터의 분리가 그 객체 자체에 의해 산출된다는 점에서 부득이 자기준거적이다. 객체의 폐쇄성과 다른 객체들에의 특정한 형태의 개방성 둘 다를 조성하는 것은 바로 체계와 환경 사이의 구분이다. 인지적 체계, 사회적 체계, 그리고 어쩌면 일부 컴퓨터 같은 더 '고등한' 체계의 사례에서는 적극적으로 구분을 설정하고 그 구분의 결과를 따르거나 그것이 생성하는 후속 조작을 실행할 수 있는 능력이 나타나지만, 다른 많은 사례에서는 체계와 환경 사이의 구분이 조성되는 방식에 있어서 체계가 어떤 진정한 자유도 갖추고 있지 않은 것처럼 보인다.

마찬가지로, 우리는 체계가 자신의 구분을 통해서 자신의 환경을 관찰한다고 주장하기보다는 오히려 객체가 자신의 구분을 통해서 다른 체계들과 상호작용한다고 주장해야 한다. 내가 보기에는, 관찰을 강조하는 점이 다양한 종류의 자기생산 이론이 지닌 가장 큰 단점 중 하나다. 관찰은 자기준거 또는 체계의 내부 상태에의 준거와 타자준거 또는 환경에의 준거 사이의 구분을 수반한다. 자기준거와 타자준거 사이의 구분이 이루어지려면 결국 해당 체계 자체의 내부에서 체계와 환경 사이의 구분이 이중으로 이루어져야 한다. 이를테면, 자기준거와 타자준거를 구분하는 체계는, 체계와 환경 사이의 구분 자체가 관찰될 수 있도록 체계와 환경 사이의 구분이 이런 구분을 설정하는 바로 그 체계에 다시 기입되는 체계다. 다시 말해서, 자기준거와 타자준거는 체계가 자신이 어떻게 관찰하는지 관찰하고 체계 자체의 내부에서 생겨나는 것과 외부에서 비롯되는 것을 구별하는 수단인 자기준거적 조작이 필요하다. 이제 나는 어떤 교란을 단순히 겪기보다는 오히려 이 교란을 환경에서 비롯되는 것으로 여기며, 그리고 이 교란이 환경에서 비롯된다고 기입한다. 체계/환경 구분의 이런 이중화는 관찰을 위한 필요조건이다.

마뚜라나와 바렐라는 자기생산 이론을 논의하면서 세포를 자기생산적 체계의 주요한 사례로 종종 거론한다. 그런데 이 사례는 무엇보다도 우리가 모든 체계나 객체가 정초하고 있는 자기준거적 구분에 관해 관찰의 견지에서 이야기하지 말아야 하는 바로 그 이유를 가리킨다. 어떤 세포도 그 세포 자체에 의해 자기준거적으로 조성되는 체계와 환경 사이의 경계를 갖추지 않은 채 현존할 수는 없더라도, 어떤 중요한 의미에서 세포가 자신의 환경을 관찰한다거나 혹은 자신과 독립적인 세계에의 타자준거를 실행한다고 주장하는 것은 오해를 불러일으킨다. 세포가 자신의 환경과 상호작용하고, 여타의 체계와 마찬가지로, 자신의 환경에 의해 교란됨은 확실하지만, 어떤 중요한 의미에서도 세포는 자신의 환경을 가리키지 않는다. 달리 주장하는 것은 세포 같은 존재자들이 의미에 따라 작동함을 함축한다. 우리는 너무나 인식론적이고 인지적인 함의를 품은 관찰 및 타자준거의 견지에서 언급하기보다는 오히려 체계가 자신의 환경에 선택적으로 열려 있는 방식과 체계가 자신의 환경과 상호작용하는 방식의 견지에서 언급하여야 한다. 한편으로, 타자준거와 관찰은 곰벌레, 개구리, 그리고 어쩌면 어떤 컴퓨터 체계들처럼 더 복잡한 체계들과 관련하여 나타날 따름인 것처럼 보인다.

'정보'라는 용어는 그것이 다양한 방식으로 공명할 수 있게 하는 어떤 생산적인 다의성을 내포하고 있다는 점에서 고무적이다. 우리는 정보를 체계 상태를 선택하는 사건으로 여기는 것에 덧붙여 '정보'라는 용어를 그 명칭으로 불리기 전에 그 용어가 품고 있던 더 직설적인 의미를 띠고 있는 것으로도 독해할 수 있다. 정보information라는 낱말을 그 단위체들로 분해하는 경우에, 우리는 정보가 형성되고 있는in-formation 것을 가리킨다고 말할 수 있다. 여기서 정보는 정해진 정체성이라기보다는 오히려 현행의 과정으로서의 국소적 표현의 생성을 가리킨다. 객체의 정체성은 고정된 것이 아니라 오히려 형성되고 있는 역동적인 현행의 정체성이다. 시간이 흐름에 따라 지속하는 어떤 잠재적 내부구조를 갖추고 있다는 의미에서 객체의 정체성이 사실상 존재하지만, 이런 정체성은 언제나 다양한 방식으로 현시되고 있다. 마찬가지로, 우리는 또한 정보를 '형태화'in-form-ation로 독해할 수 있다. 여기서 정보는 객체의 현행 생성과 개방성 – 형성되고 있는 것 – 을 가리키는 것이 아니라 오히려 객체가 국소적 표현을 현실화함으로써 새로운 형태를 띠거나 새로운 형태를 구현하게 되는 방식을 가리킨다. 바로 앞 장에서 내가 객체의 토폴로지와 객체의 기하학 사이에 설정한 구분으로 되돌아가면, 형태화로서의 정보는 객체의 내부에서 일어나는, 잠재적 고유 존재 및 잠재적 고유 존재에 자리하고 있는 잠재력의 영역으로부터 어떤 객체의 형태 혹은 성질의 기하학적 현실화로의 전환을 가리킨다. 다시 말해서, 형태화는 어떤 특정한 성질로 구현되는 객체의 국소적 표현을 가리킨다.

정보는 타자생산적 체계 및 자기생산적 체계에서 체계 상태를 선택함으로써 차이를 만들어내는 사건이다. 그런데 정보는 타자생산적 체계의 경우와 자기생산적 체계의 경우에 서로 관련되어 있지만 매우 다른 방식으로 기능한다. 두 경우에 모두, 정보는 비선형적이고 체계 특정적이기에 해당 체계에 대해서만 현존할 따름이고 그 객체의 조직 또는 내부구조에 따라서 달라진다. 내가 정보는 비선형적이라고 말할 때의 요점은, 정보가 어떤 객체가 자신의 환경과 관계를 맺을 때의 그 내부구조에서 비롯될뿐더러 이런 내부구조가 그 구조를 규정하는 변별적 관계들의 장 속에서 공명하는 방식에서도 비롯되는 결과물이라는 것이다. 정보는 환경 속에 있는 것이 아니라, 주변 환경에 의해 교란되는 체계의 생산물이다. 타자생산적 체계의 경우에, 정보는 그 실체의 잠재적 고유 존재의 위상 공간에 자리하는 한 상태를 현실화하는 데 작용함으로써 어떤 국소적 표현으로 어떤 특정한 성질을 현실화하게 된다.

여기서 내가 제기하고 싶은 논점은 매우 기초적이어서 사소한 것처럼 보인다. 그런데 이 논점은 우리가 세계 속 타자생산적 객체를 분석하는 방법에 큰 영향을 미친다. 어떤 타자생산적 객체가 어떤 특정한 방식으로 교란되는 경우에, 그 객체는 자기 존재의 내부구조에 고유한 어떤 현실태를 산출한다. 동일한 교란이 다른 타자생산적 객체에서는 매우 다른 국소적 표현을 만들어낼 수 있다. 그러므로 예를 들면, 다른 객체에 부딪히거나 가열되면 바위와 물은 다르게 행동할 수 있다. 물이 가열되는 경우에는 끓음이라는 성질이 국소적으로 현시된다. 바위가 가열되는 경우에는 열이 바위 전체에 걸쳐서 분산된다. 물이 다른 한 객체에 부딪히는 경우에는 파동이 산출된다. 바위가 다른 한 객체에 부딪히는 경우에는 그것이 구르기 시작하고 어쩌면 진동할 것이다.

이들 사태는 우리 세계에 자리하고 있는 객체들과 관련된 명백하고 친숙한 것들이다. 우리는 모두, 단지 암묵적일지라도, 종류가 다른 객체들이나 실체들이 동일한 교란에 다르게 반응함을 인지한다. 그런데 이것이 명백한 사실일지라도 그것은 설명되어야 하는 사실이다. 잠재적 고유 존재와 국소적 표현, 정보가 설명하고자 하는 것은 바로 이런 사실이다. 어떤 타자생산적 객체가 어떤 특정한 방식으로 교란될 때, 정보는 해당 객체가 조직된 방식의 결과로서 산출된다. 그다음에 이 정보는 그 객체의 잠재적 고유 존재의 어떤 잠재력을 어떤 특정한 성질이나 국소적 표현으로 현실화하는 체계 상태를 선택한다.

그런데 여기서 제기할 만한 두 가지 중요한 논점이 있다. 첫째, 자기생산적 객체의 경우와 마찬가지로, 타자생산적 객체도 자신의 환경에 선택적으로 열려 있을 따름이다. 어떤 객체의 환경에서 일어나는 많은 사건은 그 객체를 교란할 수 없음으로써 정보로 변환되지 않은 채로 끝날 수 있다. 예를 들면, 바위는 음파에는 열려 있음이 확실하지만, 내가 아는 한, 기표에는 열려 있지 않다. 예를 들면, 울루루Uluru 또는 에어즈록Ayers Rock으로 불리는 암석은 울루루라는 자신의 명칭이나 자신에 주어진 모든 특별한 법적 지위에 무관심하다. 그 암석에 관해 결코 들어본 적이 없는 이방인이 그것을 해당 고유명사로 부르지 못할 때 그것은 기분이 상하지 않고, 또한 그 암석은 자신의 고유명사에 응답하지 않으며 울루루임을 통해서 자신이 얻게 될 신성하거나 법적인 모든 우선권에 대하여 걱정할 리도 없을 것이다. 여기서 자신의 명칭에 대한 울루루의 무관심을 언급하는 논점은 울루루의 명칭이 울루루 내부의 체계 상태를 선택할 수 없음을 의미하는 것으로서 문자 그대로 여겨져야 한다. 울루루는 자신의 명칭에 대하여 전적으로 닫혀 있다.

명칭에 대한 이런 종류의 폐쇄성은 한낱 문화와 자연 사이의 차이를 드러내는 한 특징에 불과한 것이라는 결론을 아무도 내리지 않게 하기 위해, 나는 철저히 자연적인 존재자들 사이의 (비)관계에 관한 사례도 제시한다. 중성미자는 거의 빛의 속도로 이동하는 엄청나게 작은 기본 입자다. 중성미자는 전기적으로 중성이기에 대다수 물질과 교란을 주고받지 않으면서 이들 물질을 관통한다. 이런 사태는 중성미자를 검출하는 데 큰 문제를 당연히 일으키는데, 그 이유는 우리가 중성미자를 검출하는 데 사용할 대다수 검출 기기는 중성미자의 전기적 중성으로 인해 그것에 의해 교란될 수 없기 때문이다. 여기서 중성미자는 다른 존재자들에 의해 교란될 수 없고 다수의 다른 존재자를 교란할 수 없는 강하게 닫힌 존재자에 관한 완벽한 일례다. 자신의 고유명사에 대한 울루루의 무관심과 대다수 다른 존재자에 대한 중성미자의 무관심 사이에는 **종류**의 차이가 있기보다는 오히려 **정도가** 차이가 있다. 대다수 생명 없는 객체는 자신의 명칭에 응답할 수 없음(컴퓨터가 이런 일반화에 대한 의문을 빠르게 야기하고 있다)을 인지하는 것은 중요하지만, 문화를 물질적 상호작용과 다른 어떤 특별한 영역이거나 별개의 권역으로 여겨야 할 이유가 전혀 없다. 두 경우에 모두, 쟁점은 존재자가 자신의 환경에 선택적으로 열려 있는 방식에 관한 것이다.

타자생산적 객체가 자기준거적 체계/환경 구분에 의거하여 자신의 환경에 선택적으로 열려 있을 따름이라고 여기는 데서 당연히 비롯되는 두 번째 결과는 타자생산적 객체가 성질들의 다발로 여겨질 수 없다는 것이다. 성질은 타자생산적 객체가 자신의 교란에 의해 현실화되는 방식의 결과물이다. 성질은 객체가 행할 수 있는 것이지만 역능들로 이루어진 객체의 잠재적 고유 존재를 규정하지는 않는다. 1장에서 내가 바스카에 관해 논의하면서 보여주려고 시도한 대로, 객체는 자신이 산출할 수 있는 사건과 '결이 어긋날' 수 있다. 성질의 견지에서 살펴보면, 이런 사실은 객체가 어떤 특정한 종류의 성질을 전혀 산출하지 않는 휴면 상태에 처하여 현존할 수 있음 — 세계 속에 존재할 수 있음 — 을 뜻하거나, 혹은 다른 생성 메커니즘이나 객체의 개입으로 인해 어떤 객체가 자신이 행할 수 있는 특정한 성질들의 산출을 가로막는 외부성질을 산출하는 상태에 처하여 현존할 수 있음을 뜻한다.

여기서 놓치지 말아야 하는 핵심적인 요점은 객체의 성질이 가변적이라는 사실이다. 타자생산적 객체든 자기생산적 객체든 간에, 모든 객체는 다양한 국소적 표현을 나타낼 수 있다. 게다가 어쩌면 모든 객체는 무한히 다양한 성질을 산출할 수 있을 것이라고 말할 수 있다. 이것이 바로 우리가 객체를 성질들의 다발로 여길 수 없는 이유 중 하나다. 성질은 타자생산적 객체가 교란되는 방식, 이런 교란이 정보로 변환되는 방식, 그리고 그 정보가 국소적 표현을 산출하는 체계 상태를 선택하는 방식의 생산물이다.

여기서 제기되는 의문은, 객체가 자신의 성질들과 동일시될 수 없는데도 우리는 왜 객체를 그 성질들로 환원하는 경향을 계속해서 지니고 있는지에 관한 물음이다. 이런 경향에 대해서 나는 기본적으로 두 가지 이유가 있다고 생각한다. 첫 번째 이유는 우리가 어떤 종류의 객체인지와 관련이 있다. 여타 객체와 마찬가지로, 우리 역시 조작적으로 닫혀 있으며 세계에 대한 우리의 개방성을 조정하는 구분을 통해서만 세계와 관계할 따름이다. 이들 구분은, 여타 구분과 마찬가지로, 유표 공간과 무표 공간이 있고, 그리하여 무표 공간은 보이지 않게 되거나 사라지게 된다. 우리의 지각적 세계의 경우에, 한 가지 조작적 구분은 동일성과 변화 사이의 구분인 것처럼 보인다. 여기서 동일성은 유표 공간으로서 기능하고, 변화는 무표 공간으로서 기능한다. 이런 도식이 세계에 관한 우리의 경험에서 매우 중요한 구실을 한다면, 그 이유는, 오래전에 베르그손이 주장한 대로, 우리의 지각이 우리의 행위 및 다른 객체에 작용할 수 있는 우리의 능력에 맞추어져 있기 때문이다. 행위가 이루어지려면 다소 안정한 플랫폼이 필요하기에 변화와 차이는 우리의 지각과 인지를 관장하는 구분의 무표 공간으로 내던져진다. 내가 나의 소중한 커피 머그잔을 쥐려고 할 때, 나는 그것을 일련의 변이 또는 다양한 국소적 표현으로 기입하지 않고 오히려 파란색 커피 머그잔으로 기입한다. 조명이 꺼지고 나의 머그잔이 더는 파란색이 아닐 때에도 나는 이런 식으로 그 머그잔을 기입한다. 여기서 그 머그잔의 파란색은 그 머그잔으로 되돌아가기 위한 표식으로 기능한다. "아, 나의 머그잔이다!"

그런데 우리가 객체를 번역하는 방식이 객체를 성질들의 다발로 여기는 우리의 경향에 대한 한 가지 원인으로 작용할 수 있는 한편으로, 이런 경향에 대한 객체 중심적인 이유도 있다. 객체는 원칙적으로 자신이 맺은 관계와 독립적이더라도 언제나 다른 객체와 관련되거나 다른 객체와의 관계 속에서 맞닥뜨리게 될 뿐이다. 지구상의 현존은 이들 관계가 다소 안정적이거나 지속적인 그런 것이다. 이런 상황의 결과는 타자생산적 객체가 자신의 환경 속 다른 객체들에 의해 다소 일정한 방식으로 교란되는 경향이 있다는 점이다. 어떤 객체가 자신의 환경 속 다른 객체들에 의해 다소 일정한 방식으로 교란되는 한,

그 객체는 꽤 안정적인 현행의 국소적 표현을 나타내는 경향이 있다. 그리하여 객체가 자신의 내부에서 펼친 화산성의 역능은 여전히 대체로 보이지 않게 감춰져 있다.

나는 이와 같은 외부관계들의 네트워크를 '끌림 체제'라고 일컫는다. 어떤 끌림 체제는 그 끌림 체제 속 객체들 사이에서 안정적이고 반복적인 국소적 표현을 산출하는 경향이 있는, 이들 객체 사이에 이루어진 꽤 안정적인 외부관계들의 네트워크다. 어떤 끌림 체제 안에서 인과적 관계는 쌍방적·대칭적일 수 있거나 혹은 일방적·비대칭적일 수 있다. 쌍방적 인과관계는 두 개 이상의 존재자가 서로에 대하여 호혜적으로 교란을 주고받을 수 있는 순환적 관계다. 서로 신호를 주고받는 개똥벌레처럼, 한 발광 벌레가 빛을 내면 이에 응답하여 다른 한 벌레가 빛을 냄으로써 애초의 그 벌레가 다시 빛을 내게 된다. 마찬가지로, 한 객체는 다른 한 객체를 교란함으로써 두 번째 객체의 행위를 산출하고, 그다음에 그 행위는 그 순환을 개시한 첫 번째 객체를 교란한다. 이들 종류의 관계들에서 비롯된 결과로서 일정한 국소적 표현들이 나타나게 된다. 달의 중력은 지구에 영향을 미치고 지구의 중력은 달에 영향을 미친다. 다른 한편으로, 어떤 객체의 내부에서 대체로 일정한 상태를 초래하는 일방적이거나 비대칭적인 교란 관계들이 있을 수 있다.

끌림 체제라는 개념을 예시하는 데 특별히 좋은 사례는 불이다. 지구상에서 현시되는 경우에 불은 비교적 예측 가능한 방식으로 움직인다. 불은 하늘을 향해 솟구치며, 그리고 춤추고 진동하면서 날름거리는 불길에 의해 특징지어진다. 그리하여 우리는 이런 종류의 행동(이들 성질)이 불의 본질을 구성한다고 여기게 된다. 그런데 우주 공간에서는 불이 오히려 물처럼 행동하는데, 요컨대 사물 주위를 파도처럼 휘감으면서 탁자 표면 위의 액체처럼 사방으로 펼쳐진다. 지구상에서 현시되는 경우에 불이 그런 식으로 행동하는 이유는 지구의 중력 때문이다. 여기서 불은 매우 특정한 국소적 표현을 초래하는 어떤 특정한 끌림 체제 안에 현존한다. 다른 끌림 체제 안에 자리하게 되는 경우에 불은 매우 다른 방식으로 움직인다.

끌림 체제라는 개념은 존재자론에 매우 중요하며, 그리고 우리가 인식론이나 탐구에 관해 생각하는 방식에 대하여 깊은 의미를 품고 있다. 끌림 체제라는 개념은, 어떤 객체를 '알기' 위한 탐구는 그 객체를 단순히 응시하는 것만으로는 충분하지 않고 오히려 그 객체의 내부에 감춰진 역능을 찾아내려면 그것의 환경이나 외부관계를 변화시켜야 한다는 점을 수반한다. 어떤 객체에 관한 지식은 그 객체가 소유하는 성질들의 목록에 놓여 있는 것이 아니라 오히려 객체의 내부에 감춰진 역능들의 다이어그램에 놓여 있다. 그런데 어떤 객체의 다이어그램을 구축하려면 그 객체가 할 수 있는 것을 밝혀내기 위해 그것의 외부관계를 변화시켜야 한다. 그리고 당연하게도 여기서 요점은, 지식은 표상함으로써 획득되는 것이 아니라, 『니코마코스 윤리학』에서 아리스토텔레스가 다른 맥락으로 제시한 대로, 행함으로써 획득된다는 것이다. 아리스토텔레스의 경우에, 이런 행함은 행위의 습관 또는 성향을 산출하기 위해 반복되는 행위들로 이루어진다. 이와는 대조적으로, 다른 형태들의 지식에 대해서는 이런 행함이 어떤 객체가 이런저런 조건 아래에서 무엇을 행하는지 알아내기 위해 그 객체에 작용하는 데 있다.

끌림 체제라는 개념이 타자생산적 객체와 자기생산적 객체 모두를 이해하는 데 중요하다는 사실은 마땅히 명백하기 마련이다. 「발달 심리학적 체계의 관점」이라는 글에서 생물학자 길버트 고틀립은 새끼 오리에서 나타나는 각인 효과에 민감한 시기에 관한 자신의 박사 학위 연구를 상세히 설명한다.[52] 각인은 매우 초기에 생겨나서 행동과 독립적인 것처럼 보이는, 시기에 민감한 모든 학습 단계를 가리킨다. 누구나 의문을 품을 것처럼, 여기서 배경에 잠복하여 있는 것은 본유성에 관한 쟁점, 즉 어떤 각인 단계가 본유적인 것인지 아니면 학습된 것인지에 관한 쟁점이다. 고틀립은 각인과 관련하여 그 시기의 이전과 이후에는 각인이 이루어질 수 없을 결정적 시기를 사실상 찾아낸 한편으로, 새끼 오리의 초기 환경을 조작함으로써 각인을 위한 발달 시기가 바뀔 수 있다는 사실 또한 알아내었다. 고틀립이 서술하는 대로, "각인 효과에 민감한 시기는 성숙에 전적으로 의존한 것이 아니라 각인 상황에 부닥치기에 앞서 그 새가 출생 전후에 겪은 경험의 특성과 범위에도 의존했다."[53] 여기서 물론 성숙은 본유적 인자들을 가리킨다. 각인(혹은 추정컨대 각인의 부재)의 개시 시점을 정하는 데 작용한 중대한 경험은 그 새끼 오리가 시각적 경험과 다른 새끼 오리들과의 사회적 경험을 겪으면서 사육되었는지, 아니면 철저한 어둠 속에서 사회적으로 완전히 격리되어 사육되었는지와 관련이 있었다.

여기서 우리가 맞닥뜨리는 것은 끌림 체제가 중요하다는 사실인데, 이를테면 그것은 자기생산적 객체가 발달하는 데 작용한다. 그러므로 요점은, 그 속에서 자기생산적 객체가 발달하는 끌림 체제에 주의를 기울이지 않는다면, 국소적 표현이 해당 체계의 고유한 특성과 체계 상태를 선택하는 정보로 번역되는 환경으로부터의 교란 사이에

---

52. Gilbert Gottlieb, "A Developmental Psychobiological System's View," *Cycles of Contingency*, eds. Susan Oyama, Paul E. Griffiths, and Russell D. Gray (Cambridge : MIT Press, 2001), 41~2.
53. 같은 곳.

이루어지는 상호작용의 결과물이라고 여기기보다는 오히려 해당 체계의 본유적 인자들에서 철저히 비롯된다고 여기는 경향의 희생물이 된다는 것이다. 그리하여 발달은 목적론적 의미에서의 어떤 특정한 끝개도 없다는 결론이 도출되는 것처럼 보인다. 오히려, 자기생산적 객체는 세계 속 다른 객체들과 다양한 외부관계를 맺음으로써 다양한 방식으로 발달할 수 있다. 이런 사실은, 탐구를 구성하는 핵심 요소가 1) 특정한 국소적 표현이 현시되게 하는 외부관계들의 지도를 그리는 데 있으며, 그리고 2) 어떤 객체의 가능한 변이를 알아내기 위해 그 객체가 맺는 외부관계를 변화시키는 데 있다는 점을 수반한다.

그런데 자기생산적 체계와 타자생산적 체계가 정보 사건에 대응하는 각각의 방식 사이에는 두드러진 차이점이 있다. 타자생산적 객체의 경우에는 어떤 체계 상태의 선택이 최종 과정이다. 온도 변화에 대응하여 물이 얼게 되는 경우에 그것으로 과정이 종결된다. 물이라는 체계는 새로운 방식으로 다시 한번 교란되고서야 그 체계의 내부에서 추가적인 조작이 이루어진다. 이와는 대조적으로, 자기생산적 체계에서는 정보를 통한 어떤 체계 상태의 선택이 종결된 이후에도 그 객체의 내부에서 연속적인 조작들이 이루어진다. 사회적 체계를 일례로 들면, 달러화의 가치가 상승했다는 뉴스 보도는 경제적 체계 내부의 어떤 체계 상태를 선택한다. 그다음에 이 정보 사건은 사회적 체계 내부에서 다양한 후속 조작을 촉발한다. 예를 들면, 사람들은 자신의 수익을 극대화하기 위해 주식을 매도하기 시작한다. 여기서 요점은, 새로운 정보 사건이 일어나지 않더라도 이들 후속 조작은 계속해서 신속히 이루어진다는 것이다. 물론, 이들 체계 상태와 조작은 관련되는 자기생산적 체계의 국소적 표현들이다.

자기생산적 체계와 타자생산적 체계 사이의 또 하나의, 어쩌면 반직관적인 차이점은, 어떤 면에서 타자생산적 체계의 국소적 표현이 자기생산적 체계의 국소적 표현보다 더 탄성적이라는 것이다. 앞서 내가 지적한 대로, 대칭적인 성질과 비대칭적인 성질을 구별해야 한다. 현재의 맥락에서 이런 구별이 드러내는 핵심적인 미묘한 차이는, 대칭적인 성질은 가역적 성질이고 비대칭적인 성질은 불가역적 성질이라는 것이다. 타자생산적 객체의 경우에 다수의 국소적 표현을 특징짓는 비대칭적인 성질들이 있음은 확실하지만(시간이 흐름에 따라 누렇게 변해가는 종이가 떠오른다), 타자생산적 객체의 많은 성질은 대칭적인 특성을 갖는다. 내가 조명을 끄면 나의 소중한 커피 머그잔은 검은색이 된다. 내가 조명을 켜면 그 머그잔은 또다시 파란 색조를 띠게 된다.

반면에, 자기생산적 객체의 경우에는 비대칭적인 성질이 예외라기보다는 오히려 규칙인 것처럼 보인다. 예를 들면, 발달 과정은 대체로 불가역적인 것처럼 보이는데, 요컨대 자기생산적 객체의 국소적 표현의 구조가 돌이킬 수 없게 바뀐다. 소통 체계의 경우에, 반복되는 진술은 더는 동일한 진술이 아니라 언제나 약간 다른 새로운 공명을 불러일으킨다. 심리적 체계와 소통 체계의 구조적 접속의 예로서 내가 같은 책을 두 번 읽을 수 없는 이유는 그 책을 한 번 독파했다는 바로 그 행위가 내가 그 책을 두 번째 읽기 시작할 때 그 서두가 읽히는 방식을 이미 새롭게 변화시켰기 때문이다. 20세기 초에 베르그손이 인식한 대로, 모든 삶의 경험과 심리적 경험, 사회적 경험의 한 차원으로서의 기억이 존재함으로써 각각의 사건이, 외면할 수 없는 의미에서 아무리 반복적인 것처럼 보일지라도, 새로운 사건으로 변환된다.

그런데 타자생산적 체계는 종종 성질과 관련하여 더 큰 정도의 탄성을 갖는 것처럼 보이는 한편으로, 자기생산적 객체는 구분 또는 '채널'로 일컬어질 수 있을 것과 관련하여 더 큰 정도의 탄성을 갖는 것처럼 보인다. 구분 도식이 조작적으로 닫힌 체계가 자신의 환경이나 그 환경 속 다른 객체들에 어떻게 개방되는지에 대한 주요한 원인으로 작용한다는 점을 떠올리자. 자기생산적 체계의 중요한 특질 중 하나는, 그것이 새로운 구분을 발달시킬 능력을 갖추고 있음으로써 다른 객체들에 의해 자극되거나 교란될 자신의 역량을 강화한다는 것이다. 이런 일은 자유도가 매우 다른 다양한 방식으로 일어난다. 그러므로 예를 들면, 많은 식물은 오직 돌연변이와 자연선택의 진화적 과정들을 통해서만 자신의 환경에 자극될 수 있게 하는 구분을 변환할 수 있을 법하다. 동물 세계 전체에 걸쳐서 본유적 구조보다 학습을 통해서 생겨나는 발달 과정을 통해서 새로운 구분을 형성하는 자유도가 점점 증가하게 되는 것처럼 보인다. 사회적 체계의 경우에도 사정은 마찬가지다. 그리고 마지막으로, 컴퓨터는 자신의 고유한 구분을 수정할 능력을 서서히 발달시킴으로써 자신의 환경에 의해 자극될 자신의 능력 범위를 넓히고 있는 것처럼 보인다.

그런데 자기생산적 객체와 타자생산적 객체 사이의 차이에 관한 이들 성찰에서 중요한 점은, 두 종류의 객체들이 모두 어떤 체계/환경 구분을 둘러싸고 조직되고, 조작적으로 닫혀 있고, 자신의 환경에 선택적으로 관련될 따름이며, 그리고 교란을 국소적 표현을 관장하는 체계 상태를 선택하는 정보로 변환한다는 것이다. 타자생산적 체계든 자기생산적 체계든 간에, 모든 체계의 경우에 국소적 표현은 실체의 고정된 특성이라기보다는 오히려 잠재적 고유 존재의 현실화의 생산물이다.

번역

앞서 논의된 바에 의거하여 이제 우리는, 이 장의 서두에 붙인 구절에서 인용된, 객체들은 서로 '해석한다'라는 라투르의 논제를 이해할 수 있다. 모든 객체가 조작적으로 닫혀 있는 한, 어떤 객체도 어떤 힘을 그 힘이 이런저런 식으로 변환되지 않은 채로 또 다른 객체에 전달할 수 없다. 이렇게 해서 세계 속 존재자들 사이의 관계들을 분석할 때 일단의 특정한 물음이 제기된다. 한편으로, 존재자들 사이의 관계들에 관한 모든 논의에서는 수용하는 존재자가 작용하는 존재자에서 비롯되는 교란을 수용할 수 있는 채널을 실제로 갖추고 있는지 아닌지를 먼저 밝혀내야 한다. 실체는 자신의 환경에 대하여 선택적 관계만을 유지할 따름이기에 자신의 환경 속에 현존하는 모든 교란에 열려 있지 않다. 바로 앞 절에서 이해한 대로, 예를 들면, 바위는 우리가 하는 말에 개의치 않는 것으로 알려져 있다. 이런 종류의 선택성은 이종의 객체들 사이의 관계에 적용될 뿐만 아니라 동종의 객체들 사이의 관계에도 적용된다. 이론적 배경과 성향이 매우 다른 타인들과 대화를 나누면서 당황한 경험을 겪은 사람이 많이 있다고 나는 확신한다. 그런 대화에서는 당신이 당연히 명백하다고 여기는 논점과 주장이 제기될 때 상대방은 그것들을 기입조차 하지 않거나 혹은 인식조차 하지 않는 것처럼 보인다. 여기서 우리는 대화를 나누는 사람들 사이에서 서로 다른 형태들의 선택적 개방성이 나타남을 알게 된다.

다른 한편으로, 어떤 존재자가 어떤 특정한 종류의 교란에 열려 있는 그런 경우에는 그 교란을 수용하는 그 존재자가 자신의 고유한 조직에 따라 스스로 변환되는 방식에 주목해야 한다. 다시 말해서, 우리는 결과가 이미 원인에 포함되어 있다고 전제함으로써 시작할 수 없고, 오히려 원인이 새로운 뜻밖의 것으로 변환되는 방식에 주목해야 한다. 『정신분석의 네 가지 근본 개념』에서 라캉은 이 논점과 멋지게 공명하는 방식으로 법칙과 인과성을 대조한다.[54] 라캉이 진술하는 대로,

원인은 하나의 사슬로 정해져 있는 것, 다시 말해서 법칙과 구분되어야 한다. 가령 작용과 반작용의 법칙이라고 하면 떠오르는 것에 관해 생각해보자. 여기서는 단 하나의 원칙이 있다고 말할 수 있을 것이다. 전자와 후자는 연동되어 있다.[55]

라캉은 계속해서 다음과 같이 진술한다.

반면에 우리가 원인에 대해 말할 때마다 어김없이 반反개념적이고 규정되지 않은 무언가가 있다. 달의 위상은 조수의 원인이다. 우리는 이 사태를 경험을 통해 알고 있으며, 여기서 원인이라는 낱말이 올바르게 사용됨을 안다. 마찬가지로, 장독瘴毒은 열병의 원인이다. 이것 역시 아무것도 의미하지 않고, 구멍이 하나 있으며, 그리고 그 사이에서 진동하는 무언가가 있다. 요컨대 제대로 작동하지 않는 무언가에만 원인이 있을 따름이다.[56]

라캉은 "원인의 기능에는 본질적으로 어떤 간극이 남아 있다"라는 결론을 내린다.[57] 라캉은 간극과 "제대로 작동하지 않는" 무언가에 의거하여 인과성을 규정함으로써 어떤 원인의 결과가 언제나 어떤 놀라움의 요소, 즉 그 원인에서 간단히 도출될 수 없는 무언가를 포함하는 방식을 강조한다. 그러므로 어떤 의미에서 결과는 언제나 원인을

54. Jacques Lacan, *The Four Fundamental Concepts of Psychoanalysis : Book XI*, trans. Alan Sheridan (New York : W.W. Norton & Co., 1998), 21~3. [자크 라캉, 『자크 라캉 세미나 11 : 정신분석의 네 가지 근본 개념』, 맹정현·이수련 옮김, 새물결, 2008.]
55. 같은 책, 22. [같은 책.]
56. 같은 곳. [같은 곳.]
57. 같은 책, 21. [같은 책.]

초과한다. 게다가 결과가 원인을 초과하는 무언가를 포함한다는 주장은 영향을 받은 존재자가 원인을 번역하여 무언가 새로운 것을 산출한다는 주장이다.

인과성에 관한 라캉의 개념은 대상 a, 욕망의 대상-원인, 그리고 무의식에 대하여 그가 이해하는 바와 깊이 관련되어 있다. 여기서 우리는 무의식과 대상 a, 욕망에 대하여 라캉이 이해하는 바를 상세히 살펴보지 않은 채로 이것들이 어떻게 이해되어야 하는지에 관한 몇 가지 논점을 간략히 진술할 수 있다. 지적해야 할 첫 번째 논점은, 대상 a는 바라는 대상이 아니라 욕망을 불러일으키는 원인이 되는 대상이라는 것이다. 다시 말해서, 바라는 대상은 욕망의 대상-원인, 즉 대상 a와 전적으로 다를 수 있다. 오히려 대상 a는 욕망을 생성하는 간극이다. 욕망은 대상 a의 결과이고, 대상 a는 욕망의 원인이다. 달리 서술하면, 대상 a는 상징계가 작동하지 않는 지점이면서 이런 기능 정지의 결과를 설명하는 것이라고 말할 수 있다. 이 논점을 예시하기 위한 예로서 어떤 값비싼 고급 자동차를 욕망하는 사람을 생각하자. 그 자동차는 욕망의 대상이지만 욕망의 대상-원인은 아니다. 오히려 그 자동차에 대한 욕망의 대상-원인은 어쩌면 그 자동차를 선망하거나 그 자동차의 소유주에게 지위를 귀속하는 타자들의 응시일 것이다.

이런 관계는 『세미나 17』에서 처음 도입된, 다음과 같은 라캉의 주인 담론에 의거하여 예시될 수 있다.

$$\uparrow \frac{S_1}{\$} \quad \xrightarrow{} \quad \frac{S_2}{a} \downarrow$$

라캉의 네 가지 담론은 각각 네 가지 위치가 있으며 어떤 구조를 규정한다.[58] 좌측 상단의 위치에 자리하는 어떤 행위주체는 좌측 하단의 위치에 자리하는 무의식적 진실을 감춘 채로 우측 상단의 위치에 자리하는 또 다른 행위주체에게 지시하여 우측 하단의 위치에 자리하는 생산물을 산출하게 한다.

라캉의 주인 담론에 대한 한 가지 독법은 기표들이 서로 관련되는 방식에 의거하여 독해하는 것이다. 주인 기표 S_1은 또 다른 기표 S_2와 관계를 맺고서 어떤 잔여물 a를 산출하게 한다. 요점은 모든 담화나 발언에서 무언가가 달아난다는 것이다. 무언가를 발언하는 경우에 우리는 자신이 말하고 싶어 하는 바를 결코 완전히 표명하지는 못하는 것처럼 느낀다. 사실상 우리는 자신의 담화에서 정작 무엇을 말하고 싶어 하는지도 전적으로 확신하지는 못한다. 다른 한편으로, 타인의 발언을 듣는 경우에 우리는 그 사람이 그런 말을 하는 이유를 결코 완전히 확신하지는 못한다. 이것이 모든 대화의 핵심에 놓여 있는 간극이다. 라캉의 담론에 관해 생각하는 한 가지 방법은 대인 관계를 나타내는 작은 기계들의 도식을 통해서 생각하는 것이다. 앞서 제시된 도식에서 대화가 계속 이어지게 하는 것은 역설적으로 생산물, 실패, 대상 a다. 나는 내가 말하고 싶어 하는 바를 명확히 표명했다고 결코 완전히 느끼지는 못하는 동시에 내가 상대방이 말한 바를 이해했는지도 결코 전적으로 확신하지는 못하기에 대화에서 영원히 물러나는 이런 암시적인 잔여물을 포착하려고 애쓰는 새로운 발언이 산출된다.

정신분석학적 맥락 속에서 대상 a를 욕망의 대상-원인으로서 기능하게 하는 간극은 심리적 체계에서 작동하는 어떤 구분의 무표 영역이 수행하는 역할의 견지에서 유익하게 고찰될 수 있다. 약간 다르

---

58. 라캉의 담론 이론에 관한 자세한 논의에 대해서는 Levi R. Bryant, "Žižek's New Universe of Discourse," *International Journal of Žižek Studies*, vol. 2, no. 4 (2008)을 참조하라.

게 서술하면, 어떤 구분의 무표 영역은 그 구분을 채택하는 어떤 체계에 의해 지시되지 않는 것임에도 불구하고 이런 무표 영역은 그 심리적 체계가 작동하는 방식에 영향을 미친다. 라캉은 원인에 관해 논의하면서 "무의식이 행하는 바는 신경증이 어떤 실재적인 것과의 조화를 재현하게 하는 간극을 우리에게 보여주는 것이다"라고 진술한다.[59] 여기서 무의식은 무의식적인 기표들의 네트워크이고, 간극은 실재계다. 정신분석학적 구성체(증상)는 실재계와 더불어 재현되는 조화다.

이 논점을 예시하기 위해 나는 나 자신에 대한 분석이 시작되었던 몇 년 전 시기의 한 사례를 참조한다. 이 시기에 나는 막 학생들을 가르치기 시작하고 있었다. 이 시기는 분필이 여전히 사용되던 시절이었다. 매우 당황스럽게도 나는 자신이 모든 수업 시간 동안 다수의 분필을 부러뜨리고 있음을 깨닫게 되었다. 사실상 이런 증상은 매우 두드러지고 뚜렷했기에 나의 학생들 사이에서 반복해서 주고받는 농담이 되었다. 심지어 그들은 회합해서 '분필 도시'의 시민들을 학살하는 행위를 그만두기를 탄원하는, 친필로 작성된 호소문과 함께 갑옷을 입은 분필 수호자의 그림을 나의 우편함에 남겨 두었다. 그런데 나는 이 모든 것을 불쾌하게 여겼는데, 그 이유는 그런 일이 교실에서의 나의 권위를 훼손하고 나의 무능력을 드러내고 있는 것으로 느꼈기 때문이다. 어느 날 정신분석 세션에서 나는 이 사소한 증상에 관해 장황하게 늘어놓고 있었다. "저는 저 자신의 문제가 무엇인지 모르겠습니다. 저는 스스로 분필에 가하는 압력을 조절할 수 없는 것처럼 보입니다. 저는 그렇게 하지 않으려고 노력하지만 언제나 너무 강한 압력

---

59. Lacan, *The Four Fundamental Concepts of Psychoanalysis*, 22. [라캉, 『정신분석의 네 가지 근본 개념』.]

을 가하게 됩니다. 저는 왜 압력을 더 약하게 가하지 못할까요?" 기타 등등. 나의 장황설이 계속 이어짐에 따라 나의 분석가는 그것이 질문인지 아니면 진술인지 구별하기 애매모호한 문장을 단조로운 목소리로 읊조렸다. "칠판에 압력을 가한다고요?" 나는 그의 발언에 담긴 다의성을 완전히 도외시하면서 응답했다.[60] "그렇습니다. 칠판에 압력을 가합니다! 저는 어김없이 너무 강한 압력을 가하게 될 따름입니다!" 이 세션이 끝난 후에 나는 분필에 관해 나눈 그 논의를 전혀 생각하지 않았다. 그런데 두 주 후에 나는 두 주 동안 내가 분필을 하나도 부러뜨리지 않았음을 깨달았다. 아무튼 나의 증상으로 구현된 욕망은 부각되었었고, 따라서 나의 무의식의 입장에서 바라보면 나는 그 욕망을 부각하기 위해 분필을 부러뜨릴 필요가 더는 없었다.

그런데 이 사례에서 대상 a와 욕망, 무의식은 어디에 있는가? 무의식이 실재계와의 조화를 재현하게 하는 간극은 어디에 있는가? 여기서 대상 a는 아무래도 나의 학생들의 응시일 것 같다. 이런 응시는 한 가지 물음을 제기하는데, 그들에게 나는 무엇인가? 그렇지만 그 응시는 나의 욕망의 대상이 아니라 나의 욕망의 원인이었다. 그것은 욕망을 촉발하는 것이었다. 라캉은 욕망에 대하여 다양하게 설명하면서 "욕망은 대*타자의 욕망이다"라고 말했다. 이것은 다양한 함의를 지닌 다의적인 경구다. 그 경구는 욕망이란 대타자를 욕망한다는 것을 의미할 수 있다. 마찬가지로, 그것은 우리의 욕망이 마치 정말로 우리 자신의 욕망이 아니라 오히려 대타자의 욕망이라는 것을 의미할 수 있다. 그리하여 그것은, 자신의 부모가 바란 경력을 추구하면서 자신의

---

60. [옮긴이] 영어로 'pressure at the board'(칠판에 압력을 가하다)라는 표현은 '수업에 대한 압박감을 느끼다'라는 또 다른 의미를 함축한다.

삶을 살아가는 어떤 성인의 사례에서 그런 것처럼, 우리는 대타자가 욕망하는 대로 욕망한다는 것을 의미할 수 있다. 마지막으로 그것은, 우리는 자신이 대타자가 욕망하는 대상이기를 욕망한다는 것을 의미할 수 있다. 이렇게 해서, 분필을 부러뜨린 나의 증상은 대타자(내 학생들이 대타자의 위치에 자리하고 있었다)를 욕망한 것처럼 보이기보다는 오히려 그들의 욕망(혹은 차라리 그들이 욕망한 대상에 대한 나의 환상)을 부각한 것처럼 보인다. 내 학생들의 불투명하거나 불가사의한 욕망을 맞닥뜨린 나의 무의식은 이런 불가사의하고 외상적인 욕망을 어떤 특정한 요구 혹은 판단—'당신은 유능하지 않고, 당신은 여기에 속하지 않는다!'—으로 변환하려고 시도했다. 다시 말해서, 분필을 부러뜨림으로써 어쩌면 나는 나 자신이 그들의 요구라고 여긴 것에 대한 나의 환상을 충족하려고 무의식적으로 노력하고 있었을 것이다. 수업 시간에 분필을 부러뜨린 행위는 내가 느끼고 있던 심리 상태('수업에 대한 압박감')의 부각인 동시에 내가 겪고 있던 압력—'만약에 내가 무능하다면 나는 가르칠 필요가 없을 것이다!'—에 대한 가능한 해결책이었다. 나의 무의식은 분필을 부러뜨리는 증상을 통해서 내 학생들의 불가사의한 응시에 내용에 부여함으로써 실재계와의 조화를 재현했다.

무의식의 메커니즘에 관한 라캉의 구상에서 간극은 매우 특정한 방식으로 작동하지만, 우리는 또한 라캉이 객체 사이의 모든 관계에 적용되는 원인과 결과 사이의 관계 및 간극에 관하여 광범위하고 더 심오한 어떤 논점을 제기한다고 말할 수 있다. 여기서 우리는 '번역 없는 전달은 전혀 없다'라는 경구, 혹은 대안으로 '변환 없는 전달은 전혀 없다'라는 경구를 고안할 수 있다. 그런데 우리는 응시에 관한 라캉의 개념을 지나치게 문자 그대로 여기지 않도록 주의해야 하는데, 이와 관련하여 요점은 교란으로서의 응시의 결과가 사전에 예견될 수 없다는 점일 것이다. 오히려 응시가 산출하는 결과는 그것에 의해 교란되는 체계의 조직 또는 잠재적 고유 존재의 우연적인 생산물이다. 각각의 실체는 독자적인 특정한 방식으로 교란을 번역한다.

그렇다면 여기서 우리는 라투르가 객체들은 서로 해석한다고 주장하는 경우에 뜻하는 바를 이해할 수 있다. 해석하는 것은 번역하는 것이고, 번역하는 것은 새로운 무언가를 생산하는 것이다. 라투르가 진술하는 대로, "무언가를 해석하는 것은 그것을 다른 낱말들로 서술하는 것이다. 다시 말해서, 해석하는 것은 번역하는 것이다."[61] 번역된 것은 원래의 것과 절대 동일하지 않고, 오히려 원래의 것과 다른 무언가를 생산한다. 예를 들면, 이 책이 언젠가 한국어로[62] 번역된다면 영어판에서는 나타나지 않는 공명을 일으킬 가능성이 높을 것이다. 영어 용어 'existence'에 관한 나의 논의는 현존으로 번역될 것이다. 그런데 현존이라는 한국어 용어는 '지금-있음' 같은, 해당 영어 용어가 함축하지 않는 의미를 품고 있다. 다른 언어로 번역되는 텍스트는 무언가 다른 것이 된다. 마찬가지로, 어떤 교란이 또 다른 존재자에 의해 수용되면, 그 교란은 무언가 다른 것이 된다. 일찍이 『비환원』에서 라투르가 서술한 대로, "아무것도, 저절로, 어떤 다른 것과 동일하지도 않고 상이하지도 않다. 즉, 동등한 것들은 전혀 없고 번역만이 있을 따름이다."[63] 여기서 요점은, 모든 교란이 자신의 정체성이나 동일성을 절대 유지하지 않고 오히려 정보로 번역됨으로써 결과적으로 무언가 다른 것이 된 다음에 그것을 수용하는 객체에서 어떤 특정한 국소적

---

61. Latour, *Irreductions*, 181.

62. [옮긴이] 원문에서는 '한국어'가 아니라 'German'으로, '현존'이 아니라 'Dasein'으로 표현되어 있지만, 이 책이 한국어판임을 참작하여 현행의 표현으로 옮겼다.

63. 같은 책, 162.

표현을 산출한다는 것이다.

이런 노선을 따라, 『사회적인 것을 다시 회집하기』라는 책에서 라투르는 매개자와 중개자를 구별한다. 라투르가 이런 구별을 부각하는 대로,

중개자는… 의미나 힘을 아무 변환 없이 전달하는 것인데, 따라서 그것의 입력물을 규정하면 그 출력물을 규정하는 셈이 된다…. 반면에, 매개자는 단 하나의 것으로 여겨질 수 없는데, 어쩌면 하나로 여겨지거나, 아무것도 아닌 것으로 여겨지거나, 여럿으로 여겨지거나, 혹은 무한하다고 여겨질 만한 것이다. 매개자의 입력물은 그 출력물을 예측하는 데 결코 좋은 것이 아닌데, 매번 매개자의 특정성이 고려되어야 한다. 매개자는 자신이 전달하기로 되어 있는 의미나 요소를 변환하고, 번역하고, 왜곡하며, 수정한다.[64]

모든 객체는 서로에 대해서 매개자이기에 자신이 수용하는 것을 변환하거나 번역함으로써 결과적으로 새로운 무언가를 산출한다. 이와는 대조적으로, 중개자는 어떤 힘이나 의미를 전혀 변환하지 않은 채로 전달할 따름이다. 이렇게 해서 우리는 중개자라는 개념이 객체를 한낱 또 다른 존재자가 기여하는 차이의 전달자에 불과한 것으로 여긴다고 말할 수 있다. 라투르는 자신의 가장 최근 저작 중 하나에서 이 논점을 충분히 납득시키면서 다음과 같이 진술한다.

특히 당혹스러운 것처럼 보이기 마련인 것은… 어떤 원인을 단지 한

---

64. Bruno Latour, *Reassembling the Social* (Oxford : Oxford Universirty Press, 2005), 39.

단계 더 전달해야 할 따름인 생명 없는 존재자들의 발명인데, 말하자면 그 원인으로 인해 이들 존재자는 (n+1)번째 결과가 생성되도록 작용하게 되고 (n+1)번째 결과 역시 (n+2)번째 결과의 원인에 지나지 않는다. 이런 착상은, 어쩌면 시초를 제외하고 아무 일도 일어나지 않게 되어 있는 원인과 결과의 긴 연쇄로 세계를 구성하는 기묘한 결과를 낳는데, 하지만 철저히 세속적인 이들 판본에서는 신이 전혀 존재하지 않기에 기원조차 존재하지 않는다…. 이른바 '유물론적 세계관'에서 고안된 행위주체성의 소멸은 충격적인 착상인데, 특히 그 이유는 상황이 진전되는 단계마다 실재의 기묘한 저항에 의해 그런 착상이 반박당하기 때문이다. 모든 결과는 그 원인을 약간 늘린다. 그러므로 세계에는 어떤 종류의 행위주체성이 있어야 한다. 한 가지 보충물이 존재한다. 원인과 결과 사이의 간극.[65]

사정이 정말 왜 이러한지는 앞서 자기생산적 기계 및 타자생산적 기계에 의거하여 객체를 다룬 방식에 의해 설명되었다. 모든 존재자가 체계/환경 구분을 설정하고 교란을 자신의 고유한 내부 조직에 따라 정보로 변환하는 한, 이들 존재자는 자신이 받는 교란에 무언가 새로운 것을 언제나 기여한다.

번역이라는 개념은 매개자와 중개자 사이의 구별과 맞물림으로써 이론과 실천 둘 다에 대한 깊은 의미를 함축한다. 『감시와 처벌』의 「순종적 신체」 장에서 우리는 실체를 한낱 중개자에 불과한 것으로 구상하는 개념에 의거하여 조직된 이론과 실천의 주요 사례를 맞닥

65. Bruno Latour, "An Attempt at Writing a 'Compositionist Manifesto.' " ⟨http://www. bruno-latour.fr/articles/article/120-COMPO-MANIFESTO.pdf⟩에서 입수할 수 있음.

뜨린다.[66] 그 장에서 푸코는 군인을 형성하고자 하는 규율적 권력 구조를 철저히 분석한다.

> 18세기 말 무렵에 군인은 만들어질 수 있는 것이 되었다. 어떤 무정형의 진흙, 즉 틀이 잡히지 않은 신체로부터 필요한 기계가 구축될 수 있었는데, 요컨대 자세가 점진적으로 교정되었고, 계획에 의거한 구속이 서서히 신체의 각 부분에 두루 퍼져서 신체 전체를 지배함으로써 신체를 언제든지 사용할 수 있도록 유연하게 만들었으며, 그리하여 신체가 습관의 자동 장치로 조용히 바뀌었다. 요약하면, 누군가에게서 '농민의 몸가짐을 추방해' 버리고, 그 대신에 그에게 '군인의 몸가짐'을 심어주었다.[67]

군인의 형성이라는 이런 구상은 원인이 한 객체에서 다른 한 객체로 온전히 전달된다는 인과관계에 관한 타당하지 않은 관념에 전제를 두고 있다. 여기서 군인은 원하는 대로 형성될 수 있는 유연한 진흙이다. 게다가 여기서 정보는 자기동일성이 유지된 채로 전달됨으로써 병사가 될 신체에서 일의적인 결과를 산출하는 것으로 여겨진다. 그런 모형에서 완전히 빠져 있는 것은 어떤 교란을 받는 존재자가 자신의 고유한 조직에 따라 그 교란을 변환하는 방식이다.

매우 다른 맥락에서, 생물학자 리처드 르원틴은 응용생물학자가 식물과 동물에 관한 현장 연구에 접근하는 방법과 발생생물학자가 실험실에서 식물과 동물에 접근하는 방법 사이의 차이점을 대조한

---

66. Michel Foucault, *Discipline and Punish* (New York : Vintage, 1995), 135~69. [미셸 푸코, 『감시와 처벌』, 오생근 옮김, 나남출판, 2016.]
67. 같은 책, 135. [같은 책.]

다.[68] 실험실에서 연구하는 발생생물학자의 경우에는 많은 연구가 유전자가 표현형에 어떤 영향을 미치는지 알아내기 위한 유전자 조작을 중심으로 이루어진다. 이런 연구는 유전자가 그로부터 표현형이 산출되는 정보를 이미 포함하고 있는 것으로 여겨지는 유기체에 관한 구상을 조장한다. 다시 말해서, 유전자는 유기체의 지도 또는 청사진으로 여겨진다. 반면에, 잠재적으로 새로운 곡물을 탐구하는 응용생물학자는 다양한 환경이나 다양한 지역에서 해당 곡물의 변종들을 재배함으로써 여러 해 동안 이들 곡물을 시험한다. 르원틴이 지적하는 대로, 결국 판매용으로 선택되는 곡물은 언제나 최대 수확량을 산출하는 곡물이 아니라 다양한 지역에서 재배될 때 가장 일관된 수확량을 산출하는 곡물이다.[69]

르원틴의 사례에서 우리는 중개자의 견지에서 세계에 접근하는 것과 매개자의 견지에서 세계에 접근하는 것의 차이를 드러내는 완벽한 일례를 얻게 된다. 발생생물학자는 정보가 유전자에 이미 포함되어 있다고 구상함으로써 유기체를 한낱 중개자에 불과한 것으로 여긴다. 유전자 내부에 청사진이 이미 포함되어 있기에 어떤 특정한 표현형을 산출하려면 단지 어떤 특정한 방식으로 유전자를 조작하기만 하면 된다. 여기서 요점은 그런 조작이 특정한 표현형을 산출하지 않는다는 것이 아니라, (1) 이런 특정한 교란은 어떤 특정한 환경이라는 것이며, 그리고 (2) 환경적 교란은 많은 경우에 표현형의 유사한 변환을 산출할 수 있다는 것이다. 그리하여 우리는 유전자가 정보를 이미 포함하고 있다고 이해하기보다는 오히려 유전자를 다양한 인과적 인자 중

---

68. Richard Lewontin, "Gene, Organism and Environment," *Cycles of Contingency*, 55~6.

69. 같은 글, 55.

하나의 인자로 여겨야 하는데, 정보는 유전자에 이미 존재하는 것이 아니고 오히려 체계/환경 구분과 관련된 조작의 결과로서 산출된다. 이렇게 해서 수전 오야마는 객체를 탐구함에 있어서 등가성을 요구한다. 오야마가 서술하는 대로, 발달 체계 이론(이하 DST)은

> 등가성 추리를 광범위하게 활용한다. 발달에 관한 서술과 설명은 종종 비대칭적인데, 이를테면 정보화, 코딩, 제어 등과 같은 어떤 인자들을 특징짓는 데 사용되는 논리(논리라는 게 있기는 하다면)는 비견할 만한 역할을 수행하는 것으로 입증된 다른 인자들에게 적용될 수 있을 것이지만 보통은 적용되지 않는다. 반면에 DST는, 일반적으로 배경에 남겨져 있는 많은 인자를 전면적인 상호 행위자들로서 포함한다.[70]

르원틴에 의해 서술된 발생생물학자와는 대조적으로, 응용생물학자의 탐구 행위는 새로운 곡물에 접근하는 데 등가성 추리를 사용함을 암시한다. 다양한 환경과 지역에서 곡물을 재배하는 응용생물학자는, 유전자가 정보를 이미 포함하는 청사진이 아니고 오히려 다른 환경적 조건 아래서 재배되면 표현형의 층위에서 매우 다른 결과를 생성할 수 있는 다양한 인과적 인자 중 하나의 인자라는 전제에 기반을 두고서 연구한다.

응용생물학자의 경우에 존재자(씨앗)는 전면적인 매개자다. 여기서 원인과 결과 사이에는 간극이 존재하는데, 그리하여 결과는 미지의 것이 된다. 말하자면, 우리는 이런 환경 아래서 어떤 표현형이 산출될 것인지 알지 못한다. 반면에, 르원틴의 발생생물학자의 연구 행위에서

---

70. Susan Oyama, "Terms in Tension," *Cycles of Contingency*, 182~3.

는 원인과 결과 사이의 간극이 사라지기 마련이다. 물론, 르원틴의 발생생물학자는 우리가 어떤 유전자를 조작하면 어떤 표현형이 산출될 것인지 알지 못한다고 전제하고서 시작한다. 하지만 요점은, 발생생물학자는 오로지 유전자에 집중함으로써 정보가 유전자에 이미 포함되어 있다는 암묵적인 결론을 만들어내는 경향이 있다는 것이다. 다시 말해서, 발생생물학자는 결과가 이미 존재하기에 교란이 일어나기만 하면 된다는 인상을 불러일으킨다. 이와는 대조적으로 르원틴의 응용생물학자는, 표현형은 단지 유전자만으로는 결정될 수 없는 방식으로 구축되는 것이라고 암묵적으로 전제함으로써 연구한다. 다른 환경에서 재배되는 경우에는 동일한 유전형이 매우 다른 결과를 산출할 수 있다. 그리하여 응용생물학자에게 씨앗은 매개자다. 요약하면, 유전형과 표현형 사이에는 일대일 대응 관계가 존재하지 않는다. 이렇게 해서 우리는, 어떤 객체에서 정보가 수행하는 역할을 그 존재자 속에 이미 현존하는 것으로 여기지 않고 오히려 정보가 구축되는 동시에 체계 상태를 선택하는 사건들이 연쇄적으로 일어남으로써 이루어지는 것으로 여겨야 한다. 말할 필요도 없이, 이들 선택은 발달의 후속 단계들에 영향을 미침으로써 어떤 후속 정보가 다른 가능성을 배제하면서 구축될 수 있는지를 결정하는 데 중요한 역할을 수행한다.

정보의 전달 가능성에 관한 암묵적인 가정은 다양한 형태의 문화연구에서도 널리 퍼져 있다. 담론, 서사, 기표, 사회적 힘, 그리고 매체가 실재를 조직하고 배후에서 사람들을 지배한다고 언급되는 모든 경우에는 사람들이 한낱 중개자에 불과하거나 혹은 정보가 온전히 교환될 수 있는 것처럼 언급되는 셈이다. 다시 말해서, 체계가 닫혀 있는 방식과 원인과 결과 사이에 언제나 간극이 존재하는 방식이 무시된다. 그런데 그것 자체가 언제나 객체 또는 실체인 어떤 사회적 체계는 존속하기가 쉽지 않은데, 그 이유는 그 체계를 구성하는 객체들이 결코 전적으로 협력하지는 않기 때문이다. 라캉이 말한 대로, 모든 소통은 왜곡된 소통이다. 그리고 이것이 사실인 이유는 모든 체계가 자신의 고유한 조직에 따라서 독자적인 정보를 산출하기 때문이다. 그리하여 모든 객체나 체계는 자신을 구성하는 다른 객체들이나 체계들에서 비롯되는 그 체계 특유의 내부 엔트로피에 시달린다. 객체는 중개자가 아니라 매개자이기에 어떤 체계를 구성하는 요소들은 그 체계가 기대하는 대로 절대 행동하지 않는다.

여기서 요점은, 라투르가 말한 대로, 사회는 무언가를 설명하는 것으로 여겨질 수 있는 것이 아니라 바로 설명되어야 하는 것이라는 점이다.[71] 두드러지는 점은 여하튼 어떤 안정한 사회적 관계가 언제나 나타난다는 것이다. 『사회학적 소통 이론』에서 로에트 레이데스도르프는 과학적 담론의 자기조직화와 관련하여 비슷한 물음을 제기한다. 우리는 쿤의 패러다임 같은 것이 어떻게 생겨나는지 물을 수 있을 것이다. 레이데스도르프는 불균질한 소통 행위들의 장, 혹은 고도의 엔트로피로 특징지어질 수 있을 장이 먼저 있다고 주장한다. 그런데 인간의 소통과 관련하여 두드러지고 중요한 특징 중 하나는 그것이 자기성찰적이라는 점이다. 즉, 우리는 우리의 소통에 관해 소통하거나, 혹은 우리의 이야기에 관해 이야기할 수 있다. 두 번째 단계에서 성찰적 담론이 개시되기 시작한다. 레이데스도르프가 서술하는 대로,

성찰적 분석가들이 자신들이 데이터를 분석하는 방법의 견지에서 서로 소통할 뿐만 아니라, 성찰적 층위에서도, 예를 들면, 분석의 표준에

---

71. Latour, *Reassembling the Social*, 8.

관해서도 서로 소통하기 시작한다면, 표준은 탈개인화될 것이다. 이들 표준은 해당 공동체의 소통 체계에서 유포되기 시작하고, 따라서 행위자들에 대하여 질 관리의 초개인적 차원을 형성하기 시작한다.[72]

소통, 구분, 그리고 선택의 성찰적 국면이 나타나기 시작하면서 유표 공간, 즉 선택되는 것과 무표 공간, 즉 배제되는 것이 결정된다. 시간이 흐름에 따라, 이와 같은 이야기에 관한 이야기는 공동체 전체에 걸쳐 확산하면서 소통에 관여하는 사람들이 가정하는 일종의 배경이 되고, 그리하여 새롭게 형성된 이들 규범과 주제, 구분에서 벗어나는 소통은 그저 소음으로 치부될 따름이다. 다시 말해서, 사회적 체계는 스스로 조직되며 이야기에 관한 이야기가 대화에 참여하는 사람들에게 쌓이는 방식을 통해서 이차 층위에서 독자적인 선택 역량이 발달한다.

이렇게 해서 그 사회적 체계는 폐쇄성을 갖추게 됨으로써 자신의 고유한 요소들에 의해 생산되는 동시에 자신의 고유한 요소들을 생산한다. 그 사회적 체계는 소통에 참여하는 사람들의 행위에서 생성될 뿐이지만, 그들의 소통은 구속적 역할을 수행하면서 그 체계에 의해 산출된 구분과 선택의 틀 안에서 새로운 소통의 형태로서 새로운 요소들을 생산하기 시작하고, 게다가 그 체계 내에서 관여할 수 있는 새로운 소통자들을 생산하기 시작한다. 물론, 이들 새로운 요소의 생산은 과학적 담론에 관여하는 사람들을 훈련함으로써 이루어진다. 그런데 유념해야 할 중요한 점은, 그런 자기조직적 체계가 자신의 고

---

72. Loet Leydesdorff, *A Sociological Theory of Communication* (Universal Publishers, 2003), 5~6.

유한 요소들을 조성하게 되는 경우에도 이들 요소는 그저 요소에 불과한 것은 아니다. 오히려 그런 요소 역시 독자적인 실체다. 그리하여 그런 체계는 언제나 체계 특정적인 엔트로피에 맞서 투쟁한다. 출현한 체계에서 벗어나거나 혹은 그 체계에 이의를 제기하는 소통이 끊임없이 출현할 것이다. 다시 말해서, 체계의 요소는 결코 단순한 중개자가 아니다. 체계 내부에서 이루어지는 소통은 대화에 관여하는 사람들의 형태를 갖춘 매개자들을 거치면서 놀라운 결과를 끊임없이 생성한다.

번역이라는 개념은 우리에게 다양한 방식으로 탐구에 관여하도록 고무한다. 존재자는 매개자라고 전제함으로써 작동하는 그 개념은, 결과가 원인 안에 이미 포함된 것처럼 객체를 한낱 중개자에 불과한 것으로 암묵적으로 여기거나 혹은 명시적으로 여기는 모든 이론화 양식을 단념하게 한다. 라투르가 넌지시 주장하는 대로, 모든 존재자는 원인과 결과 사이의 관계가 어떤 특정한 결과를 불가피하게 산출하는 단순한 정보 교환으로 여겨지지 못하게 하는 체계 특정적인 조직을 갖추고 있는 덕분에 다소의 행위주체성을 지니고 있는 것으로 여겨진다. 마찬가지로, 매개자로서의 존재자에 접근하는 경우에, 우리는 존재자가 특정한 방식으로 교란될 때 놀라운 국소적 표현을 산출하는 방식에 주목하도록 고무되는 동시에 존재자가 자신의 내부에 감추고 있는 어떤 화산성 역능을 드러내도록 교란을 받는 맥락을 변화시키도록 고무된다. 다시 말해서, 우리는 실체가 주변 세계를 창조적으로 번역하는 방식을 탐구하기 시작한다. 이렇게 해서 우리는 대다수 현대 사상의 유표 공간에서 무표 공간으로 이동한다. 우리는 자신의 단언에서 벗어나는 것을 무시되어야 할 소음에 불과한 것으로 여기기보다는 오히려 이들 일탈이 존재자가 자신의 세계를 번역하는 방식에의 통찰을 우리에게 제공한다고 여겨야 한다.

자기생산적 질식 : 라캉주의 임상학의 사례

번역의 본성과 객체의 폐쇄성에 관한 이들 논점을 예시하기 위해 이제 나는 라캉주의 임상학의 존재론적 토대에 관한 몇 가지 도식적 진술을 간단히 살펴보겠다. 여기서 나의 목적은 두 가지다. 한편으로, 나는 라캉주의 정신분석가가 자신의 피분석자를 그런 식으로 대하는 이유를 도식적으로 개관하고자 한다. 다른 한편으로, 나는 객체지향 존재론이 인간이나 주체를 무시한다는 비판을 미연에 방지하고 싶다. 서론에서 논의된 대로, 존재자론과 객체지향 철학의 논제는 우리가 주체를 무시하고 그 대신에 객체에 주의를 집중해야 한다는 것이 아니라, 오히려 존재는 객체들이나 실체들로 온전히 이루어져 있다는 것이다. 이렇게 해서 주체는 객체 이외의 것이 아니고 오히려 어떤 특정한 방식으로 세계와 관계를 맺는 어떤 특정한 종류의 객체다. 존재자론은 주체를 배제하기는커녕 주체에 관한 다양한 이론을 철저히 통합할 수 있다. 그러므로 존재자론과 객체지향 철학이 반대하는 것은 주체라는 범주가 아니라, 오히려 객체가 주체 혹은 문화와 이런저런 형태로 언제나 결합하여 있다는, 주체에 관한 근대주의적 구상이다. 이와는 대조적으로, 존재자론은 주체 없는 객체, 즉 한낱 주체의 상관물에 불과한 것이 아닌 객체를 구상하고자 한다.

앞서 전개된 자기생산적 체계와 조작적 폐쇄성에 관한 설명은 라캉주의 정신분석학과 상당히 어울리는 것으로 판명된다. 여러 가지 점에서 이런 사실은 전혀 놀랍지 않은데, 그 이유는,『세미나 2』의 찾아보기를 살펴보면 알아차리게 되는 대로, 결과적으로 자기생산 이론과 깊이 관련되는 사이버네틱스를 라캉이 잘 알고 있었기 때문이다.[73] 주체에 관한 라캉의 설명을 특징짓는 특질 중 하나는 그것이 철저히 '상호주관적'이라는 점이다. 주체는 대타자의 장에서 조성되는 동시에 대타자와 영구적으로 관련되어 있다. 이런 특질은 다양한 주체-구조(신경증, 정신증, 그리고 도착증)에 관한 라캉의 이론과 정신분석이 시행되는 방식에 모두 반영되어 있다.

신경증의 맥락에서 엄밀히 말하자면, 사람들은 대개 그 증상으로 인해 정신분석을 받게 된다. 우리는, 라캉이 가르치는 도중에 그의 증상 이론이 겪는 복잡한 내용의 변환은 제쳐놓고서, 정신분석학적 증상에 관한 라캉의 구상은 기질성 원인 ─ 예를 들면, 화학적 불균형 ─ 에서 생겨나는 근본적인 병리에 관한 구상이 아니고 오히려 억압된 욕망과 대타자와의 관계를 드러내는 표현에 관한 구상임을 인식하는 것이 중요하다. 이런 점에서, 증상은 발화하지 않은 채 말하는 어떤 담화 형식, 대타자에게 건네는 말이다. 예를 들면, 내가 분필을 부러뜨린 행위는 나의 학생들에게 무언가를 말하고 있었다. 이렇게 해서 라캉은 "그런 증상이 언어 분석을 통해서 전적으로 해소될 수 있는 이유는 증상 자체가 언어처럼 조직되기 때문인데, 증상이란 어김없이 말을 전달하는 언어다"라고 진술한다.[74] 요약하면, 증상은 아무 말도 하지 않으면서 대타자에게 말을 건네는 방식이다.

게다가 증상은 욕망의 표현이기도 하다. 그런데 여기서 우리는 라캉에게 "욕망은 대타자의 욕망이다"라는 점을 떠올려야 한다. 이것은,

---

73. Jacques Lacan, *The Ego in Freud's Theory and in the Technique of Psychoanalysis : Book II*, trans. Sylvana Tomaselli (New York : W.W. Norton & Co., 1988).

74. Jacques Lacan, *Écrits*, trans. Bruce Fink (New York : W. W. Norton, 2006), 223. [자크 라캉, 『에크리』, 홍준기·이종영·조형준·김대진 옮김, 새물결, 2019.]

바로 앞 절에서 이해한 대로, 욕망은 대타자를 욕망한다는 것, 욕망은 대타자가 욕망하는 대상이 되기를 욕망한다는 것, 그리고 욕망은 대타자가 욕망하는 대로 욕망한다는 것을 의미할 수 있다. 각각의 사례에서 욕망은 대타자와의 상호주관적 관계 혹은 대타자와 관계를 맺는 방식을 나타낸다. 신경증의 경우에, 증상의 근저에 놓여 있는 욕망은 주체가 아무튼 인식하거나 수용할 수 없는 억압된 욕망이다. 이렇게 해서 분석의 목적은 증상을 치료하는 것이 아니라, 주체가 자신의 욕망 및 대타자와 맺은 관계를 변환하는 것이라는 점을 인식하는 것이 중요하다. 정신분석학적 요법은 사실상 많은 증상을 해소할 수 있지만 — 예를 들면, 분석 세션을 마친 후에 나는 분필을 더는 부러뜨리지 않았다 — 해소되는 증상은 다른 증상으로 대체된다. 이렇게 되는 이유는, 신경증의 경우에, 그 욕망이 바로 주체이기 때문이다. 그리하여 라캉이 겨냥하는 것은 욕망의 자인, 그리고 대타자로부터의 분리다.

여러 가지 점에서, 증상은 불가사의한 대타자의 욕망에 대응하는 방식으로 여겨질 수 있다. 『세미나 10』에서 라캉은 우리에게 자신이 수컷 사마귀 혹은 암컷 사마귀의 가면을 쓰고 있는지를 알지 못한 채로 암컷 사마귀 앞에 서 있다고 상상하기를 요청한다.[75] 주지하다시피, 암컷 사마귀는 수컷 사마귀와 교미를 한 후에 수컷을 먹어치운다. 이 상황은 욕망의 딜레마를 완벽히 구현한다. 자신이 어떤 가면을 쓰고 있는지 알지 못하는 한, 우리는 자신이 암컷 사마귀에게 무엇인지 알지 못한다. 그러므로 증상은 대타자가 욕망하는 것에 관한 가정을 세움으로써 이런 수수께끼를 극복하거나 알아맞히는 방법으로 여겨

---

75. Jacques Lacan, *Anxiety: The Seminar of Jacques Lacan Book X*, trans. Cormac Gallagher (London : Polity Press, 2016).

질 수 있다. 욕망은 대타자의 욕망에 대한 우리의 무지를 구현한다고 말할 수 있다. 모든 상호주관적 관계에서 구현되는 것은, 대타자가 자신에게 말을 건네고 있다는 사실에도 불구하고 우리는 대타자가 자신에게 말을 건네는 이유를 알지 못한다는 그런 의미다. 달리 서술하면, 우리는 자신에 대한 대타자의 관계를 활성화하는 욕망을 알지 못한다. 이렇게 해서 대타자의 욕망은 체계와 관련된 조작적 폐쇄성의 현상을 충실히 반영한다. 대타자는 다양한 방식으로 우리를 교란하지만, 우리는 대타자가 우리와 갖는 상호작용의 배후에 어떤 의도가 놓여 있는지 알아낼 수 없다.

환상과 증상을 생성하는 것은 바로 대타자의 욕망에 대한 이런 무지다. 라캉의 틀 안에서, 환상은 우리에게 없는 무언가에 대한 소원이라기보다는 오히려 대타자의 욕망이라는 수수께끼에 대한 해답이다. 환상은 대타자가 욕망하는 것에 대한 가설이라고 말할 수 있을 것이다. 그리하여 주체가 불가사의한 대타자의 욕망에 직면하여 맞닥뜨리는 불안은 환상을 통해서 최소화된다. 그 환상이 상당히 으스스한 경우('대타자가 나를 때리고 이용하고 싶어 한다!')에도 대타자의 욕망이라는 수수께끼에 대한 해답이 불안을 불러일으키는, 그 욕망에 대한 무지보다 더 선호된다. 무의식적 환상이 제공하는 해답을 지닌 주체는 이제 자신이 대타자의 요구라고 무의식적으로 믿고 있는 것을 좌절시키거나 아니면 충족시키는 일에 착수할 수 있는 한편으로, 대타자가 자신에게서 바라는 바를 이해하기 위한 도식 역시 확보할 수 있다.

루만의 틀 안에서, 우리는 환상이 어떤 체계의 끊임없는 조작에서 구분이 담당하는 역할과 대단히 유사한 기능을 수행함을 이미 알 수 있다. 여기서 구분은 지시를 위한 필요조건임이 떠오를 것이다. 어떤 체계가 자신의 환경 속 무언가를 지시할 수 있으려면, 그 체계는 먼저 구분을 설정해야 한다. 그런데 구분은 두 가지 맹점을 구현한다. 한편으로, 모든 구분은 나름의 무표 공간, 즉 그 구분의 외부에 속하는 것의 형태로 하나의 맹점을 포함한다. 다른 한편으로, 어떤 구분을 사용하여 지시하는 경우에 그 구분 자체가 보이지 않게 되는 한, 그 구분은 하나의 맹점을 자체적으로 구현함으로써 그것이 지시를 가능하게 하는 방식을 은폐한다. 당신은 자신의 음식을 먹는 것 혹은 자신의 음식에 말을 건네는 것 둘 중의 하나는 할 수 있지만 자신의 음식을 먹는 것과 자신의 음식에 말을 건네는 것을 동시에 할 수는 없다고 루이스 캐럴이 말한 것과 꼭 마찬가지로, 구분은 당신이 무언가를 지시하기 위해 자신의 구분을 사용하는 것 혹은 자신의 구분을 관찰하는 것 둘 중의 하나는 할 수 있지만 자신의 구분을 사용하는 것과 자신의 구분을 관찰하는 것을 동시에 할 수는 없는 그런 것이다. 그리하여 지시하거나 관찰하는 경우에 구분을 사용하거나 조작하는 행위는 관찰되거나 지시되는 것이 그 지시를 가능하게 하는 구분의 결과라기보다는 오히려 그 지시 대상 자체의 직접적인 특성인 것처럼 보이게 하는 '실재 효과'를 산출한다. 환상의 경우에도 사정은 마찬가지다. 환상은 배경으로 물러나서 대타자와의 관계를 조직하는 것이다. 그리하여 환상은 대타자에서 비롯되는 교란을 자신이 정보로 변환하는 방식이 대타자에서 직접적으로 기인하거나 대타자 자체의 특성인 것처럼 보이게 하는 효과를 만들어낸다. 지젝이 서술하는 대로, "환상의 역할은 형식적 상징 구조와 우리가 현실에서 맞닥뜨리는 객체들의 실정성 사이를 매개[하는 것]인데, 말하자면 환상은 현실 속 어떤 실정적 객체가 욕망의 대상으로 기능할 수 있게 하는 도식을 제공함으로써 형식적인 상징 구조가 개방한 빈자리를 채운다."[76] 그런데 여기서 중요한 것은 단지 상징 구조의 구멍이 아니라, 환상이 채우는 대타자에 대한 우리의 관계에서 나타나는 대타자의 불투명성이다. 이렇게 해서 환상은 객체 또는 타자의 물러서 있음, 즉 타인들과 사회적 장 전체의 조작적 폐쇄성에서 비롯되는 구성적 불투명성에 대한 직접적인 반응으로 여겨질 수 있다.

주체의 조작적 폐쇄성과 환상이 수행하는 역할은 정신분석적 환경에서 특별한 난제를 제기한다. 환상이 피분석자가 타자에서 비롯되는 교란을 어떤 특정한 방식으로 사전에 해석하게 되는 그런 식으로 피분석자의 인간관계를 조직한다면, 분석가는 대타자에 대한 피분석자의 환상을 전혀 강화하지 않고 대타자에 대한 그의 무의식적인 구상을 전혀 확신시키지 않으면서 어떻게 피분석자의 심리적 경제에 개입할 수 있겠는가? 이 물음은 지배당하거나 통제받을 수 없는 조작적으로 닫힌 객체와 관계를 맺는 것이 어떻게 가능한지에 관한 물음임이 이미 이해되었다. 조금 다르게 표현하면, 여기서 중요한 점은 심리적 체계에서 작동하는 대로의 정보의 지위와 관련되어 있다. 어떤 심리요법적인 접근법은 정보가 자신의 동일성이나 해당 메시지의 의미를 유지하면서 치료사와 환자 사이에서 교환될 수 있는 것이라고 가정한다. 이것은 프로이트의 초기 요법의 전제였던 것처럼 보이는데, 이 시기에 프로이트는, 예를 들면, 도라의 사례에서 그런 것처럼 자기 환자의 꿈과 그 증상을 설교조로 설명하곤 했다. 그런데 프로이트가 재빨리 깨닫게 된 대로, 그런 교화적 설명은 증상을 해소하거나 대타자에 대한 주체의 관계를 변환하는 데 거의 영향을 미치지 않았을 뿐만 아니라, 도라의 사례와 같은 일부 경우에는 그런 설명으로 인해 사실

---

76. Slavoj Žižek, *The Plague of Fantasies* (New York : Verso, 1997), 7. [슬라보예 지젝, 『환상의 돌림병』, 김종주 옮김, 인간사랑, 2002.]

상 환자가 정신분석적 환경에서 달아나게 되었다. 아무튼 피분석자가 이런 깨달음에 스스로 이르게 할 수 있는 어떤 시술이 고안되어야 했는데, 결국 이런 상황에 대한 이유는 정보가 닫힌 체계에서 작동하는 방식과 관련되어 있다.

『정신분석의 네 가지 근본 개념』에서 라캉은 분석의 종결은 환상을 상세히 검토하여 대타자의 욕망으로부터 떼어놓는 데 있다고 주장한다. 앞서 논의된 바에 비춰보면, 이제 우리는 라캉이 이렇게 주장함으로써 무엇을 손에 넣는지 이해할 입장에 놓여 있다. 환상을 상세히 검토하는 것은 환상을 통한 일차 관찰에 의거하여 대타자와 관계를 맺는 것에서 환상에 대한 이차 관찰로 시각을 이행하는 데 있다. 피분석자는 환상에 의해 설정된 구분에 기반을 두고서 지시하기에서 자신이 어떻게 관찰하는지를 관찰하기, 즉 환상 자체를 관찰하기로 이행한다. 이런 이행에 수반되는 것은 환상이 구분을 설정하는 방식 또는 피분석자가 대타자의 욕망과 관련하여 잘못 생각할 방식의 우연성에 대한 깨달음이다. 다시 말해서, 피분석자는 대타자의 욕망이라는 수수께끼를 맞닥뜨리게 됨으로써 대타자가 자신에게 특정한 요구를 제기하고 있다는 무의식적인 믿음에서 벗어나게 된다. 이런 이행에 수반되는 것은 대타자의 욕망으로부터의 분리다. 환상에 기반을 둔 일차 관찰은 타자 자체가 특정한 요구를 제기하고 있다는 인상을 만들어내는 반면에, 이차 관찰로의 이행은 주체의 환상이 대타자에서 비롯된 교란을 어떤 특정한 요구로 변환하는 그런 식으로 그 교란을 구성한 방법을 드러낸다. 피분석자는, 앨런 파커 감독의 영화 〈엔젤 하트〉에 등장하는 해리 엔젤Harry Angel처럼, 자신이 대타자의 요구라고 여긴 것이 언제나 자신의 욕망이었음을 깨닫는다.[77] 이제 피분석자는 자신의 욕망을 솔직히 인정할 입장에 처하게 되고, 그리하여 주체가 자신의 증상과 관계를 맺는 방식에 있어서 상당히 유의미한 이행이 종종 이루어지게 된다.

그런데 정신분석적 환경의 내부에서 이런 이행은 어떻게 이루어지는가? 이런 이행은 분석가가 처신하는 방식에 의해 이루어진다. 종종 진술된 대로, 분석가는 불가사의하고 무감각한 인물로 사실상 피분석자에게 거의 응대하지 않는다. 라캉은 나아가서 분석가의 입장을 시체놀이에 비유하기까지 한다. 라캉이 진술하는 대로, "분석가는 시체놀이를 통해서 – 중국인들이 말하는 대로, 자기 뜻을 '죽임'으로써 – 즉, 자신이 대문자 타자인 경우에는 침묵함으로써 혹은 자신이 소문자 타자인 경우에는 독자적인 저항을 포기함으로써 분석의 변증법에 구체적으로 개입한다."[78] 이런 시체놀이 활동은 피분석자가 불가사의한 대타자의 욕망을 맞닥뜨리게 하는 중요한 기능을 수행한다. 피분석자는 분석가가 무언가를 말함으로써 이런 불가사의한 대타자의 욕망을 피분석자가 충족하거나 좌절시킬 수 있는 어떤 특정한 요구로 변환할 수 있는 틀을 자신에게 제공하리라 기대하지만, 오히려 분석가는 피분석자에게 빈 화면을 제시함으로써 피분석자가 어떤 불가해한 욕망이나 의문 – 대타자는 무엇을 바라는가? – 을 맞닥뜨리게 한다. 예를 들면, 일찍이 나 자신이 겪은 세션들에서, 나는 세션 초반에 나의 분석가에게 어떻게 지내는지 묻거나 그가 최근에 발표했던 논문의 어떤 측면에 관해 문의하곤 했던 사실을 기억한다. 나의 분석가는 철저한 침묵으로 응대한 다음에 길게 끄는 말투로 "그래서요?"라고 반문함으로써 내가 자유 연상을 개시하도록 촉구했다. 이렇게 해서 분석가는

---

77. Žižek, *Tarrying With the Negative*, 9~12 [지젝, 『부정적인 것과 함께 머물기』]를 참조하라.

78. Lacan, *Écrits*, 357. [라캉, 『에크리』.]

내가 그의 욕망을 요구로 변환할 발판을 전혀 제공하지 않았다. 그것이 무엇이든 간에 내가 이야기하기 시작했던 것은 어떤 요구에 대한 응답으로서 이루어지기보다는 오히려 오로지 나 자신에게서 비롯되었다. 그러므로 무감각한 분석가의 입장에 힘입어 피분석자는 자신이 대타자에게 어떤 요구를 투사하는 방식을 점진적으로 맞닥뜨리게 된다. 분석가가 자유롭게 연상하라는 요구 외에는 어떤 특정한 요구도 제기하지 않는 한, 피분석자는 대타자가 자신에게 제기하는 특정한 요구가 대타자에게서 비롯되기보다는 오히려 자신에게서 비롯되는 방식을 점점 더 깨닫게 된다. 이렇게 해서 피분석자는 점진적으로 환상을 신중히 검토함으로써 자신이 불가사의한 욕망을 요구로 변환하는 한 가지 방법으로서 대타자에게 환상이라는 그물을 던지는 방식을 이해하게 된다.

그런데 분석가가 그냥 조용히 앉아 있을 따름이라고 가정하는 것은 잘못일 것이다. 분석가는 질문하고 발언한다. 하지만 분석가의 발언은 일반적으로 불가사의하고 다의적인 특성을 나타내기에 다양한 해석의 여지가 있다. 라캉주의적 해석은 피분석자에게 그렇고 그런 것이 무엇을 뜻하는지 말해주는 것이 아니라, 오히려 불가사의하고 다의적인 분석가의 언어 행위로서 거기서 피분석자 또는 환자가 의미를 창출한다. 이렇게 해서 라캉주의적 해석을 이해하는 한 가지 방식은 그것을 체계적 오해로 여기는 것이다. 적절한 정신분석학적 해석은 분석가가 이해한 바를 기입하는 것 ─ 이런 사태는 닫힌 체계들 사이에 정보가 전달된다는 믿음을 강화할 것이다 ─ 이 아니라, 오히려 새로운 의미를 창출하는 어떤 놀라운 방식으로 피분석자의 진술에 작용한다. 바로 앞 절에서 거론된 사례로 되돌아가면, 나의 분석가가 "칠판에 압력을 가한다"라고 단조로운 소리로 읊조렸을 때, 이 진술은 내가 생리학과 물리학과 관련하여 표명하고 있었던 담화(분필을 너무 세게 누름)를 들은 다음에 물리학과 생리학에 관한 이런 점을 표명하는 동시에 수업에 대한 나의 압박감과 불안도 암시하는 그런 식으로 그 의미를 변환하는 다의적인 진술을 구성함으로써 나의 담화를 체계적으로 오해하고 나의 기대를 뒤집는다.

이런 특정한 형태의 해석 행위는 임상적 환경 속에서 두 가지 중요한 기능을 수행한다. 한편으로, 그런 해석이 피분석자가 기대하는 바가 결코 아니고 피분석자가 말하고 있는 바를 언제나 약간 오해하는 한, 그것은 피분석자의 내부에서 정보나 공명을 산출할 수 있는 사건이다. 다시 말해서, 그런 해석은 새로운 체계 상태를 선택할 수 있는 사건으로서 작용한다. 분석가가 이해했음을 암시할 따름인 해석은 어떤 새로운 정보도 산출하지 않는 반면에(반복되는 정보는 더는 정보가 아니다), 정신분석학적 해석에서 구현되는 최소의 놀라움은 세계에 대한 피분석자의 경험을 조직하는 새로운 의미를 생성하고 구분을 다시 설정할 가능성을 수반한다. 그리하여 증상을 주체에게 훨씬 덜 고통스러울 새로운 끌림 유역으로 이행할 수 있게 된다. 다른 한편으로, 그런 해석이 피분석자를 오해하는 것처럼 보이는 한, 그것은 피분석자에게 깊이 뿌리박힌, 자신이 대타자에 접근할 수 있다는 믿음의 기반을 체계적으로 약화함으로써 피분석자가 대타자로부터 분리되는 과정에 도움을 준다.

라캉주의 임상학에 관한 이런 간략한 설명은 라캉 이론의 깊이와 복잡성을 거의 제대로 다루지 못한다. 예를 들면, 나는 대상 a, 주이상스jouissance, 다양한 주체 구조, 상상계, 상징계, 실재계 등에 관해 아무 말도 하지 않았다. 그런데 나의 논점은, 라캉이 옳다면 신경증적 주체가 처한 곤경은 객체의 존재론적 물러서 있음과 체계로서의 객체의 조작적 폐쇄성에서 직접 비롯된다는 것이다. 신경증적 주체의 곤경은 심리적 체계가 자신이 태어난 사회적 체계 같은 조작적으로 닫힌 다른 체계와 접속하고 타인과 관계를 맺는 경우에 나타나는 곤경이다. 주체는 사회적 체계에서 자신의 지위가 무엇인지, 사회적 체계에 대하여 자신이 무엇인지, 그리고 타인에 대하여 자신이 무엇인지 궁금해한다. 하지만 체계는 조작적으로 닫혀 있기에, 심리적 체계는 다른 심리적 체계의 외부에 있을 뿐만 아니라 사회적 체계의 환경 속에서만 현존하기에, 이들 물음에 대한 일의적인 대답은 전혀 없다. 증상과 환상은 이런 딜레마를 헤쳐나가는 방식이다. 증상의 유기적 근거가, 예를 들면, 피분석자의 신경학에 있는 경우에도 사정은 마찬가지인데, 그 이유는 심리적 체계가 자신의 고유한 내부 환경 안에서 비롯되는 이들 교란에 여전히 의미를 부여해야 하기 때문이다. 라캉의 이론과 실천은 객체의 물러서 있음이 정말로 뜻하는 바와 이런 물러서 있음이 조직되는 방식, 그리고 객체가 자신의 환경에의 개방성을 구성하는 방식에 따라 달리 산출되는 실재 효과에 대한 통찰을 우리에게 제공한다.

5장

끌림 체제, 부분, 그리고 구조

제약 조건

부분과 전체 : 객체지향 존재론의 기묘한 부분전체론

시간화된 구조와 엔트로피

발생생물학을 진화에 통합하는 데 있어서 마지막 단계는 유기체 자체를 자신의 고유한 발달의 원인으로서, 외부 및 내부 인자들이 자신의 미래에 영향을 미치게 하는 매개적 메커니즘으로서 편입하는 것이다. ─ **R. 르원틴[1]**

물질의 각 조각은 식물이 가득 차 있는 정원으로 여길 수 있고, 물고기가 가득 차 있는 연못으로 여길 수 있다. 그런데 식물의 각 가지, 동물의 각 수족, 그 체액의 각 방울 역시 또 하나의 그런 정원이나 연못이다. ─ **G.W. 라이프니츠[2]**

제약 조건

루만의 체계 이론을 강하게 옹호하는 캐리 울프는 『결정적 환경』이라는 책에서 자기생산 이론에 대한 중요한 비판을 전개한다. 울프가 서술하는 대로,

어쩌면 우리는… 루만의 '맹점', 즉 그의 관측 불가능한 구성적 구분은 역사주의적이고 유물론적인 비판이 지금까지 '모순'으로 이론화한 것과 '분화' 사이에 그가 암묵적으로 설정한 구분이라고 말할 수 있을 것인데, 요컨대 이것은 루만의 인식론에서 제시되는 관찰자들의 형식적 등가성과 물질적이고 사회적인 층위에서 드러나는 그들의 등가성의 실제적 결여 사이의 어긋남을 적절히 이론화할 수 없는 루만의 무능함이나 혹은 그 어긋남을 이론화하기를 꺼리는 소극성에서 현시되는 맹점이다. 모순이라는 범주는, 그것이 바로 이런 차이를 지칭하는 한, 루만의 체계 이론이 구상하는 것보다 처리하기가 훨씬 더 어려운 것으로 판명되는 것처럼 보인다. 혹은 차라리, 그것에 관해 약간 더 정교하게 서술하면, 모순이라는 범주는 체계 이론에 의해 처리되지만, 맑스주의 이론가들이 즐겨 말하는 대로, 단지 '추상적으로' 처리될 따름이지, 역사적이고 물질적인 실천 속에서 처리되지 않는다.[3]

---

1. Lewontin, "Gene, Organism and Environment," *Cycles of Contingency*, 62.

2. G.W. Leibniz, "The Principles of Philosophy, or, the Monadology (1974)", *Discourse on Metaphysics and Other Essays*, trans. Daniel Garber and Roger Ariew (Indianapolis : Hackett Publishing Company, 1991), 78. [G.W. 라이프니츠, 『모나드론 외』, 배선복 옮김, 책세상, 2007.]

3. Cary Wolfe, *Critical Environments* (Minneapolis : University of Minnesota Press, 1998), 77.

사실상 자기생산 이론의 이런 단점은 단순히 사회적 관계와 관련하여 생겨나는 것이 아니다. 오히려, 객체와 관련된 외부관계에 관한 모든 논의가 그런 단점에 시달린다. 자기생산 이론은 객체의 조작적 폐쇄성, 객체의 자기조절과 자기생산, 그리고 객체가 자신의 고유한 정보를 조성하는 방식에 집중함으로써 객체가 다른 객체와 외부관계를 맺을 때 수행하는 활동에 대한 물질적 제약 조건을 무시하는 유토피아주의가 되기 마련이다. 자기생산 이론은 객체의 폐쇄성을 강조하면서 객체가 철저히 자주적으로 결정하는 것이기에 전적으로 독립적이라는 객체상에 종종 경도되는 경향이 있다. 각각의 객체는 자신의 고유한 구분을 통해서 세계를 관찰하는 관찰자로 여겨지고, 모든 객체는 절대적으로 동등하다고 여겨진다. 우리는, 예를 들면, 객체는 지배당할 수 없다고 말하는 루만을 맞닥뜨리게 된다. 그런데 여기서 간과되고 있는 것은 객체들이 네트워크를 이루면서 다른 객체들과 관계를 맺는 방식의 결과로서 나타나는 객체들 사이의 불평등이다.

『루이 보나파르트의 브뤼메르 18일』에서 맑스는 다음과 같이 진술한다. "인간은 자신의 고유한 역사를 형성하지만, 자신이 바라는 꼭 그대로 역사를 형성하지는 않는다. 다시 말해서, 인간은 스스로 선택한 환경 아래서 역사를 형성하는 것이 아니라 직접 맞닥뜨리는, 주어진, 과거로부터 물려받은 환경 아래서 역사를 형성한다."[4] 여기서 맑스가 말하는 바는 인간 행위자뿐만 아니라 모든 비인간 행위자의 경우에도 사실이다. 자기생산 이론은 다양한 형태로 표현되면서 이 논제를 뒤집을 우려가 있다. 즉, 자기생산 이론은 세계를 그 속에서 존재

---

4. Karl Marx, *The Eighteenth Brumaire of Louis Bonaparte*, in *The Marx-Engels Reader*, ed. Robert C. Tucker (New York : W.W. Norton, 1978), 595. [카를 마르크스, 『루이 보나파르트의 브뤼메르 18일』, 최형익 옮김, 비르투출판사, 2012.]

자가 자신의 고유한 역사를 형성할 뿐만 아니라 독자적으로 형성한 조건 아래서 자신의 고유한 역사를 형성하는 것으로 특징짓는 경향이 있다. 여기서 주어지는 것은 일종의 근본적 관념론인데, 요컨대 모든 존재자는 자신의 조작적 폐쇄성에 힘입어 독자적인 세계를 전적으로 구축한다고 구상된다. 『기호 현상의 수위성』에서 폴 베인스가 명백히 표명하는 대로,

오직 해석만이 있을 따름이다. 독립적인 존재자들의 우주로서의 실재는 서술적 영역의 허구물이고, 따라서 실재라는 개념은 서술하는 체계로서의 우리가 마치 독립적인 존재자와 상호작용하는 것처럼 자신의 서술과 상호작용하는 그런 서술의 영역에 적용되어야 한다고 마뚜라나는 주장한다.[5]

그리하여 베인스는 계속해서 이렇게 진술한다. "우리는, 마뚜라나와 바렐라가 관찰자와 독립적인 자기생산적 체계들의 개체성이라는 본성에 관한 실재론적 주장, 그리고 사유는 자신 이외의 것과 실재적 관계를 맺을 수 없다는 현상학적 주장 사이에서 오락가락함을 알아채기 시작할 수 있다."[6] 마뚜라나와 바렐라는 단지 우리가 다른 객체와 직접적으로 관계를 맺을 수 없다고 주장할 따름인가, 아니면 각각의 객체가 여타 객체를 구성한다는 더 급진적인 주장을 제기하고 있는가? 이들 두 주장은 매우 다르다. 첫 번째 주장은 객체지향 철학과 존재자론의 주장들과 대체로 정합적인데, 이들 두 이론이 모든 객체

5. Paul Bains, *The Primacy of Semiosis* (Toronto : University of Toronto Press, 2006), 90.
6. 같은 곳.

는 서로 물러서 있기에 폐쇄성이라는 조건 아래서만 서로 맞닥뜨린다고 주장하는 한에 있어서 그렇다. 두 번째 주장은, 독립적인 실재가 전혀 존재할 수 없는데도 다른 존재자들을 구성하는 존재자들이 어떻게 동시에 존재할 수 있는지 분명하지 않다는 점에서, 앞뒤가 맞지 않는 것처럼 보인다. 다시 말해서, 적어도 자기생산 이론은 독립적인 실재와 더불어 구성 작업을 하는 존재자들의 현존이 필요하다.

그런데 자기생산적 체계 이론과 관련된 더 중요한 문제는, 그 이론이 존재자의 내부 작동에 집중함으로써 철저히 마찰이 없는 공간에서 자신의 기능을 수행하는 존재자에 관한 구상, 즉 각각의 존재자는 주변 세계로부터 아무 제약 조건도 맞닥뜨리지 않는 완전한 주권자라는 구상에 경도되는 경향이 있다는 점이다. 아리스토텔레스에 따르면, 실체의 자율성과 독립성을 옹호하는 것, 그리고 실체의 자율성과 독립성이 실체가 다른 객체와 외부관계를 맺을 때에도 여전히 전적으로 제약받지 않는 상태에 있음을 수반한다고 주장하는 것은 별개의 것이다. 독립적인 객체는 전혀 없다는 논제가 터무니없음은 단지 관찰에 관한 마뚜라나와 바렐라의 주장을 뒤집음으로써 식별될 수 있다. 마뚜라나와 바렐라는 곰벌레 같은 또 하나의 자기생산적 객체가 관찰함으로써 자신들이 구성된다고 주장할 준비가 되어 있을까? 그렇지 않다면, 그 이유는 무엇일까? 게다가 그들이 자신들에게 독립적인 현존을 부여한다면, 그들은 왜 바스카를 좇아서 다른 객체들에도 마찬가지로 자율적인 현존을 부여하지 않을까? 우리에게 필요한 것은 객체의 폐쇄성과 물러서 있음을 제대로 다룰 뿐만 아니라 다른 객체가 물러서 있는 객체에 가하는 제약 조건도 제대로 다룰 수 있는 외부관계에 관한 설명이다.

이렇게 해서 우리는, 객체가 자신의 자율성과 독립성, 자기 결정성을 갖추고 있음에도 어떻게 제약을 받을 수 있는지 자문할 수 있다. 여러 가지 면에서, 끌림 체제라는 개념과 더불어 잠재적 고유 존재와 국소적 표현 사이의 구분에 힘입어 우리는 이들 제약 조건을 이론화할 수 있게 된다. 그 이유는, 잠재적 고유 존재로서의 객체가 자신의 국소적 표현의 모든 현실화로부터 물러서 있고 모든 객체가 자신의 국소적 표현을 넘어서는 예비 잉여물을 언제나 포함하고 있는데도, 국소적 표현은 종종 해당 객체가 끌림 체제 속 다른 객체와 관계를 맺는 외부관계로부터 큰 제약을 받게 되기 때문이다.

여기서 놓치지 말아야 할 요점은, 객체는 자신의 환경에 단지 선택적으로 열려 있을 뿐이지만 이런 사실이 객체는 주변 환경과 관련하여 자신이 원하는 것이라면 무엇이든 자유롭게 할 수 있음을 뜻하지는 않는다는 것이다. 예를 들면, 자기생산적 체계의 경우에, 어떤 체계가 자신의 환경과 맺는 관계를 조직하는 구분은 대개 기대인데, 이에 근거하여 그 체계의 현행 자기생산과 관련된 사건이 선택된다. 그런데 기대로서의 이런 구분은 기대에 어긋날 수 있고 그런 어긋남은 그 체계의 후속 발달에서 중요한 역할을 수행한다. 우리에게 필요한 것은 체계와 환경 사이의 복잡한 외부관계를 주제화할 수 있는 외부관계 모형이다. 『차이와 반복』에서 들뢰즈는 다음과 같이 진술한다.

생명체는 단지 자신의 내부 환경을 규정하는 역동적 메커니즘들에 의해 유전적으로 정의될 뿐만 아니라, 어떤 공간 내에서 그 분포를 주재하는 외부 운동에 의해 생태적으로도 규정된다. 개체군의 운동학은 아무 유사성도 없는 알의 운동학과 결부되는데, 요컨대 지리적 고립 과정은 내부의 유전적 변이에 못지않게 종을 형성할 것이고 때때로 후자에 선행한다. 내부 공간 자체가 국소적으로 통합되고 연결되어야 하는 다수의 공간으로 이루어져 있음을 고려할 때 만물은 훨씬 더 복잡하다. 게다가 다양한 방식으로 이루어질 수 있는 이런 연결을 통해서 모든 객체나 생명체는 자신의 고유한 한계를 맞닥뜨리게 됨으로써 외부와 접촉하게 된다. 또한 외부와 맺은 이런 관계, 그리고 다른 사물 및 생명체들과 맺은 이런 관계는 결국 이전과는 그 종류가 다른 연결 관계와의 전체적 통합을 수반한다.[7]

여기서 들뢰즈는 객체의 발달이 세 가지 환경 사이의 관계 속에서 전개되는 객체 모형을 제시한다. 유기체의 경우에, 유기체의 유전자에 의해 규정되는 내부 환경이 존재한다. 유기체의 내부 환경에 덧붙여 유기체가 세계 속에 존재하는 다른 유기체 및 존재자들과 맺은 관계들에 의해 규정되는 유기체의 외부 환경이 존재한다. 마지막으로, 유기체의 내부 부분들과 그것들이 통합을 요구하면서 서로에게 가하는 압력으로 구성된, 유기체의 '수평적' 환경으로 일컬어질 수 있을 것이 존재한다. 환경들 사이의 이런 삼중 관계를 고려할 때, 우리는 이들 다른 영역 사이의 상호작용성과 시간의 차원을 잊지 말아야 한다. 유기체의 전 생애에 걸쳐 지속하는 발달이 상호작용적으로 그리고 시간의 차원에서 전개되기에 이들 환경 중 하나에서 일어나는 사건은 여타 환경에서 일어나는 사건에 영향을 미치는데, 그리하여 이들 사건이 예측할 수 없는 방식으로 현실화된다.

그런데 발달적 관계들에 대한 들뢰즈의 지도에서 빠져 있는 것은 자신을 구성하는 데 있어서 그 행위주체 자체가 수행하는 역할이다. 케네스 버크의 다섯 가지 요소에 의거하여 표현하면, 들뢰즈의 발달

---

7. Deleuze, *Difference and Repetition*, 216~7. [들뢰즈, 『차이와 반복』.]

지도는 모든 장면에서 행위주체가 없다. 오히려, 행위주체(객체)는 결국 해당 장면(환경들 사이에서 이루어지는 상호작용들)에서 일어나는 동역학의 결과물이 된다. 그러므로 외부관계들에 대한 들뢰즈의 지도는 국소적 표현에서의 제약 조건 또는 의존성의 관계들을 생각하기 위한 올바른 방향을 가리키지만, 행위주체 또는 객체에 이들 발달 과정에서 수행되는 인과적 역할을 부여하기보다는 오히려 행위주체를 한낱 이들 관계의 결과물에 불과한 것으로 여기는 문제를 겪게 된다. 내가 보기에 발달 체계 이론(이하 DST)은, 각각의 객체를 여타 객체를 구성하는 주권자로 여기는 자기생산 이론의 근본적 구성주의와 더불어 객체를 내부 환경과 수평적 환경, 외부 환경 사이에 맺어진 관계들의 결과물에 지나지 않는 것으로 여기는, 생태적 관계들에 대한 들뢰즈적 구상의 극단적인 '환경주의'를 헤쳐나가기 위한 자원을 제공한다.

지금까지 DST의 초점은 발생생물학에서 벌어지는 논쟁들과 관련되어 있었는데도 불구하고 객체가 끌림 체제 내에서, 즉 다른 객체들과 맺어진 외부관계들의 장 내에서 어떻게 행동하는지에 관한 일반 모형을 제공한다. DST 연구는 지금까지 주로 생물학과 사회과학 내에서 벌어진 자연/양육 논쟁들에 집중하면서 유전자를 어떤 유기체의 표현형(내가 '국소적 표현'으로 일컫곤 하는 것)이 취할 궁극적인 형태를 미리 보여주는 청사진으로 여기는 유전학 모형들에 강한 이의를 제기했다. 예를 들면, 『정보의 개체발생』이라는 자신의 획기적인 초기 저작에서 수전 오야마는, 주류 생물학이 표현형의 발달은 유전자와 환경 사이의 상호작용에서 생겨난다는 상호작용주의적 가설에 말뿐인 호의를 나타내는 한편으로, 생물학자들은 유전자를 표현형의 발달을 주재하는 정보를 이미 포함하고 있는 일종의 지도로서 논의하는 경향이 있음을 보여준다. 이와는 대조적으로, DST 이론가들은 다음과 같이 주장한다.

'유전자 속' 혹은 '환경 속' 정보는 그것이 표현형 현시 과정에 참여할 때까지는 생물학적으로 무관하다. 오로지 그것이 해당 발달 체계에 의해 '정보'로서 조성될 때에만 그 정보는 유기체에서 유의미한 것이 된다. 그 결과는 추가적인 정보가 아니라 유의미한 정보다.[8]

바로 앞 장에서 내가 주장한 대로, 정보는 세계의 저쪽에 현존하는 것이 아니라 오히려 조성되고 구축되는 것이다. 환경 속에 앞서 존재하는 정보는 전혀 없고, 게다가 유전자의 맥락에서는 유전자가 정보를 이미 포함하고 있다고 말할 수 없다. 오히려, 유기체의 발달과 세포 발생, 단백질 생산 과정에서 일어나는 사건들이 유전자가 현실화되는 방식에 영향을 미치고, 게다가 특정 유전자의 활성화 역시 다른 유전자들이 현실화되거나 활성화되는 방식에 영향을 미친다. 그리하여 유전자는 사실상 하나의 인과적 인자이더라도 해당 유기체의 지도나 청사진을 구성한다고 말할 수는 없다.

『우연성의 순환』 ― 발달 체계 생물학자들과 이론가들의 논문 모음집 ― 의 서론에서 오야마, 그리피스, 그리고 그레이는 DST 연구의 일곱 가지 기본 주제를 개괄한다.

1. 다수의 원인에 의한 공동 결정 ― 모든 특질은 다양한 발달 자원의

---

8. Susan Oyama, *The Ontogeny of Information* (Durham : Duke University Press, 2000), 16.

상호작용에 의해 산출된다.

2. 유전자/환경 이분법은 상호작용들을 분류하는 다양한 방식 중 하나일 따름이다.

3. 맥락 민감성과 우연성 ─ 무엇이든 어떤 한 가지 원인의 중요성은 해당 체계의 여타 부분의 상태에 달려 있다.

4. 확장된 유전 ─ 어떤 유기체는 상호작용함으로써 그 유기체의 생명 주기를 구축하는 광범위한 자원을 물려받는다.

5. 구성으로서의 발달 ─ 특질도 특질의 표상도 자손에게 전달되지 않는다. 오히려 특질은 발달 중에 형성되거나 재구성된다.

6. 분산된 제어 ─ 어떤 한 가지 종류의 상호작용자도 발달을 전적으로 제어하지는 않는다.

7. 구성으로서의 진화 ─ 진화는 해당 환경에 의해 주조되는 유기체 혹은 개체군의 문제가 아니라 시간에 따라 변화하는 유기체-환경 체계의 문제다.[9]

여기서 발달 체계 이론가들은 '체계'라는 용어를 내가 지금까지 사용한 용법과는 다른 방식으로 사용함을 인식하는 것이 중요하다. DST의 경우에는 유기체-환경 관계가 어떤 발달 체계를 구성한다. 이와는 대조적으로, 자기생산 이론의 틀 안에서는 체계가 체계와 환경 사이의 구분에서 한쪽에 자리한다.

그런데 이런 차이에도 불구하고 체계에 관한 자기생산적 구상과 발달 체계 이론가들이 옹호하는 구상 사이에는 강하게 공명하는 논점들이 있다. DST는, 자기생산 이론과 마찬가지로, 유기체가 자신의

---

9. Oyama et al., *Cycles of Contingency*, 2.

환경을 구축하는 방식을 강조한다. 환경 구축은 개미집과 새 둥지 같은 것들을 건설하는 데 있을 뿐만 아니라, 유기체가 자신의 환경에 선택적으로 열려 있는 방식도 포함한다. 생물학자 리처드 르원틴이 주장하는 대로,

> 유기체는 자신과 관련이 있는 것을 결정한다. 돌은 개똥지빠귀의 환경에 속하고, 나무껍질은 딱따구리의 환경에 속하며, 잎의 아랫면은 딱새의 환경에 속한다. 물리적으로는 이들 새가 모두 접근할 수 있는 세계의 어떤 부분이, 정말로 어떤 새에 대한 환경의 일부가 될 것인가는 그 새들의 생명 활동에 달려 있다.[10]

요약하면, 환경은 단순히 주어지거나 존재하는 것으로 여겨질 수 없고, 따라서 유기체는 환경 속에 이미 현존하는 적소를 차지하는 것이 아니다. 오히려 유기체는, 환경에서 자신과 관련이 있는 것을 결정할 뿐만 아니라 둥지 건설 같은 활동을 통해서 자신의 환경을 적극적으로 변화시킴으로써, 자신의 환경을 구축하는 데 적극적인 역할을 담당한다. 자기생산 이론의 견지에서 바라보면, 체계(유기체/객체)는 자신이 열려 있는 대상이나 주변 세계에서 자신과 관련이 있는 것을 결정한다. 다시 말해서, '환경 자체' 같은 것은 존재하지 않는다. 오히려 우리는 어떤 유기체가 주변 세계와 관계를 맺는 방식에 관한 이차 관찰을 통해서 무엇이 그 유기체의 환경을 구성하는지 알아낼 수 있을 따름이다.

전통적인 진화생물학의 중심 공리는 "일은 유기체가 꾸미고 성사

---

10. Lewontin, "Gene, Organism and Environment," *Cycles of Contingency*, 64.

는 환경에 달렸다"라는 것이다. 여기서 그 이론에 따르면, 어떤 종의 개체군 내에서 일어나는 돌연변이들은 환경의 문제에 대한 다양한 해결책으로서 기도된다. 개별 유기체들은 환경이 제기하는 문제에 대한 다양한 해결책으로서 기도된다. 그런 논제의 전제는 환경이 유기체가 적응해야 하는 눈-앞에-있는 것이라는 점이다. 그런데 우리가 유기체는 자신의 고유한 환경을 구축한다는 사실을 인식할 때, 그런 논제는 상당히 복잡해진다. 여기서 유기체는 수동적인 객체로 더는 여겨질 수 없기에 유전자와 환경이 유기체를 형성하는 주체들이 아니라, 오히려 유기체 자체가 자신의 유전자가 현실화되는 방식과 자신의 환경이 구축되는 방식에 있어서 중요한 역할을 수행하는 '주체'가 된다. 이것은 유기체가 자신이 임의로 규정할 수 있는 순전히 매끈한 공간에서 아무 제약 조건 없이 작용하는 주권자임을 뜻하는 것이 아니라, 이들 과정에서 유기체가 훨씬 더 적극적인 역할을 수행함을 뜻한다.

르원틴은 이런 사유 노선을 따라 더 나아가서 종들이 사실상 서로 공동구성한다고 주장하게 된다. 르원틴이 진술하는 대로,

유기체가 자신의 환경을 구축한다는 개념에 대하여, 그 개념은 터무니없는 결과를 낳는다고 주장하는 이의가 제기될 수 있을 것이다. 어쨌든 산토끼들은 둘러앉아서 스라소니를 구성하지 않는다! 그런데 가장 중요한 의미에서 이들 산토끼는 그렇게 한다. 첫째, 스라소니의 생물학적 특성들은, 부분적으로, 어떤 크기와 속도를 갖춘 먹이, 즉 산토끼를 포획하기 위한 선택의 결과로 추정된다. 둘째, 스라소니는 산토끼의 환경에는 속하지만 무스의 환경에는 속하지 않는데, 그 이유는 무스와 산토끼가 생물학적으로 다르기 때문이다.[11]

스라소니가 그런 유기체인 이유는 부분적으로 산토끼 및 다른 유사한 생명체들의 특성들이 스라소니를 지금까지 구성한 방식과 관련이 있다. 다시 말해서, 재빠른 산토끼를 포획하는 데 더 능숙한 스라소니가 생식에 성공할 가능성이 더 컸다. 마찬가지로, 우리는 산토끼가 스라소니 및 다른 유사한 유기체들에 의해 구성된다고 말할 수 있다.

DST의 중심 주제 중 하나는 확장된 유전이라는 개념이다. 전통적인 진화생물학은 유전자를 유기체가 물려받는 유일한 것으로 여기는 경향이 있어서 유전자가 자연선택의 진정한 단위체라는 신新다윈주의적 논제를 낳는 반면에, DST는 유전자에 덧붙여 온갖 종류의 환경적 인자 역시 선택되는 방식을 강조한다. 예를 들면, 개미 유충은 다른 개미들이 구축하여 남긴 개미집과 페로몬의 흔적을 물려받는다. 이들 유산은 개미 유기체의 표현형이 발달하는 데 중요한 역할을 수행하는데, 예를 들면, 개미 유충이 어떤 종류의 개미(일개미, 병정개미 등)가 될지 결정한다. 이들 유산이 비非유전자적 유산임은 말할 필요도 없다. 마찬가지로, 인간은 문화, 하부구조, 관행 등을 물려받는다.

이와 같은 소견으로 인해 DST는 설명에 있어서 등가성을 옹호하면서 자연선택 개념을 재구성하게 된다. 등가성 추리는 이론가가 발달의 통제권을 한 종류의 행위주체 ─ 예를 들면, 유전자 ─ 에 전적으로 부여하기를 거부하는 추리 형식이다. 오히려 등가성 추리는 분산된 인과성을 강조하는데, 말하자면 다양한 인과적 인자가 표현형이 발달하는 데 이바지한다. 여기서 논제는 모든 인과적 인자가 표현형 또는 유기체의 국소적 표현에 동등하게 이바지한다는 것이 아니라, 다양한 인과적 인자의 상호작용이나 상호연출이 존재자의 국소적 표현에 중요

---

11. 같은 곳.

한 역할을 수행한다는 것이다. 이 논제는 생물학과 사회과학 모두에서 연구가 수행되는 방식에 실제적인 영향을 미친다. 예를 들면, 생물학에서는 유전자가 표현형에 어떤 영향을 미치는지 알아내기 위해서 환경을 일정하게 유지하면서 실험을 수행할 뿐만 아니라, 환경 변화가 표현형에 어떤 영향을 미치는지 알아내기 위해 유전자를 일정하게 유지하면서 환경을 변화시키는 실험 역시 수행할 것이다.

서론에서 제시된 몇 가지 주제로 되돌아가면, 우리는 얼마나 많은 현대 이론이 세계에 대한 주체와 문화의 관계에 집중하는지 깨달았다. 이런 틀, 즉 표상의 틀 안에서는 주체가 사유를 정초하는 구분의 유표 공간에 속하게 된다. 주체 혹은 문화 아래에는 우리가 기호와 기표, 표상에 집중하게 하는 내용을 가리키는 하위구분이 있다. 기호와 기표, 표상이 인간관계가 조직되는 방식에 중요한 역할을 수행함은 확실하지만, 등가성 추리에 힘입어 우리는 사회과학과 사회사상 및 정치사상에서 이루어지는 분석의 초점을 어떻게 확대할 수 있는지 알수 있게 된다. 예를 들면, 재레드 다이아몬드는 서양 문화가 세계 역사전체에 걸쳐서 그런 지배적인 지위를 누린 이유에 관한 물음을 제기한다.[12] 이를테면, 아메리카가 서양을 정복하기보다는 오히려 서양이 아메리카를 정복한 이유는 무엇인가? 주체와 문화의 입장에서 시작함으로써 기호와 기표, 표상을 우리의 하위구분으로 가리킨다면, 우리는 서양인들이 다른 집단들을 정복할 수 있게 한 서양의 표상 체계 혹은 서사 체계에 고유한 것에 기반을 두고서 이들 문화적 차이점을 설명하게 된다. 예를 들면, 우리는 하이데거를 좇아서 '그리스 사건'과

---

12. Jared Diamond, *Guns, Germs, and Steel* (New York : W.W. Norton, 2005). [제레드 다이아몬드, 『총 균 쇠』, 김진준 옮김, 문학사상사, 2013.]

관련하여 독특한 특유의 것을 주장하거나, 혹은 어쩌면 존 밀뱅크 같은 인물들이 조장한 근본적 정통주의 신학을 좇아서 '그리스도 사건'에 인류의 근본적인 역사적 단절을 위치시킬 수 있을 것이다.

그런데 재레드 다이아몬드는 세심한 분석을 통해서 다양한 문화 사이의 환경적 차이점들과 더불어 이들 차이점이 다양한 민족에 대해 창출한 여러 장점과 약점을 강조한다. 그러므로 다이아몬드는, 예를 들면, 아메리카에는 사육하는 데 적합한 동물이 거의 없었다고 주장한다. 이런 사정은 유라시아 사람들과 아메리카 사람들이 발달하는 방식에 심대한 영향을 미쳤다. 유라시아 사람들은 사육동물이 훨씬 더 많이 있었기에 유라시아의 역사에서 종간 세균의 발달 정도 역시 훨씬 더 높았다. 이것은 유라시아 사람들이 질병에 대한 더 큰 면역력을 발달시켰음을 뜻할 뿐만 아니라, 해당 환경 속에 세균 질환도 훨씬 더 많이 있었음을 뜻한다. 유럽인들의 아메리카 정복이 대단히 일방적이었던 한 가지 이유는 바로 다양한 질병이 유럽에서 아메리카로 일방적으로 전염되었기 때문이다. 그리하여 수만 명의 아메리카 원주민이 사망함으로써 장기적으로 유럽인들의 정복이 훨씬 더 쉽게 이루어졌다. 또다시 여기서 요점은, 기호적 차이는 아무 차이도 만들어내지 않는다는 것도 아니고, 단지 질병만으로(다이아몬드는 다양한 지리적 인자를 탐구한다) 그런 야만적인 사건이 완전히 설명된다는 것도 아니다. 요점은, 우리가 특정한 방식으로 구분을 설정하는 경우에 어떤 현상과 인과적 인자들이 철저히 보이지 않게 된다는 것이다. 다이아몬드는 이들 지리적 인자를 탐구하면서 어떤 모범적인 형태의 등가성 추리를 실행한다. 대륙적 사회사상과 정치사상 및 이론은 천연자원, 전력선의 설치 여부, 도로 배치와 연결, 케이블 인터넷 연결의 가용성 여부 등과 같은 비기호적 행위소들이 수행하는 역할을 탐구하고 어떤 사회적 구성체가 그런 형태를 취하는 이유를 조사하는 작업을 훨씬 더 잘할 필요가 있다.

유전자뿐만 아니라 환경 역시 물려받는 한, 자연선택은 유기체 혹은 유전자의 층위에서만 작동하는 것이 아니라 환경의 층위에서도 작용해야 한다는 결론이 당연히 도출된다. 여기서 우리는 많은 유기체가 둥지를 건설하는 행위 등을 통해서 자신의 환경을 그야말로 구축한다는 점을 떠올려야 한다. 유기체의 생식에 이점을 제공하는 그런 구축된 환경은 선택되어서 여러 세대에 걸쳐 전달되는 경향이 있을 것이다. 여기서 상기할 만한 사실은, 다윈은 유전 메커니즘이 무엇인지 전혀 특정하지 않았으며 자연선택이 일어나려면 유전이 있어야 한다고 규정했을 따름이라는 것이다. 그러므로 오직 유전자만이 유일한 유전 메커니즘이라고 가정할 이유가 전혀 없다. 개미집과 문화 같은 구축된 환경 역시 유전 형식이다. 「다윈주의와 발달 체계」라는 논문에서 그리피스와 그레이는 그런 환경 유전의 두드러진 일례(그리고 또한 많은 다른 사례)를 제시한다. 그리피스와 그레이가 주장하는 대로,

어떤 진딧물 종은 부크네라Buchnera라는 자신의 내부 공생 박테리아를 모체의 공생 군체에서 알 또는 발생 배아로 확실하게 넘겨준다. 그 박테리아 덕분에 진딧물 숙주는 영양상으로 부적절한 숙주 식물이었을 것을 활용할 수 있게 된다. 항생제 처치로 그 박테리아를 제거당한 진딧물은 발육이 가로막히고, 새끼를 낳지 못하며, 조기에 사망한다.[13]

___

13. Paul E. Griffiths and Russell D. Gray, "Darwinism and Developmental Systems," *Cycles of Contingency*, 198.

여기서 요점은, 부크네라 박테리아가 진딧물 유전체의 일부가 아닌데도 불구하고 그 표현형의 발달에 중요한 역할을 수행한다는 것이다. 유전자는, 유기체가 결국 무엇이 될 것인지에 관한 청사진의 형태로 정보를 이미 포함하고 있기는커녕, 발달과 관련된 다양한 인과적 인자 중 하나의 인자다. 다양한 형태를 취할 수 있다는 의미에서 표현형은 가소성이 있다. 여기서 표현형의 가소성이 전적으로 아무 제약도 받지 않는다는 것은 아니라는 점은 말할 필요가 없다. 유기체-환경 체계는 사실상 다양한 방식으로 표현형의 발달을 제약함으로써 가능한 변양태들의 토폴로지 공간을 규정한다. 여기서 중요한 점은, 표현형의 생성을 주재하는 정보는 발달 과정에서 다양한 인자로부터 구성되는 것이고, 게다가 유기체가 구현하게 되는 성질은 잠재적이거나 내재적인 형태로 유기체 속에 이미 자리하고 있는 것이 아니고 오히려 발달 과정에서 새로이 창출되는 것이라는 사실이다.

앞서 논의된 바에 의거하여 이제 우리는 존재자론적이고 객체지향 철학적인 어떤 틀 안에서 제약 조건의 출현을 이론화할 수 있게 된다. 모든 문제는 객체가 조작적으로 닫혀 있는 방식과 객체가 자신이 열려 있는 것과 열려 있지 않은 것을 규정하는 구분을 통해서 자신의 고유한 환경을 구축하는 방식에서 생겨난다. 이것 역시 객체는 지배받을 수도 없고 통제받을 수도 없다는 루만의 논제에 이르게 된다. 그런데 객체는 사실상 주변 환경에 대한 자신의 고유한 개방성을 구성하지만, 그렇다고 객체가 자신의 고유한 환경을 통제하거나 창출한다는 결론이 도출되지는 않는다. 여기서 자신과 유관한 것과 무관한 것을 결정함으로써 환경을 통일하는 객체나 체계보다 환경이 언제나 더 복잡하다는 사실을 상기하자. 게다가 환경에의 개방성은 객체나 체계가 조직되는 방식에서 생겨나지만, 그렇다고 이런 개방성이 환경에서 어떤 사건이 일어나는지 결정하지는 않는다. 만약에 사정이 이렇다면, 각각의 실체는 자신의 환경 속에 현존하는 여타의 실체나 체계를 통제하거나 '지배하고' 있을 것이다. 어떤 실체의 환경 속에 있는 다른 실체가 그 실체를 단지 교란할 수 있을 뿐이지 이런 교란에 근거하여 어떤 정보 사건이 산출될 것인지 결정하지는 않는 것과 꼭 마찬가지로, 실체가 할 수 있는 일은 기껏해야 어떤 다른 실체에서 어떤 종류의 정보 사건이 산출되는지 통제할 수 없는 채로 그 실체를 교란하고자 시도하는 것이다. 그리고 당연히 이들 시도된 교란은 언제나 실패할 수 있다. 예를 들면, 세 살 먹은 나의 딸은 장난감 상자에 부딪히면 그 상자에 소리를 지르지만, 그 상자는 그야말로 교란되지 않은 채로 계속해서 그냥 그대로 있을 따름이다.

객체는 주변 환경에 대한 자신의 개방성을 구성하지만 주변 환경에서 일어나는 사건을 구성하지는 않는다는 것을 인식하는 데 만사가 달려 있다. 루만이 객체는 통제받거나 지배받을 수 없다고 주장할 때 제시하는 논점은, 객체가 자신이 원하는 실재를 무엇이든 만들어낼 수 있는 완전히 자유로운 주권자가 아니고 오히려 자신을 교란하는 모든 사건은 그 체계의 고유한 조직에 의거하여 '해석될' 것이라는 점이다. 그리하여 객체는 외부에서 조종될 수 없다. 그런데도 어떤 객체의 환경에서 일어나거나 일어나지 않는 사건들과 더불어 객체가 수용할 수 있는 사건들은 그 객체가 현시할 수 있는 국소적 표현이 현실화되는 데 엄청나게 중요한 역할을 수행한다. 이것에 대한 두드러진 일례는 그리피스와 그레이가 언급한 진딧물 사례에서 나타나는데, 요컨대 부크네라 박테리아의 존재 여부가 진딧물의 표현형을 형성하는 데 중요한 역할을 수행한다. 이처럼 어떤 객체의 환경에서 그 객체에 대한 끌림 체제를 규정하는 다른 객체와 사건들은 그 객체의 국소적 표현에서 규칙적인 것들을 창출하는 동시에 가능한 국소적 표현들에 대한 제약 조건도 산출한다.

그러므로 끌림 체제는 상호작용적 네트워크로 여겨져야 하거나, 혹은 티모시 모턴이 서술하는 대로, 해당 객체의 국소적 표현을 가능하게 하는 역할과 제약하는 역할을 동시에 수행하는 그물망으로 여겨져야 한다. 논의되는 객체나 체계의 종류에 따라 끌림 체제는 물리적 성분, 생물학적 성분, 기호적 성분, 그리고 기술적 성분을 포함할 수 있다. 이런 네트워크의 내부에서는 그 내부의 다른 노드나 존재자가 현시할 수 있는 국소적 표현을 제약하는 위계 또는 하위네트워크가 출현할 수 있다. 그러므로 예를 들면, 최고경영자 같은 고위급 기업 지도자와 정부 관리는 부와 권력을 획득하는 데 유리한 연줄과 사업 정보를 모두 입수할 수 있다. 부와 권력이 이렇게 전유됨으로써 결국에는 이런 접근권이 없는 사람들을 위한 자원이 고갈된다. 그리하여 사회적 권역의 덜 '연결된' 층위에서 현시되는 국소적 표현은 부크네라 박테리아를 활용할 수 없는 진딧물이 어떤 특정한 방식으로 발달하는 것과 꼭 마찬가지로 그 현실화 가능성이 크게 제한된다. 끌림 체제의 특정한 조직이 어떤 객체가 무엇이 될지 혹은 무엇일지 결정하지 않는 이유는 그런 현실화가 해당 객체의 조직에 달려 있기 때문인데, 그런데도 끌림 체제는 어떤 객체에 대해서 가능한 국소적 표현을 제한하는 데 중요한 역할을 수행한다.

마찬가지로, 또 다른 맥락에서, 맑스는 공장 작업의 반복적 활동이 노동자의 탈숙련화와 그의 인지 능력을 둔화시키는 결과를 낳은 방식을 논의한다.[14] 다소 간략히 서술하면, 공장 형식은 임금노동의

---

14. Karl Marx, *Capital : Volume I*, trans. Ben Fowkes (New York : Penguin Classics,

발달과 잉여가치의 산출을 극대화하기 위해 임금으로 인한 생산비를 절감해야 할 필요성의 결과로서 생겨난다. 공장 형식의 역설은, 고도로 특화되고 판에 박힌 반복적 활동의 영향으로 인한 노동의 탈숙련화를 통해서 노동자가 자신에게서 독자적인 삶과 환경에 대한 통제권을 박탈하는 임금노동 체계에 점점 더 의존하게 됨으로써 자신의 자유를 제한하는 바로 그 체계를 강화한다는 것이다. 노동자는 스스로 다른 작업을 실행할 수 있게 할 지식과 솜씨를 잃어버리게 된다. 그리하여 노동자는 부분적으로 자신의 활동을 통해서 공장 체계에 갇히게 된다. 여기서 기술은 생각이나 솜씨를 거의 요구하지 않는 끝없는 반복적 활동의 영향으로 인한 탈숙련화와 인지 능력의 둔화가 나타나는 데 중요한 역할을 수행한다. 이렇게 해서 임금노동, 공장, 그리고 기술은 사회적 층위(사회가 나타내는 조직) 및 노동자의 개인적 층위에서 현시되는 국소적 표현들에 큰 영향을 미치는 끌림 체제로서 기능한다. 활동, 끌림 체제, 그리고 생산양식이 달라지면 인지적 층위와 정동적 층위에서 매우 다른 국소적 표현이 현시될 것이다.

이런 맥락 속에서, 사회사상과 정치사상의 중요한 역할 중 하나는 끌림 체제들에 대한 지도학이어야 한다. 이런 지도학의 과업은 개인, 집단, 그리고 사회 전체 조직의 층위에서 국소적 표현을 산출하는 데 중요한 역할을 수행하는 객체들의 네트워크들에 대한 지도를 제작하는 데 있다. 그런 지도학을 통해서 사회적 체계 안에서 분기점이 나타날 수 있는 지점들의 위치를 전략적으로 파악할 수 있게 됨으로써 개인과 사회의 층위에서 새로운 국소적 표현들이 현시될 수 있게 된다. 이런 점에서 맑스는 모범적인 지도 제작자다. 적어도 『자본』에서 맑스

1990), 340~416. [카를 마르크스, 『자본론 I』 상·하, 김수행 옮김, 비봉출판사, 2015.]

는 '사회'와 '계급'을 설명 변수로 사용하지 않았고, 오히려 사회가 그런 형태를 취하는 바로 그 이유와 계급 구조가 그런 식으로 현존하게 되는 바로 그 방식을 설명하기 위해 특정한 역사적 환경 속 끌림 체제에 대한 지도를 제작하였다. 그런데 맑스는 사회적 권역에 대한 지도를 제작하면서 현존하는 사회적 관계들에 대한 지도뿐만 아니라 잠재적인 사회적 경향들에 대한 지도도 제작하였다. 말하자면, 맑스는 어디에서 변화가 일어날 수 있을지 그리고 어디에서 새로운 형태의 사회적 조직이 출현할 수 있을지 밝혀내려고 현존하는 사회적 구조들 속에 감춰진 긴장 관계와 탈주선의 위치를 파악하고자 하였다. 끌림 체제들, 이들 체제를 조직하는 끌개들, 그리고 이들 끌개가 민감한 분기점들에 관한 지식을 통해서 이행 과정을 심화하고 가속화할 실천을 전략적으로 설정할 수 있게 된다. 분기점이 현존한다는 사실이 어떤 체계가 새로운 끌림 유역으로 이행할 것이라고 보증하지는 않는다. 그리하여 잠재태에 대한 지도 제작은 분기점을 활성화하는 방법을 밝혀내기 위한 자원을 제공하기에 실천의 필수적인 차원이 된다.

무엇보다도 우리는 끌림 체제가 객체나 존재자의 국소적 표현을 결정한다는 결론을 내리지 말아야 한다. 객체가 어떤 형태의 국소적 표현을 현시하는지에 끌림 체제가 중요한 역할을 수행하지만, 객체는 한낱 끌림 체제의 결과물에 불과한 것이 아니다. 어떤 객체가 다른 객체들과 외부관계를 맺을 때, 이들 다른 객체는 다양한 방식으로 그 객체를 교란함으로써 그 국소적 표현에 영향을 미침이 확실하지만, 또한 객체는, 무엇보다도 자기생산적 객체는 세계 속 행위자이면서 원인이기도 하다. 벽난로의 열기가 너무 뜨겁다고 깨달은 고양이는 그냥 그곳에 앉아서 구워지기보다는 오히려 일어나서 약간 뒤로 물러남으로써 자신에게 바람직한 온도를 나타내는 앉을 자리를 찾아낸다. 이렇게 해서 그 고양이는 자신이 처해 있는 환경과 관련하여 자신의 국소적 표현의 산출을 조절하는 데 적극적인 역할을 맡는다. 마찬가지로, 비버는 당당한 댐을 건설함으로써 자신이 살아갈 최적의 환경을 창출한다. 자신이 얽혀 있는 끌림 체제가 우리를 다양한 방식으로 제약할 것이지만, 우리는 스스로 움직이고 행동함으로써 이런 끌림 체제에 작용하여 자신의 환경을 구축할 수 있는 능력을 갖추고 있고, 따라서 자신이 처해 있는 환경을 수정할 수 있다. 우리는 끌림 체제로부터 작용을 받을 뿐만이 아니라, 우리 역시 그 체제에 작용한다. 그런데 다른 행위자들의 예측 불가능한 본성을 참작하면, 문제는 어떤 형태의 작용이 우리의 실존을 향상하는 데 가장 도움이 될 수 있을지와 관련이 있다.

부분과 전체 : 객체지향 존재론의 기묘한 부분전체론

대륙 철학과 이론은 부분과 전체 사이의 관계에 관한 쟁점들, 즉 부분전체론의 쟁점들을 주의 깊게 고찰하지 못함으로써 큰 피해를 초래했다. 레비-스트로스와 다양한 다른 프랑스 사상가에게서 비롯된 구조주의적 전회에 깊은 영향을 받은 일단의 사회사상과 정치사상의 경우에 특히 더 그러했다. 구조주의는 외부가 없는 하나의 통합적인 관계적 체계로서의 사회적 체계에 집중하면서 프랑스 사회사상과 정치사상에 위기를 초래했는데, 요컨대 어떤 종류의 행위주체성 혹은 사회적 변화가 도대체 어떻게 가능한지에 대한 의문을 불러일으켰다. 구조가 요소들 사이의 변별적이거나 대립적인 관계들과 일치하며, 그리고 요소들이 그 관계들과 독립적으로 현존한다고 말할 수 없다면, 해당 사회적 구조를 그저 재생산하지 않는 어떤 행위가 도대체 어떻게 가능한지에 대한 의문이 생겨난다. 주체를 독자적인 맥동과 리듬에 따라 작동하는 비개인적이고 집단적인 구조의 결과로 여기는 구조주의의 경향은 상황이 더 복잡했다. 이와 관련하여,「이데올로기와 이데올로기적 국가장치」에서 알튀세르가 공표한 주체에 관한 의견을 누가 잊을 수 있겠는가? 그 글에서 알튀세르는 다음과 같이 진술한다.

주체라는 범주가 모든 이데올로기를 구성하지만, 동시에 그리고 즉각적으로 나는, 모든 이데올로기가 구체적 개인을 주체로서 구성하는 기능을 갖추고 있는 한에 있어서 주체라는 범주가 모든 이데올로기를 구성할 따름이라고 덧붙인다. 이런 이중 구성의 상호작용에 모든 이데올로기의 기능이 존재하는데, 이데올로기는 그런 기능의 물질적 존재 형식에서 이루어지는 기능일 뿐이다.[15]

주체에 관한 알튀세르의 공언은 프랑스 사회 이론과 정치 이론에 즉각적으로 위기를 초래했는데, 그 후 몇 년 동안, 사회적인 것에 관한 그의 사유와 구상에 큰 영향을 받은 사람들과 그의 제자들에게서 일련의 반응이 제기되었다.

여러 가지 점에서, 그 문제는 꽤 단순하다. 주체가 이데올로기를 구성하면서 이데올로기에 의해 구성된다면, 그리고 이데올로기가 사회적 체계가 "생산 조건을 재생산하는" 수단이라면,[16] 그런 사회사상과 정치사상은 사회적 변화가 어떻게 일어날 수 있는지 설명할 수 없

---

15. Louis Althusser, *Lenin and Philosophy and Other Essays*, trans. Ben Brewster (New York : Monthly Review Press, 2001), 116. [루이 알튀세,『레닌과 철학』, 이진수 옮김, 백의, 1991.]
16. 같은 책, 85.

는 것처럼 보일 것이다. 이런 문제는 다양한 구조주의적 틀 안에서 전개된 사회적인 것에 관한 관계적 구상에서 생겨난다. 구조를 구성하는 관계들 자체가 모든 요소를 구성하는 내재적 관계들이라면, 그로부터 구조가 변환될 수 있을 외재적 받침점이 전혀 있을 수 없다는 결론이 도출된다. 구조의 한 요소로서 주체의 경우에도 사정은 마찬가지일 것이다. 사회적 체계에 속하는 여타의 것과 마찬가지로, 주체도 사회적 구조를 구성하는 관계들에 의해 변별적으로 구성될 수밖에 없을 것이다.

이런 암울한 의견이 공표됨에 따라, 변화가 일어날 수 있게 하는 초험적 조건이 부각될 수 있도록, 구조의 내부에서 자유로운 지점 또는 빈곳, 즉 사회적 구조를 구성하는 변별적 관계들에 의해 과잉결정되지 않는 지점을 찾아내고자 하는 필사적인 탐색이 개시되었다. 놀랍게도, 그런 설명을 위한 이론적 자원은 레비-스트로스의 초기 저작에서 이미 제시되었다. 『마르셀 모스 전집 서문』이라는 초기 저작에서 마나mana 개념에 관한 레비-스트로스의 이론적 구상은 구조에 내재적인 동시에 구조에 의해 과소결정되는 어떤 역설적 특질이 구조에 현존함을 시사한다. 레비-스트로스가 주장하는 대로,

언제나 그리고 어느 곳에서나, 그런 개념들〔마나〕은, 다소 대수학적 기호처럼, 의미작용의 불확정적인 값을 나타내기 위해 생겨나는데, 그 자체는 의미가 없기에 여하튼 어떤 의미도 받아들이기 쉽다. 이들 개념의 유일한 기능은 기표와 기의 사이의 간극을 메꾸는 것이거나, 혹은 더 정확히 서술하면, 그런 상황에서, 그런 국면에서, 아니면 그 표현 중 하나의 국면에서, 기표와 기의 사이에 이전의 상보적 관계를 훼손할 정도로 비등가성의 관계가 확립된다는 사실을 알리는 것이다.[17]

게다가 레비-스트로스는 계속해서 다음과 같이 진술한다.

나는 마나 유형의 개념들이, 이들 개념이 아무리 다양하더라도, 그것들의 가장 일반적인 기능의 견지에서 바라보면 … 모든 유한한 사유의 무능함을 드러내는(그러나 또한 모든 예술, 모든 시, 모든 신화적 및 미적 발명을 보증하는) 떠다니는 기표에 지나지 않는 것을 나타낸다고 믿고 있다. 비록 과학적 지식은 그런 기표를 멈추게 할 수는 없더라도 적어도 그것을 부분적으로 통제할 수는 있지만 말이다.[18]

이 목록에 정치가 추가될 수 있다. 이런 떠다니는 기표가 시사한 것은, 사회적인 것이 변환될 수 있을 뿐만 아니라 주체 역시 사회적 힘의 희생자나 대상 이상의 것으로서 현존할 수 있을 공간을 나타내는 어떤 빈곳, 완전히 불확정적인 어떤 지점이 구조 내부에 있을 가능성이었다.

그리고 사실상, 뒤이은 프랑스 사회 이론과 정치 이론의 궤적을 살펴보면, 바로 이런 선택지의 어떤 변양태가 수용되고 있음을 알게 된다. 알튀세르의 후기 저작은 루크레티우스와 더불어 비껴남과 빈곳에 관한 담론에 점점 더 집중하게 된다.[19] 랑시에르는 사회적 질서(그가 '치안'이라고 일컫는 것) 내부의 빈곳 ─ 그로부터 사회적 질서가 변환하게 된다 ─ 으로서 '몫 없는 이들'의 역할을 강조하게 된다.[20] 바디우는 모

17. Claude Lévi-Strauss, *Introduction to the Work of Marcel Mauss*, trans. Felicity Baker (New York : Routledge, 1987), 55~6.

18. 같은 책, 63.

19. Louis Althusser, *Philosophy of the Encounter : Later Writings, 1978-1987*, eds. Oliver Corpet François Matheron, trans, G.M. Goshgarian (London : Verso, 2006).

20. Jacques Rancière, *Disagreement*, trans. Julie Rose (Minneapolis : University of

든 조직적 상황의 가장자리에서 전적으로 새롭고 결정 불가능한 사건이 발생할 수 있는 빈곳이 끊임없이 나타나는 방식을 강조하는데, 그리하여 이런 사건을 계기로 어떤 주체는 결단을 통해 조직적 상황의 조직을 점진적으로 변화시키는 진리 절차를 개시할 수 있게 된다.[21] 그리고 지젝은 그로부터 어떤 주체가 형성될 수 있는 상징계의 핵심에 자리하는 표상 불가능한 실재계를 강조하는데, 그 실재계는 상징계의 작동 불능을 드러냄으로써 그 주체를 완전히 없애 버리고서 재창조하는 절대적 행위를 개방한다. 매우 다른 방식들로 전개된 이들 주제는 모두 사회적인 것의 한계와 그것의 무한한 변환 가능성을 동시에 나타내는 떠다니는 기표의 변양태인 것처럼 보인다.

모든 사회적 구조에서 끊임없이 나타나는 빈곳 또는 떠다니는 기표에 대한 이런 인식과 밀접히 관련된 것은 구조의 우연성에 대한 자각의 증진이다. 어떤 면에서, 구조의 우연성은 구조주의적 사유의 지속적인 주제였다. 칸트는 초험적 주체에서 비롯되는 하나의 보편적인 초험적 세계 구조를 제시한 반면에, 구조인류학과 구조언어학은 매우 다른 방식으로 조직된 다양한 구조를 밝혀내었다. 그런데 점점 더, 구조는 구조 아래서 질서나 통일성을 갖추지 않은 채로 부글거리는 어떤 무한한 다양체를 은폐하는 것으로 여겨지게 되었다. 이런 사유 노선을 『존재와 사건』이라는 엄청난 책에서 알랭 바디우가 행한 것보다도 더 엄밀하고 더 자세하게 전개한 사람은 아무도 없다. 그 책에서 바디우는 체르멜로-프렝켈 집합론에 기반을 둔 존재론을 전개함으로써 자신이 비정합적 다양체라고 일컫는 것과 정합적 다양체라고 일컫는

Minnesota Press, 1999). [자크 랑시에르, 『불화』, 진태원 옮김, 길, 2015.]

21. Alain Badiou, *Being and Event*, trans. Oliver Feltham (New York : Continuum, 2005). [알랭 바디우, 『존재와 사건』, 조형준 옮김, 새물결, 2013.]

것으로 분할된 변증법적 존재론 같은 것을 제시한다. 비정합적 다양체는, 그것이 구조나 개체화된 존재자가 전혀 없는 순전한 다수의 것인 한, 일종의 혼돈으로 여겨질 수 있다. 이런 다양체는 그런 것으로서의 존재, 즉 존재 자체를 구성한다. 반면에, 정합적 다양체는 체계적이고 통일된 상황이다. 이런 다양체는 바디우가 '일자-로-여김'이라고 일컫는 조작을 통해서 비정합적 다양체로부터 형성되며, 그리고 비정합적 다양체에 근거를 두고 있는 덕분에 표면 바로 밑에서 부글거리는 혼돈에 언제나 시달리게 된다. 그리하여 모든 정합적 다양체는 어떤 상황의 우연적인 조직체일 따름이다.

혁명적 사회 이론을 엄밀하게 정초하려는 욕망이 바디우의 존재론에 잠복해 있음을 감지하는 것은 어렵지 않다. 이데올로기가 작동하는 주요한 방식 중 하나는 사회적 세계의 자연화를 통해 이루어진다. 다시 말해서, 이데올로기는 사회적 세계의 구조와 조직을 세상의 불가피한 자연적 질서로 제시하는데, 그리하여 다른 배치가 불가능해진다. 그러므로 한 가지 주요한 이데올로기 비판 형식은 역사화 등의 방법을 거쳐 사회적 구성체가 우연적이거나 달리 될 수 있는 방식을 예증하는 형식을 지금까지 취했다. 바디우의 사유는 달리 될 수 있는 이런 능력에 대한 존재론적 근거를 제공한다. 여러 가지 점에서, 그런 결론은 집합론에 이미 내재한다. 집합론의 틀 안에서 어떤 집합은 그 집합에 속하는 원소들 또는 그 집합의 외연을 통해서 엄밀히 규정됨을 상기하자. 여기서 우리는 집합과 종류를 그 집단의 회원 자격이 (그 집단에 속하는 부분들에 의해) 외연적으로 규정되는지 아니면 (요소들 사이에 공유되는 어떤 특질에 의해) 내포적으로 규정되는지 여부에 의거하여 구별할 수 있다. 예를 들면, 모든 개의 집단은 그 집단의 회원 자격이 그 집단에 속하는 모든 요소가 어떤 공통 특징이나 일단의 공통 특징을 공유하는지 여부에 달린 한에 있어서 내포적으로 규정되는 집단이다. 종류와는 대조적으로, 집합은 순전히 자신의 원소들에 의거하여 규정되는 집단이기에 이들 원소가 어떤 공통 특징을 공유할 필요가 없다. 또한 집합의 원소들은 어떤 특정한 방식으로도 배열될 필요가 없다. 집합이 외연적으로 규정되는 한, 집합 {x, y, z}는 집합 {y, z, x}와 같다. 요약하면, 집합의 원소들은 그것들 사이에 맺어진 관계들에 의해 규정되지 않는 비관계적인 것들이다. 여기서 요점은, 만약에 사회적 구조가 집합이라면, 그것이 조직될 수 있는 단일한 방식이 있지 않기에 다양한 형태의 사회적 조직이 가능하다는 것이다.

처음에 집합론과 관련된 이들 쟁점은 사회적 장의 자연화와 이데올로기에 관한 쟁점에서 동떨어진 것처럼 보일 것이다. 그런데 만약에 존재는 '집합론적'이며 그것의 가장 근본적인 층위에서 정합적 다양체들보다 비정합적 다양체들로 이루어져 있음이 사실이라면, 구성요소들 사이의 관계들이 달리 될 수 있다는 바로 그 의미에서 모든 사회적 구조는 우연적이라는 결론이 또한 도출된다. 앞서 논의된 바로부터, 이런 논점은 두 가지 방식으로 이해될 수 있다. 한편으로, 집합이 그 원소들 사이에 어떤 순서 관계도 없이 외연적으로 규정되기에 그 원소들 사이에 필연적인 관계는 전혀 없다는 결론이 도출된다. 여기서 관계는 자신의 항들에 외재적이다. 마찬가지로, 집합론의 멱집합 공리를 통해서 한 가지 비슷한 주장이 제기될 수 있다. 멱집합 공리에 힘입어 우리는 어떤 집합의 모든 가능한 부분집합을 취하여 이 집단으로부터 한 가지 새로운 집합을 형성할 수 있게 된다. 그러므로 예를 들면, 어떤 집합 {x, y, z}가 주어지면, 그것의 멱집합은 { {x}, {y}, {z}, {x, y}, {x, z}, {y, z}, {x, y, z} }일 것이다. 그다음에 이 멱집합은 거듭해서 재귀적으로 조작됨으로써 훨씬 더 큰 집합을 생성할 수 있을 것이다. 이데올로기 비판의 층위에서 멱집합 공리의 '현금 가액'은 그 공리가 사회적 집단이 우연적이며 다른 방식으로 회집함으로써 달리 될 수 있는 방식을 드러낸다는 것이다. 사실상 바디우는 사회적 관계의 우연성을 예증하기 위한 존재론적 '토대'를 제공함으로써 이들 관계가 언제나 달리 조직될 수 있는 방식을 강조한다.

이런 책략을 통해서 바디우는 구조주의의 내재주의에 강한 타격을 가한다. 구조주의는 모든 관계가 자신의 구성요소들에 단적으로 내재적이라고 주장했고, 그리하여 구성요소들은 자신의 관계와 독립적인 어떤 현존도 갖추고 있지 않다고 말할 수 있다. 바디우는, 비정합적 다양체들의 존재론을 관계의 외재성에 관한 설명과 결합함으로써, 구성요소들은 사실상 서로 잠정적인 관계들을 맺으며 이들 관계는 언제나 그리고 어느 곳에서나 부득이 우연적이고 달리 될 수 있음을 보여줄 수 있다. 그리하여 바디우는 사회적 권역 내부에서 일어날 변화를 생각할 수 있는 우리 능력의 가능성을 두드러지게 확대하는 한편으로, 정합적 다양체에 관한 설명을 통해서 구조주의가 품은 최선의 통찰을 유지할 수 있게 한다.

집합과 부분집합의 관계에 관한 바디우의 성찰이 갖는 특질은 철저히 부분전체론적이다. 집합의 외연적 조성(부분들)에 관한 주장을 제기할 때, 바디우는 어떤 집합의 부분이 자신보다 더 큰 객체, 즉 그것이 도출되는 집합의 부분이면서 동시에 독자적인 객체인 방식을 강조한다. 여기서 흥미로운 점은, 부분이 해당 집합 속 다른 원소들과 맺은 관계들에 의해 규정되는 것이 아니라 그 집합에서 탈퇴할 수 있는 독자적인 객체라는 것이다. 이렇게 해서 객체지향 철학과 존재자론은 바디우에게서 뜻밖의 동맹과 놀랄 만한 공명 지점을 맞닥뜨리게 된다. 이미 이해한 대로, 그레이엄 하먼은 모든 객체가 객체들로 둘러싸인 객체들로 둘러싸인 객체들인 그런 식으로 존재한다고 주장하는데, 그리하여 우리는 객체를 객체들 사이에 맺어진 관계들로 여기는 동시에 독자적으로 이산적인 단위체로도 여길 수 있다. 바디우는 모든 집합이 무한히 분해될 수 있다는 의미에서 무한하다고 주장하는데, 여기에 나는 그것이 좋은 주장이라고 덧붙일 것이다.

여기서 맞닥뜨리게 되는 것은 내가 존재자론과 객체지향 철학의 '기묘한 부분전체론'이라고 일컫는 것이다. 부분전체론은 부분과 전체의 관계를 연구하는 수학과 존재론, 논리학의 갈래다. 부분전체론의 연구는 대체로 복잡하고 형식화되어 있지만, 존재자론과 객체지향 철학은 특정한 부분전체론적 관계, 즉 한 객체가 다른 한 객체의 부분인 동시에 독자적으로 독립적인 객체로서 현존하는 객체들 사이의 관계에 관심이 있다. 이런 부분전체론이 왜 그토록 기묘한 부분전체론인지 이해하려면, 모든 객체가 서로 독립적이거나 자율적이라는 점을 떠올려야 한다. 객체들은 서로 외부관계를 맺을 수 있지만, 그 관계들에 의해 구성되지는 않는다. 달리 서술하면, 객체의 본질은 자신의 관계들로 구성되지 않는다. 그리하여 이런 부분전체론의 기묘함은 어떤 집합의 부분집합들, 더 큰 객체를 구성하는 더 작은 객체들이 그런 더 큰 객체의 필요조건인 동시에 그런 객체와 독립적이라는 사실에 놓여 있다. 마찬가지로, 이들 더 작은 객체로 구성된 더 큰 객체는 그 자체로 이들 더 작은 객체와 독립적이다.

존재자론과 객체지향 철학이 옹호하는 부분전체론과 바디우의 부분전체론 사이에 많은 공통점이 있지만, 그 두 가지 존재론적 틀 사이에는 중요한 차이점들이 존재한다. 바디우뿐만 아니라 존재자론과 객체지향 철학 역시 객체들 사이 관계들의 외연주의를 지지하는 한편으로, 존재자론과 객체지향 철학은 개별 객체의 내부에 현존하는 관계들의 내포주의를 지지한다. 요약하면, 객체는 한낱 다른 객체들의 집합체에 불과한 것이 아니라, 환원 불가능한 독자적인 내부적 구조를 갖추고 있다. 그런데 존재자론과 객체지향 철학이 옹호하는 내포주의는 복수의 객체가 공유하는 단수의 술어와 관련된 내포주의가 아니라, 오히려 어떤 객체의 내부적 관계들을 구성하는 관계와 관련된 내포주의임을 인식하는 것이 중요하다. 그러므로 혼동을 피하고자, 나는 '대내 관계'와 '대외 관계'를 구별하는 그레이엄 하먼의 관행을 좇는다. 대내 관계는 어떤 객체의 내부적 본질을 조직하는 관계인데, 3장에서 내가 '내부관계'라고 일컬은 것에 해당한다. 반면에, 대외 관계는 한 객체가 다른 한 객체와 맺는 관계이며 내가 '외부관계'라고 일컬은 것이다. 객체가 외부관계들에 의해 구성되지 않고 이들 관계에서 격리될 수 있다는 의미에서 대외 관계는 해당 객체들에 외재적이다. 물론, 그런 격리는 결국 더 불행한 국소적 표현을 초래할 수 있다. 만약에 내가 어떤 종류의 생명유지 장치도 없이 거대한 투석기에 의해 우주 공간으로 발사된다면, 나는 자신을 딱딱하게 얼려서 죽이는 국소적 표현을 겪을 것이다. 반면에, 대내 관계는 어떤 객체의 내부적 존재, 내부적 구조를 구성하는 관계이고, 따라서 어떤 객체의 본질을 구성하는 관계다.

바디우는 집합이나 객체가 자신을 구성하는 요소들 사이의 대외 관계들만 갖추고 있는 것 — 예를 들면, {x, y, z}는 {y, x, z}와 동등하다 — 으로 여기는 반면에, 존재자론과 객체지향 철학은 객체가 자신의 구성요소들이 어떤 다른 식으로도 관계를 맺을 수 없게 하는 대내 관계들을 포함한다고 역설한다. 다음 절에서 나는 이와 관련하여 더 언급할 것이지만, 당분간은 비정합적 다양체와 정합적 다양체 사이의 관계에 관한 바디우의 설명이 그의 존재론에 대한 특별한 문제를 생성함을 인식하는 것으로 충분하다. 1장에서 존재가 단위체들로 분할되는 하나의-전체 또는 혼돈으로 구성되어 있다고 주장하는 존재론들을 거론하면서 나는 이들 문제 중 일부를 이미 논의했다. 바디우의 존재론의 경우에는, 통일성이 없거나 일자가 아닌 비정합적 다양체에서 통일된 정합적 다양체로의 이행이 이루어짐으로써 '일자-화化'가 일어나는 바로 그 방식에 관한 물음과 관련하여 유사한 문제가 나타난다. 비정합적 다양체에서 정합적 다양체로의 이런 이행을 설명하기 위해, 바디우는 '일자-로-여김'이라는 조작을 거론한다. 이런 조작은 아무튼 비정합적 다양체의 장 안에서 요소들을 선택하고 통일하는 데 영향을 미침으로써 정합적 다양체를 산출한다. 여기서 두 가지 물음이 제기된다. 첫째, 그 조작을 수행하는 행위주체는 무엇이며, 그리고 둘째, 이런 행위주체가 비정합적 다양체의 장에서 선택하여 통일된 집합체를 산출하는 위업을 달성하는 바로 그 방법은 무엇인가? 『세계의 논리』의 진전에도 불구하고, 내가 보기에, 바디우의 존재론에서는 이들 두 물음에 대한 대답이 상당히 불충분하게 밝혀져 있다.

　이와는 대조적으로, 객체지향 존재론은 세계가 독자적인 내부적 구조나 일단의 내부관계를 각기 갖춘 별개의 존재자들 또는 단위체들로 구성되어 있다고 전제함으로써 시작한다. 그 함의는, 더 큰 규모의 객체가 더 작은 규모의 객체들에서 생겨날 수 있고 더 큰 규모의 객체가 더 작은 규모의 객체들로 구성되어 있다는 것이다. 마찬가지로, 더 큰 규모의 객체는 어떤 환경 아래서 복수의 다른 독립적인 객체로 분해될 수 있다. 그러므로 존재자론은, 어떤 객체의 구성요소들 사이에는 배열 관계들, 즉 대내 관계들이나 내부관계들이 존재한다고 주장하는 한편으로, 더 큰 규모의 객체에는 더 작은 규모의 자율적인 객체들이 들어 있다고 또한 주장한다. 이렇게 해서 어떤 실체의 실체성을 조성하는 것은 그것을 구성하는 부분들이 아니라, 오히려 이들 부분의 조직화를 주재하는 내부관계들이나 대내 관계들, 즉 조직이다.

이 논제를 뒷받침하는 다양한 사례가 제시될 수 있다. 예를 들면, 유기체는 끊임없이 자신의 세포를 상실하고 새로운 세포를 생성한다. 유기체는 자신의 세포들이 없다면 현존할 수 없더라도, 유기체가 자신의 세포들로 환원될 수 없다는 것도 확실하다. 어떤 유기체의 실체성을 조성하는 것은 그 유기체의 세포들이 아니라 그것의 조직 또는 그것의 내부관계들이다. 이 논점은 쉽게 수용될 것이지만, 유기체와 세포가 별개의 것이더라도, 세포가 단지 유기체의 내부에서 현존하는 한, 세포가 그 자체로 독립적인 객체라고 주장하는 것은 잘못이라고 이의를 제기할 사람이 있을 것이다. 그런데 사정은 이렇지 않다. 한편으로, 우리는 유기체와 그 세포들 사이의 관계로서 다양한 형태의 암에 관해 생각할 수 있는데, 이 경우에 세포들은 자율적으로 작용하기 시작했다. 마찬가지로, 장기 이식은 세포가 유기체에서 분리될 수 있는 가능성에 의존한다. 최근에 영국 서리Surrey에서 과학자들은 라디오파 메시지를 로봇에 전송하는 컴퓨터 칩에 몇 가닥의 쥐 뇌세포를 접합함으로써 세계를 감지할 수 있고 시간에 흐름에 따라 인지 패턴과 기술을 발달시키는, 유기 생명체와 기계의 기괴한 혼성물을 만들어내었다.[22]

다양한 형태의 사회적 관계 역시 이런 구조를 갖는다. 예를 들면, 미합중국의 시민들은 태어나고 죽으며 때때로 자신의 시민권을 포기

---

22. 영국 서리의 쥐 뇌세포를 이식받은 로봇에 대해서는 http://www.youtube.com/watch?v=1QPiF4-iu6g를 참조하라.

하지만, 미합중국은 존속한다. 시민이 전혀 없다면 미합중국이 절대 현존하지 않을 것은 확실히 참이지만, 그렇다고 미합중국은 자신의 시민들과 동일시될 수 없다. 게다가 이들 시민은 어떤 식으로든 연계되어야 한다. 예를 들면, 『상상된 공동체』에서 베네딕트 앤더슨은 무엇보다도 인쇄 문화가 국가 공동체의 형성에 이바지하는 방식을 보여준다.[23] 여기서 나의 유일한 단서 조항은, 이들 존재자가 상상된 것이 아니라 일단 구축되면 독자적으로 실재적인 존재자라는 것이다. 더욱이, 미합중국은 특정한 지리와도 동일시될 수 없다. 미합중국은 그것이 단지 열세 개의 작은 식민지였을 때에도 미합중국이었다. 마찬가지로, 어떤 종류의 전국적 대참사가 발생함으로써 미합중국이 하와이 같은 섬에만 자리하더라도, 혹은 더 급진적으로, 세계 전역으로 흩어진 시민들이 인터넷을 통해서 그 현존을 유지하더라도, 미합중국은 여전히 미합중국일 것이다. 게다가 미합중국의 시민은 미합중국의 구성요소에 불과한 것이 아니라, 독자적으로 자율적인 존재자다. 이들 시민은 미합중국에 대항하는 계획을 꾸미고, 미합중국의 종언을 유발하려고 기도하고, 자신의 시민권을 포기하며, 자신이 미합중국 시민으로 여겨지는 방식과 무관한 많은 활동에 관여할 수 있다.

그러므로 어떤 시각에서 바라보면, 모든 객체는 하나의 군집체라고 말할 수 있다. 모든 객체 속에는 그 객체가 스스로 존속하기 위해 징집하는 다른 객체들이 거주하고 있다. 그리하여 우리는 어떤 객체를 그 객체가 또 다른 객체에 의해 징집되는 방식으로 환원하지 말아야 하는데, 그 이유는 바로 징집된 객체가 언제나 그 자체로 자율적인

23. Benedict Anderson, *Imagined Communities* (New York : Verso, 2006). [베네딕트 앤더슨, 『상상된 공동체』, 서지원 옮김, 길, 2018.]

객체이기 때문이다. 이런 상황을 서술하는 또 다른 방식은 부분과 전체의 조화나 동일성이 전혀 없다고 말하는 것이다. 부분은 어떤 전체를 위한 부분이 아니고 전체는 어떤 부분을 위한 전체가 아니다. 오히려 현존하는 것은 부분과 전체가 서로 별개이고 자율적이면서도 서로 관련된 의존성의 관계들이다. 이런 점에서, 우리는 전체론의 논제를 거부해야 한다. 한 객체가 다른 한 객체를 징집할 때 "그 두 객체는 결합하여 제3의 〔객체〕를 위해 하나가 된다"라고 라투르는 진술한다.[24] 내가 객체들 사이의 모든 관계가 제3의 객체를 생성한다고 주장하는 라투르의 경지에까지는 이르지 못하지만, 중요한 논점은 다른 객체들에서 생겨나는 객체가 자신을 구성하는 객체들을 없애버리지 않고 오히려 이들 자율적인 객체와 관련된 제3의 자율적인 객체를 이루어낸다는 것이다. 예를 들어, 만약에 낭만적 관계와 우정을 객체로 여긴다면, 우리는 자신 앞에 얼마나 많은 객체가 있는지 물어야 한다. 단도직입적으로, 우리는 낭만적 관계가 두 개의 객체가 아니라 세 개의 객체로 이루어져 있다고 말할 수 있다. 이 경우에 연애 관계 자체뿐만 아니라 그 관계에 관여하는 두 사람도 있다. 연애 관계는 그 관계에 관여하는 두 사람과 독립적인 객체다. 이 진술은 매우 기묘하게 들릴 것이지만, 여기서 우리는 한 쌍의 부부가 자신들의 관계에 관해 어떻게 이야기하는지 떠올려야 한다. 그들은 어떤 관계 속에 있음에 관해 이야기하며, 그 관계가 잘 진행되는 상태에 있는지 혹은 위기 상태에 있는지에 관해 이야기한다. 마찬가지로, 어떤 부부의 친구는 그 부부를 단위체로 종종 여기면서 그들이 따로 저녁 초대를 받을 수 없는 것처럼 군다. 또한, 법적 입장에서 바라보면, 부부 중 한 사람이 그 결혼

---

24. Latour, *Irreductions*, 159.

을 포기했는지 혹은 자신의 배우자를 배반하기로 했는지 여부와 무관하게 그들은 혼인 관계에 있다. 이들 경우에 모두 관계는 그것이 스스로 존속하면서 징집하는 사람들을 넘어서는 현존을 갖춘 하나의 자율적인 객체다.

다양체와 하위다양체 사이의 관계 혹은 더 큰 규모의 객체와 더 작은 규모의 객체 사이의 관계는 하위다양체가 다양체를 끊임없이 교란하고 다양체가 하위다양체를 교란하는 그런 관계다. 각각의 객체는 자신을 구성하는 하위다양체들이나 자신이 구성하는 다양체들과 단지 자신의 고유한 내부적 조직에 의거하여 관련되어 있을 따름인 조작적으로 닫힌 객체다. 하위다양체와 다양체는 그것들이 각자의 고유한 자기생산적 과정들에 대해서 서로 제공하는 교란의 견지에서만 서로 '관심이 있을' 뿐이다. 예를 들면, 미합중국은 미합중국 시민과 오로지 시민으로서 관계를 맺을 뿐인데, 그리하여 세금, 선거, 의회와 행정부의 전략을 결정하는 다양한 쟁점에 관한 입장, 시민의 행동이 합법적인지 여부 등과 같은 사안들에만 관여할 따름이다. 개별 시민의 개인적 삶을 차지하는 대다수 사안은 미합중국 같은 객체에 전적으로 보이지 않기에 한낱 소음에 불과한 것으로 여겨진다. 미합중국은, 이를테면, 어젯밤에 내가 저녁 식사용으로 요리한 음식이나 내가 지금 복도 컴퓨터 앞에 앉아 있다는 사실을 전혀 염두에 두지 않는다. 스펜서-브라운의 구분 이론에 의거하여 서술하면, 어젯밤에 내가 저녁 식사용으로 요리한 음식 같은 것들은 미합중국이 주변 환경에 대한 자신의 개방성 채널을 규정하는 데 사용하는 구분의 무표 공간에 속한다. 이것들은 미합중국이 정보를 생산하도록 교란하거나 '자극할' 수 없는 사건들이다.

그러므로 다양체 또는 더 큰 규모의 객체와 하위다양체 사이의 이런 관계는 마뚜라나와 바렐라가 '구조적 접속'이라고 일컫는 것의 관계다. 이 관계와 관련하여 그들이 서술하는 대로, "두 개의 (혹은 더 많은) 체계 사이에서 구조적 일치성을 낳는 재귀적 상호작용들의 역사가 있을 때마다 우리는 구조적 접속을 언급한다."[25] 요약하면, 구조적 접속은 두 개 이상의 객체가 서로 일정하게 교란하거나 자극하는 관계이고, 따라서 해당 객체들의 국소적 표현과 진화적 발달에 이바지한다. 여기서 요점은, 이들 체계나 객체가 서로 교란하거나 자극하는 한편으로, 각각의 체계는 자신의 고유한 조직 또는 폐쇄성에 따라 이들 교란과 관계를 맺기에 우리는 객체들 사이의 관계를 단순한 입력/출력 관계로 여길 수 없다는 것이다.

객체는 조작적으로 닫혀 있으며 다른 객체들로 구성되어 있기에 다양체나 더 큰 규모의 객체와 하위다양체나 더 작은 규모의 객체 사이에 긴장이나 갈등이 나타날 수 있다는 결론이 당연히 도출된다. 라투르가 서술하는 대로, "어떤 동맹을 확보하고자 동원되는 행위소 중 어느 것도 독자적으로 행동하기를 멈추지 않는다 … . 이들 행위소는 각각 끊임없이 자신의 고유한 계획을 꾸미고, 자신의 고유한 집단을 형성하며, 다른 주인과 의지, 기능에 봉사한다."[26] 여기서 각각의 객체는 자기 내부의 다른 객체들이 수행하는 의외의 반체제 역할에서 생겨나는, 자신의 고유한 체계 내 엔트로피와 씨름한다고 말할 수 있을 것이다. 다른 객체들을 징집하여 자신을 생산할 때, 더 큰 규모의 객체는 다른 객체들이 각자 다른 방향으로 움직이고 나름의 목적을 위해 행동하는 경향과 씨름해야 한다. 그러므로 각각의 객체는 내부에

---

25. Maturana and Varela, *The Tree of Knowledge*, 75. [마뚜라나·바렐라, 『앎의 나무』.]
26. Latour, *Irreductions*, 197.

서 붕괴함으로써 자신의 고유한 조직을 주재하는 내부관계들을 파괴할 위험이 있고, 따라서 자신의 고유한 구조적 질서를 유지하기 위한 음의 되먹임 메커니즘을 발달시켜야 한다.

예를 들면, 어떤 수업이 하나의 객체라면, 그 수업의 한 구성요소 또는 하위다양체로서의 담당 교수가 미리 규정된 교수 역할과 다른 방식으로 행동할 수 있을 것인데, 이를테면 아무것도 가르치지 않고, 수업과 무관한 것에 관해 이야기하고, 학생과 부적절한 관계를 맺는 등의 행태를 보일 수 있다. 이런 상황에서는 일부 혹은 모든 수강생, 혹은 어쩌면 행정 관리자가 담당 교수와 접촉함으로써 그가 교수 본연의 역할을 수행하도록 할 수 있을 것이다. 사실상, 오늘날 강단에서 나타나는 한 가지 주요한 관리 경향은 학생 평가뿐만 아니라 학업 표본을 골라냄으로써 교수의 성과를 가늠하는 방법들을 수립하는 것이다. 더 상위의 체계 특정적 층위에서 이들 방법은 행정 관리자 집단이 일상에서는 직접 관찰하기 어려운 수업에 의한 '자극'이나 '교란'을 받을 수 있는 자신의 역량을 증진하는 방법이다. 행정 관리자들은, 접근할 수 없는 환경에 대한 개방성을 구축하는 이들 방법에 기반을 두고서, 교수 집단을 조종하거나 음의 되먹임을 수업에 도입하는 기법을 고안함으로써 학술적 기준과 기법을 표준화하거나 성문화하려고 노력한다. 그런데 이러한 목적으로 교육 규정을 제정하도록 요구받는 많은 교수는 자신의 수업에 대한 행정의 개입을 최소화하는 방식으로 해당 규정을 조직하려고 노력하는 한편으로, 해당 기관이 학생들을 성공적으로 교육함을 보여주는 스프레드시트를 확보하려는 행정 관리자들의 욕망을 진정시키고자 한다. 다시 말해서, 여기서 교수 집단은 자신들을 내버려 두도록 행정 관리자들을 조종하려고 시도하는 대항 되먹임의 관계를 설정한다. 이 사례에서 우리는, 서로 그다지 소통하지 않고 오히려 서로 주고받는 교란에 의거하여 매우 다른 정보를 산출하는 각기 다른 두 가지 체계, 즉 수업과 행정의 조작적 폐쇄성을 볼 수 있다.

내가 이 절을 시작한 주제로 돌아가면, 사회적 변화에 관한 쟁점들이 구조주의적 사상 및 그 후예에 의해 시사되는 것보다 훨씬 더 복잡함을 알 수 있다. 한편으로 나는, 알튀세르와 그 계승자들이 생산 조건을 재생산하는 데 이데올로기가 수행하는 역할을 과대평가하는 경향이 있다고 믿고 있다. '주체'가 이데올로기를 내면화할 수 있기에 "생산 조건을 재생산"하려고 행동한다는 것은 확실한 사실이지만, 사회적 체계 같은 더 큰 규모의 객체에서 작용하는 음의 되먹임은, 조작적 폐쇄성에서 생겨나는 문제들과 더불어, 어떤 사회적 체계가 변화에 저항력이 있는 그런 식으로 재생산되는 이유를 설명하는 데에 있어서 이데올로기보다 더 크지는 않을지라도 적어도 이데올로기에 못지않게 큰 역할을 수행한다. 게다가 우리는 주체를 사회적 구조의 결과물로 무분별하게 환원할 수 없다. 여타의 체계나 객체와 마찬가지로 사회적 구조 역시 사실상 자신의 고유한 구성요소들을 조성하지만, 그 체계 자체의 외부에 있는 다른 체계들이나 객체들에서 이들 구성요소를 끌어들임으로써 조성한다는 사실도 떠올리는 것이 중요하다. 말하자면, 그 체계는 주변 환경에 현존하는 체계들을 자신의 구성요소들을 생산하는 '질료'로 삼는다는 점에서 이들 체계에 의존한다. 그런데 이들 체계는 자체적으로 독자적인 구분과 조직의 지배를 받으면서 조작적으로 닫혀 있기에 상위의 질서 체계 내부의 한낱 구성요소에 불과한 것으로 결코 환원될 수 없다. 그 결과는, 라캉주의 정신분석학의 영향을 받은 사회 이론과 정치 이론이 끊임없이 우리에게 주지시킨 대로, 예속화는 절대 완전하지 않고 전적으로 달성되지도 않는다는 것이다. 그런데도, 행동주의적 정치의 틀 안에서, 그 자체가 사회 같은 더 큰 규모의 객체들에 속한 객체인 집단은 자신이 겨냥하는 그런 종류의 변화를 산출하는 활동을 가로막는 경향이 있는 이들 더 큰 규모의 객체에서 비롯되는 음의 되먹임에 시달리게 됨을 깨닫게 된다.

어떤 사회적 체계가 그런 형태를 취하는 이유를 설명하는 다양한 요소 중 하나의 요소에 불과한 것으로서의 이데올로기에 관한 주제로 돌아가면, 우리는 개인 또는 별개의 심리적 체계가 어쩌면 그 자신의 행동 역량을 심하게 제한하거나 억제할 끌림 체제에서 현존한다는 사실을 잊지 말아야 한다. 예를 들면, 어떤 주체는 자신이 부당한 대우를 받고 있다는 사실, 즉 자신이 얽혀 있는 정치적 체계와 사회적 체계가 균형이 안 맞을 정도로 부자와 권력자에게 유리한 그런 식으로 작동함으로써 자신의 임금, 삶의 질, 복지 혜택 등을 낮추는 현실을 매우 잘 알고 있을 것이다. 그런데 그런 주체 역시 생계를 유지해야 하기에, 만약에 그가 가족을 부양해야 한다면 특히 그러해야 할 것이기에, 직업이 있어야 한다. 직업을 가지려면, 그런 주체는 먹고 쉬면서 거주할 번듯한 곳이 있어야 하고, 교통수단이 있어야 하고, 전화가 필요할 가능성이 크고, 기타 등등이 요구될 것이다. 그리하여 그런 주체는 자신의 생존을 위해 불미스럽지만 필요한 어떤 끌림 체제와 고용 형태에 갇혀 있음을 깨닫게 된다. 그런 체계에 맞서는 행동을 실천하는 것은 그 사람이 생존하기 위해 앉아 있는 바로 그 가지를 잘라내는 것에 필경 해당할 것이다. 이런 맥락에서 나는, 누구나 애당초 추측하는 것보다, 사람들이 광역의 사회적 체계가 자신들에 대처하는 다양한 수단을 갖추고 있는 실정을 훨씬 더 많이 자각하고 있으며 이데올로기에는 훨씬 더 적게 '속아 넘어간다'고 생각한다.

점점 커지는 환경 위기에 대응하는 데 있어서 사람들이 미적거리는 상황에 대해서도 마찬가지 소견이 제시될 수 있다. 여기서 우리는, 환경이 인간 실존에 급진적인 방식으로 다분히 영향을 미치는 그런 식으로 변화하고 있다는 끔찍한 지식과 그냥 생존하는 데 필요한 거의 모든 것이 상당한 탄소발자국을 남기는 그런 식으로 조직된 사회적 구조 사이에 갇혀 있다. 우리는 출퇴근을 하기 위해 어떤 형태의 교통수단이 필요한데, 현재 알맞은 가격의 전기자동차 등과 같은 차량이 없기에 부득이 화석연료에 의존하는 체계에 갇히게 된다. 우리는 자신의 식량을 스스로 생산하지 않고, 게다가 사회의 기능적 분화의 결과로서 이루어진 노동의 탈숙련화로 인해 가족을 부양하는 데 필요한 규모의 식량을 생산할 능력이 대체로 없다. 그러므로 우리는 화석연료로 운행되며 주변 환경을 훼손하는 방식으로 제조되는 차량이 수송하는 식량에 의존한다. 마찬가지로, 대체로 화석연료로 생산되는 전기는 현재 생활필수품이다. 한편으로, 광역의 사회적 체계는 정치가들이 트럭 운송업 같은 산업체들이 대체에너지 등에 투자하도록 규제 기준을 개정하기가 매우 어려운 그런 식으로 조직되어 있는데, 그 이유는 그런 변화가 (표로 전환되는) 일자리를 창출하고 재선되는 데 필요한 정치자금을 정치인들에게 제공하는 대기업에 이롭지 못하기 때문이다. 이런 상황과 밀접히 관련된 사례로서, 우리는 많은 정치인이 임기를 마친 후에 로비스트와 고문으로 민간 부문에 취업한다는 점을 들 수 있는데, 사실상 그들은 다양한 정치인과 의제에 대한 자신의 접근권을 활용함으로써 대가를 후하게 받는다. 세계를 개선하는 저임금의 활동가 작업과 대체로 대기업에 이익을 주는 고임금의 자문 및 로비 행위 사이의 선택에 직면하는 정치가들은 후자에 기울어지는 경향이 있으며, 그리고 대다수 정치인은 현직에 있는 동안에 그런 미래에 관해 생각할 개연성이 크다.

　마지막으로, 정치적 변화에 관한 물음은 체계들 사이의 공명과 관련된 쟁점들에 끊임없이 시달린다. 공명은 한 체계가 다른 한 체계에 의한 교란이나 자극을 받을 수 있는 역량을 가리킨다. 바로 앞 장에서 이해한 대로, 체계나 객체는 주변 환경에 대하여 선택적 관계만을 유지하도록 조작적으로 닫혀 있기에 이들 체계는 오로지 자신이 볼 수 있는 것을 볼 수 있고 자신이 볼 수 없는 것은 볼 수 없을 따름이다. 가장 중요한 점은 체계나 객체가 자신이 이것을 볼 수 없음을 알 수 없다는 것이다. 니클라스 루만은 현대 사회가 기능적으로 분화되어 있다고 주장했는데, 그리하여 현대 사회는 사회적 체계 내에서 각기 독자적인 체계/환경 구분을 둘러싸고 조직된 다양한 하위체계(법적 체계, 매체 체계, 경제적 체계 등)를 포함한다. 이들 기능적 체계에 덧붙여, 사회에는 자신의 고유한 체계/환경 구분을 둘러싸고 조직됨으로써 독자적으로 객체나 체계가 되는 다양한 집단도 자리하고 있다.

　이렇게 해서, 어떤 사회적 체계 내에서 변화를 산출하고자 모색하는 모든 집단이 맞닥뜨리는 주요 쟁점 중 하나는 그 사회적 체계의 다양한 하위체계 내에서 공명을 불러일으킬 방법에 관한 쟁점이다. 이 쟁점은 1999년에 벌어진 세계무역기구(이하 WTO) 반대 시위가 미합중국의 매체 체계에 의해 보도된 방식에 의거하여 특히 명료하게 이해될 수 있다. 이 시위에 관한 보도는 사실상 많이 이루어졌지만, 텔레비전 매체 보도의 한 가지 흥미로운 특징은 무엇이 반대 시위의 대상이고 그런 대상이 된 이유가 무엇인지에 대한 쟁점이 케이블과 네트워크 뉴스에서 거의 논의되지 않았다는 것이다. 오히려 WTO 반대 시위를 벌이는 대규모의 군중과 기물 파괴 행위에 대한 영상들이 시청자들에게 제시된 반면에, 이들 활동가가 WTO 반대 시위를 벌이는 바로 그 이유에 대한 언급은 거의 이루어지지 않았다. 시위자들의 입장과 항의는 매체에서 거의 완전히 다루어지지 않았다. 그리하여 미합중국의 매체 체계 내부에서 메시지가 공명한 방식은 결국 다양한 측면에서 시위자들의 목적에 반하도록 작동하게 되었다. 그 매체 체계 내에서 시위자들은 사유재산을 전혀 존중하지 않는 무정부주의적인 부랑아들로서, 그리고 젊은이의 열정과 그에 수반되는 미숙함으로 가득 찬 '더러운 히피족'으로서 코드화되거나 묘사되었다. WTO가 많은 나라에 엄청난 부채를 안김으로써 다양한 산업과 지역 자원을 민영화하도록 강요하고 대규모의 환경 착취와 토착민들의 억압을 초래하며 임금과 삶의 질의 심각한 하락을 유발한 방식에 반대하는 시위자들의 주장에 대한 분석은 없는 것이나 다름없었다. '1등급' 국가들에서 유사한 동학이 전개됨으로써 두드러진 부의 불평등이 초래되고 정치적 체계 내에서 자신의 이익을 대의할 수 있는 보통 시민의 능력이 저하되는 방식에 대한 논의도 전혀 없었다. 그러므로 우리는, 많은 측면에서, WTO 반대 시위가 미합중국 매체 체계를 교란했거나 자극한 방식과 그런 교란이 정보로 전환된 방식이 결국 그 시위자들의 바로 그 목적에 반하도록 작동했다고 말할 수 있다. 더 넓은 사회적 체계에 거주하면서 매체 체계에 접속된 심리적 체계들의 내부에서는 그 시위자들이 그에 맞서 사회적 체계가 보호되어야 하는 무정부적인 위협으로서 공명하였을 법하다.

허리케인 카트리나Katrina에 대한 미합중국 연방 정부의 악명 높은 대응 행태와 관련하여 체계 공명의 유무에 관한 유사한 주장이 제기될 수 있다. 루이지애나주와 뉴올리언스주에서 전개되고 있었던 사건들에 대한 연방 정부의 지연된 대응과 관련된 모든 것은 현장에서 벌어지고 있던 사태와 정치적 체계 사이에 공명이 일어나지 않았음을 시사한다. 이들 사건에 대한 텔레비전 방송과 인쇄 매체의 보도가 상세하고 만연했던 사실을 참작하면 이런 논제는 믿기 어렵겠지만, 그렇게 가정하지 않고서는 부시 정권이 어떻게 자신의 정치적 이익에 매우 반하는 방식으로 움직였을 수 있었는지 설명하기가 어렵다. 여기서 우리는 어떤 체계나 객체의 환경이 그 체계 자체보다 언제나 더 복잡함을 떠올려야 한다. 그리하여 어떤 체계의 환경에는 그 체계가 관찰하거나 기입할 수 없는 것이 많이 있다. 허리케인 카트리나에 뒤이은 사건들은 정부와 정권이 매체 체계와 더불어 뉴올리언스주와 루이지애나주에서 나타나고 있던 이들 환경적 양상에 공명할 수 있는 역량이 부족한 그런 방식으로 조직되어 있었음을 시사하는데, 이는 곧 이들 존재자의 층위에서 구축된 일종의 체계 폐쇄성을 가리켰다. 이 사태에서 매체 체계와의 공명 부족 현상은 설명하기가 특히 어렵다. 그런데 보수주의적 진영에서는 매체가 진보적 이데올로기에 물들어 편파적이라는 낙인을 찍었으며, 그리고 부시 정권은 매체를 관리하고 정부에의 매체 접근권을 통제하기 위한 많은 조치를 시행했다는 사실을 떠올리면, 그 당시의 행정부와 의회는 매체를 더는 관찰하지 않으면서 오히려 환경에 대한 자신들의 개방성을 심하게 축소한 '반향실 효과'를 야기했다는 결론을 내리는 것이 타당해진다.

『냉소적 이성 비판』에서 페터 슬로터다이크는 냉소주의가 새로운 형태의 지배 이데올로기가 되었다고 주장한다.[27] 전통적 이데올로기는 세계와 사회적 관계에 관한 거짓된 믿음이고 냉소주의는 사회적 관계, 권력, 착취 등에 관한 참된 지식을 지니고 있음에도 이전처럼

---

27. Peter Sloterdijk, *Critique of Cynical Reason*, trans. Michael Eldred (Minneapolis : University of Minnesota Press, 1987). [페터 슬로터다이크, 『냉소적 이성 비판 1』, 이진우·박미애 옮김, 에코리브르, 2005.]

이들 억압적인 형태의 사회적 구조에 계속해서 참여한다는 점에서 냉소주의와 전통적 이데올로기는 다르다. 지젝이 서술하는 대로, "냉소적인 주체는 이데올로기적 가면과 사회적 실재 사이의 거리를 상당히 자각하고 있음에도 불구하고 여전히 그 가면을 고수한다. 그리하여 그 공식은, 슬로터다이크가 제안한 대로, 다음과 같을 것이다. 그들은 자신이 무엇을 행하고 있는지 매우 잘 알고 있지만, 여전히 그들은 그것을 행하고 있다."[28] 이로부터 지젝은, 이데올로기가 주체가 아는 바의 층위에 자리하고 있는 것이 아니라 주체가 행하는 바의 층위에 자리하고 있다는 결론을 내린다. 다시 말해서, 이데올로기를 찾아내려면, 우리는 사람들의 믿음의 층위가 아니라 사람들의 행위의 층위를 살펴보아야 한다.

지젝은 이데올로기의 층위에서 사회를 다룸으로써 사회적 분석을 내용, 의미, 혹은 의미작용의 영역으로 귀환시킨다. 「서문」에 제시된 네 번째 그림을 떠올리면, 우리는 사회적 구조에 대한 지젝의 관여가 문화주의적 혹은 인간주의적 도식을 둘러싸고 조직됨을 알 수 있다.

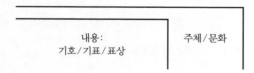

내용:
기호/기표/표상   주체/문화

이런 구분의 장 안에서, 주체나 문화는 구분의 유표 공간에 자리하며, 그리고 세계 속 여타 존재자는 기호, 기표, 의미, 담론, 서사, 혹은 표상의 운반체로 파악되거나 언급되는 하위구분이 존재한다. 그러므로 이런 구분 구조에 따라 문화적 실천이나 인공물을 분석하는 것

28. Žižek, *The Sublime Object of Ideology*, 29. [지젝, 『이데올로기의 숭고한 대상』.]

은 이런저런 형태로 그것의 의미-내용에 집중하는 것이다. 그리하여 비인간 객체/존재자로서의 비인간 객체/존재자는 그 구분의 무표 공간에 속하게 된다.

이 논점을 더 상세히 서술하면, 우리는 객체들의 세계에 대한 문화주의적 혹은 인간주의적 접근법이 객체들이 만들어낼 모든 차이를 기표적 차이이거나 표상적 차이로 여긴다고 말할 수 있다. 비유를 들면, 우리는 문화주의적 구분 도식이 영화 영사막과 영사기, 그 영사막 위에 나타나는 영상 사이의 관계에 관해 생각하는 것과 마찬가지 방식으로 비인간 객체들에 관해 생각한다고 말할 수 있다. 객체는 영사막의 지위로 격하되고 문화나 주체는 영사기로 여겨진다. 그러므로 사회적 구성체에 대한 분석과 관련되는 유일한 것은 영사막 위에 나타나는 영상들과 이들 영상이 문화적 혹은 주체적 투사물이 되는 방식이다. 그리하여 비인간 객체나 행위자가 만들어내는 비기표적 차이는 사회적 분석의 영역에서 대체로 배제된다. 사실상, 문화주의적 틀 안에서 객체는 결코 행위자가 아니라 인간의 의미와 표상을 투사하기 위한 영사막에 불과하다.

이와는 대조적으로, 존재자론과 객체지향 철학의 틀 안에서는 전적으로 다른 구분 구조를 얻게 된다.

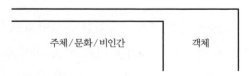

주체/문화/비인간　　　객체

여기서 객체는 유표 공간에 속하게 되고, 그리하여 존재는 유일한 종류의 것, 즉 객체들 또는 실체들로 이루어져 있다. 객체들이나 실체들은 서로 다름이 틀림없지만, 그런데도 존재는 전적으로 실체들로 이루어져 있다. 이런 이행의 결과로서, 이제 우리는 주체, 문화, 그리고 비인간이 동등한 발판 위에 놓이게 되는 하위구조를 맞닥뜨린다. 요약하면, 비인간 행위자는 문화 혹은 인간 주체와 반드시 관련된 정반대의 극으로 더는 여겨지지 않고, 오히려 그 자체로 자율적인 행위자로 여겨진다. 그러므로 인간 객체와 비인간 객체 사이에 관계가 맺어질 수 있고 사실상 관계가 맺어져 있지만, 이런 관계가 비인간 객체와 비인간 객체 사이에 맺어진 관계보다 더 특권적이지는 않다. 더욱이, 비인간 객체가 자체적으로 행위자 혹은 행위주체인 한, 이들 객체는 인간 및 문화의 투사물을 비추기 위한 수동적인 영사막으로 더는 여겨질 수 없다.

앞서 논의된 바에 비추어, 나는 이런 구분의 재설정이 매우 중요한 바로 그 이유가 이제 명백하리라 희망한다. 문화주의적 구분 모형은 비인간 행위자나 객체를 그 구분의 무표 공간에 위치시키기에 끌림 체제가 대체로 보이지 않게 된다. 마찬가지로, 문화주의적 모형은 그 하위구분의 유표 공간에 속하는 내용에 집중하기에 체계들 또는 객체들 사이의 공명에 관한 물음이 대체로 보이지 않게 된다. 요점은, 우리가 이데올로기나 내용을 분석하지 말아야 한다는 것이 아니라, 우리가 구분을 조직한 방식이 사회가 그런 식으로 조직되는 데 중요한 온갖 종류의 다른 객체를 보이지 않게 하거나 담론의 공간에 포함하지 않는다는 것이다. 그리하여 우리는 주변의 사회적 세계에 개입할 온갖 종류의 전략적 가능성을 일축하게 된다. 이런 점에서, 우리가 시달리는 '이데올로기적 신비화'의 허위를 폭로하는 것만으로는 충분하지 않다. 추가로, 변화가 산출될 수 있도록 의문을 제기하고 사회적 권역 속 다른 체계들 또는 객체들의 공명을 증진하기 위한 전략을 고안해야 한다. 마찬가지로, 최근에 공표된 「조성주의자 선언」에서 라투르는 비판의 대안으로서 조성 행위를 제안한다.[29] 비판의 목표는 허위를 폭로하는 것이고 조성의 목표는 구축하는 것이다. 비판은 내용과 표상 양식에 집중하고 조성은 끌림 체제에 집중한다. 끌림 체제가 사람들을 특정한 사회적 체계 혹은 생활양식에 가두는 경향이 있다면, 조성에 관한 물음은 사회적 권역 내에서 가능성과 변화의 장을 확대하는 새로운 집합체를 구축할 방식에 관한 물음일 것이다. 여기서 우리는 담론에만 집중할 수 없고, 자원과 기술 같은 비인간 행위자들이 인간 집합체에서 수행하는 역할에도 집중해야 한다. 예를 들면, 활동가들은 사람들이 생태적으로 파괴적인 형태의 교통수단과 식량 생산 및 유통에 의존하지 않으면서 가족을 부양하고, 생활하고, 취업하는 등의 일을 할 수 있게 하는 대안적 형태의 경제를 만들어 내려고 시도할 것이다. 지배적인 끌림 체제를 조직하는 제약 조건 중 일부를 벗어나는 집합체를 창출함으로써 사람들은 지배적인 질서의 다른 양태들에 이의를 제기할 훨씬 더 큰 자유를 얻게 된다.

여기서 요점은, 지배적인 사회적 질서에 대한 설득력 있는 비판에도 불구하고 변화가 일어나지 않는 이유를 단순히 이데올로기적 신비화에 귀속시킬 수는 없다는 것이다. 사회사상과 정치사상은 그 탐구 영역을 확장하고, 내용에 대한 강박적인 집중을 완화하고, 객체들 사이의 공명 문제와 끌림 체제에 대한 주의를 강화해야 한다. 사회적 공간은 구조주의자들과 네오구조주의자들이 내용에 집중하면서 인식하는 것보다 훨씬 더 자유롭고 복잡하며, 그리고 변화가 생겨나지 않는 이유는 오로지 이데올로기적으로 속아 넘어간 주체들에서 비롯되

---

29. [옮긴이] Bruno Latour, "An Attempt at a 'Compositionist Manifesto,'" *New Literary History*, vol. 41, no. 3 (2010) : 471~90.

는 것이 아니라 우리가 생활에 얽혀 있는 방식에서 비롯될 개연성이 높다. 사회적 체계의 하부구조가 심하게 붕괴할 때에만 종종 심대한 사회적 변화가 일어나는 것은 실수로 저질러지는 것이 아닌데, 왜냐하면 이런 환경에서는 심리적 체계들이 더는 잃을 것이 전혀 없고 한때 그 속에서 그들이 생존한 끌림 체제가 더는 작동하지 않는 상황의 한복판에서 살아가기 때문이다. 이와 같은 관찰들은 비판 이론가들에게 무언가 중요한 것을 가르쳐 주지만, 그들에게는 이들 사건의 메시지가 들리지 않는 것처럼 보인다. 예를 들면, 러시아 혁명이 대규모의 경제적 위기와 1차 세계대전의 와중에 일어난 것은 우연한 사건이 아니다. 이와 같은 사례들이 우리에게 가르쳐 주는 바는, 내용만으로는 불충분하고 정치 이론가들은 비인간 행위자와 끌림 체제에 대한 자신의 공명 역량을 증진해야 한다는 것이다.

시간화된 구조와 엔트로피

바로 앞 절에서 밝혀진 대로, 모든 객체는 내부와 외부로부터 엔트로피의 위협을 받기에 시간을 가로질러 존속할 방법에 관한 물음에 직면한다. 엔트로피는 어떤 체계 내 무질서의 정도를 가리킨다. 단단히 밀봉된 유리 상자에 아무튼 기체를 주입한다고 가정하자. 기체가 그 체계에 주입된 직후의 최초 단계 동안 그 기체는 높은 정도의 질서, 즉 낮은 정도의 엔트로피에 의해 특징지어질 것이다. 그 이유는 기체 입자들이 그 상자의 특정 영역에 국소화될 것이기 때문이다. 그런데 시간이 흐름에 따라 기체가 상자 전체에 걸쳐서 균일하게 분포하게 되면서 그 체계 내 무질서와 엔트로피의 정도가 증가할 것이다. 이런 점에서 엔트로피는 개연성의 척도다. 기체 분포의 최초 단계가 나중

단계보다 더 낮은 정도의 엔트로피를 나타낸다면, 그 이유는 최초 단계에서 기체가 상자의 어느 곳에서나 자리하고 있을 개연성의 정도가 낮기 때문이다. 시간이 흐름에 따라 기체 입자가 상자 전체에 걸쳐서 균일하게 자리하고 있을 개연성이 증가하고, 그리하여 엔트로피의 정도가 증가했다는 결론을 내리게 된다.

여러 가지 측면에서, 진짜 기적은 변화가 일어난다는 것이 아니라 오히려 변화가 더 빈번하지 않다는 것이다. 이런 현상은 사회적 체계 같은 고도의 혹은 대규모의 체계나 객체들의 사례에서 특히 불가사의하다. 이들 객체는 자신이 높은 정도의 엔트로피로 해체되지 않도록 시간을 가로질러 자신의 내부 정합성 또는 조직을 어떻게 유지하는가? 달리 서술하면, 그런 객체들은 왜 객체로서 소멸하지 않는가? 이어지는 글에서 나는 구조, 복잡성, 엔트로피, 그리고 시간 사이의 관계에 대한 루만의 분석에 집중하는데, 그 이유는 그 분석이 생물학적 객체와 심리적 객체, 사회적 객체와 관련이 있기 때문이다. 나는 생명이 없는 객체에서 작동하는 대로의 구조와 엔트로피에 대한 분석은 다른 사람들에게 맡기는데, 이와 관련하여, 객체지향적 틀에 의해 적절히 수정된다면, 데란다와 마수미의 작업이 특히 유망하다는 점을 덧붙인다.

구조에 관한 루만의 구상이 특히 유망한 데는 몇 가지 이유가 있다. 첫째, 구조주의는 체계가 자신의 환경과 구분되거나 자신의 환경에서 물러서 있는 방식을 인식하지 못하는 데서 기인하는 일종의 구조 제국주의에 빠지는 경향이 있었다. 구조는 잉여 혹은 외부가 없는 세계 전체에 던져진 일종의 그물이 되었다. 구조주의자들이 구조 이외의 것이 현존한다고 인식했음은 확실하지만, 우리가 맞닥뜨릴 모든 것이 구조에 의해 과잉결정되도록 우리가 언제나 이미 구조의 내부에 자리하고 있는 방식으로 인해 그것이 무엇일지 부각할 수 없었다. 이런 도식은 변화가 어떻게 일어나는지에 관한 물음과 관련하여 구조주의적 사상에 매우 어려운 문제를 제기했다. 구조주의자들은 구조가 공시적으로 조직되고 통시적으로 진화한다고 인식했음에도 이런 통시적 진화가 일어나는 바로 그 방식을 설명할 수단이 없는 상태로 남겨지게 되었는데, 왜냐하면 그들은 자신들이 품은 형식주의와 더불어 내재적 관계에 대한 신조로 인해 어떤 외부도 변화의 메커니즘으로서 제시할 수 없었기 때문이다. 그리하여 구조의 발달 또는 진화는 철저히 불가사의한 것이 되었다.

모든 객체는 물러서 있다는 사실에도 불구하고 우리가 자신과 독립적인 객체에 관해 언급할 수 있는 방식을 1장에서 내가 이미 보여주었다고 나는 믿는다. 루만의 구조 개념이 이룬 한 가지 주요한 진전은 구조의 경계와 그 아래서 구조가 변화하거나 진화할 수 있는 조건을 모두 나타내는 것이다. 이런 진전과 밀접히 관련되어 있는 것은 다양한 체계에 대한 구조의 복수화인데, 그리하여 우리는 서로 묻어 들어가 있고 얽혀 있지만 서로 조작적으로 닫혀 있는 다양한 구조 ─ 각각의 체계는 자신의 고유한 조직에 의거하여 세계 전체를 '파악한다' ─ 를 개념화할 수 있게 된다. 이렇게 해서 루만은 객체들의 특수성 혹은 유한성과 객체들의 진기한 보편성을 동시에 설명할 수 있게 된다. 『대중매체의 현실』에서 루만이 서술하는 대로,

> … 분화의 가장 중요한 결과 중 하나는 **보편주의**와 **특화** 사이의 보완적 관계다. 체계는 자신의 고유한 분화를 바탕으로 자기 자신, 자신의 고유한 기능, 자신의 고유한 실천을 자신의 고유한 조작의 특화를 위한 준거점으로 삼을 수 있다. 체계는 자신의 구조와 역사적 상황에 따라

내부적으로 연계된 역량을 갖춘 것이라면 무엇이든 행하는데, 단지 그런 것만 행할 수 있을 따름이다. 그런데 바로 이것이 자신의 고유한 소통을 위한 주제로 만들어질 수 있는 모든 것을 다룰 수 있게 하는 조건도 창출한다.[30]

다시 말해서, 각각의 객체나 체계는 그것이 자신의 고유한 구분에 의거하여 나머지 세계를 파악할 수 있다는 의미에서 보편적이다. 그런데도 각각의 객체가 특수한 이유는 바로 그것이 자신의 특정한 구분에 의거하여 주변 환경 혹은 나머지 세계와 관계를 맺기 때문이다.

구조주의적 사상의 발흥은 보편성과 특정성의 이런 역설적인 동시성에 대한 자각이 증진된 국면을 나타내었다. 구조주의자들은 칸트의 보편적인 초험적 주체를 대체함으로써 다양한 구조의 우연성과 복수성뿐만 아니라 이들 구조가 자신의 고유한 구분을 통해서 환경과 관계를 맺는 방식을 인식했다. 그러므로 암묵적으로 그들은 객체들이 서로 물러서 있는 방식을 인식했다. 방법론적 층위에서 구조주의자들은, 다른 사회적 체계나 객체가 세계와 관계를 맺는 방식을 관찰함으로써, 어떤 관찰자가 관찰하는 방식을 관찰함으로써, 이차 관찰을 암묵적으로 실천했다. 그런데 이런 유망한 탐구 노선은 자체적으로 이론화가 충분히 이루어지지 않았다. 한편으로, 인간 또는 주체보다 더 큰 규모의 다른 객체들 ― 사회적 체계 같은 것들 ― 이 존재한다는 획기적인 발견을 이룬 다음에, 그들은 그 중요한 발견을 보호할뿐더러 이들 더 큰 규모의 객체를 심리적 체계의 인지 역량과 정동적 역량에 정

30. Niklas Luhmann, *The Reality of the Mass Media*, trans. John Bednarz, Jr. and Dirk Baeker (Standford : Stanford University Press, 1995), 23. [니클라스 루만, 『대중매체의 현실』, 김성재 옮김, 커뮤니케이션북스, 2006.]

초하고자 하는 모든 주관주의적 혹은 인간주의적 시도를 방지하려고 인간 같은 더 작은 규모의 객체들을 한낱 구조의 결과물에 불과한 것으로 여기게 된다. 구조주의자들은 다양한 규모와 지속의 층위에서 모두 조작적으로 닫혀 있고 단지 선택적으로 서로 관계를 맺을 따름인 객체들의 존재론적 부분전체론을 채택하기보다는 오히려 더 작은 규모의 이들 객체를 전적으로 추방하려고 시도했다. 그런데 그들은 그런 조치를 시행함으로써 그들 자신의 구조에 관한 논의가 어떻게 해서 구조 자체에 의해 생산되는 또 하나의 구성체가 아닌지를 더는 설명할 수 없게 되는 까닭에 스스로 논박당한다.

다른 한편으로, 구조주의자들은 문화와 언어의 영역에서 밝혀낸 구조의 복수성에서 체계 특정적 보편성을 인식했음에도 불구하고 그들이 이들 주장을 제기할 수 있게 했던 조건을 적절히 이론화하지 못하는 경향이 있었다. 다시 말해서, 그들은 구조를 세계 전체에 던져진 그물로 여기는 구조 제국주의에 빠짐으로써 다른 구조들에 대한 이차 관찰이 어떻게 가능할지에 대한 설명의 가능성을 약화했다. 부분적으로, 이 문제는 구조의 한계를 적절히 설정하거나 판별하지 못한 결과로 인해 나타났다. 더 최근에는 마뚜라나가 제시한 자기생산 이론의 근본적 구성주의에서 유사한 문제가 나타났다.

우리가 구조를 이해하는 데 루만이 이바지한 주요한 기여 중 하나는 구조가 시간을 가로질러 자신을 재생산하는 방식의 시간적 문제와 더불어 체계와 환경 사이의 구분에 의거하여 구조를 다룬 점에 있다. 환경은 어떤 구조나 체계보다도 언제나 더 복잡하다는 사실이 떠오를 것이다. 체계와 환경 사이에는 일대일 대응이 절대 존재하지 않는다. 그런 대응 관계가 존재한다면, 체계는 더는 현존하지 않을 것이다. 그리하여 객체는 자신의 환경과 선택적 관계를 유지할 따름이며,

그리고 이것은 체계가 자신의 환경과 유지하는 관계에는 현행의 자기 생산 혹은 객체의 현존과 관련된 우연성과 위험이 언제나 수반됨을 뜻한다. 그레이엄 하먼이 서술하는 대로, 모든 객체는 다른 객체와 관계를 맺을 때 그 객체의 캐리커처를 그린다. 게다가 객체는 자신의 모든 구성요소가 각각 여타의 구성요소와 관계를 맺는 것이 아니라 오히려 그 구성요소들이 단지 특정한 방식으로 관계를 맺을 뿐인 그런 식으로 내부적 복잡성을 갖추고 있다. 어떤 객체의 내부에서 벌어지는 현행의 사건이나 조작이 그 객체를 해체 상태에 빠뜨릴 위험이 있을 뿐만 아니라, 또한 각각의 객체는 자신의 외부 환경에서 발생하는 사건으로 해체될 위기에 직면하게 된다. 구조는 어떤 체계나 객체가 존속하기 위해 엔트로피를 활용할 뿐만 아니라 해체 상태에 빠져드는 사태도 저지하는 메커니즘이나 조직을 지칭한다. 루만이 서술하는 대로,

> 우리는 일반 체계 이론과 구조주의에 의존하여 복잡성의 문제를 참조함으로써 구조라는 개념의 최초 특징을 얻게 된다. 구조는 조직되지 않은 복잡성을 조직된 복잡성으로 변환한다. 그런데 어떻게? 조직되지 않은 구조는 엔트로피적 복잡성인데, 그것은 때때로 비정합성으로 해체될 수 있다. 구조의 형성은 이런 해체를 활용하고 그로부터 질서를 구축한다. 구성요소들의 해체(즉, 모든 행위의 필연적인 중지)로부터 구조는, 현존하는 구조의 범주들 안에서 언제나 나타남에도 언제나 새로운 것처럼 보이는 구성요소들을 재생산하기 위한 에너지와 정보를 끌어낸다. 다시 말해서, 구조라는 개념은 구성요소들이 시간적 거리를 가로질러 관계를 맺는 방식을 더 정확히 규정한다.[31]

구조를 체계/환경 구분에 의거하여 다루는 것의 이점은, 그런 조치 덕분에 구조가 세계에 열려 있는 방식을 생각할 수 있으며 그리하여 구조가 진화하거나 발달하는 데 중요한 역할을 하는 사건들이 외부에서 제공되는 방식을 생각할 수 있다는 것이다. 마찬가지로, 우리는 구조를 엔트로피와 복잡성에 의거하여 다룸으로써 어떤 객체가 시간을 가로질러 자신을 재생산하는 방식에 관한 물음이 구조와 어떻게 관련되어 있는지 이해할 수 있다.

구조는 구성요소들 사이의 관계들로 이루어져 있다고 종종 주장된다. 루만은 이 논제가 너무 광범위하고 불확정적이라는 이유를 근거로 그것을 거부한다. 모든 구조의 내부에서 구성요소들이 서로 관계를 맺고 있는 것은 사실상 참이지만, 이들 관계는 어떤 특정한 종류의 것이다. 한편으로, 동일한 구조가 다양한 구성요소로 구현될 수 있는 것은 사실이지만, 이런 사실로부터 어떤 구조가 모든 요소로 구현될 수 있다는 결론이 도출되지는 않는다. 다중의 실현 가능성이라는 이런 특질은 구조와 객체를 이해하는 데 중요한데, 왜냐하면 어떤 구조를 구현하는 요소들은 파괴되거나 소멸하는 한편으로 그 구조는 존속되는 상황이 거의 언제나 발생하기 때문이다. 예를 들면, 미합중국에서 시민은 태어나고 죽으며, 공직은 다양한 정치인에 의해 채워진다. 그러므로 어떤 존재자를 하나의 존재자로 만드는 것은 부분들이 아닌데, 바로 그 이유는 이들 부분이 바뀌기 때문이다. 그런데 이로부터 그 구성요소들이 없어도 구조가 현존할 수 있다는 결론을 도출하는 것은 잘못일 것이다. 어떤 객체의 내부구조가 더는 자체를 구현하거나 유지하지 못하는 지경에 이르는 한에 있어서 객체는 자신의 부

---

31. Luhmann, *Social Systems*, 282. [루만, 『사회적 체계들』.]

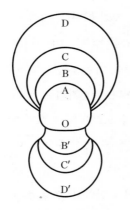

분들을 통해서 파괴될 수 있다. 구조를 실현하는 요소들이 소멸하는 바로 그 이유로 인해 체계나 객체는 시간을 가로질러 자신을 존속시킬 방법에 관한 문제에 직면한다. 자기생산적 객체의 경우에 그 객체는 시간을 가로질러 자신을 유지하기 위해 새로운 사건이나 구성요소들을 산출시킬 방법에 관한 문제에 직면한다.

요약하면, 각각의 체계 또는 객체는 시간을 가로질러 자신을 재생산해야 한다. 구성요소들의 재생산이 이루어지지 않음으로써 관계들의 재생산이 이루어지지 않으면, 해당 객체는 해체되거나 분열된다. 이렇게 해서 우리는 역동적인 객체가 바로 어떠한지 이해할 수 있다. 객체는 자극을 받을 때까지 그저 그곳에 가만히 있는 단순한 덩어리가 아니라, 시간의 질서 속에서 끊임없이 자신을 재생산한다. 이런 재생산의 구조는 『물질과 기억』에서 베르그손이 위와 같이 제시한 주의와 기억의 다이어그램에 의거하여 표현될 수 있다.[32]

베르그손은 이 다이어그램을 사용하여 지각 과정에서 기억이 수행하는 역할을 개관하지만, 그것은 시간을 가로질러 이루어지는 객체의 재생산을 생각하는 데에도 마찬가지로 적용된다. 베르그손의 도식에서 각각의 지각 순간은 먼 과거로 차츰 약해지는 기억 영상으로 뒤덮인다. 베르그손은 이것을 지각과 기억의 '회로'로 서술하는데, 여기서 지각과 기억은 훨씬 더 깊이 얽히게 된다. 지각의 경우에, 그 결과는 각각의 지각이 점점 더 기억으로 뒤덮이게 된다는 것이다. 베르그

---

32. Bergson, *Matter and Memory*, 105. [베르그손, 『물질과 기억』.]

손의 지각과 기억의 회로는 시간의 질서 속 자기생산적 객체의 동역학을 특별히 예시적으로 설명한다. ABCD는 시간상으로 전개하는 과정에서 또는 미래를 향해 나아가면서 이루어지는 객체의 후속 재생산을 가리킨다. 이와는 대조적으로, OB′C′D′는 자기생산적 객체가 생산한 기억이면서 현재에 다양한 방식으로 다시 현실화될 수 있는 것을 가리킨다. 자기생산적 객체는 시간을 가로질러 자신을 재생산하는 데 자신의 환경에서 비롯되는 자극뿐만 아니라 각각의 이전 국면도 사용한다. 마찬가지로, 자기생산적 객체에서, 기억은 현재에 새로운 상태를 현실화하는 데 사용될 수 있다. 그리하여 객체들은 시간상으로 얽히게 되고, 따라서 자신의 행위를 통해서 시간을 관통하는 경로를 따라간다.

객체가 매 순간 자신을 재생산해야 한다면, 왜 나는 화이트헤드를 좇아서 가장 기본적인 층위에서 존재는 '현실적 계기들'로 구성되어 있고 객체는 '현실적 계기들의 사회'일 따름이라고 주장하지 않는가? 화이트헤드의 현실적 계기는 그것이 생성되는 바로 그 순간에 더는 현존하지 않는 순간적인 사건이다. 그것들은 존재의 참된 원자들인데, 여기서 중요한 단서는 이들 원자가 루크레티우스의 원자처럼 지속하는 존재자가 아니라 깜박이는 반딧불처럼 명멸하는 사건이다. 그리하여 화이트헤드적 시각에서 바라보면 객체는 일종의 환영인데, 객체가 존재의 참된 단위체가 아니라 오히려 끊임없이 생겨났다가 사라지는 현실적 계기들의 사회 또는 다중 조성체라는 의미에서 그렇다. 이렇게 해서 객체는 시간의 질서 속에서 자신을 끊임없이 재생산해야 한다는 루만의 논제와 결합된 베르그손의 객체 회로가 화이트헤드의 형이상학적 논제의 거울상인 것처럼 보일 것이다.

그런데 현실적 계기 또는 순간적인 시간 조각을 존재의 참된 단위체 또는 원자로 여기는 것은 객체의 본질과 그 부분들을 혼동하는 것이다. 어떤 객체는 그 객체 내부에서 일어나는 사건, 자신의 부분들이나 구성요소들 ─ 이것들은 모두 사실상 없어서는 안 될 것이지만 ─ 이 아니라, 오히려 시간을 가로질러 존속하는 조직이나 구조다. 이렇게 해서 우리는 구조가 무조건으로 구성요소들 사이의 관계들과 동일시될 수 없는 이유에 대한 루만의 두 번째 근거에 이르게 된다. 루만이 진술하는 대로,

관계들이 구조적 가치를 획득하는 유일한 이유는 모든 주어진 시점에 실현된 관계들이 복수의 가능한 조합에서 선택된 하나의 조합을 나타내기에 선택적 환원의 이점과 위험 둘 다를 도입하기 때문이다. 게다가 오직 이런 선택된 조합만이 구성요소들의 변화에 걸쳐 일정하게 유지될 수 있는데, 즉 새로운 구성요소들로 재생산될 수 있다.[33]

이로부터 루만은 "그것이 무엇이든 간에 구조는 체계 내에서 허용되는 관계들이 제약받는 방식에 놓여 있다"라는 결론을 내린다.[34] 현실적 계기들의 사회로서의 객체에 관한 화이트헤드의 설명이 빠뜨리고 있는 것은, 이런 조직, 즉 구성요소들 사이에 허용되는 관계들에 대한 이런 제약이 자체적으로 현실적 계기의 질서로 이루어진 것이 아니라 오히려 현실적 계기들의 현존을 가로질러 지속하거나 존속하는 것이라는 점이다. 이런 구조가 오직 현실적 계기들 속에서 그리고 그것들을 통해서 현존할 따름임은 확실하지만, 이것이 이런 구조가 현실적 계기들

---

33. Luhmann, *Social Systems*, 283. [루만, 『사회적 체계들』.]
34. 같은 곳. [같은 곳.]

로 환원될 수 없다는 사실을 바꾸지는 않는 이유는 구조가 없다면 객체가 현존하는 동안에 사건들이 제약되고 산출되는 방식을 전혀 규제할 수 없을 것이다.

모든 요소가 서로 관련된 체계는 절대적 엔트로피 상태로 특징지어지는 체계일 것이고 그리하여 도대체 체계가 아닐 것인데, 그 이유는 그것 자체를 그것의 환경과 구별할 수 없을 것이기 때문이다. 그러므로 각각의 체계가 시달리고 구조가 대응하는 세 가지 문제가 존재한다. 첫째, 어떤 체계 내에서 사건들이 제약되거나 선택될 수 있는 방식에 관한 문제가 있다. 예를 들면, 모든 가능한 기억과 생각, 상상이 갑자기 마음에 쇄도한다면, 마음은 즉시 절대적 엔트로피 상태로 붕괴하면서 어떤 행위나 주의도 가로막는 자폐적 혼란 상태에 빠져들 것이다. 어떤 심리적 체계의 내부에는 그 심리적 체계 안에서 어떤 사건들이 발생하고 이들 사건이 서로 어떻게 연계되는지에 대한 선택성이 존재해야 한다.

마찬가지로 둘째, 어떤 체계가 세계나 자신의 환경에서 비롯된 사건들에 대해 열려 있는 선택성 또는 제약 조건이 존재해야 한다. 예를 들어, 카페에서 이루어지는 대화 같은 객체를 살펴보자. 그런 대화가 가능할 수 있으려면 그 대화와 주변 환경의 관계가 대단히 제한적이어야 하는데, 그 대화는 커피숍 안에서 벌어지는 어떤 사건들에만 열린 채로 있을 따름이다. 물론, 환경에 대한 이런 개방성은 그 체계 내에서 벌어지는 사건들이 바뀜에 따라 변화할 수 있기에 그 체계는 이전에는 닫혀 있던 사건들에 열리게 되지만, 요점은 모든 주어진 시점에서 그 체계는 자신의 환경과 선택적 관계들을 유지할 따름이라는 것이다. 카페의 내부에서는 온갖 종류의 대화가 이루어지고 있고, 사람들이 분주히 돌아다니고, 종업원들이 다양한 손님에게 서비스하고 있고, 카푸치노 기계는 쉬쉬하는 소리를 내고 있고, 음악이 흐르고 있고, 인도에서는 사람들이 이리저리 걷고 있으며, 바깥에서는 차들이 경적을 울리고 끼익하는 날카로운 소리를 내고 있다. 하나의 체계나 객체로서의 대화가 주변 환경에서 일어나는 이들 모든 사건에 일일이 대응한다면, 그 대화는 불가능할 것이며 또다시 최대 엔트로피의 상태에 빠져들 것이다. 결국 그 대화는 자신의 환경 속 사건들에 단지 선택적으로 개방될 수 있을 뿐이고 그리하여 체계/환경 구분을 통해서 자신을 하나의 객체 또는 체계로 구축하는데, 한편으로 그 대화를 자신의 환경과 구분되는 하나의 객체로서 구축하는 동시에 환경과의 선택적 관계들을 조성하는 바로 이 구분에 힘입어 해당 환경에서 일어나는 어떤 사건들이 그 대화로 이루어진 체계를 교란할 수 있게 된다. 두 젊은 여성이 사르트르의 『존재와 무』에 관해 이야기를 나누면서 사르트르가 자신의 착상을 시몬 드 보부아르에게서 훔쳐내었는지 여부에 관해 격렬히 토론하고 있을 때, 라디오에서 폭설이 임박했다는 소식이 공표되자 토론이 갑자기 중단된다. 이 사건은 스위치처럼 작동한다. 갑자기 그 대화는 방향을 바꾸고 그 여성들은 폭설을 피하고자 자리를 떠야 하는지 여부에 관해 논의하기 시작하고, 결국에는 사실성에 대한 사르트르의 논의와 그 논의가 선택을 제약하는 방식으로 되돌아갈 따름이다. 이 사건은 어떤 특정한 방식으로 그 대화를 교란함으로써 그것이 다른 방향으로 표류하게 내버려 두지만, 더 주목할 만한 것은 그 대화가 자신의 환경과 맺는 관계를 규제하는 구분의 무표 공간에 속함으로써 사실상 보이지 않게 되는 환경 속 여타 사건들이다. 환경에서 비롯되는 사건 중 일부만이 그 대화가 현시하는 국소적 표현에 영향에 미칠 수 있다.

마지막으로, 각각의 체계는 시간을 가로질러 존속하기 위해 후속 사건들을 산출할 방법에 관한 문제에 직면한다. 루만은 "누구나 사건이라는 개념을… 순간적이면서 즉시 사라지는 것과 근본적으로 관련지어야 한다"라고 진술한다.[35] 사건은 순간적이고 덧없는 것이고 구조는 그것이 오로지 구성요소들로 구현되는 한에 있어서 현존할 수 있을 뿐이기에 각각의 체계나 객체는 스스로 존속하기 위해 한 사건에서 다른 한 사건으로 이행할 방법에 관한 문제에 직면한다. 루만이 주장하는 대로, "우리는 구조라는 개념을 또 다른 방식으로 규정할 것인데, 이를테면 어떤 특별한 종류의 안정성으로 규정하기보다는 오히려한 사건에서 그다음 사건으로 체계의 자기생산적 재생산을 가능하게 하는 그 기능에 의해 특징지어진다."[36] 어떤 대화의 공간에서 그 대화가 지속할 수 있으려면 무언가 다른 화제를 찾아내야 한다. 사건의 산출은, 대화 중 어떤 발언이 또 다른 발언을 낳거나 세포의 어떤 분비가 몸의 또 다른 세포에서 과정을 촉발하는 그런 경우들처럼 그 체계자체의 내부 영역을 통해서 이루어지거나, 아니면 환경에서 비롯되는 교란을 통해서 이루어진다.

객체는 한 순간에서 그다음 순간으로 이행할 방법에 관한 문제에 직면하기에 변화할 수밖에 없고, 따라서 그 동일성은 시간을 가로질러 자신을 끊임없이 재생산하는 역동적인 동일성이다. 루만이 주장하는 대로,

사건은, 이를테면, 어떤 객체도 시간의 경과에 대한 자신의 관계를 변화시킬 수 없다는 사실을 책임진다. 존속하려면 객체는 시간에 따라

---

35. 같은 책, 287. [같은 책.]
36. 같은 책, 286. [같은 책.]

변화해야 한다. 사건은 사라지기를 선호한다. 다른 한편으로, 모든 사건은 과거와 현재, 미래에 총체적인 변화를 초래하는데, 그것이 그다음 사건에 대한 현재라는 성질을 포기하고 그 사건(즉, 자신의 미래)에 대한 과거가 된다는 단순한 이유 때문이다. 이런 최소한의 이행이 과거와 미래의 지평을 조직하고 제한하는 적실성의 시각을 변화시킬 수 있다. 이런 의미에서, 모든 사건은 시간의 총체적인 수정을 초래한다.[37]

유기체, 토네이도, 사회적 체계, 심리적 체계, 그리고 대화 같은 자기생산적 객체들의 경우에, 현재 벌어지고 있는 사건은 과거 및 미래에 대한 그 실체의 관계를 수정한다. 이것은 환경에서 비롯되는 사건이 수행하는 역할에 대하여 특히 그러하다. 어떤 책을 한 번 읽은 다음에 그 책을 다시 읽으면, 최초의 독서가 세계와 다른 텍스트들에 관한 나의 이전 생각을 재편한 방식의 결과뿐만 아니라 그 책의 서두가 뒤에 나올 것에 대한 나의 예상으로 인해 이제 달리 공명하는 방식의 결과로서 그 책에 대한 다른 인상이 산출된다. 그리하여 객체는 발달하고 진화한다.

정보는 구조가 발달하고 진화하는 데 특별히 중요한 역할을 수행한다. 구조는 체계/환경 구분의 틀 안에서 작동하기에 자신의 환경에 선택적으로 열려 있고, 따라서 자신의 환경에 대한 그런 개방성의 결과로 진화하고 발달할 수 있다. 자신의 구분 또는 조직을 통해서 객체는 환경에서 비롯되는 사건 중 자신이 열려 있는 사건들의 종류를 제약한다. 자기생산적 객체의 경우에 이것은 구조가 미래에 무엇이 닥칠지 예상한다는 점을 수반한다. 사건이 환경에서 비롯될 때, 해당 체계의

---

37. 같은 책, 287. [같은 책.]

내부에서 체계 상태를 선택하는 정보 사건이 산출된다. 이렇게 해서 그 체계의 내부에서는 어떤 특정한 질서 속에서 전개되고 어떤 특정한 방식으로 조직되는 후속 사건들이 산출된다. 이것은 그 객체의 내부에서 어떤 발달 벡터들을 강화하고 심화하는 결과를 낳을 수 있다.

그런데 또한 구조는 앞을 예상하는 것이기에 환경에서 발생하리라 기대한 사건이 실현되지 않을 때 실망을 겪을 수 있다. 그렇다고 어떤 기대에 대한 실망이 정보의 부재를 수반한다는 결론을 내리는 것은 잘못일 것이다. 우리가 앞서 이해한 대로, 더 '고등한' 객체에서는 사건의 부재 자체가 정보로서 기능할 수 있다. 사르트르의 『존재와 무』에서 제시된 유명한 사례에서, 그는 카페로 걸어 들어가서 자신의 친구 피에르가 그곳에 있지 않음을 깨닫는다.[38] 피에르가 그곳에 있지 않은 상황은 정보의 부재이기는커녕 후속의 체계 상태를 선택하는 하나의 사건, 정보를 창출한다. 그런 정보 사건은, 실망의 크기에 따라, 자기반성 능력을 갖춘 체계가 자신의 구분을 조정함으로써 자신의 체계 구조를 수정하여 세계에 대한 다른 형태의 개방성을 배제하면서 새로운 형태의 개방성을 발달시키도록 재촉하는 결과를 낳을 수 있다. 마찬가지로, 자기반성 능력이 없는 자기생산적 객체나 체계의 경우에도 그런 실망이 자연선택에 있어서 핵심적인 역할을 수행할 수 있는데, 이를테면 존속하기 위해 특정한 형태들의 교란에 의존하는 어떤 실체들이 죽음에 이를 수 있으며 다른 유기체들이 더 효과적으로 생식하는 길을 조성할 수 있다. 이런 일은 대규모의 환경 변화가 발생할 때 일어날 수 있다. 사실상, 자기생산 또는 생식을 지속하기

---

38. Jean-Paul Sartre, *Being and Nothingness*, trans. Hazel E. Barnes (New York : Philosophical Library, 1956), 40~2. [장 폴 사르트르, 『존재와 무』, 정소성 옮김, 동서문화사, 2009.]

위해 이산화탄소가 필요했고 이 과정의 부산물로서 산소를 산출했던 선사 시대 미생물의 경우에 그런 것처럼, 어떤 유기체들은 무심코 죽음을 자초한다. 이 과정의 한 가지 결과는 이들 미생물이 결국 주변 환경을 산소로 포화시키는 것이었는데, 그리하여 이 사태는 그것들이 존속하기 위해 의존한 적소를 훼손하고 다른 유기체들이 출현할 수 있는 새로운 적소를 구축하는 데 이바지했다.

그러므로 앞서 논의된 바로부터 우리는 선택, 제약, 구분, 그리고 조직이 구조의 층위에서 위험을 수반하는 이유를 알 수 있다. 구성요소들이 서로 관계를 맺는 방식뿐만 아니라 환경 속 사건들에 대한 개방성도 언제나 달리 될 수 있다는 의미에서 구조는 우연적이다. 시간을 가로질러 체계 조직을 재생산하기 위해 엔트로피를 방지하는 전략으로서의 구조에서 비롯되는 선택과 제약이 우연적인 한에 있어서 해당 객체가 환경에서 믿음직하게 나타나지 않는 교란이나 자극을 기대하도록 환경에의 개방성이 한정되는 그런 경우에 그 객체는 해체될 위험에 처하게 된다. 이들 사례에서 우리는 결코 운이 좋지 않은 국소적 표현, 즉 죽음을 맞닥뜨리게 된다. 여기서 죽음은 두 가지 형태 중 하나를 취한다. 한편으로, 죽음은 존속하지만 운동과 정동, 인지 같은 어떤 국소적 표현을 산출할 수 없게 되는 형태를 취할 수 있다. 다른 한편으로, 죽음은 절대적 죽음의 형태를 취할 수 있는데, 이 경우에는 절대적 엔트로피 상태가 초래되어 해당 실체가 철저히 파괴됨으로써 자신의 고유한 조직을 유지하는 데 필요한 다른 객체들을 더는 징집할 수 없으며 한때 그 존재자를 구성한 다른 객체들이 이제 자율적으로 각기 흩어져서 어딘가 다른 곳에서 즐겁게 현존한다. 첫 번째 형태의 죽음은 결국 두 번째 형태의 죽음에 이르게 되는 것이 일반적이다.

선택성과 제약 조건의 위험은 기후변화와 관련하여 특히 명료하게 이해될 수 있다. 현재, 세계의 다양한 사회적 체계와 하위체계는 기후에서 일어나고 있는 변화의 중요성을 기입할 만큼 충분한 공명 역량이 없다. 세계의 다양한 사회적 체계 중 대다수가 기후변화가 일어나고 있고 이것이 이들 사회적 체계가 존속할 수 있는지 여부에 잠재적으로 막대한 영향을 미칠 것이라는 사실을 알고 있음은 확실하다. 그런데 이런 지식에도 불구하고, 사회적 체계들은 이런 파괴 사태를 모면하는 데 필요한 그런 종류들의 변화를 모색하고 있지 않다. 왜 이러한가? 많은 문제가 사회적 체계 속 다양한 하위체계 사이의 공명 및 다양한 사회적 체계와 심리적 체계 사이의 공명의 본성과 관련되어 있다. 우리는 과학 체계와 매체 체계를 통해서만 기후변화에 관해 알게 될 수 있을 따름인데, 그 이유는 기후변화에 의해 초래된 변화가 아주 광범위하게 퍼져 있어서 매우 특정한 기법을 통해서만 관찰될 수 있을 뿐이기 때문이다. 여타의 사회적 체계와 심리적 체계의 층위에서, 이런 상황은 이들 다른 사회적 체계의 환경으로서 과학 체계에 대한 의심을 초래하고 심리적 체계들은 어떤 유의미한 차이도 기입하지 않는다. 서로 몹시 비슷한 두 가지 색조의 빨강처럼, 우리는 기후가 과거와 그다지 달라지지 않았다고 여긴다. 매체 체계 역시 그 쟁점을 둘러싸고 끊임없이 소음을 만들어 내는데, 이를테면, 시청자 앞에서 인류가 유발한 기후변화가 발생하고 있는지 여부를 둘러싸고 많은 논란이 있다고 주장하면서 기후변화 쟁점은 엉터리 과학에 근거를 두고 있음을 시사하는 전문가 흉내를 낸다. 사실상 그런 견해를 품고 있는 사람들은 흔히 에너지 기업으로부터 자금을 지원받은 소수의 과학자인데도, 매체 체계가 매일 새로운 보도의 가능성을 극대화하려고 논란의 견지에서 자신의 환경에 선택적으로 열려 있는 한, 그 체계는 이 쟁점에 대한 의견이 명백히 불일치한다는 인상을 심리적 체계에서 불러일으킨다.

과학 체계, 정치적 체계, 그리고 경제적 체계 사이의 공명과 관련하여 더 두드러진 문제가 나타난다. 경제적 체계를 작동시키는 코드는 수익/비非수익 코드다. 다시 말해서, 경제적 체계는 수익을 산출할 수 있는지 여부의 견지에서 자신의 환경을 맞닥뜨린다. 그리하여 과학 체계의 발견 결과가 수익을 산출하기 위한 기회를 창출하지 않는다면 경제적 체계는 대체로 과학 체계를 간과한다. 처음에는 많은 기업이 생태친화적인 운영을 홍보하는 '녹색 지향성'을 채택하고 있기에 이런 점에서 진보가 이루어지고 있는 것처럼 보일 것이다. 그런데 우리의 생태적 문제 중 가장 큰 몫은 우리가 에너지 효율이 높은 전구를 사용하고 있는지 여부에서 비롯되는 것이 아니라, 농경 활동(가축 메탄이 화석연료의 사용보다 기후변화에 더 많이 기여한다는 것은 더러운 비밀이다)과 산업, 운송업, 우리가 사용하는 에너지의 종류에서 비롯된다. 이들 부문에서 요구되는 변화의 종류들은 경제적 체계에 의해 채택된 코드의 '비수익' 영역에 속한다.

정치적 체계 역시 경제적 체계뿐만 아니라 심리적 체계들의 생활을 지배하는 끌림 체계와 얽혀 있다. 정치적 체계를 작동시키는 코드는 권력/무無권력의 코드다. 구체적으로 표현하면, 이 코드는 재선에 관한 물음과 쟁점을 중심으로 전개된다. 기후변화의 영향을 완화하는 데 필요한 많은 변화는 시민들의 삶에 상당한 고초를 가져오는 것으로 판명될 것인데, 그 이유는 시민들이 생존하는 데 의지하는 끌림 체제에서 주요한 변화가 일어나야 할 것이기 때문이다. 많은 사람이 매일 자신의 가족을 먹여 살리는 방법을 찾으려고 정말로 노력하고 있는 개발도상국의 경우에 특히 그러하다. 많은 사람이 다가오는 기후 위기를 완화하기 위한 조치를 추상적으로는 지지할 것이지만, 구체적인 조치가 제안될 때 상정된 변화 중 많은 것이 대단히 인기가 없는 이유는 이들 조치가 사람들이 삶을 영위하는 방식에 두드러진 영향을 미칠 것이고(미합중국 사람들이 육류 소비를 줄여야 한다는 말을 들었을 때 어떻게 반응할 것인지 생각하자!) 어쩌면 일자리가 사라질 것이기 때문이다. 이것은 결국 정치인들이 표를 얻어서 재선되는지 여부로 번역된다. 그리하여 생태적 의식을 갖춘 정치인이 적어도 자신은 점진적인 변화를 이루어내고 있다고 생각하는 파우스트적 계약이 맺어질 개연성이 있다.

그런데도 운송업을 더 강하게 규제함으로써, 예를 들면, 트럭 운송업이 대체 연료로 전환하도록 조장함으로써, 하이브리드 차량을 몰고 태양 전지판을 사용하며 에너지 효율성을 높이는 가정과 개인들의 세금을 크게 감면함으로써, 고등학생들에게 스쿨버스와 기차를 이용하는 행위를 애국적 행위로 만듦으로써, 그리고 자국 시민들에게 환경 친화적인 산업을 공급하고 발전시키는 개발도상국에 정부 보조금을 제공하는 등의 조치를 통해서 많은 것이 이루어질 수 있을 것처럼 보인다. 그런데 여기서 정치적 체계는 이들 조치를 정치적 시각에서 결코 매력적이지 않게 만드는, 산업 및 기업과 관련된 또 다른 얽힘을 맞닥뜨리게 된다. 자신의 영업 활동에서 대량의 수익을 올리는 다양한 기업과 산업의 경우에, 이들 변화는 모두 주요한 경제적 고난을 의미한다. 적어도 미합중국에서는 2010년 시민연합 대 연방 선거관리위원회 소송에서 이루어진 연방 대법원의 판결이 기업이 정치적 목적을 위한 자금을 무한정 사용할 기회를 개방했다. 이렇게 해서 이제 미합중국의 모든 정치인은 자신의 재선 가능성을 목표로 하는 대대적인 광고 선거운동 — 이것은 미합중국의 보통 사람들과 풀뿌리 활동가들의 작업임을 암시하는 '위장 단체'를 내세워서 언제나 실행된다 — 에 직면함에 따라 정책 변화를 제안하기 전에 다시 생각할 수밖에 없다.

기후변화라는 쟁점과 관련하여 사회적 체계의 내부에서 일어나는 공명에 대한 상당히 비관주의적인 이 분석의 요점은 환경에의 개방성을 관장하는 제약과 선택이 언제나 위험을 수반하는 방식을 강조하는 것이다. 우리의 현행 사회적 체계 내에서 다양한 사회적 하위체계, 심리적 체계들, 그리고 더 넓은 환경 사이에서 일어나는 공명을 관장하는 구분들은 기후변화에의 감응을 매우 어렵게 만드는 곤경을 초래했다. 또한 현존하는 형태들의 공명은, 이들 사회적 체계가 의존하는 교란의 원천을 없애버리는, 주변 환경에서 일어난 변화의 결과로서 그것들이 자체적으로 붕괴할 매우 실제적인 가능성을 창출한다. 기후변화와 인구 증가가 심화함에 따라, 농경과 수자원을 파괴하는 기후변화의 결과로서 기근이 나타날 개연성이 매우 크다. 이것은 모든 다양한 사회적 하위체계 전체에 걸쳐서 울려 퍼지는 다양한 사회적 위기를 초래할 것이다.

그리하여 어떤 형태들의 체계 공명이 감퇴할 수 있는 방식과 다른 형태들의 공명이 증진될 수 있는 방식에 관한 물음이 기후변화에 관한 쟁점들에 관여하는 활동가들에게 핵심적인 물음이 된다. 『문명의 붕괴』라는 책에서 제레드 다이아몬드는, 네덜란드 시민들과 정치가들, 기업인들이 더 생태친화적인 것처럼 보이는 한 가지 이유는 그들이 더 계몽된 사람들이기 때문이 아니라 네덜란드 땅의 대부분이 해수면 아래에 있기에 해수면을 상승시키는 형태의 기후변화가 대다수 인구에 잠재적인 위협이 되기 때문이라고 지적한다.[39] 또한 다이아몬

---

39. Jared Diamond, *Collapse* (New York : Penguin Books, 2005), 431. [제레드 다이아몬드, 『문명의 붕괴』, 강주헌 옮김, 김영사, 2005.]

드는, 외국의 목재 회사들이 지역 국가들과 임대차 계약을 일단 맺으면 가능한 한 빨리 벌채 작업을 실행한 다음에 재정적으로 더 이익이 된다는 이유로 새로 나무를 심기보다는 오히려 파산을 선언함으로써 말레이반도, 보르네오, 솔로몬 제도, 수마트라, 그리고 필리핀의 우림을 고갈시킨 방식을 지적한다. 이들 국가의 시민들은 이런 행위의 생태적 결과를 감내하면서 그들의 고유한 식량과 산업의 원천을 상실할 수밖에 없었다.[40] 대조를 이루는 이들 사례의 한 가지 교훈은, 지역적 환경 또는 기후 요소들의 장기적인 보존에 어떤 체계나 객체의 직접적인 이해관계가 걸려 있을 때 공명이 증진되는 것처럼 보인다는 점이다. 그런데 다양한 산업에서 지역적 기후와의 그런 봉합이 어떻게 이루어질 수 있을지는 매우 어려운 과제다.

바로 앞 절에서 다루어진 주제 중 부분전체론과 관련된 일부 주제로 돌아가면, 또한 우리는 많은 객체가 시간과 공간과 관련하여 매우 독특한 몇 가지 특성을 갖추고 있다는 사실을 인식할 수 있다. 객체는 어떤 특정한 시점에 어떤 특정한 지점을 차지함으로써 개체화된다고 주장하는 것은 꽤 흔한 일이다. 이것은, 예를 들면, 로크의 입장이었다. 그런데 무언가가 하나의 객체인지 여부를 결정하는 것은 부분들이 아니라 조직 또는 구조임이 사실이라면, 이로부터 객체는 시간을 가로질러 불연속적일 수 있고 공간을 가로질러 광범위하게 퍼질 수 있다는 결론이 도출된다. 예를 들면, 어떤 대화는 단절되어서 나중에 재개될 수 있다. 여기서 그 대화는 일시적으로 지속하지 않게 되고, 국소적으로 더는 현시되지 않으며, 그리고 시간상으로 나중에 재개된다. 다양한 객체는 이런 기묘한 종류의 시간적 구조를 갖추고 있다.

---

40. 같은 책, 430. [같은 책.]

예를 들면, 어떤 금주 모임은 어쩌면 매주 한두 번 소집될 뿐이기에 명멸할 것이다. 많은 집단과 위원회는 간헐적으로 소집될 따름이다.

우리는 객체가 여전히 동일성을 유지하면서 명멸할 수 있는 이런 기묘한 시간을 맞닥뜨릴 뿐만 아니라, 기이하게도 서로 동시적이지만 매우 다른 시간적 층위에서 작동하는 다양한 객체를 특징짓는 다양한 시간적 규모도 존재한다. 예를 들면, 태양이 우리은하 주위를 한 번 공전하는 데에는 2억 2천5백만 년이 걸린다. 우리은하는 자신의 고유한 시간적 지속으로 특징지어지는 하나의 객체이고, 태양계 역시 또 다른 객체다. 여기서 우리는 하나의 시간적 지속에 묻어 들어가 있는 또 하나의 시간적 지속을 맞닥뜨리는데, 각각의 객체에서는 매우 다른 순환이 전개된다. 마찬가지로, 사회와 기후, 생태계는 각기 자신의 고유한 이질적인 지속을 갖추고 있음으로써 다른 속도로 움직이며 각자 특유의 조직에 의해 특징지어진다. 이렇게 해서 매우 실제적인 어떤 의미에서 지속은 언제나 체계 특정적이기에 각각의 객체는 자신의 고유한 지속에 의해 특징지어지고 자신의 고유한 견지에서 다른 지속과 관련된다. 예를 들면, 시대의 흐름을 좇아서 책을 읽지 않고 수십 년 전의 철학적 전쟁을 계속해서 벌이고 있는 늙은 대학교수의 사례에서 관찰될 수 있거나, 혹은 일상생활의 조직 및 자신들이 묻어 들어가 있는 더 넓은 사회적 체계와의 관계와 관련하여 매우 다른 시간적 틀 속에서 살아가는 아미시Amish 사람들의 사례에서 관찰될 수 있는 대로, 다양한 사회적 집단이 각자 고유한 '역사의 평면'에 현존할 수 있다. 유기체의 시간적 리듬은 유기체 개체군의 시간적 리듬과 다르고, 이것 역시 전체 생태계의 시간적 리듬과 다르다. 서로 다른 모든 시간성 사이에는 다른 형태의 공명뿐만 아니라 갈등의 다른 가능성도 존재한다.

유사한 특질들이 공간 속 객체들의 부분전체론을 특징짓는다. 블로그 토론은 세계 전역에 자리 잡은 참가자들을 수반하는데, 결과적으로 인터넷 서버들과 다양한 블로그, 참가자들을 통합함으로써 독자적으로 진화하고 발달하는 객체를 산출한다. 재택근무를 하는 사람의 수가 점점 더 증가하더라도, 다양한 기업은 여전히 독자적인 존재자로서 현존한다. 더 최근 들어 대학 강좌가 온라인으로 제공되는 추세가 생겨난 덕분에 국내 학생들과 세계 전역의 학생들이 어떤 특정 대학의 강좌에 등록할 수 있게 되었다. 사실상 내 친구는 미합중국 '내에' 개설된 온라인 강좌를 이스라엘에서 실시간으로 가르치고 있다. 현재, 우주 공간의 깊이를 가늠하기 위해 많은 소형 전파 망원경에 의존하면서 그것들이 수신하는 어마어마한 양의 데이터를 계산할 능력을 향상하기 위해 자원한 보통 시민들의 수많은 가정용 컴퓨터를 사용하는 거대한 전파 망원경 집합체가 대륙들 전체에 걸쳐 있다. 게다가 대단히 놀랍게도, 이들 존재자의 관측은 지금 현존하는 존재자들에 대한 관측이 아니라 먼 과거에 현존한 존재자들에 대한 관측이다!

객체지향적이고 존재자론적인 부분전체론의 층위에서는 시간과 공간에서의 위치가 어떤 객체를 개체화하는 데 충분하다고 전제함으로써 작업할 수 없으며, 또한 우리의 일상적 실존의 세계에 자리하고 있는 경향이 있는 중간 규모의 객체들과 같은 어떤 특정한 규모에서만 객체들이 현존할 따름이라고 전제함으로써 작업할 수도 없다. 오히려, 존재자들은 상상할 수 없을 정도로 작은 규모에서 상상할 수 없을 정도로 큰 규모에 이르기까지 매우 다양한 규모에서 현존하는데, 각각의 존재자는 자신의 고유한 지속과 공간성으로 특징지어진다. 그런데 이들 공간적 구조와 시간적 구조를 고찰하려면 여전히 엄청난 양의 작업이 수행되어야 한다. 내가 보기에, 존재자론과 객체지향 철학은 이와 같은 공간과 시간의 기묘한 구조를 고찰하기 위한 방대하고 풍성한 영역을 개척했다. 여기서 중요한 것은, 객체의 실체성은 자신의 부분들에 있는 것이 아니라 자신의 구조 또는 조직에 있다는 인식과 더불어 객체는 아리스토텔레스의 부동의 원동자처럼 자신의 완벽성을 사색하면서 저쪽에 그냥 자리하고 있는 단순한 덩어리에 불과한 것이 아니라 자신의 고유한 내부 동역학의 결과로서 역동적으로 진화하면서 주변 환경과 상호작용한다는 인식이다.

6장

평평한 존재론의 네 가지 논제

두 가지 존재론적 담론 : 라캉의 성별화 그래프,
그리고 존재를 생각하는 두 가지 방식

유일한 세계는 존재하지 않는다

존재는 평평하다

바위는 대단히 짙은 갈색이었다. 아니, 차라리 검은색이었다고 해
야 할지, 무언지 원시적인 모습으로 모래에서 솟아올라 있었다. 주
름진 삿갓조개 껍질과 드문드문 흩어져 있는 마른 해초 타래들로 울
퉁불퉁한 바위에, 어린 남자아이가 보폭을 넓게 뻗치면서 꼭대기에
오르기도 전에 자신이 영웅이나 된 듯한 기분을 느끼고 있었다. 그
러나 거기, 바위 꼭대기에는 바닥에 모래가 깔린, 물로 가득 찬 웅덩
이가 있었다. 가장자리에 우뭇가사리 덩어리가 착 달라붙어 있고
담치도 붙어 있었다. 물고기 한 마리가 재빨리 가로질러 갔다. 황갈
색 해초 끄트머리가 흔들렸다. 그리고 오팔색 껍질의 게 한 마리가
밀려 올라왔다 — "오, 굉장히 큰 게잖아," 제이콥이 중얼거렸다 —
— **버지니아 울프**[1]

두 가지 존재론적 담론 : 라캉의 성별화 그래프, 그리고 존재를 생각하는 두 가지 방식

존재자론은 데란다의 용어에 의존하면서도 그 의미를 확장함으로써 평평한 존재론이라고 일컬어질 수 있을 것을 제시한다. 평평한 존재론은 다양한 존재론적 논제를 단일한 용어 아래 하나의 다발로 묶는 복잡한 철학적 개념이다. 첫째, 모든 객체의 분열적 특질로 인해, 평평한 존재론은 한 종류의 존재자에 여타 존재자의 기원으로서의 특권을 부여하거나 스스로 완전히 현전하는 것으로서의 특권을 부여하는 초월성 혹은 현전의 존재론은 무엇이든 거부한다. 이렇게 해서 존재자론은, 그것이 존재자들을 물러서 있는 것으로 여길 때 존재 내부에서의 현전에 대한 어떤 요구도 약화하는 한, 데리다의 형이상학 비판과 공명하는 존재론을 제시한다. 이 논제가 설득력이 있다면, 형이상학은 '현전의 형이상학'에 대한 동의어로서 더는 기능할 수 없고, 실체는 '현전'에 대한 동의어로서 더는 기능할 수 없으며, 오히려 현전의 수위성을 극복하는 존재론이 구성된다. 이 절에서 나는 라캉의 성별화 그래프에 의거하여 이 논리를 부각한다. 여기서 나는, 이들 그래프가 남성적 성이나 여성적 성에 관해 말해줄 것은 거의 없지만 ─ 이어지는 글에서 내가 개관할 이유로 인해 ─ 내재성의 존재론 또는 평평한 존재론과 초월성의 존재론에 관해서는 말해줄 것이 많이 있다고 믿고 있다. 둘째, 평평한 존재론은 유일한 세계 또는 유일한 유니버스, 즉 단일우주가 존재하지 않음을 뜻한다. 이어지는 글에서 나는 이 기묘한

---

1. Virginia Woolf, *Jacob's Room* (New York : Harcourt Brace & Company, 1992), 9. [버지니아 울프, 『제이콥의 방』, 김정 옮김, 솔출판사, 2019.]

주장을 옹호하는 논변을 전개할 것이지만, 당분간은 이 주장에서 제시된 정관사—유일한the—를 인식하는 것이 중요하다. 유일한 세계가 존재하지 않는다는 주장은 여타의 객체를 단일하고 조화로운 통일체로 결집하는 초객체가 전혀 없다는 주장이다. 셋째, 하먼을 좇아서, 평평한 존재론은 (a) 주체-객체, 인간-세계 관계에 객체들 사이의 관계들과 종류가 다른 어떤 형태의 형이상학적 관계로서의 특권을 부여하기를 거부하며, 그리고 (b) 모든 형태의 객체-객체 관계에는 주체-객체 관계가 암묵적으로 포함되어 있다고 여기기를 거부한다. 평평한 존재론이 인간은 독특한 역능과 역량이 있고 인간이 세계와 관계를 맺는 방식은 탐구할 가치가 더 큰 주제임을 선뜻 인정하는 것은 확실하지만, 이와 관련된 어떤 것도 모든 객체-객체 관계에는 인간이 포함되어야 한다거나, 혹은 인간이 객체와 관계를 맺는 방식은 여타 존재자가 객체와 관계를 맺는 방식과 종류가 다르다는 점을 입증하지 않는다. 마지막으로 넷째, 평평한 존재론은 모든 존재자가 동등한 존재론적 발판 위에 자리하고 있다고 주장하며, 그리고 인공적이든 자연적이든, 상징적이든 물리적이든 간에, 다른 객체들보다 더 큰 존재론적 존엄성을 갖추고 있는 존재자는 전혀 없다고 주장한다. 사실상 일부 객체는 자신이 속한 집합체에 다른 객체들보다 더 큰 영향을 미칠 것이지만, 이런 사실로부터 이들 객체가 다른 객체들보다 더 실재적이라는 결론이 도출되지는 않는다. 현존, 존재는 양자택일적인 것으로서 무언가는 존재하거나 아니면 존재하지 않거나 둘 중 하나다.

내가 이들 명제가 존재론적으로 참이라고 믿는다는 사실과는 별도로, 평평한 존재론이라는 개념의 더 넓은 전략적 의미는 사회적·정치적·문화적 이론 및 철학 안에서 인간적이고 주관적이며 문화적인 것들에 대한 강박적인 집중을 줄이는 것이다. 특히, 나의 야심은 명제,

표상, 규범, 기호, 서사, 담론 등에 대한 거의 배타적인 집중을 줄임으로써, 생명이 있든 생명이 없든 간에, 자연적 존재자들, 기술 등과 같은 비인간 행위자들에 대한 더 올바른 이해를 계발하는 것이다. 분명히 밝혀 두면, 이들 종류의 행위자들에 대한 집중을 줄이고자 노력할 때, 나의 목적은 이들 행위자를 배제하는 것이 아니다. 오히려 나는 현대의 대륙적인 사회적·정치적·문화적·철학적 사유 내에서 나타나는 발산적 경향을 종합할 뿐만 아니라, 이들 담론과 논쟁에 유용한 탐구 분야도 넓히고자 한다. 현대 대륙 사상의 틀 안에서, 매우 다른 두 가지 문화가 있다고 말하는 것은 그다지 틀리지 않을 것이다. 한 문화에서는 체험, 텍스트, 담론, 기표, 기호, 표상, 그리고 의미에 주의가 집중된다. 이것은, 예를 들면, 다양한 현상학자, 데리다, 라캉, 지젝, 그리고 푸코 같은 인물들에 의해 주도된 탐구 형식이다. 여기서는 인간이 포함된 집합체에서 비인간 행위자가 수행하는 역할을 논의할 방법이 거의 없다. 그리하여 비인간 존재자는 독자적으로 진정한 행위자로 여겨지기보다는 오히려 인간이 그 위에 자신의 의도와 의미, 기호, 담론을 투사하는 영사막으로 여겨진다. 비인간 행위자는 인간에 의해 포맷되기를 기다리고 있는 수동적 질료다. 이런 평가는 이 문화의 이론가들에게 전적으로 공정하지는 않은데, 왜냐하면 푸코는 제도와 구조, 관행에 많은 주의를 기울이고 데리다는 가장 직설적인 의미에서의 글쓰기 및 디지털 인코딩 같은 단순한 행위의 중요성을 인식하기 때문이다. 그런데도 이런 이론의 문화 혹은 지향성 내에서는 앞서 언급된 그런 경향이 지배적이다.

반면에, 나머지 다른 한 문화는 비인간 행위자나 객체들에 널리 걸쳐 있으며 기술, 동물, 환경 등과 같은 비인간 행위주체들이 이바지하는 차이에 신중한 주의를 기울인다. 여기서 우리는 도나 해러웨이와 캐서린 헤일스 같은 엄청난 지성인들, 매클루언과 키틀러, 옹, 스티글러의 저작, 들뢰즈와 과타리의 후기 저작, 라투르와 스탕게스의 사상, 이언 보고스트의 저작에서 나타나는 것과 같은 기술에의 관여, 프로테비와 데란다, 마수미에서 나타나는 것과 같은 획기적인 작업, 티모시 모턴 같은 생태학자들, 화폐 형식과 기술, 공장이 우리의 정체성 자체를 변화시키는 방식에 관한 맑스의 성찰, 캐리 울프 같은 비판적 동물 이론가들, 그리고 일단의 다른 사상가에 관해 생각할 수 있을 것이다. 이 문화 속에서는 두 가지 중요한 경향이 나타난다. 한편으로, 기술과 여타의 비인간 행위주체의 형태로 비인간이 인간이 포함된 집합체에 미치는 영향뿐만 아니라 이들 행위주체들이 인간의 의도, 기호, 의미, 규범, 기표, 담론 등으로 환원될 수 없는 방식도 서술함으로써 인간을 탈중심화하는 경향이 있다.

다른 한편으로, 이 문화 속에는 비인간 존재자들의 '경험'을 구애받지 않고 포괄하는 사변적 경향―'스피노자주의'라는 명칭을 부여받을 만한 경향―이 있는데, 이 경향은 모든 것을 의무적으로 인간에게 다시 관련시킬 필요가 없이 다른 존재자들의 세계를 면밀히 조사한다. 그레이엄 하먼의 세계는 서커스와 광대, 흡혈귀, 무명의 괴물, 불과 목화, 그리고 일단의 놀랍고 즐거운 카니발적인 존재자―물러서 있는 동시에 자신의 고유한 매혹과 매력으로 우리를 포획하는 다수의 유령처럼 그의 저작 전체에서 출현하는 존재자들―가 거주하는 세계다. 제인 베넷의 세계는 버려진 병뚜껑, 죽은 쥐, 다양한 형태의 생물화학적 분해가 이루어지고 있는 쓰레기 더미, 그리고 일단의 다른 객체에서 비롯되는 활력이 존재하는 세계다. 현재 이언 보고스트는 『에일리언 현상학』이라는 책을 저술하고 있는데, 이 책은 일상적 삶 속에서 우리가 거의 인식하지 않는 컴퓨터 소프트웨어 같은 온갖 종류의 다른 존재자가 겪는 은밀한 경험의 세계로 우리를 데려갈 가망이 있다. 도나 해러웨이의 세계는 늑대, 미생물, 연구 보고서와 논문, 다양한 종류의 유인원, 식물, 그리고 온갖 종류의 실험 장치들로 붐비는 세계다. 캐런 배러드의 세계는 온갖 종류의 입자와 장치, 파동이 거주하는 세계다.

평평한 존재론이라는 개념으로 내가 겨냥하는 바는 이들 두 문화의 종합이다. 나는 이들 기묘한 비인간 행위자를 제대로 다룰 수 있고, 이들 기묘한 낯선 존재자를 그 자체로 존중할 수 있으며, 현상학적인 것과 기호학적인 것을 제대로 다룰 수 있는 존재론을 욕망한다. 게다가 나는 그런 프로젝트가 현대 사상의 미래에 절대적으로 필요하다고 믿고 있다. 이들 두 문화 중 첫 번째 문화가 현대의 이론 세계에서 군림하고 있다. 인간의 수위성을 완화하기라는 목표는 허무주의적인 것도 아니고 인간을 배제하려고 고안된 것도 아니라, 첫 번째 문화가 중심 무대를 차지하고 있는 한에 있어서 우리는 인간 집합체들을 제대로 이해할 수 없을뿐더러 그것들을 변환할 전략적 방법을 이론화할 수도 결코 없다는 논제에 전제를 두고 있다. 이렇게 해서 평평한 존재론은 두 가지 주요한 주장을 제기한다. 첫째, 인간은 존재의 중심에 있는 것이 아니라 존재자 중에 속한다. 둘째, 객체는 주체에 대립적인 하나의 극이 아니라, 어떤 다른 객체나 인간이 그것과 관계를 맺는지 여부와 무관하게 독자적으로 현존한다. 인간은 자체적으로 '객체'에 대립적인 '주체'라고 일컬어지는 범주를 구성하기는커녕 많은 종류 중 한 종류의 객체일 따름이다.

존재자론의 평평한 존재론이 옹호하는 것과 같은 내재성의 철학과 초월성의 철학 사이의 차이는 라캉의 성별화 그래프에 의거하여 주제화될 수 있다. 여기서 나의 목적은 존재자론과 객체에 관한 그 이론의 구상이 라캉의 성별화 그래프의 여성성 쪽에 부합한다고 주장하는 것이다. 이런 일치와 더불어, 물러서 있음을 둘러싸고 조직된 존재론적 담론과 현전을 둘러싸고 조직된 존재론적 담론(라캉의 성별화 그래프의 남성성 쪽) 사이의 차이를 계속해서 개관하기 전에 먼저 어떤 유보 조건을 규정할 필요가 있다. 철학의 역사 속에는 여성에게 독자적인 주체로서의 행위주체성을 부여하지 않는 여성의 객체화와 결합함으로써 여성을 자연과 객체, 수동성과 연관시키는 오랜 역사가 지금까지 있었다. 존재자론은 이런 불행한 경향에 동조하기를 확실히 바라지 않지만, 존재에 관한 참된 담론이 라캉의 성별화 그래프의 여성성 쪽에 속한다고 주장할 때 바로 이렇게 될 위험이 있지 않겠는가? 게다가 존재자론은 존재가 객체들로 구성되어 있다고 여길 때 훨씬 더 어려운 곤경에 빠지지 않겠는가?

몇 가지 점에서, 전적으로 정당한 이런 우려에 대응할 가치가 있다. 첫째, 그리고 무엇보다도, 라캉의 성별화 그래프가 생물학적 성 혹은 젠더와 도대체 무슨 관계가 있는지 알기 어렵다는 점을 인식해야 한다. 브루스 핑크가 명확히 표명하는 대로,

성별화는 생물학적 성이 아님을 떠올려야 한다. 라캉이 남성성 구조와 여성성 구조라고 일컫는 것은 누군가의 생물학적 기관과 관련이 있는 것이 아니라 오히려 누구나 획득할 수 있는 종류의 주이상스와 관련이 있다. 내가 알고 있는 한, 성별화와 '성 정체성' 사이에, 혹은 성별화와 때때로 '성 지향성'으로 일컬어지는 것 사이에는 수월하게 겹치는 부분이 전혀 없다. … 이어지는 논의에서 내가 남자들이라고 일컬을 때는 생물학적 성과 무관하게 어떤 공식 — 라캉이 '성별화 공식'이라고 일컫는 것 — 아래 포섭되는 사람들을 뜻하며 … 여자들이라고 일컬을 때는 생물학적 성과 무관하게 그 공식의 〔여성성 쪽〕 아래 포섭

되는 사람들을 뜻한다.[2]

나는, 당혹스럽게도, 라캉에 관한 이차 문헌과 라캉이 자신의 성별화에 대한 설명을 전개하는 세미나를 읽는 데 생각지도 않게 많은 시간을 보낸 후에, 브루스 핑크가 본질적으로 올바르게 판단하고 있다고 믿는다. 라캉은 욕망과 주이상스를 가로막는 교착 상태의 두 가지 다른 구조를 사실상 부각하지만, 이들 두 구조가 '남성성'과 '여성성'이라고 일컬어져야 하는 이유는 절대 명료하지 않다. 내가 보기에, 라캉은 이들 구조와 생물학적 성 및 젠더 사이에 어떤 직접적인 연계도 설정하지 못한다. 예를 들면, 생물학적으로 남성이든 여성이든 간에 ― 의문의 여지가 있지만, 우리는 주체가 생물학적으로 남성인지 아니면 여성인지 명료하게 말할 수 있다고 가정하면 ― 모든 주체는 라캉의 성별화 그래프의 어느 쪽에도 자리할 수 있다. 다시 말하면, 생물학적으로 '남성'인 주체는 여성성 주체로서 향유할 수 있거나 향유하지 못할 수 있고 생물학적으로 '여성'인 주체는 남성성 주체로서 향유할 수 있거나 향유하지 못할 수 있다.

성별화 그래프를 남성성 및 여성성과 연관시키는 시도를 지지하는 가장 강한 논거는 성별화 그래프의 남성성 쪽이 프로이트의 가부장적 오이디푸스 콤플렉스와 『토템과 터부』에서 언급된 원부原父 신화에 대한 대단히 추상적이고 공식화된 판본의 구조로 해석될 수 있다는 사실에서 비롯된다. 오이디푸스 콤플렉스와 원부 신화가 본질적으로 가부장적이고 남근 중심적인 구조라고 이해된다면, 성별화 그래

---

2. Bruce Fink, *Lacan to the Letter* (Minneapolis : University of Minnesota Press, 2004), 158. [브루스 핑크, 『라캉과 정신의학』, 맹정현 옮김, 민음사, 2002.]

프의 남성성 쪽을 남성성과 관련된 주이상스와 욕망의 형태들과 연관시킬 이유가 있다. 그런데 여기서 또다시 우리는 성별화 그래프의 여성성 쪽이 여성성과 연관되어야 하는 이유에 관한 물음을 맞닥뜨린다. 우리는 성별화 그래프의 양쪽을 대재성의 논리(여성성)와 초월성의 논리(남성성), 혹은 '비-전체'not-all의 논리(여성성)와 예외의 논리(남성성)의 윤곽을 그리는 것으로 쉽게 언급할 수 있을 것이다.

제기될 두 번째 논점은, 존재자론과 객체지향 철학의 객체가 성별화 그래프의 여성성 쪽에 속한다고 주장할 때, 존재자론의 틀 안에서는 객체가 수동적이지도 않고 주체에 대립적인 하나의 극도 아님을 반드시 떠올려야 한다는 것이다. 객체지향 존재론의 틀 안에서는 주체의 영역과 객체의 영역으로 구분되는 두 가지 존재 영역이 있지 않고, 오히려 오직 한 가지 존재 유형, 즉 객체들이 있을 뿐이다. 그러므로 한편으로, 우리는 주체가 객체에 대립적인 하나의 극이 아니라 그 자체가 일종의 객체라고 말할 수 있다. 주체는 다른 객체 중 하나의 객체다. 우리가 주체라고 일컫는 것은 특별한 역능과 역량을 갖추고 있음이 확실하지만, 그런데도 세계 속 객체의 일종이다. 다른 한편으로, 존재자론에 의해 구상된 대로의 객체는, 인간에 의해 포맷되기를 기다리고 있으면서 인간의 작용을 받게 되는 수동적인 덩어리이기는커녕, 라투르를 좇아서, 자체적으로 행위주체인 행위자 또는 행위소다. 이렇게 해서 객체를 성별화 그래프의 여성성 쪽에 속한다고 여기는 것은 여자가 수동적인 객체임을 절대 시사하지 않는다. 이와는 대조적으로, 성별화 그래프의 여성성 쪽은 행위주체성을 가리키는 쪽인 것으로 판명된다.

이제 나는 이들 단서를 염두에 두고서 라캉의 성별화 그래프를 논의한다. 먼저 나는 라캉 이론의 틀 안에서 성별화 그래프를 논의한 다음에 존재론적 견지에서 다시 서술할 것이다. 라캉의 성별화 그래프는 우리가 세계의 상징적 질서를 총체화하려고 시도할 때마다 생겨나는 어떤 교착 상태를 상징하거나 표현하고자 한다. 우리가 세계를 총체화하려고 시도할 때마다 그런 총체화가 성공적으로 달성되지 못하게 가로막는 어떤 교착 상태가 출현한다고 라캉은 주장한다. 언어에 의해 세계에 도입된 부재와 환유로 인해 각각의 잠재적인 주이상스 대상에는 그것이 완전한 향락을 주지 못하게 가로막는 부재 혹은 결여의 잔류물이 포함되어 있다고 라캉은 주장한다. 완전한 향락은 상징계의 총체화 또는 완성이 필요할 것이지만, 그런 총체화는 언제나 실패한다. 게다가 우리가 세계를 총체화하려고 시도하고 이런 총체화가 실패하는 방식은 단지 한 가지가 있는 것이 아니라 오히려 두 가지가 있다. 이들 두 가지 실패 방식은 라캉이 '남성성'과 '여성성'으로 일컫는 것이다. 이들 두 가지 실패 형식은 결국 욕망과 주이상스의 매우 다른 두 가지 구조를 생성한다. 달리 서술하면, 어떤 주체가 '남성성' 주체 혹은 '여성성' 주체 중 하나로서 조직되는 방식에 따라서 그 주체가 얻을 수 있는 주이상스의 형태가 다를 것이다. 라캉 이론에서 '주이상스'라는 용어는 대단히 다의적이지만, 성별화 그래프의 틀 안에서는 주이상스가 어떤 주체에 개방된 그런 종류의 향락으로 여겨질 수 있다. 더 정확히 서술하면, 그 두 그래프는 우리의 주이상스가 부족하거나 결핍되는 이유를 우리가 상징적 질서 속에 얽히게 되는 결과로 설명한다. 브루스 핑크가 진술하는 대로, "우리는 삶 속에서 자신이 얻을 수 있는 쾌락이 부적절하다고 깨달으며, 그리고 바로 그런 부적절성으로 인해 우리는 지식의 체계들을 상세히 설명한다. 어쩌면 그것은, 무엇보다도, 우리의 쾌락이 부적절한 이유를 설명한 다음에 그렇게 되지 않도록 상황을 바꿀 방법을 제안하기 위함일 것이다."[3]

라캉의 틀 안에서, 이런 주이상스의 결핍은 우연적인 것이 아니라 오히려 구조적인 것이다. 다시 말해서, 우리의 주이상스 결핍은 우리가 적절한 대상을 찾아낼 수 있기만 하다면 완전한 향락을 경험할 그런 식으로 우연적인 결여에서 생겨나는 것이 아니라, 오히려 우리가 언어 또는 상징적 질서에 얽혀 있는 방식의 구조적인 특질이다. 완전한 주이상스의 이런 구조적 불가능성으로 인해 결국 주이상스가 결여된 이유뿐만 아니라 이런 결여가 극복될 수 있을 방법도 설명하기 위한 환상이 생성된다. 예를 들면, 인종차별주의자는 흔히 다른 집단들의 상상된 주이상스에 특히 주목함으로써 이들 집단이 자신보다 더 큰 주이상스를 누리고 있다고 믿을 뿐만 아니라 어쩌면 이들 집단이 자신의 주이상스를 훔쳐 갔을 것이라고 믿는다. 인종차별주의자는 상대 집단이 얼마나 게으른지, 그 집단이 어떻게 정부로부터 불로소득을 얻는지, 그 집단이 얼마나 난잡한지, 그 집단이 도덕적 가치를 얼마나 결여하고 있는지 등에 관해 끊임없이 이야기할 것이다. 인종차별주의자는 그런 환상에 근거하여 도난당한 주이상스를 돌려받기 위해 다른 집단에 맞서는 조치를 실행할 온갖 종류의 방법을 상상할 것이다. 그런 메커니즘이 여성 혐오증과 동성애 공포증에서도 작동함을 식별하기는 어렵지 않다. 이런 종류의 주이상스의 비극은 이중적이다. 한편으로, 이들 어두운 환상으로 인해 누군가가 어떤 다른 집단이 훔쳐 갔다고 믿고 있는 상상된 주이상스에 근거하여 그 집단을 박해하는 사태가 초래된다. 그러므로 잃어버리고 도난당한 것으로 추정되는 주이상스을 추구함으로써 사회적 장은 갈등으로 채워지게 된다. 다른 한편으로, 총체적 주이상스가 존재한다는 믿음, 완전한 주이상스를

---

3. 같은 책, 155.

획득할 수 있다는 믿음으로 인해 현실적으로 얻을 수 있는 주이상스를 향유하기가 더욱더 어렵게 되는 이유는 그것이 언제나 상상된 주이상스보다 부족하기 때문이다. 그리하여 그 주체는 삶을 차가운 재로 변환하는 총체적 주이상스의 환상에 시달린다. 그 주체는 다른 집단들이 향유하고 있다고 믿고 있는 주이상스에 대한 선망과 자신의 삶 속에 주이상스가 부재함에 대한 쓰라린 고통으로 망가짐으로써 아무것도 향유할 수 없게 된다.

우리가 상징적 질서를 총체화하려고 시도할 때 생겨나는 구조적 교착 상태를 예시하기 위해 라캉은 기호논리학의 자원에 의지한다.[4]

$$
\begin{array}{cc|cc}
\exists x & \overline{\Phi x} & \overline{\exists} x & \overline{\Phi x} \\
\hline
\forall x & \Phi x & \overline{\forall x} & \Phi x \\
\hline
& S & & S(\text{Ⱥ}) \\
& & a & \L{a} \\
& \Phi & &
\end{array}
$$

위 그래프의 위쪽 부분은 상징계에 존재하는 구조적 교착 상태들을 가리키는 방정식들로 채워져 있다. 왼쪽은 남성성 쪽이고, 오른쪽은 여성성 쪽이다. 이것들은 각각 예외의 논리와 '비-전체'의 논리를 가리킨다. 이 그래프의 아래쪽에 나타나는 기호들은 주체가 그래프의 왼쪽 혹은 오른쪽에 속하는지에 따라 얻을 수 있는 주이상스의 종류들을 가리킨다. 기호논리학에서 '∃'는 '존재 양화사'로 알려져 있다. 존재 양화사는 '어떤', '많은', '하나의' 등과 같은 부분 집단을 가리킨다.

---

4. Lacan, *Encore*, 78.

그러므로 기호논리학에서, 예를 들면, '어떤 고양이는 검다'라는 명제는 $\exists xCx \& Bx$로 표현될 수 있다. 일상 언어로 다시 번역되면 이것은 다음과 같이 서술될 것이다. "고양이이면서 검은 존재자가 적어도 하나는 존재한다." 그러므로 대문자는 어떤 주체나 존재자를 수식하는 술어이고, 소문자는 변항이다. 비슷하게, 기호논리학에서 기호 'V'는 '보편 양화사'로 알려져 있는 것이다. 보편 양화사는 '모든' 그리고 '임의의' 같은 표현을 가리킨다. 그러므로 '모든 인간은 죽는다'라는 명제는 $VxHx \rightarrow Mx$라는 기호논리학적 표현으로 번역될 것이다. 일상 언어로 번역되면 이것은 다음과 같이 서술될 것이다. "모든 존재자에 대해, x가 인간이라면 x는 죽는다." 그러므로 화살표는 조건문, 즉 '만약/그러면' 문장으로 읽힌다. 마지막으로, 라캉의 그래프의 위쪽 부분에 있는 몇몇 표현 위에 줄이 표시되어 있음을 인식하자. 이 줄은 부정을 나타낸다. 이어지는 글에서 나는 '~'라는 기호를 사용하여 부정을 나타낼 것이다.

라캉의 성별화 그래프의 위쪽 부분에 자리하고 있는 네 가지 명제 모두에서 기호 'Φ'가 'x'를 수식하는 술어로서 나타나고 있음을 인식하자. 이 그래프의 위쪽 부분의 틀 안에서 기호 Φ는 남근 함수를 가리킨다. 라캉의 많은 수학소와 마찬가지로, Φ는 그것이 나타나는 맥락에 따라 대단히 다의적이다. 현재의 맥락 속에서, Φ는 남근을 가리키지 않는데 — 적어도 이 그래프의 위쪽 부분에서는 그렇다 — 더군다나 남성의 성기를 가리킬 리가 만무하다. 오히려 Φ는 거세, 우리의 언어에의 구속, 혹은 우리의 법에의 구속을 가리킨다. 다시 말해서, Φ는 우리가 언어를 통해서 주이상스를 추구해야 하기에 어쩔 수 없이 주이상스에 대한 사전 제약이나 제한을 맞닥뜨리는 방식을 가리킨다.

이제 우리는 라캉의 성별화 그래프의 위쪽 부분에 있는 명제를 독해할 국면에 이르게 되었다. 여기서 위 명제와 아래 명제는 함께 혹은 서로 관련되어 일종의 교착 상태나 모순을 구현하는 것으로 해석될 수 있다. 그러므로 왼쪽 또는 남성성 쪽에서 위 명제는 $\exists x \sim \Phi x$로 쓰여 있고, 아래 명제는 $\forall x \Phi x$로 쓰여 있다. 일상 언어로 번역하면, 첫 번째 명제는 '남근 함수에 구속되지 않는 존재자가 적어도 하나는 존재한다'라고 읽히고, 두 번째 명제는 '모든 존재자에 대해, x는 남근 함수에 구속되어 있다'라고 읽힌다. 함께 읽으면, 이들 두 명제에서 구현된 교착 상태 혹은 모순은 남근 함수에 구속되어 있음으로써 모든 주이상스가 불완전한 존재자로서의 어떤 주체가 품은, 완전한 향락이 가능하다는 환상으로 인한 모순이다.

이들 공식에서 제시된 라캉의 추상화의 큰 이점 중 하나는 그 덕분에 우리가 매우 다양한 영역에서 공통 구조를 식별할 수 있게 된다는 것이다. 라캉의 몇 가지 기호에 힘입어 우리는 오이디푸스 콤플렉스와 『토템과 터부』에서 언급된 원부 신화의 기본 구조를 식별할 수 있게 될 뿐만 아니라, 그 구조가 군주와 신민들, 신과 피조물들, 데카르트적 주체와 여타 객체, 유명인과 팬들 사이에서 이루어지는 기본 관계를 부각하는 것으로도 여길 수 있다. 이들 사례에서는 각각 지식, 권력, 혹은 향락이 부족한 다수의 주체나 존재자와 맞물려서 완전한 지식을 갖추고 있거나, 완전한 권력을 지니고 있거나, 혹은 완전한 향락을 누리는 한 주체에 대한 환상이 나타난다. 예를 들면, 원부의 경우에는 자신의 주이상스에 대한 어떤 제한도 없는 한 존재자가 있다. 그는 부족의 모든 여자를 소유할 뿐만 아니라, 자신의 어머니와 딸들과의 근친상간도 향유할 수 있다. 비슷하게, 오이디푸스의 경우에는 그 주체가 근친상간 금기에서 자신의 향락에 대한 제한을 맞닥뜨린다. 마찬가지로, 『정치적인 것의 개념』에서 슈미트의 군주는 기묘한 예외적 지위를 누리는데, 그 군주는 법 위에 그리고 법 바깥에 있으면서 절대 권력을 누리는 동시에 법의 기원이기도 하다(거세/제한).[5] 그러므로 여기서 우리가 얻게 되는 것은 예외에 의해 규정되는 보편성의 논리다. 보편적인 것이 법의 형식으로 정립되려면, 법의 경계가 정립되거나 정초될 수 있게 하는 유령 같은 환영적 예외자가 있어야 한다. 주권자는 정말로 절대 권력을 갖출 필요가 없고, 원부 역시 정말로 존재했어야 할 필요가 없다. 여기서 필요한 것은 주이상스의 실패에 대한 그런 예외자가 존재한다는 무의식적인 믿음뿐이다. 이런 모형 아래서는 상징적 질서를 총체화하는 것이 불가능하다고 판명되는데, 왜냐하면 기표는 언제나 실정적 항들 없이 변별적으로 구성되는 반면에 그런 총체화는 그 질서 바깥의 불가능한 예외를 언제나 요구하기 때문이다.

성별화 그래프의 여성성 쪽에서는 예외의 논리가 아니라 '비-전체'의 논리가 나타난다. 성별화 그래프에서 여성성 쪽의 위 명제는 $\sim\exists x \sim \Phi x$로 쓰여 있고, 아래 명제는 $\sim \forall x \Phi x$로 쓰여 있다. 일상 언어로 번역하면, 첫 번째 명제는 '남근 함수에 구속되지 않는 존재자가 전혀 존재하지 않는다'라고 읽힌다. 반면에, 두 번째 명제는 '모든 x가 남근 함수에 구속되는 것은 아니다'라고 읽힌다. 다시 말해서, 여성성 쪽에서는 무언가가 언어의 법, 거세, 혹은 남근 함수에서 벗어난다. 남성성 쪽에서는 어떤 예외자를 통해서 보편적인 것(법의 보편성)이 구성되는 반면에, 여성성 쪽에서는 어떤 예외자도 나타나지 않고 어떤 보편성도 나타나지 않는다. 여기서 나타나는 것은 보편성보다 오히려 '비-

---

5. Carl Schmitt, *The Concept of the Political*, trans. George Schwab (Chicago : University of Chicago Press, 1996). [카를 슈미트, 『정치적인 것의 개념』, 김효전·정태호 옮김, 살림, 2012.]

전체' 혹은 '비–전부'다. 이로부터 두 가지 결과가 도출된다. 첫째, 여성성 구조 내에서는 어떤 구성적 예외자도 존재하지 않는 한에 있어서 이 구조는 내재성의 견지에서 서술될 수 있다. 남성성 구조는 이런저런 식으로 세계 혹은 법 바깥의 어떤 초월적 항을 전제로 하는 반면에, 여성성 구조의 장 안에서는 초월적 외부나 예외가 전혀 없는 평평한 평면이 나타날 따름이다.

둘째, 구성적 예외자가 부재한 상황으로 인해 그 여자는 존재하지 않는다는, 혹독한 비난을 받고 오해를 받는 라캉의 주장이 초래된다.[6] 여기서 우리는 라캉의 표현에서 명시된 정관사의 역할에 주의를 기울여야 한다. 라캉의 논제는, 어떤 종류가 현존하거나 보편적인 것으로서 구성되려면 그 규칙을 규정하는 한 예외자가 있어야 한다는 것이다. 라캉에 따르면, 우리는 남성이 무엇인지 말할 수 있는데, 그 이유는 모든 남자가 남근 함수에 의해 규정되는 법에 종속되거나 거세당하는 공통 특질을 공유하고 있기 때문이다. 이 법은 그 법이 정해질 수 있게 하는 구성적 예외자에 의해 보증된다. 성별화의 여성성 쪽에는 유사한 사례가 존재하지 않고, 그리하여 여성이라는 보편적 종류를 구성하는 일은 불가능하다, 이 논점의 요지는, 여자들이 존재하지 않는다는 것이 아니라 오히려 그 여자, 즉 여성이 잘 규정된 닫힌 종류를 구성하지 않는다는 것이다. 더 명확히 서술하면, 여자들은 특이한 것들, 개별적인 것들, 상이한 것들의 집합에 속한다. 여자들은 어떤 보편적 정체성을 규정하는 공통 술어 또는 포괄적 술어가 전혀 없는 열린 집합을 형성함으로써 본질이나 정체성에 대한 모든 권리의 기반을 약화한다.

---

6. Lacan, *Encore*, 72.

성별화 그래프의 양쪽 모두에서 나타나는 총체화의 실패에 대응하여 이 실패를 보완하고 극복하려는 시도로서 여러 형식의 주이상스가 제시된다. 남성성 쪽에서는 대상 a에 대한 수학소 a로 향하는, 빗금이 쳐진 주체에 대한 기호 $\mathbb{S}$가 보인다. 성별화 그래프의 남성성 쪽에서 나타나는 주이상스의 형식 역시 환상에 대한 라캉 공식의 구조─$(\mathbb{S} \langle \rangle a)$, '빗금이 쳐진 주체는 대상 a에 구멍을 낸다'라고 읽힌다─를 갖는다는 점이 인식될 것이다. 4장에서 우리는 이미 대상 a가 주체가 언어를 사용하는 결과로서 산출되는 잔류물임을 깨달았다. 그리하여 대상 a는 경험적 객체나 현존하는 객체가 아니라 일종의 잔류물, 잉여물, 즉 상징계에 통합될 수 없는 것을 나타내는 환원 불가능한 부분이다. 라캉은 대상 a를 욕망의 대상이 아니라 욕망의 욕망─원인으로 일컫는다. 대상 a는 남성성 주체가 애초에 자신이 결코 지니고 있지 않았던 잃어버린 대상을 추구하도록 영원히 재촉한다. 그런데 환상의 틀 안에서, 대상 a는 욕망의 대상이 아니라 욕망의 원인인 한편으로, 다양한 객체가 대상 a에 대한 대용물이나 대역으로서 기능하게 된다. 무의식적인 환상의 영역 안에서 이들 대용물은, 그것이 파괴되거나 얻어지게 되면 해당 주체가 완성됨으로써 그 주체가 자신의 존재를 특징짓는 결여를 극복할 수 있게 할 것으로 여겨진다. 이렇게 해서 모든 환상은 뫼비우스의 띠처럼 조직된 이중적인 것으로 결여를 극복하기 위해 획득되어야만 하는 것에 대한 가설과 더불어 주체를 완성할 대상의 상실을 초래한 것에 대한 가설을 포함한다. 예를 들면, 반유대주의자는 유대인이 자신의 경제적 고통에 대한 책임이 있으며 돈이 자신이 추구하는 만족을 제공할 것이라고 믿는다. 총체적 주이상스의 가능성에 대한 이런 믿음은 성별화 그래프의 남성성 쪽의 위쪽 명제 $\exists x \sim \Phi x$, 즉 거세되지 않은 어떤 주체가 존재하거나 아니면 존재할 수 있다는 무의식적인 믿음에서 생겨난다.

라캉은 남근적 주이상스, 즉 대상 a에서 나타나는 그런 종류의 주이상스를 종종 유예된 주이상스라고 일컫는다. 브루스 핑크가 서술하는 대로, "라캉은 남근적 주이상스를 기관 쾌락, 생식기의 쾌락⋯과 연관시키는데, 여기서 착상은 누구나 다른 종류의 쾌락을 얻으려면 기관 쾌락을 끝없이 유예하거나 전적으로 포기해야 한다는 것이다."[7] 이런 유예에 대한 부분적 이유는, 주체가 대상 a의 가상과 실제로 재통합할 수 있다면 그는 대상 a의 가상이 '그것'이 아님을 깨달을 것이기 때문이다. 그러므로 라캉은, 예를 들면, 남성성 성별화와 연관되는 강박증자는 도달할 수 없는 욕망에 대한 욕망을 지니고 있다고 주장한다.[8] 그리하여 남성성 주체는 도달할 수 없는 어떤 욕망을 중심으로 조직되는 환상 구조를 통해서 자신의 욕망을 지속할 수 있으며 모자라는 주이상스에 대한 실망감에 맞서 보호할 수 있다.

여러 가지 점에서 남성성 주이상스는 유아론적이고 자위적인 것으로 서술될 수 있다. 『앙코르』에서 라캉은 성관계는 없다고 주장한 것으로 악명 높다.[9] 본인이 생물학적으로 남성이든 여성이든 간에 그리고 그 파트너가 남성이든 여성이든 간에, 남성으로 성별화된 주체의 경우에 우리는 사정이 어째서 이런지 이해할 수 있다. 남성으로 성별화된 주체는 주체로서의 자신의 파트너와 관계를 맺는 것이 아니라 오히려 대상 a와 관계를 맺는다. 4장에서 전개된 라캉주의 임상학에 관한 논의로 돌아가면, 남성으로 성별화된 주체는 대타자로서의

7. Fink, *Lacan to the Letter*, 161.

8. Bruce Fink, *A Clinical Introduction to Lacanian Psychoanalysis* (Cambridge : Harvard University Press, 1997), 51. [브루스 핑크, 『라캉과 정신의학』, 맹정현 옮김, 민음사, 2002.]

9. Lacan, *Encore*, 12.

주체, 자기생산적으로 닫혀 있는 것으로서의 주체를 환원하거나 폐기하려고 시도함으로써 단지 대타자의 욕망 및 대상 a와 관계를 맺을 따름이다. 나는 이런 식으로 대타자 및 세계와 관계를 맺는 태도를 '말코비치주의'라고 일컫는다. 스파이크 존즈 감독의 〈존 말코비치 되기〉라는 영화에서는 존 말코비치의 마음에 들어가서 존 말코비치의 입장에서 경험하는 것이 어떠한 것인지 십오 분 동안 체험할 수 있게 하는 어떤 사무실용 건물의 통로에 관한 이상한 이야기가 펼쳐진다. 그 영화의 어느 장면에서 존 말코비치는 무슨 일이 진행되고 있는지 알아차리게 되고 몸소 그 통로를 지나간다. 말코비치가 그 터널을 지나면서 자신의 경험을 체험할 때, 그는 일상 언어를 말하지 않고 끊임없이 "말코비치! 말코비치! 말코비치!"라고 자신의 이름을 반복하여 부르는, 남성이든 여성이든 간에, 여타의 사람을 자신의 머리로 바라보는 괴로운 경험을 겪는다. 요약하면, 말코비치는 자신의 나르시시즘과 주이상스의 남근적 경제를 직면할 수밖에 없게 된다. 여기서 우리가 맞닥뜨리는 것은 가장 순수한 형태의 상관주의다. 상관주의적 사유 틀 안에서는 세계가 단지 우리의 의도와 의미, 기호, 서사, 담론을 반영할 따름인 수동적 영사막으로 환원된다. 주이상스의 남성성 경제 안에서는 누구나 파트너와 관계를 맺는 것이 아니라, 주체를 생성하는 기묘한 끌개처럼 작용하는 지적의 까다로운 객체와 관계를 맺는다. 이와 관련하여, 라캉은 남성성 주이상스가 '동성애적인' 것이라는 농담을 한다. 여기서 라캉은 프랑스어 'homme', 즉 '남성'과 '동성애'homosexuality에 대한 말장난을 하고 있다. 그의 논점은 모든 남자가 동성애자라는 것이 아니라, 오히려 남성으로 성별화된 주체가 같음이나 동일성을 욕망하기에 욕망에서 맞닥뜨리는 이질성을 축출하려고 애쓴다는 것이다. 라캉의 논점은 남자가 오로지 다른 남자를 욕망한다는 것이 아니라, 오히려 남성성 욕망이 대상 a 또는 물신적 객체의 형태로 같음을 욕망한다는 것이다.

성별화 그래프의 여성성 쪽에서는 매우 다른 형태의 주이상스를 맞닥뜨리게 된다. 한편으로, 남성성 성별화의 사례에서 그런 것처럼 하나의 화살표가 보이는 것이 아니라, 오히려 두 개의 화살표가 보인다. 다른 한편으로, 빗금이 쳐진 주체 S가 보이는 것이 아니라 오히려 빗금이 쳐진 'La'가 보이는데, La는 단일한 범주나 정체성 아래서 총체화될 수 없는 부재의 여자를 가리킨다. 성별화 그래프의 여성성 쪽의 더 아랫부분에서는 Φ로 향하는 화살표가 하나 보인다. 여기서 우리는 라캉의 수학소들의 다의성을 맞닥뜨린다. 이런 맥락에서, Φ는 남근 함수나 거세를 나타내는 것이 아니라 오히려 권력, 효능, 혹은 주인을 나타내는 것처럼 보인다. 여기서 라캉의 얼마간 성차별적인 논제는, 생물학적으로 남성이든 여성이든 간에, 여성으로 성별화된 주체는 Φ를 구현하는 어떤 파트너와 동일시함으로써 주이상스를 얻을 수 있다는 것처럼 보인다. 그런 주체는 정치적 권력, 지식, 명성, 특권, 체력, 기술 등을 보유하고 있는 누군가일 것이다. 그러므로 그 논제는, 여성으로 성별화된 객체는 상징계 안에서 자신의 정체성을 규정하거나 고정하기 위한 기표를 전혀 찾아낼 수 없기에 자신에게 정체성을 부여하려고 Φ와 동일시한다는 착상일 것이다. La는 언어가 자신을 완성하거나 총체화할 수 없는 무능력을 나타내고, 따라서 상징계 안에서 일정하거나 안정한 정체성을 산출할 수 없는 무능력을 나타내는 반면에, Φ는 일정하거나 안정한 정체성에 대한 착각을 만들어낸다. 이렇게 해서, 여성으로 성별화된 주체가 자신의 파트너와 주체가 아니라 Φ의 가상으로서 관계를 맺는 한, 우리는 여성성 성별화의 견지에서 성관계의 불가능성을 이해할 수 있다.

*La*가 Φ와 관련이 있다는 독법은 라캉이 여성성과 연관시키는 히스테리에 관한 담론의 결과로 권고되는 것처럼 보인다. 라캉의 히스테리 담론에서는 빗금이 쳐진 주체가 주인 혹은 주인-기표에 발언하면서 자신이 무엇인지 말하라고 요구한다.

$$\uparrow \frac{\mathcal{S}}{a} \quad \rightarrow \quad \frac{S_1}{S_2} \downarrow$$

히스테리 담론에서는 주체가 자기 분열의 견지에서 대타자나 주인에게 말을 건넨다. 이런 분열은 상징계 안에서 주체에 그 정체성을 고정하거나 지칭할 기표를 제공할 수 없는 상징적인 것 또는 언어의 무능력에서 비롯된다. 요약하면, 히스테리적 주체는 타자에게 다가가서 그에게 자신이 무엇인지 말하라고 요구한다. 주체에 근거를 부여할 기표를 제공할 수 없는 언어의 무능력은 언어 자체의 본질에서 생겨난다. 『환상의 논리』에서 라캉이 진술하는 대로, "각각의 모든 기표가 자신을 나타낼 수 없는 것은 기표의 본성과 관련되어 있다."[10] 기표가 자신을 나타낼 수 없는 한, 의미작용의 효과를 산출하려면 언제나 또 다른 기표가 필요하다. 이렇게 해서 기표들은 자신을 포함하지 않는 집합의 구조를 갖추며, 라캉은 망설임이 없이 자신을 포함하지 않는 모든 집합의 집합이 있을 수 없는 사실과 관련된 러셀의 역설과 비교한다. 이런 비교의 최종 결과는 '담론의 우주' 혹은 언어의 총체성이 존재할 수 없다는 것인데, 그 이유는 그것이 내부로부터의 역설에 언제나 시달릴 것이기 때문이다.[11] 그리하여 주체의 정체성을 정초할 수

---

10. Jacques Lacan, *The Seminar of Jacques Lacan : The Logic of Fantasy (1966-1967) : Seminar XIV*, trans. Cormac Gallagher (Unpublished), lesson of 16, November 1966.

있는 안정한 기표는 전혀 있을 수가 없는데, 그 이유는 각각의 기표가 완결될 가능성이 전혀 없이 또 다른 기표를 반드시 참조할 것이기 때문이다. 주체의 분열된 구조를 설명하는 것은 바로 이런 언어의 구조다. 더욱이, 히스테리 담론에서 제시된 진실의 자리에서, 우리는 언어 안에서 언제나 빠져 있는 잔류물로서의 대상 a를 맞닥뜨린다. 주체를 그야말로 재촉하는 것은 바로 이 잔류물인데, 그리하여 주체는 정체성을 정초할 기표를 영원히 탐색하면서 더 나아가 자신의 언설을 통해서 스스로 소외된다. 이런 담론의 산물은 히스테리적 주체의 요구로 인한 결과로서 산출되는 지식 S_2임을 인식하자. 사실상 라캉은 히스테리적 주체의 담론이 지식을 생산하는 유일한 담론이라고 주장한다. 이렇게 해서 우리는 히스테리적 주체가 말을 건네는 주인 S_1과 Φ를 동등한 것으로 여길 수 있다.

여기서 강조할 만한 두 가지 논점이 있다. 주의 깊은 독자는 내가 히스테리적 주체를 남성성 견지에서 언급하였음을 인식했었을 것이다. 첫째, 라캉은 히스테리를 여성성과 연관시키지만, 분석을 겪는 신경증적 주체는 히스테리 담론으로 진입해야 하거나 '대타자에게 내가 무엇인가?'라는 물음을 제시하기 시작해야 한다. 그런데 둘째, 그리고 더 근본적으로, 라캉과 프로이트는 둘 다 주체가 본원적으로는 히스테리적 주체라고 주장한다. 지젝이 서술하는 대로, "주체 자체의 상태는 히스테리적이다. 주체는 자기 안의 대상에 대한 자신의 분열, 분할을 통해서 구성되는데, 이런 대상, 이런 외상적 핵심은 우리가 이미 '죽음 충동'이라고 이름 붙인, 외상적 불균형, 뿌리 뽑힘의 차원이다."[12]

---

11. 같은 책.
12. Žižek, *The Sublime Object of Ideology*, 181. [지젝, 『이데올로기의 숭고한 대상』.]

주체가 본원적으로 히스테리적이라면, 그 이유는 남성성 및 여성성의 신경증적 주체들이 모두 언어에서 동일한 소외를 겪기에 자신을 총체화하거나 완결할 수 없는 무능력과 관련된 언어의 역설적 구조와 동일한 구조를 맞닥뜨리기 때문이다. 이런 취지에서 지젝은 계속해서 다음과 같이 진술한다.

> 히스테리와 강박 신경증은 어떤 중립적·보편적 유(類)로서의 신경증에 속하는 두 가지의 종이 아니다. 그들의 관계는 변증법적인 것인데, 강박 신경증이 일종의 '히스테리의 방언'이라고 지적한 사람은 프로이트 자신이었다. 신경증적 입장을 근본적으로 규정하는 것으로서의 히스테리는 두 가지의 종, 즉 강박적 신경증 및 독자적인 종으로서의 그 자신을 포함하고 있다.[13]

본원적으로, 가장 근본적인 층위에서 주체는 강박 신경증이 히스테리의 아종이 되는 그런 구조에 있어서 히스테리적이다.

이 소견의 중요성은 과소평가되지 말아야 한다. 주체성이 본원적으로 히스테리적임이 참이라면, 강박 신경증이 히스테리의 아종임이 참이라면, 그리고 히스테리가 여성성 성별화와 연관되어 있고 강박 신경증이 남성성 성별화와 연관되어 있음이 참이라면, 우리는 서양 역사의 전체를 통해서 이루어진 여성에 대한 근본적인 규정을 반전시킬 수 있음을 깨닫게 된다. 일반적으로 여성은 분장, 기만, 가상, 비정합성 등으로 특징지어진다고 한다. 그런데 앞서 논의된 바의 견지에서 살펴보면, 위장, 가상, 분장은 사실상 남성성인 것처럼 보일 것이다. 그

---

13. 같은 책, 191. [같은 책.]

리고 실제로 이것은 라캉의 주인 담론에서 분명히 볼 수 있다.

$$\uparrow \frac{S_1}{S} \quad \rightarrow \quad \frac{S_2}{a} \downarrow$$

라캉은 주인 담론을 강박 신경증과 연관시키고 그리하여 남성성 성별화와 연관시킨다. 주인 담론의 좌측 하단에 자리하는 진실의 위치에는 히스테리적 주체에 지나지 않는, 빗금이 쳐진 주체 S가 보인다. 그 결과, 좌측 상단에 있는 행위자의 위치에 보이는 주인-기표는 위장, 가상, 혹은 허구임이 틀림없다. 그러므로 앞서 논의된 바에 힘입어 우리가 주장할 수 있게 되는 것은, 성별화 그래프의 여성성 쪽은 진실의 구조인 반면에 성별화 그래프의 남성성 쪽은 가상의 측면이라는 점이다. 게다가 이제 우리는, 남성성 성별화가 예외의 논리를 통해서 달성하려는 총체화는 존재의 구성적 분열을 삭제하거나 은폐하고자 하는 가상이라고 말할 수 있다.

성별화 그래프의 여성성 쪽에 보이는 두 번째 화살은 Φ로 향하는 것이 아니라 오히려 S(Ⱥ)로 향한다. S(Ⱥ)는 라캉이 '다른 주이상스'라고 일컫는 것을 가리키는데, 이것은 라캉이 신비주의자의 경험과 연관시키는, 상징계 바깥에 있는 주이상스의 일종이다.[14] 모든 여자가 남근 함수에 구속되는 것은 아니기에, 생물학적으로 남성이든 여성이든 간에, 여성으로 성별화된 주체는 상징계 바깥의 주이상스를 향유할 수 있다. 남성으로 성별화된 주체는 '동성애적'이라는 라캉의 논제를 떠올리면, 우리는 다른 주이상스의 견지에서 여성으로 성별화된 주체 S(Ⱥ)가 진정한 '이異성애자'라고 말할 수 있을 것이다. 여기서 이

---

14. Lacan, *Encore*, 74~6.

성애자의 '이'라는 접두어는, 여자는 오직 남자를 원할 뿐이라고 주장하는 것으로 해석되지 말아야 하고 오히려 여성성 섹슈얼리티는, 상대방 주체가 생물학적으로 남성이든 여성이든지에 무관하게, 대타자로서의 대타자 또는 타자성을 욕망할 수 있는 그런 식으로 조직되어 있다고 주장하는 것으로 해석되어야 한다.

이처럼 우회하여 욕망과 주이상스의 견지에서 라캉의 성별화 그래프를 검토한 나는 이제 이들 성별화 구조가 평평한 존재론과 어떻게 관련되는지에 관한 물음을 다루겠다. 라캉의 성별화 그래프가 생물학적 성 혹은 젠더와 명료하거나 분명한 연관 관계가 전혀 없다는 점은 이미 이해되었다. 생물학적으로 여성인 주체가 남성성 쪽에 자리할 수 있는 것과 꼭 마찬가지로, 생물학적으로 남성인 주체는 여성성 쪽에 자리할 수 있다. 게다가, 구조로서의 성별화 그래프가 매우 다양한 공식을 나타낼 수 있다는 점도 이해되었다. 마찬가지로 라캉의 성별화 그래프는 총체화의 실패를 나타낸다는 점도 이해되었다. 마지막으로, 성별화 그래프의 남성성 쪽은 가상을 가리키는 반면에, 성별화 그래프의 여성성 쪽은 진실을 가리킨다는 점이 이해되었다.

나는 성별화, 욕망, 그리고 주이상스에 의거하여 라캉의 그래프를 해석하는 작업을 배제하지 않으면서 이들 그래프를 존재론적 담론의 견지에서, 특히 물러서 있음의 견지에서 해석하고자 한다. 이런 독법은 어떤 논증 효력이나 증명 효력을 갖고자 고안된 것이 아니라, 오히려 존재자론과 객체지향 철학의 담론이 여타 존재론적 담론과 어떻게 다른지 개관하고자 고안된 것이다. 게다가, 바라건대, 이처럼 성별화 그래프에 의거하여 존재자론을 다룸으로써 우리가 평평한 존재론에 수반되는 것을 더 분명히 이해하게 될 것이다. 이런 독법 아래서 남근 함수 Φ는 남근 함수나 거세로 더는 여겨지는 것이 아니라, 오히려 물러서 있음이라는 존재론적 함수로 여겨진다. 앞서 우리는 객체들이 구성적으로 서로 물러서 있는 방식을 이미 이해했다. 이런 물러서 있음은 두 가지 형태를 취한다. 한편으로, 객체는 자신의 모든 국소적 표현을 언제나 넘어선다는 점에서 물러서 있다. 객체는 자신의 모든 국소적 표현으로 절대 망라되지 않는 잠재적 영역을 언제나 지니고 있다. 다른 한편으로, 객체는 다른 객체들에 의해 직접 교란되거나 '자극되는' 일이 결코 없고 오히려 자신의 고유한 내부구조, 조직, 혹은 구분에 따라 교란을 정보로 언제나 번역한다는 점에서 물러서 있다. Φ는 이처럼 객체들이 구성적으로 물러서 있는 상황을 가리킨다.

이렇게 해서 라캉의 성별화 그래프의 양쪽은 다양한 존재론적 담론이 객체 내부의 이런 물러서 있음의 차원을 다루거나 처리하는 방식을 가리킨다. 이제 나는 이들 구조를 '남성성' 구조와 '여성성' 구조로 일컫기보다는 오히려 라캉의 그래프의 양쪽을 각각 현전의 존재론과 물러서 있음의 존재론으로 일컬을 것이다. 비슷하게, 현전의 존재론은 초월성의 존재론으로 일컬어질 수 있는 반면에, 물러서 있음의 존재론은 내재성의 존재론으로 일컬어질 수 있다. 초월성의 존재론은 어떤 존재자나 항이 세계와 별도로 존재하기에 물러서 있음을 면제받는 존재론을 가리킨다. 그런 존재론은 앞서 개관된 예외의 논리를 중심으로 조직된다. 이와는 대조적으로, 내재성의 존재론은 그런 항을 전혀 용납하지 않으면서 존재 전체가 모든 존재자가 물러서 있음에 구속된 단일한 평면으로 이루어져 있다고 여긴다. 존재론이 취하는 두 가지 형태는 모두 물러서 있음과 관련되어 있지만 매우 다른 방식으로 그러하다.

초월성의 존재론 쪽에서는 $\exists x \sim \Phi x$와 $\forall x \Phi x$라는 명제를 맞닥뜨리게 된다. 여기서 첫 번째 명제는 이렇게 읽힌다. '물러서 있지 않은 존재자가 적어도 하나는 존재한다.' 이제 두 번째 명제는 이렇게 읽힌다. '모든 존재자에 대해, 이들 존재자는 물러서 있다.' 이 공식이 추상적인 한, 그 덕분에 우리가 현전의 철학 혹은 존재신학의 핵심 가설을 포착할 수 있게 된다고 나는 믿고 있다. 한편으로, 우리가 존재신학의 유일신을 언급하든 데카르트의 사상에 묻어 들어가 있는 철학의 전통적인 주체를 언급하든 간에, 우리는 자체적으로 물러서 있는 것이 아니라 그 자체에 전적으로 현시되는 항을 맞닥뜨린다. 흄의 마음이나 칸트의 경험 구조의 경우에도 사정은 마찬가지인데, 여기서 그들의 형이상학 비판은 그 자체에는 현시되지만 다른 객체들에는 직접 접근할 수 없는 어떤 형태의 의식 혹은 경험에 전제를 두고 있다. 흄은, 예를 들면, 인과관계와 역능은 마음에서 물러서 있지만 마음은 그 자체에 현시된다는 점에 근거하여, 원인과 결과의 관계는 마음에 의해 이루어진 연합이라고 주장하면서 인과성과 '감춰진 역능'이 객체에 내재한다는 관념에 대한 자신의 비판을 제기할 수 있다. 또한 칸트는, 마찬가지로, 객체들은 물러서 있지만 마음은 그 자체에 현시된다는 점에 근거하여, 실체는 현상을 산출하는 직관의 다양체에 마음이 부과한 범주라고 주장하면서 물자체는 알 수 없는 것이라는 주장도 제기할 수 있다. 언어적 전회의 영향을 받은 많은 철학 역시 이런 구조를 갖추고 있다. 여기서 언어는 현전하는 것으로 여겨지는 반면에 객체는 물러서 있다. 마지막으로, 신학의 경우에, 이런 틀 안에서 유일신은 전적으로 자기 현전적인 항으로 여겨지지만 유일신의 피조물들은 모두 유한하고 완벽하지 않으며 불완전한 것으로 여겨진다.

그러므로 온갖 형태의 현전과 초월성의 존재론에서 나타나는 것은 현전하는 것으로 여겨지는 항, 즉 물러서 있음의 함수에 구속되지 않는 것으로 여겨지는 항이다. 이런 구조의 결과로 인해 물러서 있음은 모든 객체의 본질적 특질로서 나타나기보다는 오히려 우유적인 것으로서 나타나게 된다. 물러서 있음은 존재의 구조적 특질로 여겨지기보다는 오히려 극복되어야 하는 것으로 여겨진다. 이렇게 해서 현전의 존재론에서는 대상 a의 함수를 맞닥뜨리게 된다. 대상 a는 완전한 현전을 벗어나는, 표상 내부의 잔류물 또는 찌꺼기다. 그런데 여기서 전제는, 이 잔류물이 존재 자체의 구성적 특질이 아니라 오히려 우리 표상들의 상대성으로 인한 우유적 특질이라는 것이다. 약간 달리 서술하면, 객체는 우리에-대해서 물러서 있는 것처럼 보이며 그 자체로 완전히 현전한다. 이런 점에서, 물러서 있음은 객체 자체의 구조적 특질이라기보다는 오히려 우리의 표상들이 세계에 접속하는 방식의 결과로서 산출되는 일종의 '광학적 효과'다. 흄의 존재론 같은 회의적인 형태들의 현전의 존재론에서도 사정은 마찬가지인데, 흄의 논제는 존재자가 자체적으로 물러서 있는 것이 아니라 오히려 우리가 스스로 존재자를 표상하는 방식으로 인해 존재자에 직접 접근할 수 없다는 것이다.

초월성의 존재론에 관한 이런 논의는 인식론적 실재론과 존재론적 실재론을 구별할 기회를 나에게 제공하는데, 여기서 존재론적 실재론이 존재자론과 객체지향 철학에 의해 옹호된다. 존재자론과 객체지향 철학이 옹호하는 존재론적 실재론을 인식론적 실재론과 혼동하는 것은 유해할 수밖에 없는데, 그 이유는 이들 두 형태의 실재론이 전적으로 다른 목록에 속하기 때문이다. 인식론적 실재론은 객체나 세계를 어떤 적절한 표상으로 현시하고자 하는 현전의 존재론의 일종이다. 인식론적 실재론의 관심은 세계와 객체를 있는 그대로 표상하고 참된 표상과 환영, 미신을 구분하는 것이다. 그리하여 인식론적 실재론은 객체의 물러서 있음을 적절한 형태의 탐구를 통해서 원칙적으로 극복될 수 있는 우유적인 것으로 여긴다. 바로 이런 이유로 인해 인식론적 실재론은 현전의 존재론 혹은 존재신학의 영역에 머무르게 된다.

이와는 대조적으로, 존재자론과 객체지향 철학이 옹호하는 존재론적 실재론은 그레이엄 하먼이 기이한 실재론이라고 일컬은 것이다.[15] 객체지향 철학과 존재자론이 옹호하는 실재론은 인식론적 논제가 아니라 존재론적 논제다. 이 실재론은 우리가 사물을 어떻게 아는지에 관한 논제가 아니라 오히려 사물이 어떻게 있는지에 관한 논제다. 한편으로, 존재자론은 존재자를 다른 존재자에 의한 구성물로 환원하기를 거부한다. 모든 존재자가 자신이 관계를 맺는 다른 존재자를 번역함은 확실하지만, 이런 번역은 번역되는 존재자와 엄격히 구분되어야 한다. 이렇게 해서 모든 존재자는 자체적으로 환원 불가능한 존재자다. 다른 한편으로, 존재자론과 객체지향 철학은 존재자들이 서로 구성적으로 물러서 있다는 논제다. 다시 말해서, 물러서 있음은 마음이 존재자를 표상하는 방식의 우유적 특질이 아니라 오히려 존재자가 그런 것임의 구조적 특질이다. 이런 점에서, 존재자론과 객체지향 철학은 반실재론의 많은 통찰을 존재론적 견지에서 살펴봄으로써 유지할 수 있다. 여기서, 지젝을 좇아서, 존재자론과 객체지향 철학은 우리가 우리를 찌른 창에 의해 치유된다고 공공연히 주장할 수 있다.[16] 물러서 있음은 마음, 표상, 혹은 언어가 존재자에 접속하는 방식의 우유적인 것이기는커녕 오히려 모든 존재자의 구성적 특질이다.

내재성의 존재론을 살펴보면, 이제 우리는 매우 다른 두 가지 명

---

15. Graham Harman, "Speculative Realism : Ray Brassier, Iain Hamilton Grant, Graham Harman," *Collapse*, Volume III (Falmouth : Athenaeum Press, 2007), 367.

16. Žižek, *Tarrying With the Negative*, ch. 5. [지젝, 『부정적인 것과 함께 머물기』.]

제, 즉 ~Ǝx~Φx와 ~VxΦx를 맞닥뜨린다. 이들 명제가 내재성의 존재론을 특징짓는 이유는 물러서 있음을 면제받은 초월적 항이 더는 존재하지 않기 때문이다. 오히려, 첫 번째 명제가 나타내는 대로, 물러서 있음에 구속되지 않는 존재자는 전혀 존재하지 않는다. 예를 들어, 유일신이 존재한다면, 유일신은 자신에 대해서 반드시 물러서 있으며, 그리고 유일신의 피조물들은 유일신으로부터 물러서 있다. 요약하면, 유일신조차도 자신의 피조물에 대한 어떤 특권적이거나 전지적인 접근권도 갖추고 있지 않은데, 심지어 자신에 대해서도 그러하다. 마찬가지로, 주체는 자신으로부터 물러서 있고 다른 객체들은 주체로부터 물러서 있다. 그러므로 물러서 있음은 존재자의 우유적 특질이 아니라 오히려 존재자의 구성적 특질이다. 게다가 물러서 있음은 단지 한 존재자와 다른 한 존재자 사이의 관계에 불과한 것이 아니라, 각각의 존재자 자체의 핵심이다. 이런 점에서, 유일신이 존재한다면 유일신까지 포함하여, 모든 존재자는 라캉의 분열된 주체 또는 빗금이 쳐진 주체 $와 유사한데, 그리하여 그것이 또 다른 존재자와 관계를 맺고 있는지 여부에 무관하게 각각의 존재자는 자신에 대해서 물러서 있다. 달리 서술하면, 어떤 존재자도 자신에 전적으로 현시되지는 않고 오히려 모든 존재자는 반드시 맹점을 포함하고 있거나 자신에게 불투명하다. 여기서 물러서 있음은 한 존재자가 다른 한 존재자와 관계를 맺는 방식의 우유적 관계가 아니라 존재자들의 바로 그 구조이다. 요약하면, 그런 존재론은 어떤 존재자도 자신에 대해서 혹은 자체적으로 물러서 있음을 벗어날 수 없다는 점에서 내재성의 존재론이다.

그런데 물러서 있음에 구속되지 않은 존재자는 전혀 없는 한편으로, 그래프에서 내재성의 존재론과 관련된 쪽은 존재자들이 전부 물러서 있는 것은 아니라는 점도 가리킨다. 이 논제는 성별화 그래프의 여성성 쪽에 있는 아래 명제에 의해 표현된다. 여기서는 존재자의 무언가가 현실화 또는 국소적 표현을 통해서 세계에서 자신을 나타내거나 현시한다. 요약하면, 물러서 있음은 이런저런 형태의 국소적 표현이 불가능할 정도로 철저하거나 완전한 것은 결코 아니다. 그러므로 2장의 주제로 돌아가면, 우리는 라캉의 성별화 그래프의 여성성 쪽에 있는 위 명제와 아래 명제 사이의 관계에서 객체의 기본 구조를 맞닥뜨린다. 그 장에서 우리는 객체의 기본 구조가 물러서 있음에 있는 동시에 자기타자화에 있음을 이해했다. 어떤 객체도 다른 객체와 직접 관계를 맺을 수 없고 모든 객체는 자신의 모든 현실화를 넘어서지만, 객체는 자신의 국소적 표현을 통해서 자기타자화를 겪는다. 객체의 무언가가 세계에 현시된다. 그렇지만 여기서 우리는, 이런 현시 또는 국소적 표현이 어떤 주체의 응시에 대한 현시가 아니라 오히려 이런 국소적 표현을 기입하기 위해 어떤 존재자가 현존하든 간에 그와 무관하게 세계에서 일어나는 사건임을 주의 깊게 인식해야 한다.

그러므로 초월성의 존재론과 내재성의 존재론 사이의 차이는 명백하다. 초월성의 존재론의 경우에는 물러서 있음이 객체의 우유적 특질이다. 여기서는 객체가 사실상 우리에게서 물러서 있을 것이지만, 한편으로 객체는 자신에게 전적으로 현시된다. 게다가 이런 존재론 내에서는 주체와 마음, 언어가 물러서 있음을 면제받았거나 현전적인 것으로 언제나 여겨질 것이다. 내재성의 존재론의 경우에는, 이와는 대조적으로, 물러서 있음이 우유적 특질이 아니라 모든 객체의 구성적 특질이다. 물러서 있음은 이들 객체의 바로 그 구조 또는 본질을 구성한다. 여기서 객체들은, 모든 객체가 라캉의 분열된 주체 $와 유사하도록, 자신에게서 물러서 있을 뿐만 아니라 언제나 서로 물러서 있다. 이런 점에서 국소적 표현은, 국소적 표현들이 충분히 존재한다면 해당 객체가 완전히 현시되면서 물러서 있음이 극복될 그런 식으로, 물러서 있는 객체의 '부분'을 현시하는 어떤 객체의 표현이 아니다. 오히려 국소적 표현은 언제나 잠재적 고유 존재 자체가 현시되지 않게 하면서 해당 객체의 잠재적 고유 존재의 역능을 현실화하는 새로운 성질의 산출 또는 창출이다. 잠재적 고유 존재는 필연적으로 심해처럼 깊은 것이어서 결코 현시되지 않는다. 이렇게 해서 잠재적 고유 존재의 행위주체성은 어떤 객체가 자신의 국소적 표현에서 산출하는 다양한 성질을 통해서 추론될 수 있을 따름이다. 3장에서 이해된 대로, 잠재적 고유 존재는 성질을 띠지 않은 채로 조직되어 있기에 우리는 결코 잠재적 고유 존재 자체를 직접 맞닥뜨릴 수 없다.

내재성의 존재론을 둘러싸고 조직된 담론 안에서, 라캉의 성별화 그래프의 여성성 쪽의 아랫부분에 자리하고 있는 수학소들은 이제 새로운 의미를 띠게 된다. S(Ⱥ)는 계속해서 다른 주이상스를 의미하지만, 다른 주이상스는 상징계 바깥의 형언할 수 없는 주이상스가 더는 아니고 오히려 티모시 모턴이 '기묘한 낯선 존재'라고 일컬은 것에의 주의집중이다. 모턴은 기묘한 낯선 존재를 묘사하면서 다음과 같이 서술한다.

기묘한 낯선 존재는…우리가 그 현존을 예상할 수 없는 무언가 혹은 누군가이다. 기묘한 낯선 존재가 드러났을 때에도, 그것이 천 년 동안 우리와 공존했더라도, 우리는 결코 그것을 완전히 알지는 못할 것이다. 게다가 우리는 자신이 알게 되는 과정이 철저히 규명되었는지 여부도 결코 알지 못할 것이다.[17]

---

17. Morton, *The Ecological Thought*, 42.

사실상 기묘한 낯선 존재는 결코 철저히 규명될 수 없는데, 그 이유는 바로 물러서 있음이 존재자의 구성적 특질이기 때문이다. 그런데 기묘한 낯선 존재가 우리와는 다른 객체라고 가정하는 것은 잘못일 것이다. 이런 견지에서 기묘한 낯선 존재를 생각하는 것은 동일성에 기반을 둔 이항二項체에 의거하여 그것을 생각하는 행위일 것이다. 한편으로는 친숙한heimlich 것이 있을 것이고, 다른 한편으로는 기묘한 낯선 존재, 친숙하지 않은unheimlich 것이 있을 것이다. 기묘한 낯선 존재는 친숙한 것에 근접하지 않는다는 이유로 인해 기묘한 낯선 것으로서 구성될 것이다. 그것은 무언가와 다른 객체일 것이다. 그리고 무언가와 다르다는 점에서 그것은 동일성 또는 같음에 기반을 두고 있는 다른 것일 것이다.

그런데 기묘한 낯선 존재라는 개념은 이항체가 없는 개념이다. 차라리 존재의 다중-조성은 철저히 기묘한 낯선 존재들로 이루어져 있다. 그리고 이렇게 해서 우리 자신이 다른 존재자들에 기묘한 낯선 존재일 뿐만 아니라, 물러서 있음이 한 존재자의 다른 한 존재자에 대한 관계에 불과한 것이 아니라 존재자의 자신에 대한 관계이기도 한에 있어서 무엇보다도 우리가 자신에게 기묘한 낯선 존재이기도 하다. 그러므로 내재성에 기반을 둔 존재론적 담론은 그 자신 및 다른 객체들을 기묘한 낯선 존재로서 언급한다. 그런 담론은 기묘한 낯선 존재로서의 타자를 환영하면서 자신의 내부에 있는 기묘한 낯선 존재 혹은 자기타자화로서의 구성적 존재를 인정한다. 이런 점에서, 내재성의 담론은 라캉이 분석가에게 귀속시키는 윤리와 다르지 않다. 라캉이 진술하는 대로,

분석가의 욕망은 어떤 순수한 욕망이 아니다. 분석가의 욕망은 절대

적 차이를 획득하고자 하는 욕망, 즉 주체가 최초의 기표에 직면하여 처음으로 그것에 구속되는 위치에 자리하게 될 때 개입하는 욕망이다. 오직 거기서만 무한한 사랑의 의미작용이 나타날 따름인데, 그 이유는 그것이 법의 한계 너머에 있기 때문이다. 사랑이 살 수 있는 곳은 오로지 그곳뿐이다.[18]

내재성의 존재론은 자신 및 다른 객체들을, 그것들의 차이점 속에서 그리고 차이점을 통해서, 기묘한 낯선 존재들로서 언급하려고 노력한다. 내재성의 존재론은 그런 차이점을 환영하면서 경이의 가능성에 여전히 열려 있고, 기묘한 낯선 존재들을 고정된 동일성으로 환원하기를 거부한다. 이렇게 해서 그 존재론은 국소적 표현과 잠재적 고유 존재 사이의 차이를 실천한다. 다시 말해서, 내재성의 철학은 국소적 표현의 국소성과 잠재적 고유 존재의 개방성 및 과잉을 인정함으로써 존재자의 본질을 그 국소적 표현들로 환원하는 어떤 실천도 거부한다. 기묘한 낯선 존재의 기묘함을 설명하는 것은 바로 이런 과잉이다. 기묘한 낯선 존재는 자신의 내부에 국소적 표현에의 어떤 환원도 거부하는 과잉을 언제나 품고 있다.

초월성의 존재론과 내재성의 존재론이 객체를 언급하는 방식의 차이는 라캉의 주인 담론에 의거하여 예시될 수 있다.

$$\uparrow \frac{S_1}{\$} \quad \xrightarrow{} \quad // \quad \frac{S_2}{a} \downarrow$$

---

18. Lacan, *The Four Fundamental Concepts of Psychoanalysis*, 276. [라캉, 『정신분석의 네 가지 근본 개념』.]

라캉의 담론에 관해 생각하는 한 가지 방식은 그것을 어떤 담론을 재촉하는 작은 기계로 여기는 것이다. 여기서 각각의 담론의 산물(담론의 우측 하단에 있는 것)은, 그것이 담론에 의해 산출되는 것인 동시에 담론의 지속에 이바지하는 것이라는 점에서, 역설적인 지위를 갖추고 있다. 초월성의 담론과 연관된 주인 담론에서 해당 담론은 객체를 식별하여 규정하려고 시도하지만, 그런 정체성 규정을 벗어나는 잔류물, 대상 a가 언제나 존재한다. 마르코프 사슬처럼, 이 잔류물 역시 그 잔류물을 포획하여 통합하고자 하는 그다음 차례의 담론을 생성한다. 요약하면, 주인 담론은 그 잔류물을 모든 객체의 구성적 특질, 즉 기묘한 낯선 존재로서 존재하는 표식으로 여기는 것이 아니라, 오히려 넘어서고 극복되어야 하는 우유적인 것으로 여긴다. 다시 말해서, 초월성의 존재론은 불가능한 목적일지라도 완전한 현전을 달성하고자 하는 목적의 지배를 받는다.

성별화 그래프의 경우에, 어떻게 해서 남성성 성별화는 가상의 구조인 반면에 여성성 성별화는 진실의 구조가 되는지는 앞서 이미 이해되었다. 남성성 성별화는 존재의 근본적인 분열에 대하여 어떤 예외자를 발제함으로써 이런 분열을 극복하고 감추려고 시도하는 반작용이다. 이것은 현전 및 초월성의 존재론과 내재성의 존재론 사이의 차이로 이어진다. 그런데 이처럼 물러서 있음을 제거하려는 시도의 씨앗은 물러서 있음을 둘러싸고 조직된 존재론적 담론 안에서 이미 감지될 수 있다. 내재성을 둘러싸고 조직된 존재론적 담론 안에서 Φ는, 내재성의 존재론 내부에 잠복해 있는, 물러서 있음을 제거하려는 경향을 가리킨다. Φ는 기묘한 낯선 존재를 제거하는 완전한 충만 혹은 현실태에의 욕망이나 갈구를 가리킨다. 그리하여 Φ는 그 위에 어떤 예외자의 가상이 구축되는, 내재성 내부의 씨앗이다. 그런데 주인 담론에서 떠올리게 되는 대로, 모든 예외자 S_1은 진실의 위치에 자리하는, 빗금이 쳐진 주체 S를 감춘다. 다시 말해서, 그 형태가 주인-기표든 초월적인 주체든 유일신이든 의식이든 아니면 마음이든 간에, S_1은 자신의 고유한 물러서 있음을 가리고 위장함으로써 자신을 전적으로 현시적이거나 현실적인 것으로서 과시하는 가상이나 허구다.

라캉의 성별화 그래프에 힘입어 우리는 무엇이 평평한 존재론을 구성하는지에 대하여 첫 번째 시도를 할 수 있게 된다. 일차 근사를 취하면, 평평한 존재론은 물러서 있음에 대한 초월적 항, 예외자, '범위 바깥의' 지위가 전혀 존재하지 않는다는 논제에 있다. 여기서 모든 존재자가 물러서 있음과 자기타자화로 특징지어진다는 바로 그 의미에서 존재는 평평하다. 이런 점에서, 존재의 다중-조성을 구성하는 모든 존재자는 기묘한 낯선 존재다. 이런 상황의 결과는 기묘한 낯선 존재들의 민주주의다. 물러서 있음 너머에 그리고 바깥에 완전한 현실태로서 서 있는 패권자는 전혀 없으며, 기묘한 낯선 존재들로 이루어진 평면만이 있을 따름이다. 모턴이 서술하는 대로, "민주주의는 공존을 함축하고, 공존은 기묘한 낯선 존재들의 만남을 함축한다."[19]

유일한 세계는 존재하지 않는다

존재자론에 의해 제시된 평평한 존재론에 중요한 것은 유일한 세계가 존재하지 않는다는 논제다. 달리 표현하면, 우리는 전체가 존재하지 않는다고 말할 수 있을 것이다. 여기서 나는 티모시 모턴의 『자연 없는 생태학』에서 제시된 암흑 생태학과 알랭 바디우의 『세계의

---

19. Morton, *The Ecological Thought*, 81.

논리』에 큰 빚을 지고 있다. 『세계의 논리』에서 바디우는 전체에 관한 모든 개념이 부정합성에 시달린다는 것을 예증한다.[20] 『자연 없는 생태학』에서 모턴은, 그 속에 존재자들이 거주하고 그것에 대해 인간과 문화가 외부를 구성하는 하나의 통일된 전체 혹은 환경으로서의 자연 개념 — 그리하여 자연은 언제나 '저쪽에' 있다 — 을 버려야 한다고 주장한다.[21] 내가 생각하기에, 자연 없는 존재에 관한 모턴의 구상은 라투르의 '집합체' 개념과 많은 유사점을 공유한다. 『판도라의 희망』에서 라투르는 다음과 같이 서술한다.

> 근대주의적 합의를 거쳐 강제로 만들어진 인공물인 사회와는 달리, 〔집합체라는 개념〕은 인간과 비인간의 연합체를 가리킨다. 자연과 사회 사이의 분열이 코스모스를 하나의 살기 좋은 완전체로 집합시키는 정치적 과정을 보이지 않게 하는 반면에, '집합체'라는 낱말은 이 과정을 중심에 놓는다.[22]

정치에 관한 라투르의 언급은 제쳐놓고, 라투르에 따르면, '사회'라는 개념은 자연과 사회가 이미 집결된 두 개의 완전체로 여겨지는 존재자들의 분포 혹은 둘러싸기에 기반을 두고 있는데, 여기서 자연과 사회는 완전히 별개인 채로 있으면서 아무튼 서로 관련되어 있다고 가정된다. 사회는 자유, 행위주체성, 의미, 기호 등의 형태로 인간과 관련된 모든 것의 영역으로 여겨지는 반면에, 자연은 행위주체성을 갖추

---

20. Badiou, *Logics of Worlds*, 109~12.

21. Morton, *Ecology Without Nature* (Cambridge, MA : Harvard University Press, 2007), 181~97.

22. Bruno Latour, *Pandora's Hope* (Cambridge : Harvard University Press, 1999), 304. [브뤼노 라투르, 『판도라의 희망』, 장하원·홍성욱 옮김, 휴머니스트, 2018.]

지 않은 단순한 인과성과 메커니즘의 영역으로 여겨진다. 그러므로 하나의 구분으로서 사회라는 개념은 우리에게 인간이 포함된 집합체에서 비인간 행위자 또는 객체가 수행하는 역할을 무시하면서 내용과 행위주체성에 집중하도록 부추긴다. 자연과 관련된 구분 안에서, 자연은 이미 회집하여 통일된 것으로 여겨지고 우리는 오로지 인과성과 메커니즘에만 집중하도록 고무된다. 이와는 대조적으로, 라투르는 사회라는 개념을 집합체라는 개념으로 대체하자고 제안하면서 우리에게 인간과 비인간의 연합체가 형성되는 방식에 주의를 기울이도록 부추긴다.

모턴이 자연은 존재하지 않는다고 주장할 때, 그는 자연에 대한 외부가 존재하거나 혹은 자연이 사회의 영역 바깥에 있는 다른 무언가라는 관념에 이의를 제기한다. 들뢰즈와 과타리가 서술하는 대로, "더는 인간도 없고 자연도 없으며, 오직 하나 속에서 다른 하나를 생산하고 기계들을 결합하는 과정이 있을 따름이다."[23] 자연과 존재는 우리가 닿기 위해 손을 뻗어야 하거나 블랙포레스트Black Forest 숲길에서 산책하면서 맞닥뜨리게 되는 외부가 아니라, 오히려 외부나 타자가 없는 내재적 장이다. 그리고 여기서, 들뢰즈와 과타리가 기계에 관해 언급할 때, 나는 이들 기계를 객체들로 여기지 않을 이유가 없다고 생각한다. 요약하면, 집합체는 인간 행위자(객체)들과 비인간 행위자(객체)들이 얽혀 있는 것이다. 그런데 여기서 신중한 태도를 취하는 것이 중요한데, 그 이유는 인간 행위자(객체)들과 비인간 행위자(객체)들의 집합체들이 존재한다고 해서 그런 집합체들이 인간 행위자들 및 비인

---

23. Gilles Deleuze and Félix Guattari, *Anti-Oedipus*, trans. Robert Hurley, Mark Seem, and Helen R. Lane (Minneapolis : University of Minnesota Press, 1983), 2. [질 들뢰즈·펠릭스 과타리, 『안티 오이디푸스』, 김재인 옮김, 민음사, 2014.]

간 행위자들로 이루어진다는 결론은 내리지 말아야 하기 때문이다. 집합체는, 아무튼 인간을 전혀 포함하지 않은 채로, 아주 쉽게 곰벌레와 기타 객체들로 이루어지거나 식물과 운석 등으로 이루어질 수 있다. 요약하면, 집합체라는 개념과 관련하여 중요한 점은 그것이, 끌림체제라는 개념과 마찬가지로, 객체들이 얽혀서 하나의 네트워크 또는 그물망을 형성하는 사태를 나타낸다는 것이다. 모턴이 생태적 사상 안에서 자연이라는 개념을 매우 간절히 추방하려고 한다면, 내가 생각하기에, 그 이유는 그가 존재 전체를 문화로 환원하기를 바라기 때문이 아니라 우리가 생태적으로 제대로 생각하려면 자연이 인간관계의 바깥에 있거나 '저쪽에' 있는 하나의 닫힌 완전체 또는 총체라는 개념을 극복해야 하기 때문이다.

평평한 존재론이 유일한 세계는 존재하지 않음을 입증하는 데 매우 긴요하다면, 그 이유는 유일한 세계가 존재자들이나 객체들이 그 속에 하나의 전체에 대한 부분들로서 포함된 환경으로 여겨지지 말아야 하기 때문이다. 요약하면, 평평한 존재론이 정말로 평평할 수 있으려면, 유일한 세계는 그 속에 존재자들이 자리하고 있는 하나의 용기가 아님이 입증되어야 한다. 아니면 유일한 세계는, 상보적이고 서로 맞물린 부분들로서의 존재자들로 이루어진 하나의 조화로운 전체를 형성하는 하위다양체들로서의 여타 객체로 구성된 하나의 초^超객체가 아님이 증명되어야 한다. 그리하여, 바디우를 좇아서, 세계가 아니라 오히려 세계들이 존재한다. 사실상 화법일 따름인 유니버스는 플루리버스, 즉 다수의 유니버스다. 그렇다면 여기서 중요한 점은 '유일한 세계는 존재하지 않는다'라는 논제에서 정관사 '유일한'the의 역할을 주시하는 것이다. 일반적으로 우리가 '유일한 세계'를 거론할 때, 이것은 존재하는 모든 것의 총체를 가리키는 줄임말로서 사용된다. 유일한 세계는 존재하지 않는다는 논제는, 그런 총체도 존재하지 않고 그런 총체가 형성되는 것도 가능하지 않다는 논제다. 오히려 존재는 온전히 객체들과 집합체들로 이루어져 있다.

유일한 세계는 존재하지 않는다고 주장하는 방법이 두 가지 있는데, 그중 첫 번째 것은 5장에서 이미 부분전체론의 맥락에서 암시되었다. 형식 추리의 영역 안에서 체르멜로-프렝켈 집합론은 하나의 총체 또는 전체를 형성하려는 모든 시도의 부정합성을 보여준다. 그런데 집합론은 모든 총체 또는 전체의 정합성에 이의를 제기하기 위한 다양한 자원을 제공하는데, 여기서 나는 멱집합 공리에 집중할 것이다. 이미 이해된 대로, 멱집합 공리 덕분에 어떤 최초 집합의 모든 부분집합의 집합을 취할 수 있게 된다. 그러므로 세 원소들로 구성된 어떤 집합 {a, b, c}가 주어진다면, 이 집합의 멱집합은 { {a}, {b}, {c}, {a, b}, {a, c}, {b, c}, {a, b, c} }일 것이다. 형식 추리의 층위에서 멱집합 공리가 모든 전체 또는 총체를 망가뜨리게 된다면, 그 이유는 그것이 모든 전체나 집합체 안에서 들끓는 잉여물의 현존을 밝히기 때문이다.

이것은 칸토어 역설의 한 변양태다. 칸토어 역설은, 무엇이든 어떤 기수의 멱집합이 반드시 그 기수 자체보다 더 클 것이라는 바로 그 이유로 인해 최대 기수가 존재할 수 없음을 증명한다. 멱집합 공리는 전체가 그 부분들의 총합보다 더 크다는 오래된 논제를 반전시키면서 오히려 그 부분들이 언제나 전체보다 더 크다는 사실을 드러낸다. 바로 앞 장에서 내가 주장한 대로, 어떤 시각에서 바라보면 각각의 객체는 하나의 군집체인데, 그리하여 그 객체의 내부에는 자신이 부분을 이루는 그 객체에 관해서 아무것도 '알지' 못할 개연성이 높은 다수의 다른 자율적인 객체가 포함되어 있다. 자신을 가까스로 확립하는 모든 전체는, 들뢰즈가 서술한 대로, "매우 특별한 일자 또는 완전체이기에 그 부분들의 파편화 혹은 불일치를 변경하지 않은 채로 그런 부분들에서 비롯되며, 그리고 발벡Baalbec의 용들 혹은 뱅퇴유Vinteuil 소나타의 악절처럼, 그 자체가 다른 부분들과 함께, 다른 부분들에 인접한 한 부분으로서 유효하다."[24] 멱집합이 드러내는 것은 모든 통일체 또는 총체 아래서 들끓는 복수의 '유일한' 세계다. 결국에 모든 총체 또는 전체는 그 자체로 온갖 종류의 다른 객체와 마찬가지인 하나의 객체 또는 일자다.

형식 추리의 층위에서 멱집합 공리의 진정한 힘은 그것이 모든 집합체의 내부에 다수의 관계와 객체가 현존할 가능성을 드러내는 방식에 놓여 있다. 객체들 사이의 모든 외부관계는 잠재적으로 그것 자체가 하나의 객체이기도 하다는 점이 떠오르게 될 것이다. '객체는 언제 존재하는가?'라는 기묘한 물음이 제기되면, 다른 객체들 사이에 맺어진 외부관계들이 가까스로 조작적 폐쇄성을 달성함으로써 그것들의 집합체 또는 다중-조성물이 독자적인 내부정합성에 의거하여 교란을 정보로서 맞닥뜨릴 수 있게 될 때 객체가 존재한다는 가설로 이 물음에 대답할 수 있다. 한편으로, 멱집합 공리는 모든 집합체의 내부에 다수의 다른 객체가 현존할 가능성을 드러낸다. 다른 한편으로, 멱집합 공리는 그로부터 부분집합들이 도출되는 전체에 현존하지 않는 대안적 외부관계들이 객체들 사이에 맺어질 가능성을 드러낸다. 마지막으로 멱집합 공리는, 객체들이 자율적인 행위자로서 기능하면서 존재의 질서 안에서 다른 집합체, 하위체계에 진입하거나 아니면 홀로 지낼 수 있도록 자신이 해당 집합체와 맺은 관계에서 물러서 있을 가

---

24. Gilles Deleuze, *Proust and Signs*, trans. Richard Howard (Minneapolis : University of Minnesota Press, 2000), 164~5. [질 들뢰즈, 『프루스트와 기호들』, 서동욱·이충민 옮김, 민음사, 2004.]

능성을 드러낸다.

형식 추리의 입장에서 살펴보면, 전체가 존재하지 않거나, 일자가 존재하지 않거나, 아니면 유일한 세계가 존재하지 않는 이유는 바로 전체 또는 이른바 일자의 멱집합에 자리하고 있는 이들 부분집합, 이들 가능한 객체와 관계가 전체 또는 일자의 내부에서 고려되지도 않고 고려될 수도 없기 때문이다. 요약하면, 모든 전체 또는 일자는 자체적으로 그 전체 또는 일자의 부분으로 여겨지지 않는 잉여물을 자신의 내부에 포함하고 있기 때문이다. 달리 서술하면, 그런 부분집합들은 그로부터 자신들이 도출되는 집합에 속하지 않으면서 그 집합에 포함되어 있다. 그런데 그 전체, 일자, 또는 세계를 망가뜨리게 되는 것은 바로 이런 소속 또는 회원 자격의 부재다.

그런데 집합론의 형식 추리는 유일한 세계의 비존재를 생각하기 위한 자원을 제공하지만, 유일한 세계의 비존재를 입증하지는 않는다. 모든 전체 또는 총체의 내부에서 들끓는 잉여물에 대한 형식적 증명에 직면하는 사람이라면 누구나, 이런 형식적 증명이 도발적이더라도, 세계라는 개념은 가능한 것과 관련이 있는 것이 아니라 실제로 현존하는 것과 관련이 있다고 지적함으로써 쉽게 대응할 수 있다. 이런 점에서, 모든 집합체에는 다른 객체들과 관계들이 포함될 수 있을 것이라는 점을 증명하는 것이 유일한 세계에는 그런 총체의 내부에서 고려되지 않은 다른 객체들과 관계들이 포함되어 있다는 점을 입증하는 것은 아니다. 세계라는 개념은 실제로 현존하는 그런 관계들 및 객체들과 관련이 있기에 유일한 세계의 비존재에 대한 형식적 증명은 유일한 세계가 존재하지 않는다는 논제에 유리한 기반을 제공하지 않는다.

유일한 세계는 존재하지 않음을 입증할 수 있으려면, 필요한 것은 모든 전체의 붕괴 가능성에 대한 증명이 아니라 오히려 사실상 유일한 세계가 존재하지 않는다는 것에 대한 증명이다. 후자 논증을 위한 자원은 4장에서 전개된 조작적 폐쇄성에 관한 논의에서 이미 개발되었다. 거기서 우리는 모든 객체가 조작적으로 닫혀 있기에 자신의 고유한 체계/환경 구분을 구성한다는 사실을 이해했다. 이런 구분의 역설은, 그것이 체계와 환경 사이의 구분이지만 그 구분 자체는 그것이 구분하는 것의 한쪽, 즉 체계에 속한다는 점이다. 요약하면, 환경/체계 구분은 두 개의 눈-앞에-있는 존재자, 즉 체계와 환경을 참조하는 것이 아니라, 오히려 체계 자체에 의해 조성된다. 이런 구분은 결국 주변 환경에 대한 해당 존재자의 개방성을 조성하며, 그리고 그 개방성의 본성은 언제나 선택적이다. 그런데 여기서 우리는 어떤 체계의 환경과 어떤 체계의 환경 속 체계들을 주의 깊게 구별해야 한다. 어떤 객체는 자신이 열려 있는 그런 종류들의 교란을 조성한다는 의미에서 자신의 환경을 사실상 조성하지만, 그 객체가 자신의 환경 속 다른 객체들이나 체계들을 조성하지는 않는다. 기껏해야, 어떤 객체는 자신의 환경 속 몇몇 다른 객체에 열려 있음을 전제로 하고서 검토하면, 그 객체는 이들 다른 객체로부터 자신이 수신하는 교란을 번역한다.

이들 소견으로부터 두 가지 논점이 도출된다. 첫째, 어떤 환경이 체계와 환경 사이의 구분을 '설정하는' 객체에 의해 조성되는 한, 그 환경은 그 속에 객체들이 현존하는 눈-앞에-있는 환경이라고 말할 수 없다. 5장에서 발달 체계 이론에 관한 논의와 관련하여 우리가 이해한 대로, 객체는 자신의 환경 속 체계들에서 비롯되는 교란에 종종 시달리면서도 자신의 환경을 구축한다. 둘째, 그리고 밀접히 관련된 취지에서, 객체는 자신의 환경에 단지 선택적으로 열려 있을 뿐이기에 당연히 자신의 환경에 현존하는 모든 객체에 열려 있는 것은 아니라는 점이 도출된다. 곰벌레는 나무의 환경에 속하지 않고, 나무는 곰벌레의 환경에 속하지 않는다. 마찬가지로, 사회적 주체로서의 세 살 먹은 내 딸은 자신의 장난감 상자의 환경에 속하지 않는다. 그 장난감 상자가 내 딸의 머리 위에 우연히 떨어졌을 때 그 아이가 그 상자의 뚜껑에 대고 아무리 많이 소리를 지르더라도 – 그리고 내 딸은 실제로 소리를 지르고 나름의 방식으로 그 장난감 상자를 저주한다 – 그 장난감 상자는 내 딸의 의지에 대응하지도 않고 굴복하지도 않는다. 어쩌면 내 딸은, 나는 짐작조차 할 수 없는 이유로, 자신의 장난감 상자를 '작은 동생'이라고 부를 것이지만, 그 장난감 상자는 내 딸의 칭호나 잔소리에 개의치 않는다. 어쩌면 누군가가 내 딸이 잔소리하는 목소리의 음향적 공명이 그 장난감 상자를 교란함이 틀림없다고 이의를 제기할 것이며, 그리고 그런 이의 제기는 잘못된 것이 아닐 것이다. 그런데 이 작은 목소리의 진동이 그 장난감 상자의 빛나는 오크 목재에 영향을 미치는 방식은 그 오크 목재의 장난감 상자가 이런 교란을 목소리로서의 정보로 변환한다는 것을 수반하지 않는다. 내 딸에게는 유감스럽게도, 그 장난감 상자는 목재만큼 우둔하다.

어쩌면 라이프니츠와 더불어 우리는 객체만큼이나 많은 세계가 존재한다고 말할 수 있다. 그런데 우리가 말할 수 없는 바는, 유일한 세계가 그 속에서 모든 객체가 하나의 일관된 체계로서 서로 관계를 맺는 어떤 종류의 유기적 통일체 또는 전체를 형성한다는 것이다. 어떤 세계 체계도 존재하지 않는 이유는 바로 유일한 세계가 존재하지 않기 때문이다. 한편으로, 화이트헤드와는 대조적으로, 모든 존재자가 다른 모든 존재자와 관련되어 있다는 것은 단적으로 사실이 아니다. 많은 존재자는 국소적 집합체들의 외부에 전적으로 자리하기에 이들 집합체를 전혀 염두에 두지 않을 뿐만 아니라, 이들 집합체도 그 존재자들을 전혀 염두에 두지 않는다. 달리 서술하면, 존재자들 사이에 절대적으로 아무 공명이 없는 사례가 많이 있다. 그야말로, 이들 존재자는 전적으로 다른 우주에 속한다. 중성의 전하로 인해 대다수 다른 입자와 관계를 맺을 수 없는 중성미자의 경우에 그런 것처럼, 과학자들은 이런 존재자가 우리 세계의 존재자들과 관계를 맺게 할 수 있는 장치를 공들여 만들어 내야 한다. 다른 한편으로, 존재자들이 관계를 맺는 그런 경우에도, 각각의 존재자는 자신이 설정하는 구분과 그 특유의 조직에 고유한 견지에서 다른 존재자들과 관계를 맺는다. 그리하여 세계에 거주하는 존재자들로 형성될 수 있는 전체 또는 총체는 전혀 존재하지 않는다.

그런 총체는 전혀 존재하지 않는데도 유일한 세계가 하나의 유기적 총체를 형성한다는 논제는, 어떤 집합체가 생겨나는 데 필요한 작업과 번역에는 아무 주의도 기울이지 않은 채, 그 집합체를 이미 형성된 것, 이미 존재하고 있는 것으로 슬그머니 간주한다. 그 논제는 무엇이든 어떤 집합체가 형성되는 데 필요한 힘든 작업은 무시하면서 그 집합체를 완성된 것으로 여긴다. 그리하여 그 논제는 존재에 내재하는 반목을 무시할 뿐만 아니라 온갖 종류의 객체들 사이에서 공명이 부재한 상황도 무시한다. 하나의 유기적이고 조화로운 통일체로서의 세계에 관한 관념은 위안을 주고 안심시키면서 우리가 각각의 존재자에 자신의 고유한 자리가 있는 하나의 전체에 속한다는 감각을 우리에게 제공할 것이지만, 존재에 관한 그런 구상은 존재의 다중-조성물에 거주하는 존재자들을 매우 부당하게 다룰 뿐만 아니라 결국에는 초월성의 존재론과 주인 담론의 논리를 반복하게 된다. 달리 서술하면, 하나의 유기적 전체나 총체로서의 세계에 관한 개념들은 기묘한 낯선 존재를 배제한다. 그런 유기적 총체 안에서 각각의 존재자는 자신의 고유한 자리가 있으며 자신이 여타의 존재자와 맺은 관계에 의해 규정된다는 이야기가 전개된다. 이렇게 해서 폐기되는 것은 모든 특정한 집합체 또는 존재자와 관련하여 전적으로 비관계적인 것에 대한 인식과 모든 관계의 비관계다.

전체의 유기적 통일성에 전제를 둔 세계에 관한 구상이 초월성의 존재론과 주인 담론의 논리를 반복하는 이유는 그런 담론들이 '자연적' 질서를 교란하여 그 질서가 유일한 세계의 존재론이 지시하는 대로 조화롭게 현존하지 못하게 하는 어떤 존재자에 부득이 의지해야 하기 때문이다. '자연적' 질서를 교란하는 것은 언제나 인간, 기술, 국외자 등이다. 다시 말해서, 하나의 유기적 전체 또는 총체로서의 대자연에 관한 구상에는 조화로운 자연적 질서를 뒤엎는 부조화를 생성하는 어떤 으스스한 행위주체에의 의지가 언제나 수반된다. 존재에 관한 그런 구상은 '자연적' 질서를 뒤엎는 파괴적인 행위주체로서의 대상 a에 의지한다. 게다가 이런 파괴적인 행위주체, 이런 사기꾼은, 레비-스트로스의 기억할 만한 술어를 사용하면, 그것이 퇴치되면 자연적 질서를 조화롭게 되돌릴 수 있는 우유적인 것으로 여겨진다. 그리하여 유일한 세계의 현존과 자연의 고유한 조화에 관한 담론들은 결국 슈미트가 주의 깊게 분석한 적/동지 논리를 반복하게 된다.

그런데 문제가 있는 것은 단순히, 대상 a를 잔류물로 산출하는 유기적이고 조화로운 하나의 전체로서의 세계라는 관념이 아니다. 오히려, 유일한 세계는 존재한다고, 세계는 하나의 유기적 전체를 형성한다고 선언할 때, 모든 객체가 전체의 부분들로서 그 세계에 종속된다는 점이 문제다. 그리하여 모든 객체의 유일한 가치와 본질은, 이들 객체를 모두 삼켜버려서 하나의 총체적 체계로 통합하는 그 세계 또는 전체의 구성요소들로서 그것들이 이런 거대한 기계에 이바지하는 데서 생겨난다. 여기서 초래되는 결과는 부분의 본질이 완전히 삭제된다는 것인데, 그리하여 부분은 단지 어떤 기능적 요소가 됨으로써 전체가 자신의 현행적 자기생산 과정에서 정보를 산출할 때 의존할 수 있는 교란을 만들어낸다. 그러므로 객체들 자체는 전체와 별도로 독자적인 자율성이 전혀 없고 한낱 전체의 구성요소로서 존재할 따름이다. 가이아Gaia는 파시스트 아니면 전체주의자인 것으로 판명된다.

여기서 요점은, 집합체들이 앞으로 자신의 파괴를 초래하는 혼란스러운 끌림 유역이나, 혹은 최소한 분기점으로 밀려날 수 없다는 것이 아니라, 오히려 이들 기묘한 낯선 존재가, 아리스토텔레스적/스콜라주의적 술어로 서술하면, 우유적인 것이 아니라는 점이다. 더 정확히 서술하면, 이들 기묘한 낯선 존재는 세계들의 외부에 있는 것이 아니라 오히려 자체적으로 세계들의 구성요소들이다. 인간과 기술, 매체는 유일한 세계의 자연적 질서의 균형을 깨뜨리는 비자연적인 사기꾼들이라는 러다이트 논제는 애초에 절대 존재하지 않았던 어떤 세계의 현존에 전제를 두고 있다. 그것들은 실제로는 은밀한 규범적 판단을 존재론적 판단으로 여긴다. 또다시, 여기서 요점은 규범적 판단이 이루어지지 말아야 한다는 것이 아니라, 이런 판단이 어떤 특정한 체계나 객체의 입장에서 이루어지기에 존재하는 것과 존재하지 않는 것을 자체적으로 결정하지 않는다는 것이다. 그런데 더 근본적으로, 세계들의 입장에서 살펴보면, 조화는 결코 존재한 적이 없다. 대자연을 교란하는 것은 단지 인간, 기술, 혹은 매체일 따름이라는 주장은 결코 사실이었던 적이 없다. 바로 이 순간에, 유니버스 혹은 멀티버스, 즉 다중우주 어딘가에, 의식과 지능을 갖춘 생명체를 지지하는 풍요롭고 복잡한 생태계가 있는 태양계를 집어삼키고 있는 거대한 블랙홀이 현존할 개연성이 있다. 흑사병은 수십 년 그리고 수 세기 동안 유럽과 아시아 전역을 휩쓸면서 인간 및 다른 생명체의 거대한 개체군을 살해했다. 선캄브리아 시대의 유기체들은 주변 환경을 산소로 포화시켜서 그것들이 번성하는 데 필요한 이산화탄소의 농도를 낮춤으로써 많은 종이 소멸한 사태를 초래했다. 공룡은 소행성 충돌의 결과로 멸종하게 되었을 가능성이 크다. 상태가 나쁘거나 조화롭지 않은 것은 세계들 자체다. 우리는 어떤 형태들의 평형, 균형, 혹은 조화를 옹호하는 주장을 제기해야 하지만, 그런 주장들을 존재론적인 것으로 전환함으로써 '대지의 여신'을 반영하는 것으로 여기지 말아야 하며, 그리고 이들 주장이 어떤 특정한 객체나 체계의 입장에서 이루어지는 규범적 판단이라고 솔직히 선언해야 한다. 페스트균의 입장에서 바라보면, 질병은 한낱 자신을 복제하는 편리한 방법에 불과하다. 다시 말해서 그것은 자체적으로 질병이 절대 아니다.

유일한 세계는 존재하지 않는다는 논제가 평평한 존재론에 중요한 이유는 집합하지 않은 것을 집합한 것으로 몰래 여기지 않기 위함이다. 유일한 세계의 비존재가 가르쳐주는 바는 세계들이 작업의 결과라는 것, 그물망들이 산출되어야 한다는 것, 그리고 그것들이 사전에 존재한다고 말할 수 없다는 것이다. 『게릴라 형이상학』에서 그레이엄 하먼이 매우 적절히, 아름답게, 그리고 시적으로 서술하는 대로, 존재의 '목공'이 있다. 말하자면, 집합체들은 황송하게도 구조적 접속을 서로 허용하는 객체들에 의해 구축되어야 한다. 이런 점에서, 유일한 세계가 존재하지 않음으로써 우리는 라투르가 '사회적인 것의 사회학'에 대립하는 것으로서 '연합체의 사회학'이라고 일컫는 것에 주의를 기울이게 된다.[25] 사회학이 라투르가 '근대주의적 구성'이라고 일컫는

---

25. Latour, *Reassembling the Social*, 8~9.

것 — 자연과 사회가 전적으로 별개인 두 가지 영역으로 여겨지는 구상 — 에 철저히 오염되어 있는 방식을 참작하면, 그는 가능하다면 '사회학'이라 는 용어를 전적으로 폐기하는 것을 선호할 것처럼 보인다. 그런데 '사 회학'이라는 용어가 유지되어야 한다면, 그것은 인간에 고유한 것들의 독특한 영역에 관한 이론으로서 유지되어야 하는 것이 아니라 오히려 연합체, 관계, 혹은 하먼이 '존재의 목공'이라고 일컫는 것과 관련된 영 역으로서 유지되어야 한다고 라투르는 주장한다. 사회적인 것의 사회 학은 사회, 사회적 힘, 권력, 의미, 언어, 그리고 인간과 관련된 일단의 다른 사악한 존재자들에 의지하여 사람들이 그런 식으로 행동하는 이유를 설명하는 반면에, 연합체의 사회학은 그 대신에 회집체가 구 축되면서 관계들이 결성되는 방식에 주의를 기울인다.

라투르의 연합체의 사회학에서 구현되는 심대한 차이는, 그것이 인간과 비인간 사이의 관계들과 더불어 이들 관계가 맺어지는 방식과 미치는 영향에 주의를 끌어들일 뿐만 아니라 인간이 전혀 포함되지 않은 연합체의 사회학을 상상할 수 있게 한다는 것이다. 이것은 제인 구달의 방식을 좇아서 벌꿀과 개미, 고릴라 사회들을 분석하는 작업 일 뿐만 아니라, 도대체 아무 의식도 없는 존재자들이 포함된 집합체 들에 대한 탐구도 포괄할 것이다. 예를 들면, 연합체의 사회학자는 어 쩌면 다양한 폭풍과 바람이 공기층에 미치는 영향과 더불어 그것들 이 그처럼 두드러지게 복잡한 정합성을 유지해내는 방법을 탐구할 것 이다. 이런 점에서 분자생물학자와 화학자는 연합체의 사회학자들인 데, 그 이유는 그들이 특정한 집합체들이 특정한 행위자들 사이에서 구축되는 방식을 탐구하기 때문이다. 공교롭게도 이들 집합체가 인간 이나 동물로 구성되는 것이 아니라 산소와 수소, 중금속의 원자들로 구성될 따름이다. 평평한 존재론의 목적을 위해 무엇보다도 기억해야 할 중요한 점은 그저 유일한 세계가 존재하지 않는다는 것이 아니라, 오히려 집합체가 구축되어야 한다는 것이다. 게다가 모든 존재자가 여타의 존재자와 관계를 맺고 있는 것은 아니라는 점도 기억해야 하며, 조지 루카스 감독의 〈제국의 역습〉에서 등장한 떠다니는 도시처럼 다른 집합체들과 연관되지 않기에 그것들에 관해 아무것도 모르는 집합체들이 존재한다는 점도 기억해야 한다. 유일한 세계는 존재하지 않는다는 논제, 즉 존재는 유기적이고 조화로운 하나의 총체를 형성하지 않는다는 논제는 우리에게 우리 자신이 여타의 것과 하나이면서 통일되어 있다는 감각을 부여하지 않기에 우울한 가설처럼 보일 것이지만, 한편으로 이 논제는 집합체들의 자유와 희망을 구현한다. 왜냐하면 그것은 우리가 새로운 집합체들을 구축하는 일, 이를테면 전대미문의 기묘한 낯선 존재들을 환영하면서 전례 없는 집합체들을 구축하는 고된 작업에 착수할 수 있다. 다시 말해서, 유일한 전체와 세계는 존재하지 않는다는 이론은 뒤죽박죽의 전제적인 어떤 집합체에서 우리를 해방할 가망이 있을 뿐만 아니라 다른 집합체들을 구축할 가능성도 제공한다. 유일한 세계는 존재하지 않는다는 논제는 그 나름의 방식으로 그리고 고유한 관점에서 부득이한 비판이라기보다는 오히려 우리에게 조성 활동을 권한다.

존재는 평평하다

앞의 여러 장과 절에서 전개된 논의로부터 존재는 평평하다는 결론이 도출된다. 존재의 평평함은 두 가지 근본적인 주장에서 구현된다. 첫째, 4장에서 수행된 객체의 내부에 관한 탐구의 견지에서 살펴보면, 단조로운 인간-세계 간극 혹은 관계는 존재론적으로 어떤 형이상학적 우선권도 갖추고 있지 않음이 명백해진다. 하먼이 서술하는 대로, "객체지향 철학은, 인간이 꽃가루, 산소, 독수리, 혹은 풍차와 맺는 관계는 이들 객체가 서로 주고받는 상호작용과 그 종류가 전혀 다르지 않다고 주장한다."[26] 둘째, 존재자론과 객체지향 철학은 헤테로버스 또는 플루리버스라고 일컬어질 수 있을 것을 확립하는데, 여기서 자연적이든 문화적이든, 물리적이든 인공적이든, 물질적이든 기호적이든 간에 모든 층위의 존재자들은 동등한 존재론적 발판 위에 자리하고 있다. 이언 보고스트가 서술하는 대로, "모든 존재자는 존재한다는 점에서 동등하지만, 모든 존재자가 동등하게 존재하는 것은 아니다."[27] 그러므로 존재자론과 객체지향 철학은 존재를 민주화하는데, 그리하여 주체와 객체 사이, 인간과 세계 사이, 마음과 실재 사이에 형성된 하나의 근본적인 간극을 주장하는 것이 아니라, 인간이 포함되어 있는지 여부에 무관하게, 객체들 사이에 형성된 무한히 많은 간극 혹은 진공을 주장한다. 마찬가지로, 존재자론과 객체지향 철학은 기호적인 것에서 자연적인 것에 이르기까지 복수의 객체 종류를 옹호함으로써 존재를 민주화한다. 평평한 존재론은, 양자 입자들과 같은 한 가지 종류의 객체를 여타의 객체가 근거하고 있고 궁극적으로 환원되는 정말로 실재적인 것으로 여기기보다는 오히려 서로 환원 불가능한 모든 규모의 층위에서 존재하는 객체들의 종류의 다원성을 옹호한다. 다시 말해서, 다양한 규모의 층위들에서 존재하는 다양한 종류의 객체들은 아리스토텔레스가 진정한 일차 실체라고 일컬은 것이다.

---

26. Harman, *Guerrilla Metaphysics*, 1.

27. Ian Bogost, "Materialisms : The Stuff of Things is Many," *Ian Bogost — Video Game Theory, Criticism, Design*, February 21, 2010. ⟨http://www.bogost.com/blog/materialism.shtml⟩에서 입수할 수 있음.

하면이 설득력 있게 주장한 대로, 대략 지난 이백 년 동안 철학은 인간과 세계 사이의 단일한 간극에 사로잡혀서 이 간극을 객체들의 여타 관계와 달리 형이상학적으로 특권적이거나 특별한 것으로 여겼다. 그런데 존재자론과 객체지향 철학의 틀 안에서, 인간-객체 간극은 어떤 특권적 지위를 갖추고 있는 것이 아니라 헤테로버스에 자리하고 있는 많은 간극 중 하나다. 하면이 진술하는 대로,

> 사물들이 현전에서 자신의 어두운 지하의 실재로 물러설 때, 그것들은 인간에게서 멀리 떨어지게 될 뿐만 아니라 또한 서로 멀리 떨어지게 된다. 절대 현시되지 않는, 사물 속에 감춰진 어떤 잉여가 어떤 집이나 나무에 대한 인간의 지각에 영원히 붙어 다닌다면, 바위와 빗방울 사이의 순전한 인과적 상호작용의 경우에도 사정은 마찬가지다.[28]

이로부터 하면은 "칸트 이후 철학의 지배적인 가정과는 대조적으로, 존재론의 진정한 간극은 인간과 세계 사이가 아니라 객체와 관계 사이에 있다"라는 결론을 내린다.[29] 인간과 객체 사이의 간극이 유일한 관계 형식을 구성하기는커녕, 물러서 있음이 객체들 사이의 모든 관계를 특징짓는, 완전히 편재하는 관계 형식이다. 이들 관계에 인간이 포함되는지 여부에 무관하게, 모든 객체는 서로에 대해서 기묘한 낯선 존재다. 게다가 모든 객체는 자신에 대해서도 기묘한 낯선 존재다.

존재자론의 틀 안에서, 모든 객체를 특징짓는 물러서 있음의 편재성은 4장에서 분석된 객체의 조작적 폐쇄성 및 5장에서 분석된 잠재

---

28. Harman, *Tool-Being*, 2.
29. 같은 곳.

적 고유 존재와 국소적 표현 사이의 객체 내 분열에 의거하여 이론화된다. 객체의 조작적 폐쇄성과 관련하여, 인간이든 사회적 객체든 생물학적 객체든 혹은 생명 없는 객체든 간에, 객체들 사이의 관계는 객체들이 결코 서로 직접 접촉하거나 마주칠 수 없는 객체들 사이의 비관계다. 라이프니츠의 창이 없는 모나드처럼, 각각의 객체는 이산적인 실체이거나 독자적인 단위체이기에 결코 직접적인 관계를 맺거나 접촉하지 않는 채로 여타의 객체로부터 물러서 있다. 객체들은 결코 서로 직접 마주치지 않고, 오히려 번역이나 정보로서 서로 관계를 맺을 따름이다. 게다가 정보는 객체들이 전달하거나 교환하는 것이 결코 아니라, 오히려 자신의 고유한 내부 조직과 구분의 함수로서 각각의 객체에 의해 구성된다.

잠재적 고유 존재와 국소적 표현 사이의 분열에서 구현된 객체의 분열적 본성과 관련하여, 우리는 유사하게 물러서 있음의 편재성을 맞닥뜨리게 된다. 객체의 잠재적 고유 존재는 심연처럼 아득하고 깊이 감춰져 있는 것이기에 그 자체는 절대 현시되지 않는다. 잠재적 고유 존재는 성질을 나타내지 않은 채로 조직되며, 그리고 성질 또는 국소적 표현의 현실화를 주재하는 역능과 끌개의 영역을 가리킨다. 잠재적 고유 존재가 철저히 물러서 있고 결코 그 자체는 현시되지 않는 한, 그것은 현실태를 통해서 추론될 수 있을 따름이다. 우리는 오직 국소적 표현과 그 변화를 추적함으로써 객체가 품은 어두운 화산성 역능에 대한 어떤 감각을 얻게 될 뿐이다. 다시 말해서, 우리는 이차 관찰, 즉 어떤 객체가 비관계적 형태로 세계와 관계를 맺는 방식에 대한 관찰을 통해서 그 객체의 가상적 다이어그램 혹은 그 끌개나 역능의 지도를 구성한다. 그런데 모든 국소적 표현이 성질의 형태로 새로운 무언가를 창출하는 한, 이런 다이어그램이 도대체 부분적이고 가상적이며 불완전할 수밖에 없는 이유는, 스피노자가 매우 멋지게 서술하는 대로, 우리는 객체가 무엇을 할 수 있는지 결코 완전히 알지는 못하기 때문이다.

또한 객체의 물러서 있음은 한낱 객체들이 서로 물러서 있음에 불과한 것이 결코 아니다. 물러서 있음은 매우 철저한 비관계의 한 형태이어서 객체들이 서로 물러서 있을 뿐만 아니라 자신으로부터도 물러서 있다. 우리가 앞서 이해한 대로, 모든 객체는 라캉의 분열된 주체 $를 와 유사하다. 한편으로, 모든 객체는 자신의 잠재적 고유 존재에 언제나 붙어 있는 지하의 화산성 핵심을 결코 현실화하지 못한다. 이런 잠재적 영역은 절대 현시되지 않는 매장물이나 잉여물과 같다. 객체는 자체적으로 완전히 현실적이고 자신과 관계를 맺는 다른 객체들에 대해서 물러서 있을 뿐이라기보다는 오히려 자체적으로 물러서 있다. 다른 한편으로, 객체가 자신에 대한 정보를 산출하게 하는 구분이나 조직 자체는 그것을 채택하는 객체에서 물러서 있거나 그 객체에 보이지 않는다. 우리가 앞서 이해한 대로, 모든 구분에는 두 가지 맹점이 반드시 포함되어 있다. 모든 구분은 그 구분의 결과로서 산출되는 무표 공간을 보지 못한다. 루만이 서술하는 대로, 객체는 자신이 볼 수 있는 것만을 볼 수 있을 따름이고 볼 수 없는 것은 볼 수 없다. 게다가 객체는 자신이 그런 것을 보지 못한다는 사실을 알지 못한다. 그런데 추가로, 객체는 자신의 조작적 구분도 보지 못한다. 구분은 단지 관찰되거나 아니면 사용될 수 있을 뿐이지, 결코 관찰되는 동시에 사용될 수는 없다. 객체가 구분을 설정하거나 혹은 다른 객체들과 상호작용할 때, 해당 지시를 가능하게 하는 구분은 철저히 보이지 않게 된다.

물러서 있음이 편재적인 한, 인간-객체 관계를 형이상학적으로 특권적이라고 여길 이유가 전혀 없다. 인간-객체 관계는 어떤 특별한 관계, 어떤 독특한 관계가 아니라, 모든 종류의 객체와 관련이 있는, 훨씬 더 널리 퍼져 있는 존재론적 진실의 부분집합이다. 여기서 요점은, 우리가 인간/객체 관계 혹은 사회/객체 관계에 관한 탐구를 배제해야 한다는 것이 아니라 오히려 이들 분석이 지역적 존재론, 즉 존재론의 특권적 근거 자체가 아닌 어떤 특정한 존재 영역에 대한 분석이라는 것이다. 그러므로 여기서 쟁점은 매우 미묘하다. 그것은 인간과 사회적인 것을 배제하는 것에 관한 물음이 아니라, 그것들이 현대 철학과 이론 안에서 현재 누리고 있는 존재론적 특권의 지위에서 내려오게 하는 것에 관한 물음이다. 이것은 모든 객체가 정확히 같은 방식으로 다른 객체들과 관계를 맺는다는 점을 수반하지 않는다. 사실상, 많은 종류의 객체가 있는 것만큼이나 많은 형태의 번역이 있다. 게다가 4장과 5장에서 분석된 대로 객체가 발달하고 새로운 객체가 출현함에 따라 언제나 새로운 형태의 번역이 생겨난다.

그러므로 존재자론뿐만 아니라, 내가 믿기에, 객체 지향 철학도 제안하는 바는 철학과 이론이 지시하는 유표 공간을 관장하는 구분의 미묘한 이행이다. 객체지향 존재론은, 예를 들면, 자연주의나 과학적 유물론의 이름으로 현상학과 대다수 문화 이론을 배제하거나 근절하려고 하기는커녕, 철학과 이론의 영역 안에서 지시될 수 있는 것을 확대하고자 한다. 그러므로 존재자론과 객체지향 철학은 모든 진영에서 상반되는 반대 의견이 제기되는 처지에 있음을 알게 된다. 문화주의자들은 이들 이론이 인간과 주체, 의미, 기호, 사회적인 것을 부인한다고 선언하는 비판을 제기한다. 자연주의자들은 이들 이론이 사회적 존재자, 기호학적 존재자, 텍스트, 영화, 소설 등을 존재 안에서 실재적이고 자율적인 존재자들로 여기는 흐리멍덩한 사유라고 비난한다.

그런데 두 경우에 모두 객체지향 존재론의 반론은 동일하다. 문화주의자에 대해서 객체지향 존재론이 제기하는 반론의 대상은 인간과 사회적 존재자들이 다른 존재자들을 독자적인 방식으로 번역한다는 논제도 아니고, 인간과 사회적 존재자들이 진정한 존재자들이 아니라는 논제도 아니라, 오히려 인간/세계 또는 사회/세계 간극을 특권화하는 데서 생겨나는 말코비치주의다. 우리가 앞서 이 장의 첫 번째 절에서 이해한 대로, 말코비치주의는 여타의 객체를 인간이 그 위에 자신의 의미와 의도, 기호, 기표를 투사하는 텅 빈 영사막으로 여기는 것에 있다. 말코비치는 나르키소스처럼 다른 객체들에서 단지 자신을 볼 따름인데, 그리하여 객체들에 나름의 고유한 자율성과 존엄성을 부여하지 않는다. 그러므로 문화적 분석의 책략은 우리가 객체라고 여기는 것이 오히려 우리 자신의 소외된 이미지라는 점을 보여주는 데 있다. 객체지향 존재론이 반대하는 것은 인간과 사회가 다른 객체들을 번역한다는 논제도 아니고, 인간과 사회가 자신의 내부에서 '왜곡된' 형태로 객체들을 맞닥뜨릴 뿐이라는 논제도 아니라, 오히려 객체를 소외된 인간의 반영물로 환원하는 문화주의적 경향이다. 확실히 우리는 인간과 사회가 객체들을 번역하는 방식을 탐구할 수 있고, 그리고 탐구해야 한다. 더 전문적인 용어로 서술하면, 우리는 우리 자신의 구분들과 이들 구분이 세계에 대한 우리의 경험을 조직하는 방식을 살펴보는 이차 관찰에 관여해야 한다. 그런데 이런 점을 인정하더라도, 또한 우리는 독자적으로 자율적인 행위자로서의 비인간 행위자를 위한 공간을 만들어 낼 그런 식으로 우리의 구분을 다시 설정해야 하는데, 그리하여 이들 객체는 한낱 인간의 투사물을 위한 수동적 영사막에 불과한 것으로 여겨지지 않고 독자적인 방식으로 세계를 교란하는 것으로 여겨질 수 있게 된다. 다시 말해서, 요점은 탐구될 수 있는 것의 영역을 제한하는 것이 아니라 확대하는 것이다. 그런데 이런 작업은 객체를 우리 구분의 유표 공간에 위치시킴으로써 인간과 사회를 다른 존재자들 사이에 있는 존재자들로 여기는 것이 필요하다.

자연주의자들은, 대조적으로, 객체지향 존재론자들이 유일한 진정한 실재는 물질적이고 물리적인 세계라는 진실을 무시하면서 다양한 심리적 존재자와 문화적 존재자를 실재적 존재자로 여긴다고 비난한다. 대충 서술하면, 자연주의자는 객체지향 존재론이 한낱 환영이나 파생물에 불과한 것을 실재적인 것으로 여긴다고 비난한다. 그러므로 자연주의자의 눈에는 객체지향 존재론이 민족, 집단, 직위, 영화 등과 같은 존재자들을 정말로 실재적인 존재자들로 여기는 한에 있어서 원原문화주의의 일종처럼 보인다. 설상가상으로, 자연주의자는 이들 존재자가 물리적 영역, 물질적 영역, 혹은 자연적 영역으로 환원될 수 없다는 객체지향적 논제에 오싹해진다. 이것은 결국 객체지향 존재론이 신경학, 생물학, 화학, 물리학, 그리고 일단의 다른 '경성 과학'을 거부한다는 논제로 번역되게 된다.

그런데 또다시 요점은 동일하다. 그 목적은 '경성 과학'이 탐구하는 존재자들을 배제하거나 거부하는 것이 아니라, 이들 존재자를 '정말로 실재적인' 존재자들로 여기고 여타의 존재자는 파생적 환영이나 한낱 효과에 불과한 것으로 여기는 위계적 존재 구상을 거부하는 것이다. 여기서 또다시 그 목적은 탐구를 제한하는 것이 아니라, 탐구될 수 있는 것의 영역을 확대하는 것이다. 자연주의와 관련하여, 객체지향 존재론은 문화주의나 사회적 구성주의가 비인간을 문화적 구성물로 부당하게 환원했다는 점에 동의한다. 그런데 사회적 구성주의나 문화주의와 관련하여, 객체지향 존재론은 사회적 및 문화적 존재자들을 한낱 물질적이고 물리적인 것들의 효과에 불과하다고 여기기를 거부한다. 오히려, 객체지향 존재론은 이들 존재자가 그 자체로 정말로 실재적인 존재자들이라고 주장한다. 그러므로 객체지향 존재론이 반대하는 것은 많은 자연주의적 접근법이 표방하는 환원주의다.

그런데 여기서 우리는 조심스럽게 나아가야 한다. 객체지향 존재론은, 비록 미합중국 대법원 판사들이 자신의 뇌를 사용하지 않는 것처럼 종종 보일지라도, 미합중국 대법원 판사가 뇌가 없이는 불가능하다는 점에 쉽게 동의할 수 있다. 요점은 뇌와 미합중국 대법원 판사가 별개라는 것이다. 미합중국 대법원 판사가 뇌로 환원될 수는 없다. 여기서 우리는 부분전체론 및 조작적 폐쇄성에 관한 고찰을 맞닥뜨린다. 얼마간 당혹스러운 표현으로, 우리는 앤터닌 스캘리아가 미합중국 대법원 판사인지 자문할 수 있다. 아무튼 스캘리아가 사기꾼이 아니라면, 처음에 그 대답은 명백히 '그렇다'인 것처럼 보일 것이다. 그런데 존재자론의 틀 안에서는 문제가 그렇게 단순하지 않다. 미합중국 대법원 판사는 어떤 특정한 객체, 즉 미합중국에 속하는 구성요소다. 여타의 객체와 마찬가지로, 이 객체도 조작적으로 닫혀 있기에 단지 자신과 관계할 따름이다. 그리하여 개별적인 심리적 체계로서의 스캘리아는 스캘리아 판사를 하나의 구성요소로서 포함하는 그 객체에 속하지 않고, 오히려 그 객체의 환경에 속한다. 달리 서술하면, 스캘리아는 더 큰 규모의 어떤 특정한 객체 속 구성요소로서의 스캘리아 판사의 환경에 속하는 개별적인 심리적 체계다. 더욱이, 개별적인 심리적 체계로서의 스캘리아 자체가 조작적으로 닫힌 객체인 한, 스캘리아의 뇌는 개별적인 심리적 체계로서의 스캘리아의 환경에 속한다는 결론이 당연히 도출된다. 그런 식으로 스캘리아의 뇌가 개별적인 심리적 체계로서의 스캘리아의 환경에 속하고, 스캘리아가 스캘리아 판사를 하나의 구성요소로서 포함하는 객체의 환경에 속하는 한, 스캘리아의 뇌는 개별적인 심리적 체계로서의 스캘리아를 교란할 수 있을 뿐이고, 그 심리적 체계로서의 스켈리아는 스캘리아 판사를 하나의 구성요소로서 포함하는 사회적 체계나 객체을 교란할 수 있을 뿐이라는 결론이 당연히 도출된다. 다시 말해서, 이들 객체는 각각 자신의 고유한 조작적 폐쇄성에 의거하여 작동하면서 여타 객체에서 비롯되는 교란을 정보로 번역하도록 서로 물러서 있다.

이런 점에서, 스캘리아의 뇌는 스캘리아 판사에 관해 말해줄 것이 거의 없다. 달리 서술하면, 스캘리아 판사는 개별적인 심리적 체계로서의 스캘리아로 환원될 수 없고, 그 개별적인 심리적 체계로서의 스캘리아는 스캘리아의 뇌로 환원될 수 없다. 오히려 우리가 얻게 되는 것은, 소통하지 않는 객체에서 소통하지 않는 객체 — 이들 객체는 각각 서로 환원될 수 없다 — 로 불꽃이 도약하는, 고압이 걸린 야곱의 사다리와 유사한 것이다. 여기서 나는, 내가 온갖 종류의 불가사의한 실체가 매우 다양한 유령처럼 자리하고 있는 철저히 몽매주의적인 우주를 제시한다고 항의하는 자연주의자를 상상한다. 그런데 내가 스캘리아는 비물질적인 영혼이라고 주장하고 있는 것은 아니지 않는가? 그리고 개체에 대하여 비물질적인 영혼을 상정하는 것이 그다지 문제가 없을지라도, 내가 집단, 사회, 직위 등과 같은 훨씬 더 기묘한 객체들을 가정함으로써 현존하는 영혼의 종류를 증식한 것은 아니지 않는가? 내가 존재론적 절약이 부족하다고 오컴이 자신의 무덤에서 돌아눕고 있지는 않지 않는가?

그런데 나는 이미 내가 구조의 존재론을 다룬 5장의 세 번째 절에서 이런 비판에 대응하기 위한 자원을 개발했다. 창발적 존재자는 사실상 가장 작은 규모의 존재자로 환원될 수 없지만, 이런 사실이 창발적 존재자가 모든 물리 법칙이나 물질적 실재에 어긋난다는 점을 수반하지는 않는다. 우리가 앞서 5장의 세 번째 절에서 이해한 대로, 구조를 규정하는 특질은 어떤 존재자나 체계의 내부구조를 구성하는 요소들 사이의 관계들이 제한되는 방식에 있다. 물리 법칙과 신경학의 발견 결과가 구성요소들 사이의 관계들이 이런 특정한 방식으로 제약되거나 조직되는 이유를 자체적으로 설명할 수는 없지만, 이런 제약과 관련된 어떤 것도 물리 법칙이나 신경학의 발견 결과에 어긋나지 않는다. 규모가 더 큰 객체들의 환원 불가능성을 설명하는 것은 바로 제약 혹은 구조의 이런 본성이다. 프로테비는 인과성과 창발에 관해 뛰어나게 논의하면서 다음과 같이 서술한다.

창발이라는 개념은 호혜적이거나 순환적인 인과성을 수반한다. 상향식 인과성은 체계에 집중된 능력의 창발이고(어떤 체계의 부분들은 그 개별적 부분들이 갖추고 있지 않은 그 체계의 역량을 제공하는 그런 식으로 작용한다), 하향식 인과성은 체계적 역량을 가능하게 하는 성분 부분들에 대한 제약이다(전체는 이제 축소된 행위의 장을 갖는 자신의 부분들에 영향력을 행사한다).[30]

창발과 더불어, 더 큰 규모의 객체는 오직 그것의 고유한 조직에 의거하여 설명될 수 있을 뿐인 독자적인 삶을 획득한다. 그런 객체는 자신의 고유한 구성요소들을 통해서 그 구성요소들을 조성하기 시작한다. 여기서 상향식 인과성은 어떤 객체의 구성요소들이 그 객체를 산출하는 방식을 가리키는 반면에, 하향식 인과성은 그 객체가 자신의 구성요소들을 제약하고 조직하는 방식을 가리킨다. 여기서 우리

---

30. John Protevi, *Political Affect* (Minneapolis : University of Minnesota Press, 2009), 9.

가 얻게 되는 것은, 더 작은 규모의 객체들에 의존하지만 이들 객체로 설명되지 않는, 각각의 객체에 고유한, 체계 특정적인 인과성이다.

이들 소견과 더불어, 이제 우리는 존재자론과 객체지향 철학이 옹호하는 평평한 존재론의 헤테로버스 특질을 맞닥뜨리게 된다. 정말로 실재적인 것을 구성하는, 아원자 입자들 같은 한 가지 종류의 객체 대신에, 우리는 쿼크에서 곰벌레를 거쳐 생태계, 집단, 기관, 사회, 인간, 부리토 등에 이르기까지 다양한 종류의 자율적이고 환원 불가능한 객체들의 헤테로버스를 얻게 된다. 송곳은 인간이 제작했다는 이유로 줄기 두꺼비보다 덜 실재적이지 않고, 기관 혹은 집단은 비물질적이라는 이유로 덜 실재적인 것도 아니다. 송곳은 그것이 사회의 틀 안에서 현존하는 한에 있어서 송곳일 따름이라는 주장이 제기될 수 있을 것이다. 어쩌면 이 주장은 참일 것이지만, 어떤 국소적 표현이 취하는 특정한 형태는 부분적으로 구조적 접속과 끌개 체제에 의존한다는 점을 우리가 이해한 5장의 첫 번째 절에서 탐구된 여타의 끌개 체제와 그것이 무슨 차이가 있는가? 어떤 가학성 과학자가 줄기 두꺼비를 산소가 없는 유리 상자 속에 넣으면, 이 줄기 두꺼비는 생명과 관련된 성질들을 국소적으로 표현할 수 있는 역량을 매우 빨리 상실한다. 송곳이 사회로부터 격리되면, 그것은 나무나 가죽에 구멍을 낼 수 있는 역능을 더는 국소적으로 표현할 수 없다. 이들 사례에서 폐기된 것은 존재자 자체가 아니라 오히려 존재자가 어떤 특정한 방식으로 자신을 국소적으로 표현할 수 있는 능력이다. 물론, 두꺼비의 경우에는 엔트로피가 꽤 빨리 상승하기 시작한다. 그런데 또다시, 두꺼비가 소생될 수 있는 사례가 많이 있는 것처럼 보인다는 점에서, 특정한 구조적 접속의 부재에서 생겨나는 국소적 표현의 이런 특정한 제한이 반드시 비가역적이지는 않은 것처럼 보인다.

이처럼 다양한 객체의 헤테로버스와 더불어, 우리는 이 장의 두 번째 절에서 논의된 집합체라는 개념과 사회라는 개념이 정말로 얼마나 많이 서로 다른지 이해하기 시작한다. 사회라는 개념을 조직하는 구분은 주체성, 기호, 의미, 서사, 텍스트, 담론, 권력, 사회적 힘 등에 주목하도록 이끈다. 반면에, 집합체라는 개념은 네트워크나 회집체 속에서 특정한 방식으로 서로 교란하고 번역하는 매우 다양한 행위자 ─ 인간이든 비인간이든 간에 ─ 에 주목하도록 이끈다. 의심할 바 없이, 『카오스모제』에서 과타리가 추구한 것은 바로 이와 같은 것이다. 과타리가 서술하는 대로,

> 대중 매체, 정보과학, 텔레매틱스, 로봇공학의 기호학적 생산을 심리학적 주체성에서 분리해야 하는가? 나는 그렇게 생각하지 않는다. 사회적 기계들이 집단적 장비라는 일반 명칭 아래 묶일 수 있는 것과 꼭 마찬가지로, 정보와 통신의 기술적 기계들도 인간 주체성의 핵심에서 작동하는데, 인간의 기억과 지능 속에서 작동할 뿐만 아니라 인간의 감성과 정동, 무의식적인 환상 속에서도 작동한다. 우리는 주체성을 재정의하려고 시도하면서 주체화의 이런 기계적 차원을 인식함으로써 주체성을 산출하는 성분들의 이질성을 강조하게 된다. 그러므로 그런 이질적인 성분들에는 다음과 같은 것들이 속한다. 1. 가족, 교육, 환경, 종교, 예술, 스포츠에서 나타나는 기표적인 기호학적 성분들…. 2. 매체 산업, 영화 등에 의해 구축된 구성요소들. 3. 정보적 기호 기계들을 움직이게 할 뿐만 아니라, 또한 그 기계들이 의미 효과와 함의를 산출하고 전달하기에 철저히 언어적인 공리계에서 벗어난다는 사실과 병행하여 혹은 독립적으로 작동하는 비기표적 기호학적 차원들.[31]

과타리는 주체에서 기호와 기술, 집단, 기관에 이르기까지 다양한 행위자나 객체가 대단히 복잡한 방식으로 상호작용하는 집합체에 관한 분석을 구상하는 것처럼 보인다. 물론 우리는, 도로, 전력선, 인터넷 연결, 날씨 패턴, 줄기 두꺼비, 항해하는 선박과 카누, H1N1 바이러스와 일단의 다른 객체의 유무를 과타리의 목록에 추가할 수 있을 것이다. 이런 존재자들이 모두 인간의 기호와 의도를 위한 영사막에 불과한 것이라기보다는 오히려 전면적인 행위자라는 바로 그 의미에서 과타리의 존재론은 평평하다. 그리고 물론, 토성 대기의 경우에 그런 것처럼, 집합체는 순전히 비인간 객체일 수 있기에 기호나 인간을 반드시 포함할 필요는 없다.

여기서 인간주의적 상관주의자들이 객체지향 존재론은 기술 결정론이자 환경 결정론이라고 비난하는 외침을 듣는 것은 이례적이지 않다. 내가 보기에, 이것은 불공정한 비판이다. 아무튼 프라이팬이나 어떤 유사한 요리 도구가 없다면 달걀을 튀길 수 없다고 지적하는 것은 프라이팬이 사람들이 달걀을 튀기도록 결정한다는 논제와 동등해진다. 아무튼 중국의 고립된 내륙에 석탄이 풍부하게 매장된 지역이 있는 상황이 중국이 산업혁명을 개시하지 못한 사태에 대한 원인으로 작용했다고 지적하는 것은 이런 고립성이 중국 문화가 취한 형태를 결정했다는 주장으로 전환된다. 이렇게 해서 인간의 자유에 대한 모든 제한뿐만 아니라 의미와 서사, 기표, 담론 이외의 행위자들에 대한 모든 환기는, 그것들이 인간은 존재자들의 중심에 있기보다는 오히려 다른 존재자들 사이에 있을 따름이라고 시사한다는 점에서, 의

---

31. Felix Guattari, *Chaosmosis,* trans. Paul Bains and Julian Pefanis (Bloomington : Indiana University Press, 1995), 4. [펠릭스 가타리, 『카오스모제』, 윤수종 옮김, 동문선, 2003.]

구심이 가득한 응대를 받게 된다. 그리하여 비인간 존재자는 단지 인간의 영사막, 인간이 자신의 의도와 기법을 통해서 형상을 부여하는 수동적인 것에 지나지 않고, 세계는 단지 우리 자신의 소외된 반영에 지나지 않는다. 그런 구상은 말코비치주의의 정점이다.

철학의 목적은 세계를 표상하는 것이 아니라 오히려 세계를 변화시키는 것이라는 맑스의 신조를 적어도 암묵적으로나마 고수하는, 내용 중심의 문화적 비판이 수십 년 동안 제기된 후에도, 그런 문화적 비판이 바람직한 변화를 산출하는 데 상당히 성공적이지 못한 것으로 여겨진다는 사실을 문화적 비판 이론이 인식하지 못하는 것처럼 보인다는 것은 특이하다. 여기서 사회 및 정치 이론가들이 이런 변화의 부재 현상이 어쩌면 의미와 기표, 기호, 서사, 담론이 전체적인 이야기가 아님을 시사한다는 것을 깨닫게 될 것이라고 누구나 생각할 것이다. 인간과 비인간의 집합체들에서 어떤 역할을 수행하는 이들 기호적 행위자에 덧붙여, 인간 집합체들에서 비인간 행위자들이 수행하는 역할과 그것들이 현존의 가능성을 제한하는 데 수행하는 역할에 더 큰 주의가 기울어질 것이라고 누구나 생각할 것이다. 그런 식으로 이들 비인간 행위자에 주목함으로써 집합체들을 새로운 끌림 유역으로 밀어 넣을 조성의 전략을 생각하기 위한 자원을 확보하게 될 것이다. 어떤 마을에 우물이 있는지 여부, 어떤 도시에 다른 도시들에 접근할 수 있게 하는 도로가 있는지 여부, 그리고 사람들에게 대안적 형태의 직업과 교통수단이 있는지 여부가 집합체들이 취하는 형태를 결정하는 데 두드러진 역할을 수행할 수 있다. 그런데 대다수 현대 문화 이론에서는 이들 종류의 행위자들이 거의 전적으로 보이지 않는데, 그 이유는 이론의 유표 공간이 기호적인 것들을 중심으로 전개되기에 비인간 행위자들이 사유와 사회적 개입의 무표 공간에 자리하게 되기 때문이다.

그런데 이들 비판을 제쳐놓고서, 더 근본적인 존재론적 논점은 객체들이 다른 객체들에 의해 결정될 수 없다는 바로 그 이유로 인해 기술 결정론이나 환경 결정론과 관련된 물음이 제기될 수 없다는 것이다. 모든 객체가 서로 물러서 있는 한, 객체들이 단지 선택적으로 그리고 자신의 고유한 구분이나 조직을 통해서 자신의 환경과 관계할 따름인 한, 객체들이 서로 결정한다는 것과 관련된 물음은 제기될 수 없다. 인간의 경우에도 사정은 마찬가지다. 한 객체가 다른 한 객체에 최대로 행할 수 있는 일은 그것을 교란하는 것인데, 객체가 자신의 환경과 단지 선택적으로 관계할 뿐이어서 그것이 전적으로 보지 못하는 것이 많이 있기에 교란하는 일도 언제나 시행되는 것은 아니다. 이런 점에서, 한 객체가 다른 한 객체에 대응하는 방식은 언제나 고도의 창의성을 구현한다.

여러 가지 면에서, 존재자론 전체는 평평한 존재론의 네 가지 논제로 귀결된다. 존재자론은 객체들의 민주주의를 구성하는 평평한 존재론이다. 그런데 이런 객체들의 민주주의는 모든 객체가 여타의 객체 또는 집합체에 동등하게 이바지한다는 논제에 해당하지 않는다. 곰벌레가 인간이 포함된 집합체에 거의 혹은 전혀 이바지하지 않는다는 것은 확실하다. 그리하여 여기서 나는, 모든 객체는 존재한다는 점에서 동등하지만 모든 객체가 동등하게 존재하는 것은 아니라는 이언 보고스트의 논제로 돌아간다. 존재자들은 다른 객체들을 더 많이 교란하거나 더 적게 교란한다. 존재자들은 다양한 집합체에서 더 큰 역할을 수행하거나 더 작은 역할을 수행한다. 어떤 존재자들은 다른 객체들을 전혀 교란하지 않음이 틀림없으며, 그리고 1장에서 논의된 로이 바스카의 사례에서 이해된 대로, 어떤 객체들은 휴면 상태에 있다.

평평한 존재론은 모든 객체가 동등하게 이바지한다는 논제가 아니라, 존재한다는 점에서 모든 객체가 동등하다는 논제다. 그러므로 존재론적 평등주의로서의 평평한 존재론이 거부하는 것은 어떤 객체든지 그것을 한낱 또 다른 객체의 구성물에 불과한 것으로 여기면서 삭제하는 행위다.

내가 이 책의 저자라고 주장할 수 있을까? 나는, 철학자 – 내가 그렇다면 – 가 전형적으로 보여주는 불만스러운 방식으로, 그것은 저자의 자격이 무엇인지에 달려 있다고 응답할 수 있을 따름이다. 여러 달에 걸쳐 내가 낱말들을 자판기로 입력하고 『객체들의 민주주의』의 다양한 원고를 편집한 것은 확실하다. 그런데 여기서 내가 전개하는 존재론에 일말의 진실이 있다면, 모든 객체는 객체들의 집단이기도 하다. 더욱이, 이 책을 쓰게 된 환경과 더불어 이 책을 저술한 방식으로 인해 그런 점이 특히 사실이게 된다. 이 책은 내가 그것을 구상하기도 전에 문학 이론가이자 매체 이론가인 멜라니 도허티와 나 자신의 만남의 결과로서 이미 생성되고 있었다. 나는 대략 팔 년 전에 나 자신의 라캉주의 시기가 최고조에 이르렀던 이례적인 환경 아래서 도허티를 만났는데, 당시에 나는 언어적 및 수사학적 전회에 완전히 휩싸여서 기표의 송가를 끊임없이 노래했다. 그 만남의 결과로 깊고 생산적인 우정이 오늘날까지 이어지고 있다. 도허티는 내가 기표와 기호에 집중하는 점에 대해 끊임없이 이의를 제기했는데, 그리하여 이런 것들이 어떤 역할을 수행함을 인정하면서도 내가 비기호적이고 물질적인 것들이 사회적 관계를 형성하는 데 수행하는 역할에 주의를 기울이게 하였다. 도허티는, 마치 자신이 앨리스Alice의 화신인 것처럼, 라투르, 옹, 키틀러, 해러웨이, [마셜] 매클루언, 맑스를 비롯한 일단의 사상가의 토끼 굴 속으로 나를 내려보내는 한편으로 수학과 과학, 신경학, 생물학의 특이성도 강조하였다. 나는 여전히 단호한 라캉주의자이지만 — 모든 세미나를 애써 독파하였고, 분석을 겪었으며, 한동안 몸소 실습했던 내가 어떻게 그렇지 않을 수가 있겠는가? — 내가 애초에 부각했던 그런 형태로 나 자신의 라캉주의를 더는 유지할 수 없음을 점진적으로 깨달았고, 따라서 도허티가 제기한 논점들을 고려할 수 있는, (나에게) 새로운 존재론을 전개하는 일에 착수했어야 했다. 나는 도허티의 "그러나! 그러나! 그러나!"라는 끊임없는 이의 제기를 진정시키는 방법을 찾아냈어야 했는데, 그 이후로 줄곧 도허티가 나의 새롭게 전개된 존재론에 응하여 "그러나!"라고 물을 기회를 찾는 비판적 사상가와 동등함을 깨닫게 되었다. 바디우는 사건과 그것에서 비롯되는 진리 절차를 언급하고, 들뢰즈는 만남과 그것이 불러일으키는 발명을 언급한다. 도허티는 나의 사유에 있어서 끝없는 발명의 원천이자 하나의 사건, 만남, 진리 절차다. 도허티는 이 책의 저자로서의 영예를 나만큼 받을 자격이 있다. 내가 도허티의 사유와 관련하여 "그러나!"라고 이의를 제기할 기회를 가질 수 있도록 그가 곧 저술하기 시작하기를 나는 열렬히 바란다.

그다음에 거의 삼 년 전에 그레이엄 하먼과 나의 만남이 있었다. 나는 『사변적 전회』의 세 번째 편집자 역할을 맡아달라고 부탁하기 위해 처음으로 하먼과 접촉했는데, 그는 원고들을 수집하고 닉 서르닉과 내가 다양한 출판사와 접촉하는 데 필요한 도움을 부지런히 제공했다. 그 당시에 나는 하먼의 존재론에 관해 거의 알지 못했고, 그의 저작을 그다지 읽지 않았으며(어쨌든 라이벌 대학에서 박사학위를 받지 않았는가!), 그리고 그가 일반적으로 좀 수상하다고 여겼었는데, 이것은 투사적 동일시의 결과였을 것이다. 그다음 두 주에 걸쳐 우리 둘 사이에는 매우 우호적이지만 격렬한 이메일 토론이 벌어졌는데, 나는 들뢰즈주의적인 관계적 일원론 시각에서 주장하였고, 하먼은 객체지향 철학의 입장에서 주장하면서 실체의 현존과 더불어 실체의 관계로부터의 자율성도 옹호했다. 그 논쟁이 끝나고서 나는 바뀌게 되었는데, 결국 나는 관계와 독립적인 실체를 위한 여지가 있는 틀 안에서 나의 사유 전체를 재편할 필요성을 깨달았다. 이어지는 이 책의 모든 페이지는 하먼의 작업에 의해 고무되었고, 그리하여 그가 나의 사유에 영향을 미친 모든 방식을 인용하는 것은 불가능하다.

『객체들의 민주주의』에서 전개되는 수많은 개념과 논증 노선은 애초에 〈라발 서브젝츠〉Larval Subjects라는 나의 블로그에서 전개되었고, 나는 그런 논의들에 즐겁게 참여한 사람들에게 깊은 감사의 빚을 지고 있다. 나 자신과 매우 유사한 동시에 매우 이질적인 존재론적 본능과 생태학적 공감을 갖춘 애드리언 이바키프는 과정-관계적 시각에서 끊임없이 나에게 이의를 제기함으로써 나의 논증과 개념들을 더 좋게 연마하도록 견인했다. 나의 주장을 더 좋게 부각하지 않을 수 없게 만든 크리스토퍼 비테일의 관여에 대해서도 사정은 마찬가지다. 이언 보고스트의 단위조작 존재론 역시 나의 사유에 깊은 영향을 미쳤다. 조지프 C. 굿선은 종종 객체지향 존재론을 나 자신보다 더 잘 이해했으며, 그리고 내가 아직 이해하지 못했던, 급성장하는 이 존재론에 대한 통찰을 끊임없이 나에게 제공했다. 애덤 코츠코, 크레이그 맥팔레인, 그리고 앤서니 폴 스미스는 모두 나의 사유가 진화하도록 부추긴, 때때로 고통스럽지만 유익한 비판을 제기하였다. 폴 베인스는 십 년이 넘도록 내가 철학사에서의 전통과 사상가들에게 주목하게 했는데, 특히 자기생산 이론과 퍼스의 기호학을 나에게 소개했다. 알렉스 라이드와 네이선 게일은 수사학과 작문 연구의 영역에서 비롯된 끝없는 영감을 나에게 제공했다. 더욱이, 〈아카이브 파이어〉Archive Fire라는 블로그를 운영하는 마이클Michael은 민족지학의 영역으로부터 줄곧 나를 공정하게 만들었다. 스티븐 샤비로는 나에게 끊임없는 계몽의 원천이었고, 관계와 사건에 관하여 그가 그레이엄 하먼과 벌인 논쟁에서 나 자신의 사유에 이의를 제기했다. 나도 언젠가는 샤비로만큼 도량이 넓어지기를 열망한다. 제레미 트롬블리는 민족지학의 방향에서 유사한 영감을 제공했다. 마찬가지로, 다변의 피터 올펜데일은 내가 나에게 이질적인 어떤 틀 안에서 논증과 개념들을 다듬지 않을 수 없게 만들었는데, 바라건대 나의 주장이 그렇지 않았을 때보다도 더 뚜렷해졌으면 좋겠다. 마지막으로, 악마와 같은 재능을 지닌 소설가 프랜시스 메이드슨과 숭고한 시인 제이콥 러셀로부터 내가 이끌어낸 심원한 영감을 언급하지 않는다면 나는 성의가 없는 사람일 것이다. 나는 어쩌면 언젠가는 그들의 예술 수준까지 향상할 것이지만 당분간은 개념의 세계에서 묵묵히 나아갈 것이다. 만약에 내가 이들을 맞닥뜨리지 않았더라면 이 책은 이런 책 — 그들이 투입한 시간과 생각이 기여한 바에 제대로 부응하지는 못했더라도 — 이 되었을까? 이 객체가 이런 환경에서 구성되었다는 사실을 참작하면, 나를 일종의 속기사로서 기능하게 한 그들 역시 어떻게 저자가 아닌지 나는 이해하기 어렵다.

　존 코그번, 티모시 모턴, 그리고 마이클 플라워는 이 책의 초기 판본들에 대한 매우 값진 편집상의 비판과 철학적 비판을 제시했다. 마이클 플라워는 이 텍스트를 편집하는 단조로운 업무에 관여했을 뿐만 아니라 다수의 도표도 제작하였다. 거의 이십 년 전부터 친구였지만 최근에서야 내가 영광스럽게도 다시 알게 된 존 코그번은 나 자신의 배경에 매우 낯선 철학적 성향에서 비롯된 적절한 비판과 편집상의 논평을 제시했다. 나는 엄청나게 운이 좋게도 코그번과 우정을 쌓게 되었으며, 그리고 앞으로 그 자신의 사유가 어떻게 전개될지 몹시 기대한다. 올해에 들어서야 비로소 나는 티모시 모턴을 알게 된 즐거움을 누렸는데, 짧은 기간의 만남에도 불구하고 그는 대단히 유익한 편집상의 조언을 관대하게 제시했을 뿐만 아니라 이어지는 텍스트에서 전개되는 개념들에도 깊은 영향을 미쳤다. 칼턴 클라크와 티모시 리처드슨은 둘 다 이 책의 주요 주장들을 둘러싸고 나와 오랫동안 나눈 두서없는 대화를 견디어 내면서 나의 논증과 대화를 개선할 탁월한 의견들을 제안했다.

나중에 『차이와 소여』라는 책으로 출판된 나의 박사학위 논문을 지도한 앤드루 커트로펠로는 철학사의 자료로부터 새로운 철학을 산출하도록 철학을 창조적으로 독해하는 방법을 나에게 가르쳐주었다. 커트로펠로는 나에게 엄밀성과 세심한 논변의 정신도 심어주었다. 그가 나에게 준 영향과 교훈은 이 책 전체에 걸쳐서 지속한다. 마지막으로 나의 아내 앤젤라Angela와 딸에게 감사하고 싶은데, 그 두 사람은 내가 이 책을 저술하는 동안 인내심을 갖고 지켜보면서 그 프로젝트를 뒷받침했다.

책은 일단의 사람으로부터 생겨나서 이들의 흔적이 종종 사라지는 하나의 통일체가 된다. 나는 이 텍스트를 구성하는 데 있어서 나를 도와준 모든 사람에게 큰 감사의 마음을 겸손하게 전한다.

Alexander, Samuel, *Space, Time, and Deity*, Vol 1 (London : Adamant Media Corporation, 2007).

Althusser, Louis, *Lenin and Philosophy and Other Essays*, trans. Ben Brewster (New York : Monthly Review Press, 2001). [루이 알뛰세, 『레닌과 철학』, 이진수 옮김, 백의, 1991.]

_____, *Philosophy of the Encounter : Later Writings, 1978-1987*, eds. Oliver Corpet François Matheron, trans. G.M. Goshgarian (London : Verso, 2006).

Althusser, Louis and Étienne Balibar, *Reading Capital*, trans. Ben Brewster (New York : Verso, 2009). [알 뛰세르 루이, 『자본론을 읽는다』, 김진엽 옮김, 두레, 1991.]

Anderson, Benedict, *Imagined Communities* (New York : Verso, 2006). [베네딕트 앤더슨, 『상상된 공동체』, 서지원 옮김, 길, 2018.]

Aristotle, *The Complete Works of Aristotle*, Vol 1 & 2, ed. Jonathan Barnes (Princeton : Princeton University Press, 1984).

Badiou, Alain, *Being and Event*, trans. Oliver Feltham (New York : Continuum, 2005). [알랭 바디우, 『존재와 사건』, 조형준 옮김, 새물결, 2013.]

_____, *Logics of Worlds : Being and Event II*, trans. Alberto Toscano (New York : Continuum, 2009).

Bains, Paul, *The Primacy of Semiosis : An Ontology of Relations* (Toronto : University of Toronto Press, 2006).

Barad, Karen, *Meeting the Universe Halfway : Quantum Physics and the Entanglement of Matter and Meaning* (Durham : Duke University Press, 2007).

Bateson, Gregory, *Mind and Nature : A Necessary Unity* (Cresskill : Hampton Press Inc., 2002). [그레고리 베이트슨, 『정신과 자연』, 박지동 옮김, 까치, 1990.]

_____, *Steps to an Ecology of Mind* (Chicago : University of Chicago Press, 2000). [그레고리 베이트슨, 『마음의 생태학』, 박대식 옮김, 책세상, 2006.]

Bechmann, Gotthard and Nico Stehr, "The Legacy of Niklas Luhmann," *Society*, vol. 39 (2002) : 67~75.

Bennett, Jane, *Vibrant Matter : A Political Ecology of Things* (Durham : Duke University Press, 2010). [제인 베넷, 『생동하는 물질 : 사물에 대한 정치생태학』, 문성재 옮김, 현실문화, 2020.]

Berger, Peter L. and Thomas Luckmann, *The Social Construction of Reality : A Treatise in the Sociology of Knowledge* (New York : Anchor Books, 1967). [피터 L. 버거・토마스 루크만, 『실재의 사회적 구성 : 지식 사회학 논고』, 하홍규 옮김, 문학과지성사, 2014.]

Bergson, Henri, *Matter and Memory*, trans. Nancy Margaret Paul (New York : Zone Books, 1991). [앙리 베르그손, 『물질과 기억』, 박종원 옮김, 아카넷, 2005.]

Bhaskar, Roy, *The Possibility of Naturalism : A Philosophical Critique of Contemporary Human Sciences* (New York : Routledge, 1998).

_____, *A Realist Theory of Science* (New York : Routledge, 2008).

_____, *Scientific Realism and Human Emancipation*, (New York : Routledge, 2009).

Bogost, Ian, "Materialisms : The Stuff of Things is Many," in *Ian Bogost—Video Game Theory, Criticism, Design*, February 21, 2010. 〈http://www.bogost.com/blog/materialism.shtml〉에서 입수할 수 있음.

_____, *Persuasive Games : The Expressive Power of Videogames* (Cambridge : MIT Press, 2007).

_____, *Unit Operations : An Approach to Videogame Criticism* (Cambridge : MIT Press, 2006).

Bonta, Mark and John Protevi, *Deleuze and Geophilosophy : A Guide and Glossary* (Edinburgh : Edinburgh University Press, 2004).

Bourdieu, Pierre, *Pascalian Meditations*, trans. Richard Nice (Stanford : Stanford University Press, 2000). [피에르 부르디외, 『파스칼적 명상』, 김웅권 옮김, 동문선, 2001.]

Brassier, Ray, Iain Hamilton Grant, Graham Harman, and Quentin Meillassoux, "Speculative Realism," *Collapse*, vol. III (Falmouth : Athenaeum Press, 2007).

Braudel, Fernand, *The Structures of Everyday Life : Civilization & Capitalism*, Vol. I, trans. Siân Reynolds (New York : Harper & Row, 1981). [페르낭 브로델, 『물질문명과 자본주의 I : 일상생활의 구조 상 · 하』, 주경철 옮김, 까치, 1995.]

_____, *The Wheels of Commerce : Civilization & Capitalism*, Vol. II, trans. Siân Reynolds (New York : Harper & Row, 1982). [페르낭 브로델, 『물질문명과 자본주의 II : 교환의 세계 상 · 하』, 주경철 옮김, 까치, 1996.]

_____, *The Perspective of the World : Civilization & Capitalism*, Vol. III, trans. Siân Reynolds (New York : Harper & Row, 1984). [페르낭 브로델, 『물질문명과 자본주의 III : 세계의 시간 상 · 하』, 주경철 옮김, 까치, 1997.]

Bryant, Levi R., *Difference and Givenness : Deleuze's Transcendental Empiricism and the Ontology of Immanence* (Evanston : Northwestern University Press, 2008).

_____, "Žižek's New Universe of Discourse : Politics and the Discourse of the Capitalist," *International Journal of Žižek Studies*, vol. 2, no. 4 (2008).

Burke, Kenneth, *A Grammar of Motives* (Berkeley : University of California Press, 1969).

Conner, Steven, "Topologies : Michel Serres and the Shapes of Thought," *Anglistik*, vol. 15 (2004) : 105~17.

Dawkins, Richard, *The God Delusion* (New York : Houghton and Mifflin, 2008). [리처드 도킨스, 『만들어진 신』, 이한음 옮김, 김영사, 2007.]

DeLanda, Manuel, *A Thousand Years of Nonlinear History* (Cambridge : MIT Press, 2000).

_____, *Intensive Science and Virtual Philosophy* (New York : Continuum, 2005). [마누엘 데란다, 『강도의 과학과 잠재성의 철학 : 잠재성에서 현실성으로』, 김영범 · 이정우 옮김, 그린비, 2009.]

_____, *A New Philosophy of Society : Assemblage Theory and Social Complexity* (New York : Continuum, 2006). [마누엘 데란다, 『새로운 사회철학 : 배치 이론과 사회적 복합성』, 김영범 옮김, 그린비, 2019.]

Deleuze, Gilles, *Cinema 1 : The Movement-Image*, trans. Hugh Tomlinson and Barbara Habberjam (Minneapolis : University of Minnesota Press, 1986). [질 들뢰즈, 『시네마 1 : 운동-이미지』, 유진상 옮김, 시각과언어, 2002.]

_____, *Bergsonism*, trans. Hugh Tomlinson and Barbara Habberjam (New York : Zone Books, 1991). [질 들뢰즈, 『베르그송주의』, 김재인 옮김, 문학과지성사, 1996.]

_____, *Difference and Repetition*, trans. Paul Patton (New York : Columbia University Press, 1995). [질 들뢰즈, 『차이와 반복』, 김상환 옮김, 민음사, 2004.]

_____, *Empiricism and Subjectivity*, trans. Constantin V. Boundas (New York : Columbia University Press, 1991). [질 들뢰즈, 『경험주의와 주체성』, 한정헌 · 정유경 옮김, 난장, 2012.]

_____, "Immanence : A Life," trans. Nick Millet, *Theory, Culture & Society — Explorations in Critical Social Science*, vol. 14, no. 2 (1995). [질 들뢰즈, 「내재성 : 하나의 삶」, 조정환 옮김, 『자율평론』 15호, 자율평론편집위원회, 2006, 〈https://bit.ly/3fBTFGN〉.]

_____, *The Logic of Sense*, trans. Mark Lester and Charles Stivale (New York : Columbia University Press, 1990). [질 들뢰즈, 『의미의 논리』, 이정우 옮김, 한길사, 1999.]

_____, *Negotiations*, trans. Martin Joughin (New York : Columbia University Press, 1995).

_____, *Nietzsche and Philosophy*, trans. Hugh Tomlinson (New York : Columbia University Press, 2006). [질 들뢰즈, 『니체와 철학』, 이경신 옮김, 민음사, 2001.]

_____, *Proust and Signs : The Complete Text*, trans. Richard Howard (Minneapolis : University of Minnesota Press, 2000). [질 들뢰즈, 『프루스트와 기호들』, 서동욱 · 이충민 옮김, 민음사, 2004.]

_____, *Two Regimes of Madness : Texts and Interviews 1975-1995*, trans. Ames Hodges and Mike Taormina

(New York : Semiotext(e), 2006).

Deleuze, Gilles and Félix Guattari, *Anti-Oedipus : Capitalism and Schizophrenia*, trans. Robert Hurley, Mark Seem, and Helen R. Lane (Minneapolis : University of Minnesota Press, 1983). [질 들뢰즈·펠릭스 과타리, 『안티 오이디푸스 : 자본주의와 분열증』, 김재인 옮김, 민음사, 2014.]

_____, *A Thousand Plateaus : Capitalism and Schizophrenia*, trans. Brian Massumi (Minneapolis : University of Minnesota Press, 1987). [질 들뢰즈·펠릭스 가타리, 『천 개의 고원 : 자본주의와 분열증 2』, 김재인 옮김, 새물결, 2001.]

_____, *What Is Philosophy*, trans. Hugh Tomlinson and Graham Burchell (New York : Columbia University Press, 1996). [질 들뢰즈·펠릭스 가타리, 『철학이란 무엇인가』, 이정임·윤정임 옮김, 현대미학사, 1995.]

Deleuze, Gilles and Claire Parnet, *Dialogues*, trans. Hugh Tomlinson and Barbara Habberjam (New York : Columbia University Press, 1987).

Descartes, René, *Discourse on Method and Meditations on First Philosophy : Fourth Edition*, trans. Donald A. Cress (Indianapolis : Hackett Publishing Company, 1998). [르네 데카르트, 『데카르트 연구 : 방법서설·성찰』, 최명관 옮김, 창, 2010.]

Diamond, Jared, *Guns, Germs, and Steel : The Fates of Human Societies* (New York : W.W. Norton, 2005). [제레드 다이아몬드, 『총 균 쇠 : 무기, 병균, 금속은 인류의 문명을 어떻게 바꿨는가』, 김진준 옮김, 문학사상사, 2013.]

_____, *Collapse : How Societies Choose to Fail or Succeed* (New York : Penguin Books, 2005). [제레드 다이아몬드, 『문명의 붕괴』, 강주헌 옮김, 김영사, 2005.]

Fink, Bruce, *A Clinical Introduction to Lacanian Psychoanalysis : Theory and Technique* (Cambridge : Harvard University Press, 1997). [브루스 핑크, 『라캉과 정신의학 : 라캉 이론과 임상 분석』, 맹정현 옮김, 민음사, 2002.]

_____, *Lacan to the Letter : Reading Écrits Closely* (Minneapolis : University of Minnesota Press, 2004). 브루스 핑크, 『에크리 읽기 : 문자 그대로의 라캉』, 김서영 옮김, 도서출판b, 2007.]

Foerster, Heinz von, *Understanding Understanding : Essays on Cybernetics and Cognition* (New York : Springer-Verlag, 2003).

Foucault, Michel, *The Archaeology of Knowledge and The Discourse on Language*, trans. A.M. Sheridan Smith (New York : Pantheon Books, 1972). [미셸 푸코, 『지식의 고고학』, 이정우 옮김, 민음사, 2000.]

_____, *Discipline and Punish : The Birth of the Prison*, trans. Alan Sheridan (New York : Vintage, 1995). [미셸 푸코, 『감시와 처벌 : 감옥의 탄생』, 오생근 옮김, 나남출판, 2016.]

_____, *The Order of Things : An Archaeology of the Human Sciences* (New York : Vintage, 1994). [미셸 푸코, 『말과 사물』, 이규현 옮김, 민음사, 2012.]

Guattari, Felix, *Chaosmosis : An Ethico-Aesthetic Paradigm,* trans. Paul Bains and Julian Pefanis (Bloomington : Indiana University Press, 1995). [펠릭스 가타리, 『카오스모제』, 윤수종 옮김, 동문선, 2003.]

Hallward, Peter, *Out of this World : Deleuze and the Philosophy of Creation* (New York : Verso, 2006).

Haraway, Donna J., *Modest_Witness@Second_Millennium.Female-Man©_Meets_OncoMouseTM : Feminism and Technoscience* (New York : Routledge, 1997). [다나 J. 해러웨이, 『겸손한_목격자@제2의천년.여성인간©_앙코마우스™를_만나다 : 페미니즘과 기술과학』, 민경숙 옮김, 갈무리, 2007.]

_____, *Simians, Cyborgs, and Women : The Reinvention of Nature* (New York : Routledge, 1991). [다나 J. 해러웨이, 『유인원, 사이보그, 그리고 여자 : 자연의 재발명』, 민경숙 옮김, 동문선, 2002.]

Harrington, Donald, *The Cockroaches of Stay More* (Las Vegas : Toby Press, 1989).

Harman, Graham, "Levi Responds," *Object-Oriented Philosophy*, May 24, 2010. 〈http://doctorzamalek2.wordpress.com/?s=Levi+Responds〉에서 입수할 수 있음.

_____, *Tool-Being : Heidegger and the Metaphysics of Objects* (Chicago : Open Court, 2002).

_____, *Guerrilla Metaphysics : Phenomenology and the Carpentry of Things* (Chicago : Open Court, 2005).

_____, "Speculative Realism : Ray Brassier, Iain Hamilton Grant, Graham Harman," *Collapse*, Volume III (Falmouth : Athenaeum Press, 2007).

_____, *Prince of Networks : Bruno Latour and Metaphysics* (Melbourne : Re.Press, 2009). [그레이엄 하먼, 『네트워크의 군주 : 브뤼노 라투르와 객체지향 철학』, 김효진 옮김, 갈무리, 2019.]

_____, *The Quadruple Object* (Winchester : Zero Books, 2011). [그레이엄 하먼, 『쿼드러플 오브젝트』, 주대중 옮김, 현실문화, 2019.]

Hayles, N. Katherine, *How We Became Posthuman : Virtual Bodies in Cybernetics, Literature, and Informatics* (Chicago : University of Chicago Press, 1999). [N. 캐서린 헤일스, 『우리는 어떻게 포스트휴먼이 되었는가』, 허진 옮김, 플래닛, 2013.]

_____, *My Mother Was a Computer : Digital Subjects and Literary Texts* (Chicago : University of Chicago Press, 2005). [캐서린 헤일스, 『나의 어머니는 컴퓨터였다 : 디지털 주체와 문학 텍스트』, 이경란 · 송은주 옮김, 아카넷, 2016.]

Harvey, David, *A Companion to Marx's Capital* (New York : Verso, 2010). [데이비드 하비, 『데이비드 하비의 맑스 『자본』 강의』, 강신준 옮김, 창비, 2011.]

Hegel, G.W.F., *Hegel's Phenomenology of Spirit*, trans. A.V. Miller (Oxford : Oxford University Press, 1977). [게오르그 빌헬름 프리드리히 헤겔, 『정신현상학 1 · 2』, 임석진 옮김, 한길사, 2005.]

_____, *Hegel's Science of Logic*, trans. A.V. Miller (Atlantic Highlands : Humanities Press International, 1969).

Heidegger, Martin, *Being and Time*, trans. John Macquarrie and Edward Robinson (San Francisco : Harper Collins, 1962). [마르틴 하이데거, 『존재와 시간』, 이기상 옮김, 까치, 1998.]

Hume, David, *An Enquiry Concerning Human Understanding*, ed. Tom L. Beauchamp (Oxford : Oxford University Press, 1999). [데이비드 흄, 『인간의 이해력에 관한 탐구』, 김혜숙 옮김, 지만지, 2012.]

_____, *A Treatise on Human Nature* (Oxford : Oxford University Press, 2000). [데이비드 흄, 『인간이란 무엇인가 : 오성 · 정념 · 도덕 本性論』, 김성숙 옮김, 동서문화사, 2009.]

Husserl, Edmund, *Ideas Pertaining to a Pure Pheomenology and to a Phenomenological Philosophy : First Book*, trans. F. Kersten (Martinus Nijhoff Publishers, 1983). [에드문트 후설, 『순수현상학과 현상학적 철학의 이념들 1』, 이종훈 옮김, 한길사, 2009.]

Johnston, Adrian, *Žižek's Ontology : A Transcendental Materialist Theory of Subjectivity* (Evanston : Northwestern University Press, 2008).

Kant, Immanuel, *Critique of Pure Reason*, trans. Paul Guyer and Allen W. Wood (Cambridge : MIT Press, 1998). [임마누엘 칸트, 『순수이성비판 1 · 2』, 백종현 옮김, 아카넷, 2006.]

Kuhn, Thomas S., *The Structure of Scientific Revolutions* (Chicago : University of Chicago Press, 1970). [토머스 S. 쿤, 『과학혁명의 구조』, 김명자 · 홍성욱 옮김, 까치, 2013.]

Lacan, Jacques, *Anxiety : The Seminar of Jacques Lacan Book X*, trans. Cormac Gallagher (London : Polity Press, 2016).

_____, *Écrits : The First Complete Edition in English*, trans. Bruce Fink (New York : W.W. Norton, 2006). [자크 라캉, 『에크리』, 홍준기 · 이종영 · 조형준 · 김대진 옮김, 새물결, 2019.]

_____, *The Ego in Freud's Theory and in the Technique of Psychoanalysis : Book II*, trans. Sylvana Tomaselli (New York : W.W. Norton & Co., 1988).

_____, *Encore : On Feminine Sexuality, The Limits of Love and Knowledge : Book XX*, trans. Bruce Fink (New York : W.W. Norton & Co., 1998).

_____, *The Four Fundamental Concepts of Psychoanalysis : Book XI*, trans. Alan Sheridan (New York : W.W. Norton & Co., 1998). [자크 라캉, 『자크 라캉 세미나 11 : 정신분석의 네 가지 근본 개념』, 맹정현 · 이수련 옮김, 새물결, 2008.]

_____, *The Logic of Fantasy : Book XIV*, trans. Cormac Gallagher, Unpublished.

_____, *The Other Side of Psychoanalysis*, trans. Russell Grigg (New York : W.W. Norton & Co., 2007).

Latour, Bruno, "An Attempt at Writing a 'Compositionist Manifesto'". 〈http://www.bruno-latour.fr/ar-ticles/article/120-COMPO-MANIFESTO.pdf〉에서 입수할 수 있음.

_____, *Pandora's Hope : Essays on the Reality of Science Studies* (Cambridge : Harvard University Press, 1999). [브뤼노 라투르, 『판도라의 희망 : 과학기술학의 참모습에 관한 에세이』, 장하원 · 홍성욱 옮김, 휴머니스트, 2018]

_____, *The Pasteurization of France*, trans. Alan Sheridan and John Law (Cambridge : Harvard University Press, 1988).

_____, *Politics of Nature : How to Bring the Sciences into Democracy*, trans. Catherine Porter (Cambridge : Harvard University Press, 2004).

_____, *Reassembling the Social : An Introduction to Actor-Network-Theory* (Oxford : Oxford University Press, 2005).

_____, *We Have Never Been Modern*, trans. Catherine Porter (Cambridge : Harvard University Press, 1993). [브뤼노 라투르, 『우리는 결코 근대인이었던 적이 없다』, 홍철기 옮김, 갈무리, 2009.]

Leibniz, G.W., *The Principles of Philosophy, or, the Monadology (1714)*, in *Discourse on Metaphysics and Other Essays*, trans. Daniel Garber and Roger Ariew (Indianapolis : Hackett Publishing Company, 1991). [G.W. 라이프니츠, 『모나드론 외』, 배선복 옮김, 책세상, 2007.]

Lévi-Strauss, Claude, *The Elementary Structures of Kinship*, trans. James Harle Bell, John Richard von Sturmer, and Rodney Needham (Boston : Beacon Press, 1969).

_____, *Introduction to the Work of Marcel Mauss*, trans. Felicity Baker (New York : Routledge, 1987).

_____, *The Savage Mind* (Chicago : University of Chicago Press, 1966). [클로드 레비-스트로스, 『야생의 사고』, 안정남 옮김, 한길사, 1996.]

_____, *Structural Anthropology*, trans. Claire Jacobson and Brooke Grundfest Schoepf (San Francisco : Basic Books, 1963).

Leydesdorff, Loet, *A Sociological Theory of Communication : The Self-Organization of the Knowledge-Based Society* (Universal Publishers, 2003).

Locke, John, *An Essay Concerning Human Understanding* (Oxford : Clarendon Press, 1979). [존 로크, 『인간지성론 1 · 2』, 정병훈 · 이재영 · 양선숙 옮김, 한길사, 2014.]

Luhmann, Niklas, *Ecological Communication*, trans. John Bednarz, Jr. (Chicago : University of Chicago Press, 1989). [니클라스 루만, 『생태적 커뮤니케이션 : 우리 사회는 생태적 위험에 대비할 수 있는가』, 서영조 옮김, 에코리브르, 2014.]

_____, *Essays on Self-Reference* (New York : Columbia University Press, 1990).

_____, *Problems of Form*, trans. Michael Irmscher and Leah Edwards (Stanford : Stanford University Press, 1999).

_____, *The Reality of the Mass Media*, trans. Kathleen Cross (Stanford : Stanford University Press, 1995). [니클라스 루만, 『대중매체의 현실』, 김성재 옮김, 커뮤니케이션북스, 2006.]

_____, *Social Systems*, trans. John Bednarz, Jr. and Dirk Baecker (Stanford : Stanford University Press, 1995). [니클라스 루만, 『사회적 체계들 : 일반이론의 개요』, 이철 · 박여성 옮김, 한길사, 2020.]

_____, *Theories of Distinction : Redescribing the Descriptions of Modernity*, ed. William Rasch (Stanford : Stanford University Press, 2002).

Marx, Karl, *Capital : Volume I*, trans. Ben Fowkes (New York : Penguin Classics, 1990). [카를 마르크스, 『자본론 I』 상 · 하, 김수행 옮김, 비봉출판사, 2015.]

_____, *The Marx-Engels Reader*, ed. Robert C. Tucker (New York : W.W. Norton, 1978).

Maturana, Humberto R. and Francisco J. Varela, *Autopoiesis and Cognition : The Realization of the Living* (Boston : D. Reidel Publishing Company, 1980).

_____, *The Tree of Knowledge : The Biological Roots of Human Understanding*, trans. Robert Paolucci (Boston : Shambhala, 1998). [움베르토 마뚜라나 · 프란시스코 바렐라, 『앎의 나무 : 인간 인지능력의 생물

학적 뿌리』, 최호영 옮김, 갈무리, 2007.]

McLuhan, Marshall, *Understanding Media : The Extensions of Man* (Cambridge : MIT Press, 1994). [마셜 매클루언, 『미디어의 이해 : 인간의 확장』, 김상호 옮김, 커뮤니케이션북스, 2011.]

McLuhan, Marshall and Eric McLuhan, *Laws of Media : The New Science* (Toronto : University of Toronto Press, 1988).

Meillassoux, Quentin, *After Finitude : An Essay on the Necessity of Contingency* (New York : Continuum, 2008). [퀑탱 메이야수, 『유한성 이후 : 우연성의 필연성에 관한 시론』, 정지은 옮김, 도서출판b, 2010.]

_____, "Presentation by Quentin Meillassoux," *Collapse*, Vol. III (Falmouth : Athenaeum Press, 2007).

Moeller, Hans-Georg, *Luhmann Explained : From Souls to Systems* (Chicago : Open Court, 2006).

Morton, Timothy, *The Ecological Thought* (Cambridge : Harvard University Press, 2010).

_____, *Ecology Without Nature : Rethinking Environmental Aesthetics* (Cambridge : Harvard University Press, 2007).

Oyama, Susan, Paul E. Griffiths, and Russell D. Gray, eds., *Cycles of Contingency : Developmental Systems and Evolution* (Cambridge : MIT Press, 2001).

Oyama, Susan, *The Ontogeny of Information : Developmental Systems and Evolution* (Durham : Duke University Press, 2000).

Pippin, Robert B., *Hegel's Idealism : The Satisfactions of Self-Consciousness* (Cambridge : Cambridge University Press, 1999).

Protevi, John, "Out of This World : Deleuze and the Philosophy of Creation," *Notre Dame Philosophy Reviews*, August 3, 2007.

_____, *Political Affect : Connecting the Social and the Somatic* (Minneapolis : University of Minnesota Press, 2009).

Rancière, Jacques, *Disagreement : Politics and Philosophy*, trans. Julie Rose (Minneapolis : University of Minnesota Press, 1999). [자크 랑시에르, 『불화 : 정치와 철학』, 진태원 옮김, 길, 2015.]

Sartre, Jean-Paul, *Being and Nothingness : An Essay on Phenomenological Ontology*, trans. Hazel E. Barnes (New York : Philosophical Library, 1956). [장 폴 사르트르, 『존재와 무』, 정소성 옮김, 동서문화사, 2009.]

_____, *The Transcendence of the Ego : An Existentialist Theory of Consciousness*, trans. Forrest Williams and Robert Kirkpatrick (New York : Hill and Wang, 1990). [장폴 사르트르, 『자아의 초월성』, 현대유럽사상연구회 옮김, 민음사, 2017.]

Schmitt, Carl, *The Concept of the Political*, trans. George Schwab (Chicago : University of Chicago Press, 1996). [카를 슈미트, 『정치적인 것의 개념』, 김효전 · 정태호 옮김, 살림, 2012.]

Serres, Michel, *The Parasite*, trans. Lawrence R. Schehr (Minneapolis : University of Minnesota Press, 2007). [미셸 세르, 『기식자』, 김웅권 옮김, 동문선, 2002.]

Shaviro, Steven, *Without Criteria : Kant, Whitehead, Deleuze, and Aesthetics* (Cambridge : MIT Press, 2009).

Simondon, Gilbert, *L'individuation à la lumière des notions de forme et d'information* (Paris : PUF, 1995). [질베르 시몽동, 『형태와 정보 개념에 비추어 본 개체화』, 황수영 옮김, 그린비, 2017.]

Sloterdijk, Peter, *Critique of Cynical Reason*, trans. Michael Eldred (Minneapolis : University of Minnesota Press, 1987). [페터 슬로터다이크, 『냉소적 이성 비판 1』, 이진우 · 박미애 옮김, 에코리브르, 2005.]

Spencer-Brown, G., *Laws of Form* (New York : E.P. Dutton, 1979).

Spinoza, Benedict de, *Spinoza : The Complete Works*, trans. Samuel Shirley (Indianpolis : Hackett Publishing Company, Inc., 2002).

Stengers, Isabelle, *Cosmopolitics I*, trans. Robert Bononno (Minneapolis : University of Minnesota Press, 2010).

Toscano, Alberto, *The Theatre of Production : Philosophy and Individuation Between Kant and Deleuze*

(New York : Palgrave Macmillan, 2006).

Whitehead, Alfred North, *Process and Reality* (New York : Free Press, 1978). [A.N. 화이트헤드, 『과정과 실재 : 유기체적 세계관의 구성』, 오영환 옮김, 민음사, 2003.]

Wolfe, Cary, "Bring the Noise : The Parasite and the Multiple Genealogies of Posthumanism," in Michel Serres, *The Parasite* (Minneapolis : University of Minnesota Press, 2007).

_____, *Critical Environments : Postmodern Theory and the Pragmatics of the 'Outside'* (Minneapolis : University of Minnesota Press, 1998).

_____, *What is Posthumanism?* (Minneapolis : University of Minnesota Press, 2010).

Woolf, Virginia, *Jacob's Room* (New York : Harcourt Brace & Company, 1992). [버지니아 울프, 『제이콥의 방』, 김정 옮김, 솔, 2019.]

Žižek, Slavoj, *For They Know Not What They Do : Enjoyment as a Political Factor* (New York : Verso, 2002). [슬라보예 지젝, 『그들은 자기가 하는 일을 알지 못하나이다』, 박정수 옮김, 인간사랑, 2004.]

_____, *Organs Without Bodies : On Deleuze and Consequences* (New York : Routledge, 2004). [슬라보예 지젝, 『신체 없는 기관 : 들뢰즈와 결과들』, 이성민 · 김지훈 · 박제철 옮김, 도서출판b, 2006.]

_____, *The Parallax View* (Cambridge : MIT Press, 2006). [슬라보예 지젝, 『시차적 관점』, 김서영 옮김, 마티, 2009.]

_____, *The Plague of Fantasies* (New York : Verso, 1997). [슬라보예 지젝, 『환상의 돌림병』, 김종주 옮김, 인간사랑, 2002.]

_____, *The Puppet and the Dwarf : The Perverse Core of Christianity* (Cambridge : MIT Press, 2003). [슬라보이 지젝, 『죽은 신을 위하여 : 기독교 비판 및 유물론과 신학의 문제』, 김정아 옮김, 길, 2007.]

_____, *The Sublime Object of Ideology* (New York : Verso Books, 1989). [슬라보예 지젝, 『이데올로기의 숭고한 대상』, 이수련 옮김, 새물결, 2013.]

_____, *Tarrying With the Negative : Kant, Hegel, and the Critique of Ideology* (Durham : Duke University Press, 1993). [슬라보예 지젝, 『부정적인 것과 함께 머물기 : 칸트, 헤겔, 그리고 이데올로기 비판』, 이성민 옮김, 도서출판b, 2007.]

_____, *The Ticklish Subject : The Absent Center of Political Ontology* (New York : Verso, 1999). [슬라보예 지젝, 『까다로운 주체 : 정치적 존재론의 부재하는 중심』, 이성민 옮김, 도서출판b, 2005.]

Zubiri, Xavier, *On Essence*, trans. A. Robert Caponigri (Washington D.C. : Catholic University of America Press, 1980).

:: 인명 찾아보기

: : 용어 찾아보기